Manfred Niehoff

Lerne Latein mit der Bibel!

EINFÜHRUNGEN
– Theologie –

Band 7

LIT

Manfred Niehoff

Lerne Latein mit der Bibel!

Einführung ins „Bibellatein“ bzw. Kirchenlatein

25 Lektionen mit integrierter Grammatik,
Tests und Lernwortschatz

Mit einem Anhang:
Übersetzungen und Lösungen

LIT

∞
Gedruckt auf alterungsbeständigem Werkdruckpapier entsprechend
ANSI Z3948 DIN ISO 9706

Bibliografische Information der Deutschen Nationalbibliothek
Die Deutsche Nationalbibliothek verzeichnet diese Publikation in der Deutschen Nationalbibliografie; detaillierte bibliografische Daten sind im Internet über http://dnb.dnb.de abrufbar.

2., erweiterte Auflage 2020

ISBN 978-3-643-14591-8 (br.)
ISBN 978-3-643-34591-2 (PDF)

Verlagskontakt:
Fresnostr. 2 D-48159 Münster
Tel. +49 (0) 2 51-62 03 20
E-Mail: lit@lit-verlag.de http://www.lit-verlag.de

Auslieferung:
Deutschland: LIT Verlag, Fresnostr. 2, D-48159 Münster
Tel. +49 (0) 2 51-620 32 22, E-Mail: vertrieb@lit-verlag.de

E-Books sind erhältlich unter www.litwebshop.de

Inhaltsverzeichnis

Vorbemerkung

Dieses Buch ist entstanden aus der Arbeit mit Studierenden, die zu Beginn ihres Theologiestudiums die notwendigen Lateinkenntnisse erwerben müssen. Was liegt dann näher, als einem solchen Lehrgang diejenigen Texte zugrundezulegen, mit denen man es im Studium und in der späteren Tätigkeit am meisten zu tun hat, nämlich Bibeltexte? Während sich die üblichen Lehrbücher am sogenannten klassischen Latein Caesars und Ciceros orientieren, will dieses Buch Grundkenntnisse des "Bibellatein" anhand von zusammenhängenden Originaltexten vermitteln und damit einen authentischen Zugang zur Bibel erschließen; nicht nur "Nebeneffekt" ist dabei auch die wachsende Vertrautheit mit wichtigen Texten dieses Textcorpus.

"Bibellatein" gibt es eigentlich nicht, denn weder das Alte noch das Neue Testament sind auf Latein entstanden. Bibellatein heißt die lateinische Sondersprache, die der Kirchenvater Hieronymus in seinen Bibelübersetzungen bzw. Bearbeitungen früherer Lateinversionen der Bibel gewissermaßen festgeschrieben hat. Dabei benutzt er nicht die gebildete, literarische Hochsprache, sondern eher die stilistisch schlichtere, aber grammatisch gepflegte Volkssprache seiner Zeit (Ende 4. Jh. / Anfang 5. Jh.), um die Bibel im Römischen Reich allgemeinverständlich zu machen. Er übernimmt aber auch sprachliche Besonderheiten der hebräischen bzw. griechischen Originale, passt sie der lateinischen Sprache an oder formt sie um. Seine zur lateinischen Normbibel gewordene "<Editio> Vulgata" ("die allgemein verbreitete <Ausgabe>") beeinflusste die liturgische und theologische Sprache der Kirche bis heute: Aus Bibellatein wurde Kirchenlatein.

Der weiten Geltung dieser Sondersprache entsprechend, enthält dieses Lehrbuch — es wird an der Kath.-Theologischen Fakultät der Universität Münster in einem einsemestrigen Kurs (6 Wochenstunden) zur Vorbereitung auf die fakultätsinterne Prüfung zum Nachweis der für das Theologiestudium erforderlichen Lateinkenntnisse benutzt — schwerpunktmäßig Bibeltexte, vorzugsweise aus dem NT, aber auch Ausschnitte aus dem AT sowie liturgische, theologische oder kirchenhistorische Zitate. Mit Ausnahme der Übungen werden für diesen Lehrgang nur Originaltexte benutzt, manchmal – besonders in den ersten Lektionen – geringfügig adaptiert, d.h. gekürzt oder erleichtert. Die Originaltexte erscheinen meist in geschlossenen Zusammenhängen; Einzelsätze gibt es nur bei Kurzzitaten. Die Herkunft der Texte ist meist leicht erkennbar; daher wird auf die genaue Quellenangabe verzichtet, zumal oft auch mehrere Textfassungen (z. B. der Synoptiker) aus didaktisch-methodischen Gründen ineinandergearbeitet worden sind.

Grammatik und Vokabular konzentrieren und beschränken sich schwerpunktmäßig auf das für die Bibel-Lektüre Wesentliche und Typische nach der Devise "Plurima lectio" (*möglichst viel lesen!*). So wird z. B. auf ausführliche grammatische Terminologie und weitere Ausdifferenzierung etwa der Kasusfunktionen oder der Nebensatztypen verzichtet. Im Vordergrund steht die Übersetzungstechnik. Daher enthalten die Erläuterungen zur Grammatik nur ausnahmsweise sprachgeschichtliche Hintergründe, sie folgen vielmehr weitgehend der Lateinischen Grammatik von Christian Touratier[1], die konsequent nach den Erkenntnissen der synchronen Sprachwissenschaft ausgerichtet ist. An vielen Stellen knüpft dieser Lehrgang in Grammatik und Vokabular an andere fremdsprachliche Kenntnisse (Englisch, Französisch, Italienisch, Spanisch) an, die für das Lateinlernen fruchtbar gemacht werden sollen. Da manche schon Griechisch gelernt haben, sollen auch griechische Parallelen das Verständnis und das Behalten lateinischer Wörter und Formen erleichtern. Zu jeder Lektion gehört ein Lernvokabular; außer den Lernvokabeln stehen unmittelbar neben jedem Text weitere Vokabelhilfen, die nicht in den Lernwortschatz (insgesamt ca. 900 Wörter) eingehen. Für die selbständige Arbeit stehen nach jeweils vier Lektionen kleine Tests zur Verfügung.

.

Vorbemerkung zur 2. Auflage

Das neuartige Lateinbuch hat eine erfreulich hohe Resonanz, vor allem bei Universitätskursen, gefunden. Daher ist nun eine neue Auflage notwendig geworden. Entsprechend einem vielfach in Rezensionen und Zuschriften vorgetragenen Wunsch ist in der 2. Auflage der unverändert gebliebene Lektionsteil um einen zweiten Teil erweitert worden, der sowohl die Übersetzungen sämtlicher Lektionstexte als auch die Lösungen aller Übungsaufgaben und aller Tests enthält. Dadurch eignet sich das Lehrwerk jetzt noch besser für den selbständigen Erwerb lateinischer Sprachkenntnisse.

Münster, im April 2020
Manfred Niehoff

[1] Touratier, Christian, *Lateinische Grammatik – Linguistische Einführung in die lateinische Sprache*, Darmstadt, 2013

I. Lectio prima

① Deus est. (vgl. griech. Ἔστι Θεός.)
Deus bonus est. (vgl. griech. Ὁ θεὸς ἀγαθός ἐστιν.)
Deus est amor.

② In Golgatha Maria mater et Ioannes discipulus adsunt.

Iesus videt Mariam matrem et Ioannem discipulum.

Dicit ad Mariam: "Ecce filius tuus!"

Dicit ad Ioannem: "Ecce mater tua!"

deus	Gott
est	*ist*, existiert
bonus	gut, tüchtig
amor	Liebe
Marīa, Marīam	Maria
māter, mātrem	*Mutter*
et	und, auch
Iōannes, Iōannem	Johannes
discipulus, -um	Schüler, Jünger
ad-sunt	sind da / anwesend
videt	(er/sie/es) sieht
dīcit	(er/sie/es) sagt, spricht
ad	zu
ecce	siehe <da>; da ist
fīlius, fīlium	Sohn
tuus, tua	dein

③ Gabriel angelus venit ad Mariam.
Maria angelum audit.
Maria dicit:
"Magnificat anima mea Dominum."

angelus, angelum	Bote, *Engel*
venit	(er/sie/es) kommt
audit	(er/sie/es) hört
māgnificat	(macht groß) preist
anima, animam	Seele | meus, mea mein
dominus, dominum	Herr, Hausherr

④ Deus est pater et filius et spiritus sanctus.

spīritus, spīritum	Geist
sānctus, sāncta	heilig

nōn nicht

⑤ Credo
- in unum Deum, Patrem,
- et in unum Dominum Iesum Christum, Filium,
- et in Spiritum Sanctum, Dominum,
- et unam sanctam, catholicam et apostolicam Ecclesiam.

credo	ich glaube an / setze mein mein Vertrauen in / vertraue auf
in + Akk.	in, auf, nach
ūnus, ūna	ein, einzig

catholicus, -a	*katholisch (καθολικός: das Ganze betreffend, universal, allgemein)*
apostolicus, -a	*apostolisch* (ἀποστολικός)
ecclēsia, ecclēsiam	Volksversammlung; Gemeinde, Kirche *(ἐκκλησία)*

⑥ *(Genesis:)* Deus creat mundum.
Deus facit firmamentum;
vocat firmamentum caelum.
Videt, quod caelum bonum est.

mundus, mundum	Welt
creat	(er/sie/es) (er-)schafft
facit	(er/sie/es) macht, tut
fīrmāmentum	*Firmament*, Befestigung
vocat	(er/sie/es) ruft, nennt
caelum	Himmel
quod	dass, weil
bonus, bona, bonum	gut, tüchtig

Deus facit solem et lunam.
Sol item lucet ut luna.
Deus videt, quod sol bonus est
et quod luna bona est.

sōl, sōl-em	Sonne
lūna, lūnam	Mond
item ... ut	ebenso ... wie
lucet	leuchtet

⑦ *(Nach der Auferstehung)*

Porta propter timorem clausa est.

Tum Christus salvator intrat
et salutat Undecim.

porta, portam	Tür, Tor, *Pforte*
propter	wegen
timor, timōr-em	Furcht, Angst
clausus, -a, -um	geschlossen
salvātor, salvātōr-em	Retter, Heiland
tum	da, dann
intrat	(er/sie/es) tritt ein, betritt
sālūtat	(er/sie/es) (be-)grüßt
undecim	11

Casus / Fall *(Frage)*	Funktion / Satzteil	Singular / Einzahl			
Nominativ *(Wer oder was?)*	Subjekt / Prädikats-nomen	anim-a die Seele / eine Seele	de-us (ein/der) Gott	cael-um der Himmel	sōl die Sonne
Akkusativ *(Wen oder was)?*	Akkusativ-Objekt	anim-am die Seele / eine Seele	de-um (einen/den) Gott	cael-um den Himmel	sōl-em die Sonne
				neutrum	

Wortarten

Ein **Substantiv** oder **Nomen** (Hauptwort / Namenwort) bezeichnet eine Person oder Sache (z. B. *filius, porta, caelum* — z.B. *der Hausherr, das Kind, Liebe*).

Ein **Adjektiv** (Eigenschaftswort) beschreibt eine Person oder Sache (Substantiv); es kann auch wie ein Substantiv gebraucht werden (*bonus/bona; sanctus/sancta — gut, der/die/das Gute; heilig, der/die/das Heilige*).

Ein **Pronomen** (*Fürwort*) steht *anstelle eines Nomens* / Substantivs:

— Ein **substantivisches Personalpronomen** vertritt eine Person oder Sache (*er, wir*).

— Ein **adjektivisches Personalpronomen** (Possessivpronomen, besitzanzeigendes Fürwort) vertritt ebenfalls eine Person oder Sache (*meus, mea; tuus, tua — mein, dein*).

Ein **Verb** (Zeitwort / Tätigkeitswort) bezeichnet eine Tätigkeit, ein Geschehen oder ein Sein (*facit, lucet, adest* — z.B. *Lauf! ... scheint, ... sind da*).

Ein **Adverb** (Umstandswort) steht *beim Verb* und gibt Ort, Zeit, Art und Weise oder andere Umstände des Geschehens an (*tum — dann, da; immer*)
Eine **Präposition** (Verhältniswort) wird *vor* ein Substantiv *gestellt* (*ad Mariam — im Haus, für Peter*). Viele Präpositionen verbinden sich mit dem Akkusativ eines Substantivs: Credo *in unum Deum* — "Wenn ich aber auferstehe, will ich euch vorausgehen *in Galiläam*." (Matthäuspassion)
Eine **Konjunktion** oder ein **Konnektor** (Verbindungswort/*Verknüpfer*) verbindet Wörter, Satzteile, Sätze und Nebensätze (*et, quod — und, denn, obwohl*).
Eine **Interjektion** (Ausruf) enthält einen Ausruf, der in einer Äußerung *dazwischengeworfen* wird (z. B. *ecce — guck mal; hallo; o weh!*).

Kasus

Substantive bzw. Nomen können ihre Form ändern, d. h. sie werden in verschiedene Fälle gesetzt, die im Lateinischen durch die Endung zu erkennen sind: anim**a**, anim**am** (im Deutschen durch Artikel **und** Endung: **der** Jung**e**, **den** Jung**en**).
Der Kasus (Fall) verdeutlicht die Funktion eines Nomens im Satz.

Nominativ

Deus est amor.

Im Nominativ (Nennfall) steht die Hauptperson (**Subjekt**) eines Satzes, die etwas tut bzw. über die eine Aussage gemacht wird. Man fragt: Wer oder was? In dem Satz *Deus est amor* wird dem Nomen *deus* ein anderes Nomen *amor* gewissermaßen "gleichgesetzt", das ebenfalls im Nominativ steht ("Gleichsetzungsnominativ" / **Prädikatsnomen**).

Akkusativ

"Meinen Jesum lass' ich nicht."

Im Akkusativ wird das **Objekt**, d. h. das Ziel oder die Richtung einer Handlung, also als Ergänzung zum Verb, angegeben. Man fragt: Wen oder was? Ein *Objekt* ist also ein *Gegenüber / Gegenstand*, auf den sich die Handlung richtet, wie ein Kamera-*Objektiv* ein *Objekt* anvisiert.

Satzteile

Ein Aussagesatz besteht mindestens aus zwei Teilen:

— Das **Subjekt** (Satzgegenstand / Thema des Satzes) gibt die Person oder Sache an, die dem Satz *zugrunde liegt* (*subiectum: darunter-, zugrundegelegt*), über die eine Aussage gemacht wird.
— Frage: "Wer oder was (tut etwas oder ist etwas)?"

— Das **Prädikat** (Satz*aussage* / Rhema des Satzes) gibt an, was ist oder geschieht (*praedicare: aussagen, verkünden*). Es besteht
  - entweder nur aus einem Verb
  - oder aus einer **Kopula** (*Kupplung*: *est* als Hilfsverb) und einem **Prädikatsnomen** (Nomen oder Adjektiv im Prädikat).

— Frage: "Was tut er/sie/es?" bzw. "Was oder wie ist er/sie/es?"

Weitere Satzteile können hinzutreten:

Ein **Objekt** ist eine Ergänzung zum Verb; sie gibt das Ziel oder die Richtung einer Handlung an *(... vocat filiam, ... facit solem — ... sieht den Himmel, ... erschafft den Mond*).

Ein **Adverbiale** (adverbiale Bestimmung / Umstandsbestimmung) gibt die näheren Umstände (Ort, Zeit, Art und Weise usw.) eines Geschehens an; sie besteht meist aus einer Präposition mit einem Substantiv (*ad Mariam — zu Maria, am Fenster, aus Hass*) oder aus einem unveränderlichen Adverb (z. B. *item, tum*).

Ein Adjektiv oder Substantiv kann als **Attribut** einem anderen nominalem Satzteil beigefügt werden (*deus bonus; ad Mariam* ***matrem*** *— das* ***dicke*** *Kind; der* König *Herodes; Johannes, der* ***Evangelist***).

Genus (Geschlecht) der Substantive

Substantive mit dem Nominativ auf **–a** sind im allgemeinen **femininum** (weiblich), Substantive auf **–us** im allgemeinen **masculinum** (männlich), Substantive auf **–um** sind **neutrum** ("keins von beiden"); Substantive ohne bestimmtes Kennzeichen im Nominativ, wie z. B. *mater, sol, salvator*, können masc., fem. oder neutr. sein.

Kongruenz (Übereinstimmung von Adjektiv und Substantiv)

Ein Adjektiv nimmt, wenn das Beziehungswort masculinum ist, die Endungen *–us / -um*, wenn es femininum ist, die Endungen *–a / -am*, und wenn es neutrum ist, die Endungen *–um / -um* (z. B. sol bon-us, luna bon-a, caelum bon-um; deum un-um, matrem tu-am, firmamentum claus-um).

Adjektive stimmen also im Kasus (Fall), im Genus (Geschlecht) und im Numerus (Ein- / Mehrzahl) mit ihrem Beziehungswort überein (**KNG-Kongruenz**).

Satzmodell 1 und 2

Wortart	Substantiv	Verb
	Angelus	intrat.
Satzteil	**Subjekt** Satzgegenstand	**Prädikat** Satzaussage
Frage	Wer oder was? Wer oder was ist Gegenstand / Thema des Satzes?	Was wird über das Subjekt ausgesagt?

Substantiv	*Hilfsverb*	*Substantiv* *Adjektiv*
Theodorus	est est	discipulus. laetus.
Subjekt im Nominativ	**Kopula** (Hilfsverb)	**Prädikatsnomen**
Subjekt	**Prädikat**	

Satzmodell 3

Wortart	Substantiv	Substantiv	Adjektiv	Verb
	Dominus	*filium*	*bonum*	vocat.
Form	Nom.sing. m.	*Akk. sing. m.*	*Akk. sing. m.*	3. sing. Präs.
Satzglied	**Subjekt** **S**	***Akkusativ-Objekt*** ***AO***	***Attribut*** *(zum AO)* ***Attr***	**Prädikat** **P**
Frage	Wer? / Was?	*Wen? / Was?*	—	Was wird über das Subjekt ausgesagt?

Vergleichen Sie Hausbau und Satzbau!

Material zum Hausbau	Bauteile
Steine *Zement* *Holz* *Plastik* *usw.*	zweckdienlich geformte und angeordnete Materialien Mauern Treppen Fenster Türen usw.

Material zum Satzbau	Satzteile / Satzglieder
Wörter verschiedener Art: *Substantiv / Hauptwort* *Verb / Tätigkeitswort* *Adjektiv / Eigenschaftswort* *Adverb / Umstandswort* *Präposition (in, an , auf, bei, mit, zu, wegen, gegen, für)*	Subjekt / Satzgegenstand (**Wer** oder **was**? Worüber / Über wen wird etwas ausgesagt?) Prädikat / Satzaussage (Was wird über das Subjekt ausgesagt?), eventuell zweiteilig: Prädikatsnomen (Adjektiv oder Substantiv) + Kopula (Hilfsverb *est*) Hinzutreten können Attribute (Beifügungen von Adjektiven oder Substantiven) und Adverbiale Bestimmungen (Angabe von Umständen, z. B. der Zeit, des Grundes usw.).

1. Baumaterial (= verschiedene Baustoffe)
Streichen Sie alles durch, was nicht Baumaterial ist, sondern Bauteil!
Holz — Glas — Tür — Steine — Wand — Zement — Fliesen — Dach

2. Satzbaumaterial (= verschiedene Wortarten)
Streichen Sie alles durch, was nicht Satzbaumaterial ist!
Plural — Substantiv — Subjekt — Prädikat — Verb

Übung 1
Übersetzen Sie!
a. Filius venit. Pater filium videt.
b. Mater venit. Filius matrem videt.
c. Angelus venit. Maria angelum videt.
d. Sol venit. Dominus solem videt.
e. Maria venit. Iesus Mariam videt.

Übung 2
Geben Sie zu dem folgenden Satz a) die Wortarten, b) die Formen (Kasus usw.) und c) die Satzteile an!
Porta propter timorem clausa est.

Übung 3 — *Vervollständigen Sie die Wörter!*
Pater filium vocat. Filius venit et patrem salutat.
Iesus discipulum vocat. Discip.......... venit et Ies......... salutat.
Deus angelum vocat. Ang.......... venit et De.......... salutat.
Salvator Ioannem vocat. Ioann.......... venit et Salva.............. salutat.
Mater filiam vocat. Fil.......... venit et ma.......... salutat.
Ecce lectio prima. Discipulus lect............. prim.......... audit.
Ioannes dicit: "Salvator adest." Sed *(aber)* mund.......... Salva............... non salutat.

Übung 4 — *So stellen Sie Ihre Familie vor!*
Ecce familia me.........!
Ecce pater me.........!
Ecce mater me.........!
Ecce filia me.........!
Filius me......... non adest.

Lernwortschatz (*sprachverwandte Wörter* in *kursiver* Schrift)

1. Gruppe: Substantive mit Nom. *–a* und Akkusativ *–am* (f.)	2. Gruppe: Substantive mit Nom. *–us* und Akkusativ *–um* (m.)	oder Substantive mit Nom.=Akk. *–um* (n.)
Marīa, Marīam Maria anima, animam Seele *(animieren, Animation)* fīlia, fīliam Tochter (*Filiale*) ecclēsia, ecclesiam Volksversammlung; Gemeinde, Kirche *(ἐκκλησία)* lūna, lūnam Mond porta, -am Tür, Tor, *Pforte (Portal)* familia, familiam *Familie*, Haushalt	deus, deum Gott discipulus,-um Schüler, Jünger fīlius, fīlium Sohn angelus,-um Bote, *Engel* (ἄγγελος) dominus,-um Herr, Hausherr spīritus, - um Geist (engl.*spirit*, frz. *esprit*; *Sprit, Spirituosen*) Iēsus Chrīstus (Χριστός), Iēsum Chrīstum mundus, mundum Welt	fīrmāmentum *Firmament*, Befestigung caelum Himmel

3. Gruppe: Substantive (m. oder f.)	Adjektive
amor, amōrem Liebe Iōannes, Iōannem Johannes māter, mātrem *Mutter* pater, patrem *Vater* sōl, sōlem Sonne *(Solar-)* timor, timōrem Furcht, Angst salvātor, salvātōrem Retter, Heiland lēctiō, lēctiōnem (Vor-)lesung, Unterrichtsstunde, *Lektion* (franz. *leçon*, engl. *lesson*)	bonus, bona, bonum gut,tüchtig *(Bonus,Bon)* meus, mea, meum mein tuus, tua, tuum dein sānctus, sāncta, -um heilig ūnus, ūna, unum ein, einzig catholicus,-a,-um *katholisch (καθολικός: das Ganze betreffend, universal, allgemein)* apostolicus, -a, -um *apostolisch* (ἀποστολικός) clausus, -a, -um geschlossen ["numerus clausus": (ab-)geschlossene (An-)zahl] laetus, -a, -um froh, fröhlich prīmus,-a,-um erste(r) *(primär, Prim*zahl*)*

Verben			
a-Konjugation	e-Konj.	3. Konj.	i-Konj.
māgnificat preist creat (er-)schafft vocat ruft intrat tritt ein, betritt sālūtat (be-)grüßt	videt sieht lucet leuchtet	dīcit sagt, spricht facit macht, tut	venit kommt audit hört

esse : sein	Präpositionen + Akk.	Sonstige Wörter
est *ist*, existiert ad-est ist da / anwesend ad-sunt sind da/anwesend	in in, auf, nach ad zu propter wegen	et und, auch ecce siehe <da>; da ist ...; guck mal, da ist ... nōn nicht (*non*verbal) quod dass, weil item ... ut ebenso ... wie tum da, dann, darauf

Überblick: Römisches Reich

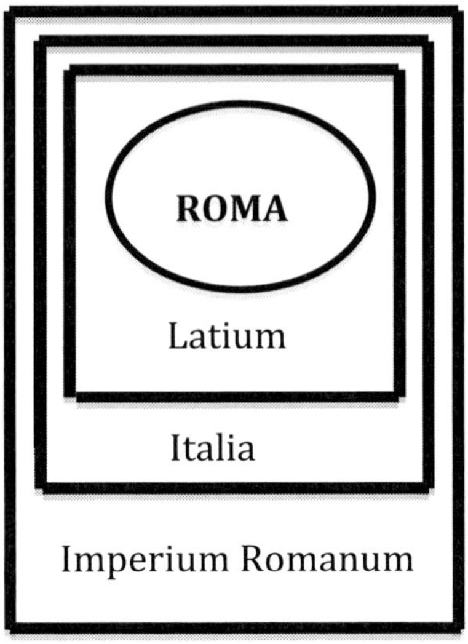

753 v Chr.: sagenhafte Gründung Roms — Königszeit

ab ca. 500 v. Chr. aristokratisch-oligarchische Republik:
senátus + zwei *cónsules* (beide Konsuln für nur ein Jahr)

1. Jh. v. Chr. nach Caesars Diktatur:
Prinzipat (ab Augustus) – Herrschaft der Cäsaren – Kaiserzeit

Ende 3. Jh. n. Chr. Reichsteilung unter Kaiser Diokletian:

↙ ↘

Weströmisches Reich — Rom
bis 478 n. Chr.:
Ansturm der Germanen / "Völkerwanderung"

Oströmisches Reich – Konstantinopel
bis 1453 n. Chr.:
Eroberung Konstantinopels durch die Türken

Roma Romānus, -a, -um	imperium	(Ober-)befehl, Befehlsbereich, Herrschaft, Reich (frz./engl. *empire*)
Latium (n.) Latīnus, -a, -um	lingua Latīna	lateinische Sprache, Latein(-isch)

II. Lectio secunda

① Simo piscator est.
Etiam Iacobus et Ioannes socii piscatores sunt.
Iesus vocat Simonem Petrum apostolum.
Etiam Iacobum et Andream et Ioannem apostolos vocat.

Iesus Iudaeus est; apostoli quoque Iudaei sunt.
Iesus apostolos in mundum mittit.

② Christus pastor bonus est.
Pastor bonus oves bene custodit et defendit contra lupos.
Lupi bonum pastorem non terrent.
Oves pastorem amant.
Pastores mali lupum vident et fugiunt.

Simō, Simōn-is	Simon
piscātor, piscātōr-em	*Fischer*
etiam	auch, sogar
soci-us,soci-um	Genosse,Gefährte
apostol-us, -um	*Apostel*
Iudaeus	*Jude*; *jüdisch*
quoque (nachgestellt)	auch
mitti-t	(er/sie/es) schickt
pāstor, pāstōr-em	Hirt
bene (Adverb)	gut
custōdi-t	(er/sie/es) (be)schützt
ovis, ov-em	Schaf
lup-us, lup-um	Wolf
dēfendi-t	(er/sie/es) wehrt ab, verteidigt
terre-t, terre-nt	erschrecken
ama-t, ama-nt	lieben
malus,-a,-um	schlecht
fugi-t, fugi-unt	fliehen

③

Serva vas magnum portat.

serv-a, serv-am	Sklavin
vās (n.), plur. vās-a	Gefäß
māgnus, a, um	groß
porta-t, porta-nt	tragen

Iesus primum signum facit:
Servi et servae vasa magna apportant, aquam infundunt;
Iesus aquam in vinum mutat.
Vinum bonum est.
Cuncti vinum laudant. —

Postea Iesus multa signa facit.

sīgn-um, -um (n.)	Zeichen
serv-us, -um	Sklave
ap-porta-t,-nt	herbei-tragen
aqu-a, aqu-am	Wasser
īn-fundi-t, -fund-unt	hinein-gießen
vīn-um (n.)	*Wein*
mūta-t, mūta-nt	ändern,verwandeln
cūnctī, -ae, -a	alle
lauda-t, lauda-nt	loben
posteā (Adv.)	später
multī, -ae, -a	viele

④ Angeli dicunt: "Hodie natus est Salvator, Christus Dominus."
Angeli pastores ad Iesum mittunt.

Cuncti pastores angelos audiunt et currunt ad praesepium; ibi inveniunt Mariam, Ioseph et Iesum parvum.
Tum laudant Deum. —

Postea etiam magi dona magna apportant.

⑤ Paulus Romam it. Ibi et Petrus est.

⑥ Mane duae mulieres ad monumentum eunt, sed Iesum non inveniunt.

hodiē	heute
nātus, a, um	geboren
mitti-t	(er/sie/es) schickt
audi-t, audi-unt	hören
curri-t, curr-unt	laufen
praesēpium (n.)	Krippe
ibī	dort
in-veni-t,-veni-unt	auf etw. kommen, auf jdn. stoßen, (er-)finden
parvus, a, um	klein
magus	Gelehrter, *Magier* (μάγος)
dōn-um (n.)	Geschenk
it, eunt	gehen
duo, duae, duo	zwei (δύο)
mulier, mulier-em	Frau
monumentum	Denk-, Grabmal
sed	aber, sondern

⑦ *(Nach der Erschaffung der Welt)* Videt Deus cuncta, et ecce sunt valde bona.

⑧ *(Der Vater zu dem Bruder des verlorenen Sohnes:)* "Cuncta mea tua sunt."

Casus *Frage*	Funk- tion	Singular / Einzahl				
Nom. *Wer oder was?*	Sub- jekt / Prädi- kats- nomen	port-**a** ἡ θύρ-**α** la porta la puerta la porte	de-**us** ὁ θε-**ός** il dio el dios le dieu	dōn-**um**	salvātor ὁ σωτήρ il salvatore el salvador le sauveur	vās
Akk. *Wen oder was?*	Akk.- Objekt (dir. Obj.)	port-**am** θύρ-**αν** la porta la puerta la porte	de-**um** θε-**όν** il dio a / el dios le dieu	dōn-**um**	salvātōr-**em** σωτῆρ-**α** il salvatore al / el salvador le sauveur	vās
				neutrum		*neutr.*

Casus *Frage*	Satz- teil	Plural / Mehrzahl				
Nom. *Wer oder was?*	Sub- jekt / Prädi- kats- nomen	port-**ae** θύρ-**αι** le porte (-ae!) las puertas les portes	de-**ī** θε-**οί** gli dei los dios/dioses les dieux	dōn-**a**	salvātōr-**ēs** σωτῆρ-**ες** i salvatori los salvadores les sauveurs	vās-a
Akk. *Wen oder was?*	Akku- sativ- Objekt (dir. Obj.)	port-**ās** θύρ-**ας** le porte las puertas les portes	de-**ōs** θε-**ούς** gli dei los dios/dioses les dieux	dōn-**a**	salvātōr-**ēs** σωτῆρ-**ας** i salvatori los salvadores les sauveurs	vās-a
				neutrum		*neutr.*

Deklination und Konjugation

Alle Nomen, zu denen außer den Substantiven auch die Pronomen und Adjektive gehören, und alle Verben werden je nach ihrer Funktion im Satz *flektiert*, d. h. in ihrer Form verändert (Flexion):
— Nomen werden *dekliniert* (Deklination),
— Verben werden *konjugiert* (Konjugation).

1. – 3. Deklination

	Singular		
	1. Deklination a-Dekl.	2. Deklination o-Dekl.	3. Deklination Konsonant. Dekl.
Nominativ	serv**a**	serv**us**	salvātor
Akkusativ	*serv**am***	*serv**um***	*salvātōr**em***

Plural		
1. Dekl.	2. Dekl.	3. Dekl.
serv**ae**	servī	salvātōr**es**
*serv**as***	*serv**ōs***	*salvātōr**es***

Satzmodell 3 *(zur Wiederholung)*

Wortart	Substantiv	Substantiv	Adjektiv	Verb
	Domini	*servos*	*bonos*	laudant.
Form	Nom.plur.m.	*Akk. plur. m.*	*Akk. plur. m.*	3. plur. Präs.
Satzglied	Subjekt S	*Akkusativ-Objekt* *AO*	*Attribut (zum AO)* *Attr*	Prädikat P
Frage	Wer? / Was?	*Wen? / Was?*	—	Was wird über das Subjekt ausgesagt?

Tragen Sie die fehlenden Formen der Wörter ein!
*Beachten Sie in 3. – 5. die **K**asus**N**umerus**G**enus - Kongruenz!*

1.	Sing.	Plur.
Nom.		
Akk.	dominum den (Haus-)Herrn	

	Sing.	Plur.
Nom.	domina die (Haus-)Herrin	
Akk.		

2.	Sing.	Plur.
Nom.		patres
Akk.		

	Sing.	Plur.
Nom.		signa
Akk.		

3.	Sing.	Plur.
Nom.		
Akk.	socium meum	

4.	Sing.	Plur.
Nom.		pastores mali
Akk.		

5.	Sing.	Plur.
Nom.	mulier bona	
Akk.		

Vgl.:
der Pater - die Patres

Dr. = doctor (Lehrer)
Dres. = ?

almus, alma, almum:
(er-)nährend

Die Universität gilt von alters her als die *alm.... mater* (Nährmutter, Ziehmutter) der Studenten. So bezeichnen sich Absolventen einer Universität als *alumn....* (Nom. plur. von *alumnus*: Zieh-, Pflegekind; Zögling).

Alma Mater als Statue in den USA

Latein ist aus der gleichen Ursprache, dem Indo-Europäischen, entstanden wie Englisch, Deutsch und Griechisch, aber auch Persisch und Hindi.

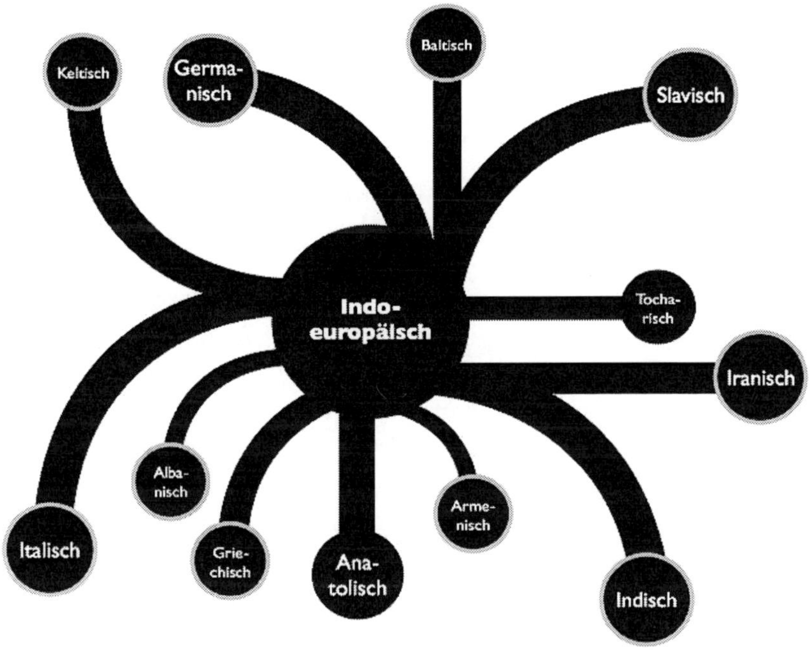

Aus dem italischen Zweig der indo-europäischen Sprachfamilie entwickeln sich "Mutter" Latein und ihre "Töchter", die romanischen Sprachen (Abb. u.).

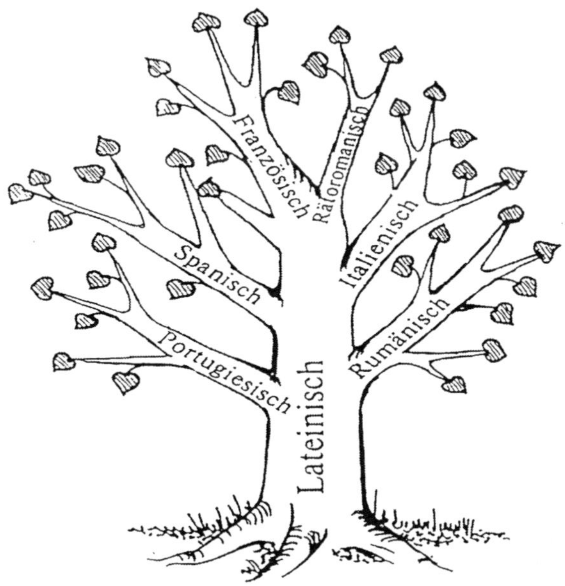

1. a) indogermanisch/indoeuropäisch: **petér**

↓

griech.: πατήρ *latein.:* pater *sanskrit:* piter *altindisch:* pitár
gotisch: fadar *engl.:* father *deutsch:* Vater

b) PATER — Akk. sg.: patrem ➔ *ital.* padre – *span.* padre –
katalan. pare – *franz.* père – *portug.* pai

2. Nom.sg.: amicus ➔ Akk. sg.: amic-um (Aussprache: nasaliertes -om?) ➔ *ital.* amico
– *span.* amigo – *katalan.* amic – *franz.* ami – *portug.* amigo
Nom.pl.: amici ➔ *ital.* gli amici
Akk.pl.: amicos ➔ *sp.* los amigos - *katalan.* amics - *franz.* amis – *port..* amigos
Akk. sg.: amic-am (Aussprache: nasaliertes -am?) ➔ *ital.* amica –
sanp./ katalan.. amiga – *franz.* amie
Nom.pl.: amicae ➔ *ital.* le amiche (-e statt –ae!)
Akk.pl.: amicas ➔ *sp.* las amigas – *katal.* amigas – *frz.* amies – *port.* amigas

3. Lateinischer Nominativ Plural Maskulinum im Deutschen:
der Bonus — die Boni / der Modus — die Modi / der Pater — die Patres

4. Lateinischer Nominativ Plural im Italienischen (und im Deutschen):
das Tempo - die Tempi / das Solo - die Soli / das Graffito - die Graffiti /
das Cello - die Celli / der Mafioso - die Mafiosi / der Torso - die Torsi /
das Praktikum - die Praktika / das Generikum - die Generika /
das Visum - die Visa / das Lexikon (griech.!) - die Lexika

5. Vgl. imperator (*sing.*) — imperatores (*plur.*):
el emperador (*engl.* the emperor / *frz.* l'empereur) — los emperadores

Übung 1 — *Bilden Sie die Pluralformen!*

a) Iacobus piscator est.
Etiam Simo et Andreas piscat............... ....

b) Andreas apostolus est.
Etiam Iacobus et Ioannes ....

c) Lupus malus pastorem malum valde terret.

d) Serva vas magnum portat.

e) Servus ovem apportat.

f) Pastor bonus ovem contra lupum defendit.

Übung 2 — *Vertauschen Sie Singular und Plural!*

Ovis pastorem bonum amat.
Lupi mali pastores bonos non terrent.
Magus donum magnum apportat.
Apostoli signa faciunt.

Servi magna vasa apportant.
Apostolus Iudaeus est.
Piscatores socios vocant.
Dominus servum et servam laudat.

Übung 3 *Antworten Sie lateinisch!*

Quis oves custodit?
Quis vasa apportat?
Quis mittit apostolos in mundum?
Quem Maria laudat?
Quem Iesus vocat?
Quid Deus creat?
Quid bonum est?
Quid Iesus in vinum mutat?

Eigennamen:

Andre-as, Andre-am Andreas
(männliche Eigennamen auf –as im Nominativ folgen der a-Deklination!)

Pilatus: *"Wen soll ich euch freigeben, Barrabam oder Iesum?"* (Matthäuspassion)

Iacobus, Iacob-um Jakob(us)
Petrus, Petr-um Petrus / Peter
Simō(n), Simōn-em Simon

Lernwortschatz

Substantive		
1. Dekl.	2. Dekl.	3. Dekl.
amīc-a, -am Freundin serv-a, serv-am Sklavin aqu-a, aqu-am Wasser Andre-as, -am Andreas	amīc-us, amīc-um Freund serv-us, -um Sklave soci-us, soci-um Genosse, Gefährte *(sozial)* apostol-us, -um *Apostel (ἀπόστολος)* Iūdae-us,-um *Jude;jüdisch* lup-us, lup-um Wolf sīgn-um,-um (n.) Zeichen (*Signal*); Wunder vīn-um (n.) *Wein* dōn-um (n.) Geschenk monument-um (n.) Denkmal, Grabmal	piscātor, -em *Fischer* pāstor, pāstōr-em Hirt *(Pastor; pastoral)* ovis, ov-em Schaf vās (n.), plur. vas-a Gefäß (*Vase*) mulier, mulier-em Frau

Adjektive		Fragewörter	
malus, mala, malum	schlecht, schlimm, böse *(Malus ≠ Bonus)*	Quis?	Wer?
māgnus, a, um	groß(-artig)	Quid?	Was?
parvus, a, um	klein	Quem?	Wen?
multī, multae, multa	viele *(Multi-)*		
cūnctī, cūnctae, cūncta	alle		
nātus, a, um	geboren (re-natus, re-nata: wiedergeboren)		
duo, duae, duo	zwei *(Duo, Duett)*		
secundus,a,um	folgende(r), zweite(r) *(frz./engl. second)*		

Verben					
a-Konjugation		e-Konjugation		—	
ama-t, ama-nt	lieben (*amor*)	terre-t, terre-nt	erschrecken *(Terror)*	it, eunt	gehen
porta-t, porta-nt	tragen, bringen *(portabel)*				
ap-porta-t, -nt	herbei-tragen,-bringen (*apportieren*)				
mūta-t, mūta-nt	ändern, verwandeln (*Mutation*)				
lauda-t, lauda-nt	loben *(Laudatio)*				

3. Konj.		i-Konjugation	
mitti-t, mitt-unt	schicken, gehen lassen, loslassen	custōdi-t, custōdi-unt	(be-)schützen, (be-)hüten, bewachen
dēfendi-t, dēfend-unt	abwehren, verteidigen	in-veni-t, -veni-unt	auf etw. kommen / auf jdn. stoßen, (er-)finden (*invention*)
fugi-t, fugi-unt	fliehen	veni-t, veni-unt	kommen
īn-fundi-t, -fund-unt	hinein-gießen (*Infusion*)	audi-t, audi-unt	hören (*audio-*)
curri-t, curr-unt	laufen		
dīci-t, dīc-unt	sagen, sprechen		
faci-t, faci-unt	machen, tun		

Präpositionen + Akk.		Sonstige Wörter	
contrā	gegen	etiam	auch, sogar
		quoque (nachgestelllt)	auch
		sed	aber, sondern
		bene (Adverb)	gut (ital. *bene*, franz./span. *bien)*
		ibī	dort
		hodiē	heute (span. *hoy*, ital. *oggi,* franz. aujourd'*hui*)
		posteā	später
		valdē	sehr

III. Lectio tertia

①
"Ego sum pastor bonus
et cognosco meas <oves>,
et cognoscunt me meae <oves>,
sicut cognoscit me Pater,
et ego cognosco Patrem."

cognōsc-it, -unt	(er-)kennen; kennenlernen

② "Ego et Pater unum sumus."

® "Tu es Petrus."

④ Te, Deum, laudamus.
⑤ "Habemus papam."
⑥ "Sicut mittit me Pater, et ego mitto vos.
Sicut diligit me Pater, et ego diligo vos."
⑦
"Quo vadis, Domine?" — "Vado Romam."

habe-t, habe-nt	*haben*
papa, papam (m.)	*Papst*
sīc-ut	so wie
dīligi-t, dīlig-unt	hochschätzen, lieben
quō?	wohin
vādi-t, vād-unt	gehen

ZEITUNG FÜR I
HERAUSGEGEBEN VON WERNER D'INKA, BERTHOLD KOHLER, GÜNTH
Quo vadis, Amerika?

⑧ (Aus dem *Gloria*:)
Laudamus te,
benedicimus te,
adoramus te,
glorificamus te.

bene-dīci-t, bene-dīc-unt	(gut reden) preisen, segnen, *benedeien*
ad-ōrā-t, ad-ōra-nt	an-beten
glōri-ficā-t, glōri-fica-nt	verherrlichen

⑨
"Simon, diligis me?" Dicit Simon: "Etiam, Domine, tu scis, quia amo te." Dicit Iesus: "Pasce agnos meos!" Dicit iterum secundo: "Simon, diligis me?" Dicit Petrus: "Etiam, Domine, tu scis, quia amo te." Dicit Iesus: "Pasce agnos meos!" Dicit iterum: "Simon, amas me?" Contristatus (traurig) est Petrus, quia dicit tertio: "Amas me?" et dicit: "Domine, tu cuncta scis; tu cognoscis, quia amo te." — Dicit Iesus: "Pasce oves meas!"

etiam — ja; auch, sogar
sci-t, sci-unt — wissen
quia ≈ quod — dass, weil
pāsci-t, pāsc-unt — weiden, hüten
āgnus, āgnum — Lamm
iterum — wieder(-um)

prīmō — zum ersten Mal
secundō — zum zweiten Mal
tertiō — zum dritten Mal

⑩ Pharisaei dicunt: "Ubi est Pater tuus?"
Respondet Iesus: "Neque me scitis neque Patrem meum."
Dicunt ergo: "Tu quis es?"
Iudaei dicunt: "Nonne bene dicimus nos, quia Samaritanus es tu et daemonium habes?"
Respondet Iesus: "Ego daemonium non habeo, sed honorifico Patrem meum, et vos inhonoratis me."

Pharisaeus — *Pharisäer*
ubi? — wo?
responde-t, -nt — antworten
neque .. neque .. — weder - noch

nōn-ne? — nicht?
Samaritānus — *Samaritaner*
daemonium (n.) — böser Geist, *Dämon (δαιμόνιον)*
honori-ficā-re, -ficō — ehren, achten
in-honorā-re, -honorō — miss-achten

⑪ Iesus interrogat: "Ubi est Lazarus?" Dicunt: "Domine, veni et vide!"
inter-rogā-re, inter-rogō — fragen

⑫ Ora et labora!

⑬ Lauda, Sion, Salvatorem! Lauda ducem et pastorem!

⑭ Laudate Dominum!

Cupimus Dominum laudare.

Multi Iesum videre et audire cupiunt.

labōrāre, labōrō — sich abmühen, arbeiten
cupe-re,cupi-ō — wollen, wünschen
dux, duc-em — Führer

⑮ *(Im Seesturm)*
Iesus ipse dormit. Et accedunt et suscitant Iesum: "Domine, salva nos, perimus!" Et dicit Iesus: "Quid timidi estis?"

ipse — selbst
dormī-re, dormi-ō — schlafen
ac-cēde-re, ac-cēd-ō — heran-gehen
suscitā-re, suscitō — aufwecken
salvā-re, salvō — retten (*salvator*)
per-īre, per-eō — zugrunde gehen
timidus, a, um — ängstlich (*timor*)

⑯ "Ite, ecce ego mitto vos sicut agnos inter lupos."

⑰ "Ite, missa est."

missa, -am — Entlassung; *Messe*

⑱ Paulus Romam it Petrum videre.

⑲ Bene vivere bis vivere est. Bene vivite!

vīve-re, vīv-ō — leben — bis — zweimal

Vokativ (Ruf- oder Anredefall) = **Nominativ**
Ausnahme: Nur die Substantive auf *–us* haben im Vok.Sing. die Endung **–e**, die Substantive auf *–ius* die Endung **–ī**: Paulus – Paul-**e**, fīlius – fīl**ī**.

	Personalpronomen							
	Singular				Plural			
	1. Pers.		2. Pers.		1. Pers.		2. Pers.	
Nom.	**ego**	ich	**tū**	du	**nōs**	wir	**vōs**	ihr
Akk.	**mē**	mich	**tē**	dich	**nōs**	uns	**vōs**	euch

Die vier Konjugationen

Lateinische Verben bilden ihre Formen aus **Stamm** und **Endung**.

- Bei Verben der a-Konjugation endet der Stamm auf a, z. B. in lauda-t / lauda-nt, außer für die 1. Person Singular: laud-o.
- In der e-Konjugation endet der Stamm immer auf e, z. B. in vide-o / vide-t.
- In der 3. Konjugation endet der Stamm
    - mal auf einem Konsonanten, z.B. in mitt-o (daher die Bezeichnung "konsonantische Konjugation") ,
    - meist auf einem kurzen i, z.B. in mitti-s,
    - mal auf einem kurzen e, z.B. in mitte-re.
- In der i-Konjugation endet der Stamm immer auf i, z.B. in audi-o.
- Die Verben der 3. und 4. Konjugation haben in der 3. Person Plural ein -u- vor der Endung –nt, z. B. mitt-unt, faci-unt und audi-unt; ebenso hat ***esse*** in der 1. sg., 1. und 3. pl. ein -u- vor der Endung.

	1. Konj. a - Konj.	2. Konj. e - Konj.	3. Konjugation *(konsoannt.. Konj.)*		4. Konj. i – Konj.		
1. sg.	laud-ō	vide-ō	mitt-ō	faci-ō	audi-ō	s-um	e-ō
2. sg.	laudā-s	vidē-s	mitti-s	faci-s	audī-s	es	ī-s
3. sg.	lauda-t	vide-t	mitti-t	faci-t	audi-t	es-t	i-t
1. pl.	laudā-mus	vidē-mus	mitti-mus	faci-mus	audī-mus	s-umus	ī-mus
2. pl.	laudā-tis	vidē-tis	mitti-tis	faci-tis	audī-tis	es-tis	ī-tis
3. pl.	lauda-nt	vide-nt	mitt-unt	faci-unt	audi-unt	s-unt	e-unt
Imp.sg.	*laudā*	*vidē*	*mitte*	*fac*	*audī*	*es*	*ī*
Imp.pl.	*laudā-te*	*vidē-te*	*mitti-te*	*faci-te*	*audī-te*	*es-te*	*ī-te*

Kongruenz Subjekt — Prädikat
Subjekt und Prädikat eines Satzes stimmen in der Person und im Numerus überein. Vgl.: Pater me mittit. – Vos amici estis. – Discipuli Iesum suscitant.

Konjugation im Lateinischen und in einigen romanischen Sprachen
(ital., franz., span und portug.)

habé-re: haben

1. sg.	2. sg.	3. sg.	1, pl.	2. pl.	3. pl.
hábeo	habes	habet	habémus	habétis	habent
ho (j') ai he hei	hai (tu) as has has	ha (il) a ha ha	abbiamo (nous) avons hemos havemos	avete (vous) avez habéis havéis	hanno (ils) ont han hao

cantá-re: singen

1. sg.	2. sg.	3. sg.	1, pl.	2. pl.	3. pl.
canto	cantas	cantat	cantámus	cantátis	cantant
canto (je) chante canto canto	canti (tu) chantes cantas cantas	canta (il) chante canta canta	cantiamo (nous) chantons cantamos cantamos	cantate (vous) chantez cantáis cantáis	cántano (ils) chantent cantan cantan

latein. *aurum*: Gold — vgl. ital./span. *oro*, port. *ouro,* rumän. *aur*

comparāre: beschaffen, sich verschaffen, erwerben, kaufen
vgl. ital. *comprare*, sp./por. *comprar*, rumän. *cumparare*

Präfix

Eine Verb kann durch ein Präfix ("vorn angeheftet") ein zusammengesetztes Verb werden (wie im Deutschen z. B. "an-kommen", "auf-heben", "aus-geben", "übersetzen"). Als Präfixe dienen oft Präpositionen.

Beispiele: in-fundere (hin-)ein-gießen
in-venire auf etw. kommen / auf jdn. stoßen, finden, (er)finden
ad-orare an-beten
ad-portare wird durch Assimilation zu *apportare* herbei-tragen
ad-cedere wird durch Assimilation zu *accedere* heran-gehen

Übung 3 zur Formenbestimmung

Geben Sie zu jedem Wort zunächst die "Vokabelform" an, d. h. wie es im Vokabelverzeichnis steht, bestimmen Sie dann genau die Form, d. h. Kasus, Numerus u. Genus bei einem Nomen, Person und Numerus bei einem Verb, schließlich übersetzen Sie das vorgegebene Wort!

Vokabelform		Formbestimmung	Übersetzung
amica, amicam	amica	Nom. sg. f.	eine / die Freundin
vocare, voco	voca	Imp. sg.	ruf!
—	postea	—	später

1	eo		
2	ego		
3	ergo		
4	quo		
5	cupio		
6	lectio		
7	primo		
8	habeo		
9	creo		
10	credo		
11	portamus		
12	primus		
13	rogas		
14	servas		
15	salvas		
16	dicitis		
17	mittis		
18	scitis		
19	ovis		
20	quis		
21	vade		
22	valde		
23	vide		
24	amice		
25	muta		
26	multa		
27	porta		
28	vasa		
29	contra		
30	suscita		

Übung 1 — *Antworten Sie lateinisch!*
a) Vides-ne me? — Te vid.........
b) Quo vaditis? — Romam vad..........
c) Mene interrogas? — ....
d) Auditisne nos? — ....
e) Esne tu meus amicus? — ....
f) Cur *(warum)* nos vocatis? — Ad cenam ....
g) Estisne bonae amicae? — ....
h) Quid facis? — Cenam ....
i) Quis es tu? — ....
j) Quem adoratis et benedicitis? — Deum ....
k) Domine, quo is? — Ad patrem ....
l) Quis cupit me videre? — Ego ....

Übung 2 — *Bilden Sie entsprechend der Situation lateinische Befehle bzw. Aufforderungen (Imperativ + Vokativ)!*
a) Servi non laborant. — "Labora......, serv........!"
b) Servus non currit. — "...............................
c) Amicus non respondet. — ....
d) Amica me non amat. — ....
e) Servi neque vasa apportant neque aquam infundunt. —
....
f) Servus non venit. — ....
g) Discipulus non bene vivit. — ....

Lernwortschatz

a-Dekl. auf –a	o-Dekl. auf –us / –um (n.)	3. / konsonant. Dekl.
cēna, cēnam Essen, Mahlzeit missa, -am Entlassung; *Messe* papa, papam (m.) Papst	āgnus, āgnum Lamm Pharisaeus *Pharisäer* Samaritānus *Samaritaner* daemonium (n.) böser Geist, *Dämon* (δαιμόνιον) aurum (n.) Gold	dux, duc-em Führer, Anführer

a-Konj.	e-Konj.	ire
ōrā-re, ōrō reden; bitten, beten ad-ōrā-re, ad-ōrō an-beten glōri-ficā-re, -ficō verherrlichen rogā-re, rogō bitten, fragen inter-rogā-re, inter-rogō fragen suscitā-re, suscitō aufwecken salvā-re, salvō retten labōrā-re, labōrō sich abmühen, arbeiten (*Laboratorium, laborieren, labour*) comparā-re, comparō beschaffen, sich verschaffen, erwerben, kaufen	habē-re, habe-ō *haben* respondē-re,responde-ō antworten Wh.: vidēre, videō sehen, erblicken terrēre, terreō jdn. erschrecken	per-īre, per-eō zugrunde gehen Wh.: īre, eō gehen

Kons. Konj.	i-Konj.
cognōsce-re, cognōsc-ō (er-)kennen; kennenlernen dīlige-re, dīlig-ō hochschätzen, lieben vāde-re, vād-ō gehen (*waten*) bene-dīce-re, bene-dīc-ō (gut reden) preisen, segnen, *benedeien* pāsce-re, pāsc-ō weiden, hüten (vgl. *pastor*) cupe-re, cupi-ō wollen, wünschen ac-cēde-re, ac-cēd-ō heran-gehen vīve-re, vīv-ō leben	dormī-re, dormi-ō schlafen scī-re, sci-ō wissen *(science)* Wh.: audīre, audiō hören custōdīre,-iō (be-)schützen, venīre, veniō kommen in-venīre,-veniō auf etw. kommen, auf jdn. stoßen; (er)finden

Adjektive	Sonstige Wörter	
timidus, a, um ängstlich (vgl. *timor*) tertius,a,um dritte(r) (*Terz*)	sīc-ut so wie quō? wohin? quia ≈ quod dass, weil iterum wieder(-um) prīmō zum 1.Mal secundō zum 2. Mal tertiō zum 3. Mal	etiam ja (s.o.) ubi? wo? neque und nicht, aber nicht neque - neque weder - noch -ne? (Frage-Partikel) nōn-ne? nicht? ipse selbst bis (Adv.) zweimal

Wiederholung (Verben der a- Konj. und der 3. Konj.)		
māgnificāre, māgnificō preisen creāre, creō (er-)schaffen vocāre, vocō rufen intrāre, intrō eintreten, betreten sālūtāre, sālūtō (be-)grüßen amāre, amō lieben portāre, portō tragen, bringen ap-portāre, -portō herbei-tragen, -bringen	mūtāre, mūtō (ver-)ändern laudāre, laudō loben dīcere, dīcō sagen, sprchen mittere, mittō schicken, loslassen facere, faciō machen, tun	īn-fundere, -fundō hineingießen currere, currō laufen fugere, fugiō fliehen dēfendere, dēfendō abwehren, verteidigen

IV. Lectio quarta

① Lateinische Genitive im Deutschen:

- im Jahre 9 nach Christi Geburt / im Jahre 9 nach Christus; Christi Himmelfahrt, der Leib Christi;
- Mariae Lichtmess, Mariä Himmelfahrt, Mariae Geburt;
- Martini-Kirche; Lamberti-, Aegidii-, Ludgeri-, Petri-, Servatii-, Jacobi-, Nicolai-Kirche;
  St. Pauli = ecclesia sancti Pauli;
- der Stuhl Petri, das Schifflein Petri;
- am Michaelis-Tag (Michael, Gen.: Michael-is!);
- Johannisfeuer, Johannisbeere (Joannes, Gen.: Joann-is!);
- xter Sonntag nach Trinitatis (trinitas, trinitat-is, f.: Dreiheit);
- Familiennamen: Nicolai, Georgi, Jacoby, Bartholdy, Zachariae, Michaelis, Ernesti, Ruperti, Wilhelmi

Tragen Sie die Endungen des Genitiv Singular ein!

	1. Dekl. a-Dekl.	2. Dekl. o-Dekl.	3. Dekl.
Nom.	-a	-us / -um	—
Gen.	-	-	-

Der **Genitiv** kann **Zugehörigkeit** oder **Besitz** ausdrücken (Dach *des Hauses*, Herr *des Hauses*, Tag *des Herrn*). — Der Genitiv wird meist als erklärendes Attribut (**Genitiv-Attribut**) einem Nomen beigefügt und gibt an, wessen Bereich oder Besitz das Nomen zugeordnet ist (genitivus possessivus).

② Maria: "Ecce ancilla Domini." ancilla, ancillae, f.: Magd

③ Christi Himmelfahrt:

Ascensio Domini
(genitivus subiectivus)
= **Dominus** ascendit <in caelum>.
S

a-scende-re (statt ad-scendere),
ascend-ō: hinauf-steigen
ascēnsiō, ascēnsiōn-is, f.: Aufstieg

Mariä Aufnahme in den Himmel
(volkstümlich: Mariä Himmelfahrt):

Assumptio Mariae
(genitivus obiectivus)
= <Deus> **Mariam** assumit <in caelum>.
AO

as-sūme-re (statt ad-sumere),
as-sūm-ō: hinzu-, auf-nehmen
assūmptiō, assūmptiōn-is, f.: Aufnahme

Unterscheiden Sie verschiedene Bedeutungen des Genitivs!

amor Dei - memoria patris - nomen papae - donum vitae

memoria, memoriae, f.	Gedächtnis, Erinnerung
vīta, vītae, f.	Leben
nōmen, nōmin-is, n.	Namen

④ Joannes videt Iesum et dicit: "Ecce agnus Dei, qui tollit peccatum mundi."
"Agnus Dei, qui tollis peccata mundi."

peccātum, peccātī, n. Fehler, Sünde
tolle-re, toll-ō aufheben; wegnehmen

⑤ Et plantat Dominus Deus paradisum in Eden.

Ibi est lignum scientiae boni et mali.

plantā-re, planto	*pflanzen*
paradīsus, paradīsī, m.	*Paradies*
līgnum, līgnī, n.	Holz, Baum
scientia, scientiae, f.	(Er-)kennnis, Wissen

⑥ Te, Deum, laudamus.
Tu Rex gloriae, Christe.
Tu Patris sempiternus es Filius.
Tu ad dexteram Dei sedes.
Salvum fac populum tuum, Domine.
Benedicimus te.
Et laudamus nomen tuum in saeculum,
et in saeculum saeculi.

rēx , rēg-is, m.	König
glōria, glōriae, f.	Ehre, Ruhm
sempiternus, a, um	ewig
dextera, dexterae, f.	rechte Hand, Rechte
sedē-re, sede-ō	sitzen
salvus, a, um	heil, gesund
populus, populī, m.	Volk
nōmen, nōmin-is, n.	Namen
saeculum, saeculī, n.	Jahrhundert, Zeitalter

⑦ SALVE, REGINA,
mater misericordiae, salve!

Ad te clamamus exsules filii Evae.

Ad te suspiramus.

Eia ergo, tuos oculos ad nos converte!

salvē, salvē-te	Guten Tag! Sei(d) gegrüßt!
rēgīna, rēgīnae, f.	Königin
misericordia, misericordiae, f.	Mitleid, Erbarmen
clamā-re, clamō	rufen, schreien
exsul, exsul-is, m./f.	Verbannte(r)
suspīrāre, suspiro	seufzen
eia ergō	he, auf denn also
oculus, oculī, m.	Auge
con-verte-re, con-vert-ō	wenden, drehen

⑧ Regina coeli — Corpus Christi

corpus, córpor-is, n. Leib , *Körper*

⑨ Duodecim apostolorum nomina sunt:
primus Simon Petrus et Andreas frater,
et Iacobus Zebedaei et Ioannes frater,
Philippus et Bartholomaeus,
Thomas et Matthaeus publicanus,
Iacobus Alphaei et Thaddaeus,
Simon Chananaeus et Iudas Iscariotes.

duōdecim	zwölf
frāter, frātr-is, m.	Bruder
pūblicānus, pūblicānī, m.	Zöllner

⑩ SUMMA SUMMARUM

summa, summae, f. *Summe*

⑪ *Gebetsschluss:* Et nunc et semper et in saecula saeculorum. Amen.

nunc *nun*, jetzt — semper immer

⑫ INRI = Iesus Nazarenus rex Iudaeorum

Nazarenus – Subst./Adj. zu Nazaret

⑬ *(Aus der Offenbarung des Joh.:)*

Habet super vestimentum nomen inscriptum:

Rex regum et Dominus dominorum.

super + Akk.	über, auf
vestīmentum,-ī, n.	Kleidung
īn-scrīptus, a, um	ein-geschrieben

		Singular / Einzahl				
Casus *Frage*	Funktion	1. Dekl. a – Dekl.	2. Dekl. o – Deklination		3. Deklination	
Nom. *Wer oder was?*	Subjekt / Prädikats-nomen	port-**a** ἡ ϑύρ-**α**	de-**us** ὁ ϑε-**ός**	dōn-**um**	salvātor ὁ σωτήρ	vās
Gen. *Wessen? (Von wem?)*	Genitiv-Attribut	port-**ae** ϑύρ-**ας**	de-**ī** ϑε-**οῦ**	dōn-**ī**	salvātōr-**is** σωτῆρ-**ος**	vās-**is**
Akk. *Wen oder was?*	Objekt (dir. Obj.)	port-**am** ϑύρ-**αν**	de-**um** ϑε-**όν**	dōn-**um**	salvātōr-**em** σωτῆρ-**α**	vās
				neutrum		*neutr.*

		Plural / Mehrzahl				
Casus	Satzteil	1. Dekl. a – Dekl.	2. Dekl. o – Deklination		3. Deklination	
Nom.	Subjekt / Prädikats-nomen	port-**ae** ϑύρ-**αι**	de-**ī** ϑε-**οί**	dōn-**a**	salvātōr-**ēs** σωτῆρ-**ες**	vās-a
Gen.	Genitiv-Attribut	port-**arum** ϑυρ**ῶν** (*ϑυρ-**άων**)	de-**ōrum** ϑε-**ῶν**	don-**ōrum**	salvātōr-**um** σωτήρ-**ων**	vās-**um**
Akk.	Akk.-Obj. (dir. Obj.)	port-**ās** θύρ-**ας**	de-**ōs** θε-**ούς**	dōn-**a**	salvātōr-**ēs** σωτῆρ-**ας**	vās-a
				neutrum		*neutr.*

Um festzustellen, zu welcher der drei Deklinationen ein Wort gehört, muss man außer dem oft eigenwillig aussehenden Nominativ Singular vor allem den Genitiv Singular kennen. Denn mit dem im Genitiv sichtbaren Stamm werden alle anderen Kasus gebildet.

- Wörter der 1., der sog. a-Deklination haben die Genitiv-Sing.-Endung **–ae**, z.B. *port-a, port-ae*, f.
- Wörter der 2., der sog. o-Deklination haben die Genitiv-Sing.-Endung **–i**, z.B. *de-us, de-i*, m.
- Wörter der sog. 3. Deklination haben im Genitiv Singular die Endung **–is**, z.B. *crux, cruc-is*, f. oder *corpus, corpor-is*, n.

Im Deutschen verschmelzen Genitiv-Attribut und Beziehungswort oft zu e i n e m zusammengesetzten Substantiv:

ecclesia Petri: Kirche des Petrus ➔ Petrikirche, Petruskirche, Peterskirche
porta villae: die Tür des Hauses ➔ die Haustür vīlla, vīll-ae, f.: (Land-)haus
copia frumenti: eine Menge Getreide ➔ eine Getreidemenge
copia, copiae, f. Vorrat, Menge — frumnentum,-i, n. Getreide

ebenso: filius Dei, amor Dei, filia agricolae, incola insulae, cena familiae, lectus aegroti, timor Dei, hora cenae, morbus mulierum, cibus deorum

agricola, -ae, m. Landwirt, Bauer
incola, incolae, m./f. Einwohner
īnsula, īnsulae, f. *Insel*
hōra, hōrae, f. Stunde, Zeit
lectus, lecti, m. Bett, Liege
aegrōtus, a, um krank
morbus, -i, m. Krankheit
cibus, cib-i, m. Speise, Nahrung

Suffix **–tas**, **-tatis**

Aus Adjektiven und Substantiven können Substantive gebildet werden mit dem Suffix *–tās*, Genitiv *–tāt-is*, f.; vgl. die deutschen Suffixe *-heit, -keit* oder *-e*.

bonus,a,um bonitās,-tātis,f.
trīni,ae,a (je drei) trīnitās, -tātis,f.
sānctus,a,um sānctitās, -tātis,f.
carus,a,um (lieb, teuer) caritās, -tātis,f. *("Deus caritas est")*
vānus,a,um (leer, nichtig, vergeblich, wertlos) vānitās, -tātis, f.
socius bzw. socia ([Bundes-]genosse/genossin) societās, -tātis, f.

Die Substantive der romanischen Sprachen leiten sich in der Regel ab vom Akkusativ Singular der betreffenden Wörter.

	deutsch **-tät**	rumänisch **-tate**	portugiesisch **-dade**	spanisch **-dad**	italienisch **-tà**	französisch **-té**	englisch **-ty**
trinitas, trinitat-is	Trinität Dreiheit Dreieinigkeit	trinitate	trindade	trinidad	trinità	trinité	trinity
bonitas, bonitat-is	Bonität Güte	bunatate	bondade	bondad	bontà	bonté	—
sanctitas, sanctitat-is	— Heiligkeit	sanctitate	santidade	santidad	santità	sainteté	—
universitas, universitatis	Universität, Gesamtheit	universitate	universidade	universidad	università	université	university
societas, societat-is	Sozietät Gemeinschaft, Bündnis, Genossenschaft, Gesellschaft	societate	sociedade	sociedad	società	société	society

⑭ "Vanitas vanitatum", dicit Ecclesiastes, "vanitas vanitatum et cuncta vanitas." vānitās, vānitāt-is, f. leerer Schein, Gehaltlosigkeit, Nichtigkeit

⑮

Ordenskürzel

ordo, órdin-is, m.: Reihe, Ordnung, Regel, Stand

ACI	Ancillae Cordis Iesu	cor, cord-is, n. Herz
ASC	Sorores Adoratrices Pretiosissimi Sanguinis	soror, sorōr-is, f. Schwester adōrātrix, adōrātric-is, f. Anbeterin pretiōsissimus,a,um sehr kostbar, am kostbarsten
CDP	Congregatio Divinae Providentiae	sanguis, sanguin-is, m. Blut dīvīnus, a, um göttlich prōvidentia, prōvidenti-ae, f. Vorsehung
OFM	Ordo Fratrum Minorum	minor, minōr-is kleiner, geringer
OFMCap	Ordo Fratrum Minorum Capuccinorum	
OP	Ordo Fratrum Praedicatorum	praedicātor, praedicātōr-is, m. Prediger
OSB	Ordo Sancti Benedicti	
OSC	Ordo Sanctae Clarae	
SJ bzw. SI	Societas Jesu	
SVD	Societas Verbi Divini *(Steyler Missionare)*	verbum, verb-ī, n. Wort

⑯

CREDO in Deum, Patrem omnipotentem,

creatorem caeli et terrae.

Et in Iesum Christum, Filium <Dei>,

Dominum,

[...] descendit ad inferos, [...] ascendit ad caelos,

sedet ad dexteram Dei Patris omnipotentis,

inde <venit> iudicare vivos et mortuos.

Credo in Spiritum Sanctum,

sanctam Ecclesiam catholicam,

sanctorum communionem,

remissionem peccatorum,

carnis resurrectionem, vitam aeternam.

Amen.

crēde-re, crēd-ō glauben
omnī-potēns,-potent-is allmächtig; Allmächtiger
creātor, creātōr-is, m. Schöpfer
terra, terrae, f. Erde, Land

a-scende-re, ascend-ō hinaufsteigen
dē-scende-re,dēscend-ō hinabsteigen
īnfer-ī, -ōrum, m.plur. die Unteren = Unterwelt

inde von dort
iudicare richten
vīvus, viva, vivum lebend(ig)
mortuus, mortua, mortuum tot

commūniō, commūniōn-is, f. Gemeinschaft
re-missio, re-mission-is, f. Nachlass
re-surrēctiō,-surrēctiōn-is, f. Auferstehung
carō, carn-is, f. Fleisch
aeternus, a, um ewig

⑰ "Libera nos, Domine" līberā-re, liberō befreien — crūx, crūc-is, f. *Kreuz*

passiō, passiōn-is, f.: Leiden — re-surrēctiō, re-surrēctiōn-is, f.: (Wieder-)Auferstehung

Übersicht über die bisher bekannten Kasus-Endungen

	Singular			Plural		
	1. Deklina-tion a-Dekl.	2. Deklina-tion o-Dekl.	3. Deklina-tion konson. Dekl.	1. Dekl. / a-Dekl.	2. Dekl. / o-Dekl.	3. Dekl. / konson. Dekl.
Nom.	-a	-us	—	-ae	-ī	-ēs
Gen.	-ae	-ī	-is	-ārum	-ōrum	-um
Akk.	-am	-um	-em	-ās	-ōs	-ēs

Für Neutra gilt: Nom. sg. = Akk. sg.
Nom. pl. –**a** = Akk. pl. –**a**

⑱ Servus servorum Dei

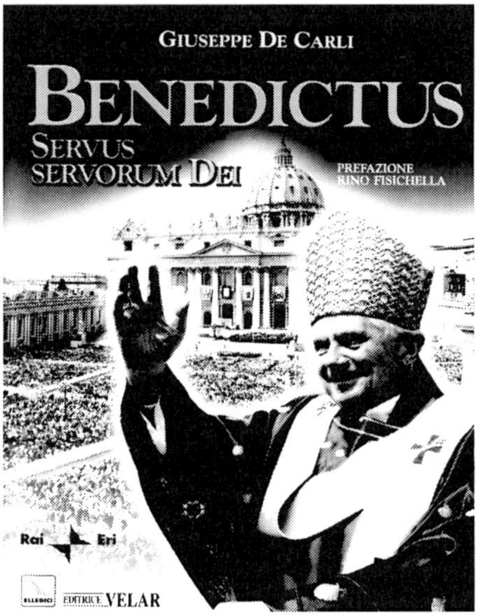

Übung 1 — *Übersetzen Sie mit e i n e m zusammengesetzten Substantiv!*
servorum vita ....
agnus Dei ....
morbus oculorum ....
cibus deorum ....
creator mundi ....
nomina mulierum ....

Übung 2 — *Bilden Sie alle Casus in Singular und Plural von* agricola bonus, omnipotens deus, mulier salva, rex magnus *mit Übersetzung!*

Übung 3 — *Setzen Sie die Sätze in den Plural!*
Frater meus ad villam piscatoris it.
Pastor ducem populi laudat.
Mulier sancta nomen apostoli cognoscit.
Frater meus donum amici apportat.

Übung 4 — *Setzen Sie die Sätze in den Singular!*
Agricolae boni nomina morborum bestiarum sciunt. bestia, bestiae, f. Tier
Corpora servorum salva sunt.
Populi nomina regum et reginarum laudant.
Fratres mei horas cenarum amant.

Übung 5 1. Dominus servi villam habet.
Fügen Sie zu jedem Substantiv dieses Satzes die passende Form des Adjektivs "magnus / groß" *hinzu!*

2. Piscator corpus regis invenit.
Fügen Sie – jeweils in der passenden Form – das Adjektiv "timidus / ängstlich " *zu* "piscator", "magnus / groß" *zu* "corpus" *und* "mortuus" *zu* "regis"!

Setzen Sie die neugebildeten Sätze 1. und 2. in den Plural!

Lernwortschatz

1. Dekl.: Subst. mit Genitiv Sing. –ae (a-Dekl.)	2. Dekl.: Subst. mit Genitiv Sing. –i (o-Dekl.)
vīlla, vīllae, f. (Land-)haus, Bauernhof (*Villa*, frz. *ville*)	frūmentum, frūmenti, n. Getreide
vīta, vītae, f. Leben	morbus, morbī, m. Krankheit
copia, copiae, f. Vorrat, Menge (*Kopie*)	cibus, cibī, m. Nahrung, Nahrungsmittel, Speise (*Ziborium*)
agricola, agricolae, m. Landwirt, Bauer	lectus, lecti, m. Bett, Liege
incola, incolae, m./f. Einwohner	peccātum, peccātī, n. Fehler, Sünde
īnsula, īnsulae, f. *Insel*	paradīsus, paradīsī, m. *Paradies* (παράδεισος)
hōra, hōrae, f. Stunde, Zeit (ὥρα, engl. *hour*)	populus, populī, m. Volk (*populär*, engl. *people*)
ancilla, ancillae, f. Magd	saeculum, saeculī, n. Jahrhundert; Zeitalter, Zeitgeist; Zeitlichkeit; irdische Zeit = Welt (*Säkularisation*)
memoria, memoriae, f. Gedächtnis, Erinnerung (*memory, Memoiren*)	oculus, oculī, m. Auge
scientia, scientiae, f. (Er-)kenntnis, Wissen(-schaft) (*science*, vgl. *scire*)	pūblicānus, pūblicānī, m. Steuereintreiber, -pächter, Zöllner
glōria, glōriae, f. Ehre, Ruhm, *Glorie*	vestīmentum, vestīmentī, n. Kleid, Kleidung, Kleidungsstück
dextera, dexterae, f. rechte Hand, Rechte	īnferī, īnferōrum, m.plur. die Unteren = Unterwelt, Hölle
rēgīna, rēgīnae, f. Königin (vgl. *rex, reg-is*)	
misericordia, misericordiae, f. Mitleid, Erbarmen	
summa, summae, f. *Summe*	
terra, terrae, f. Erde, Land	

3. Deklination: Subst. mit Genitiv Sing. –is *(Konsonanische Deklination)*	Adjektive der 1./2. Deklination
trīnitās, trīnitāt-is, f. Dreiheit, Dreifaltigkeit, *Trinität* ascēnsiō, ascēnsiōn-is, f. Aufstieg *(ascendere)* assūmptiō, assūmptiōn-is, f. Aufnahme *(assumere)* nōmen, nōmin-is, n. Namen corpus, corpor-is, n. Leib , *Körper* rēx , rēg-is, m. König (*regina*) frāter, frātr-is, m. Bruder ordo, ordin-is, m. Reihe, Ordnung, Regel, Stand, *Orden* omnī-potēns, omnī-potent-is Allmächtiger; allmächtig creātor, creātōr-is, m. Schöpfer (*creare*) commūniō, commūniōn-is, f. Gemeinschaft (*Kommunion*) re-missio, re-mission-is, f. Nachlass re-surrēctiō, re-surrēctiōn-is, f. (Wieder-) auferstehung carō, carn-is, f. Fleisch crūx, crūc-is, f. *Kreuz* passiō, passiōn-is, f. Leiden(-schaft), *Passion*	aegrōtus, a, um krank sempiternus, a, um immerwährend, ewig salvus, a, um heil, gesund (*salvare*) vīvus, a, um lebend, lebendig mortuus, mortua, mortuum tot, gestorben aeternus, a, um ewig quartus, a, um vierte(r)

a-Konjugation	e-Konjugation
plantā-re, plantō *pflanzen* clamā-re, clamō rufen, schreien līberā-re, liberō befreien	sedē-re, sede-ō sitzen (salvēre: gesund sein, sich wohl befinden; Imperative zur Begrüßung/Verabschiedung:) salvē, salvē-te Guten Tag! Sei(d) gegrüßt! / Lebe/Lebt wohl! Bleib(t) gesund!

3. / Konsonantische Konjugation	Präp.	Sonstiges
as-sūme-re, as-sūm-ō hinzu-, auf-nehmen *(assumptio)* a-scende-re (statt ad-scendere) , ascend-ō hinauf-steigen *(ascensio)* dē-scende-re, dēscend-ō hinab-steigen tolle-re, toll-ō aufheben, erheben; wegnehmen, beseitigen con-verte-re, con-vert-ō wenden, drehen *(konvertieren)* crēde-re, crēd-ō glauben (an), Vertrauen setzen in, (an-)vertrauen	super über, auf per durch	eia ergō he, auf denn also et .. et .. sowohl .. als auch nunc *nun*, jetzt semper immer duōdecim zwölf inde von dort; darauf(-hin)

Test (Lektion I. – IV.)

1. a) Bestimmen Sie die Formen aller Wörter des Satzes genau!
   b) Schreiben Sie **S** (Subjekt), **P** (Prädikat) und **AO** (Akkusativ-Objekt) unter die die entsprechenden Wörter des Satzes!
   c) Übersetzen Sie den Satz!

Christus,	salvator	cunctorum,	tollit	peccata	mundi.
N. sg. m.	....	....	......	....	....

....

....

2. Prädikat bedeutet:
   - ☐ Handlung
   - ☐ (Satz-)Aussage
   - ☐ Hauptperson der Satzes

Ankreuzen bitte!

3. Kreuzen Sie die richtigen Wortformen an! Übersetzen Sie die Sätze!

Christus ad ☐ dextera / ☐ dexteram / ☐ dexterum — ☐ Deus pater / ☐ Deum patrem / ☐ Dei patris — sedet.

Inde venit iudicare ☐ vivi et mortui. / ☐ vivos et mortuos. / ☐ vivorum et mortuorum.

4. Bestimmen Sie die fünf Formen genau, und geben Sie die Grundform (Infinitiv bzw. Nominativ Singular) an!

plantas	....	von	plantare
vitas	....	von	....
trinitas	....	von	....
credis	....	von	....
regis	....	von	....

5. Übersetzen Sie die Texte a. - c., setzen Sie die unterstrichenen Wörter in die richtigen Kästchen!

a. *In Sodom*

Lot, pater duarum filiarum, sedet ad portam villae. Villa parva est. Tum duo angeli Sodomam veniunt.

Lot angelos invitat* et in villam ducit*.

* invitare, invito einladen
* ducere, duco führen

Tum Sodomitani angelos cognoscere cupiunt.

Tum Lot dicit: "Habeo duas filias . . ." Angeli ad Lot dicunt: "Fuge Sodomam!"

Lot verba* angelorum audit.

* verbum, verbi, n. Wort

Et Lot et mulier et filiae fugiunt.

b. Deus caelum creat. Caelum magnum est. Maria nomen reginae caeli habet. Maria mater Christi est. Iesus matrem diligit. Cum *(als)* in crucem it, timor matris magnus est. Postea Deus Mariam in caelum assumit.

c. "Ubi sunt pastores?" — "Oves pastorum ibi sunt, sed pastores non video."

	1. Dekl. / a-Dekl.		2. Dekl. / o-Dekl.	
	sg.	pl.	sg.	pl.
Nom.	. . . .	. . . .	. . . .	. . . .
Gen.	. . . .	. . . .	. . . .	. . . .
Akk.	. . . .	. . . .	. . . .	. . . .

	3. / konson. Dekl.	
	sg.	Pl.
Nom.	. . . .	. . . .
Gen.	. . . .	. . . .
Akk.	. . . .	. . . .

V. Lectio quinta

① Manche Verben brauchen keine Ergänzung, Zielangabe oder dergleichen; sie enthalten auch so eine sinnvolle Aussage. Auf welche der folgenden Sätze trifft dies zu? Kreuzen Sie an!

a) Lucius habet. b) Iesus dormit. c) Servi faciunt. d) Elephantus clamat.
e) Nunc portant.

② Viele Verben brauchen als Ergänzung ein **Ziel der Handlung (Objekt)**.
Frage: <u>Worauf</u> oder <u>auf wen</u> richtet sich die Handlung?

③

Rufus **filium** videt.
AO

Das Sehen richtet sich auf ein "Objekt", den Sohn. Das Objekt steht auf die Frage *WEN* oder *WAS?* im Kasus Akkusativ: Akkusativobjekt (AO).

Gaius **amico** appropinquat.

ap-propinquāre,-propinquō heran-kommen, sich nähern (*to approach*)

Das Sich-Nähern richtet sich ebenfalls auf ein Ziel, nämlich den Freund. Auf die Frage *WEM?* steht das Objekt im Kasus . . . . : . . . . -objekt (DO).

Amica villae appropinquat.

Manchmal gibt es zwei "Ziele" / Objekte, auf die sich die Handlung, nämlich hier das Geben bzw. Gießen, richtet, hier auf das Wasser <u>und</u> auf die Freundin!

Domina amicae aquam dat.
dare, dō geben

Dativ: *"Gebe"-Fall*

④ Deō **grātiās** (Akk. Pl. f. zu gratia: *Dank*) < ágere (Infinitiv): *tun* >
Gracias a Dios
Grazie a Dio

< lasst uns sagen / wir sagen / ich sage > Gott Dank.

⑤ Pilatus:
"Ecce homo!"

Bild rechts:
Ecce homo, Terracotta, um 1690, St. Laurentius, Enns-Lorch (Oberösterreich)

homo, homin-is, m. Mann, Mensch

⑥

Iesus discipulis parabolam zizaniorum explicat:

"Filius hominis seminat bonum semen;

bonum vero semen sunt filii regni;

zizania autem filii sunt Mali;

inimicus autem est Diabolus;

messores autem angeli sunt."

parabola, parabol-ae, f. Gleichnis, *Parabel* (παραβολή)
zīzānia, zīzāni-ōrum, n.plur. Lolch, Unkraut
ex-plicāre, explicō entfalten, erklären
sēmināre, sēminō säen
sēmen, sēmin-is, n. *Samen*
vērō (Adverb) wahrlich, in Wirklichkeit; aber
rēgnum, rēgn-i, n. (König-)reich, (Königs-)herrschaft
in-imīcus, inimīc-ī, m. Feind
diabolus, diabol-ī, m. Verleumder, Verwirrer; *Teufel*
messor, messōr-is, m. Schnitter
autem (nachgestellt) aber

⑦ Homo homini lupus.

Übung
Bestimmen Sie die Formen der Wörter (Subst. u. Verben) der folgenden Sätze!

prīnceps, prīncip-is, m. Erster, Anführer, Vorsteher
sacerdōs, sacerdōt-is, m./f. Priester(in)
ob-oedīre, ob-oedi-o gehorchen
oportēre, oportet es gehört sich; man muss
magis ... quam ....: mehr ... als ....

a. Petrus et apostoli principi sacerdotum respondent:

Nom. sg. m. Nom. pl. m.
Petrus, -i *apostolus, -i*

b. "Oboedire oportet Deo magis quam hominibus."

⑧

Discipuli Pharisaeorum dicunt ad Iesum: *"Scimus, viam Dei recte doces; non enim respicis personam hominum. Dic ergo nobis: Licet nobis dare tributum Caesari an non?"*

Iesus discipulis respondet: *"Quid me temptatis, hypocritae? Ostendite mihi denarium!"* Et apportant denarium. Iesus interrogat: *"Cuius est imago et inscriptio?"* Discipuli respondent: *"Caesaris."*

Et ait Iesus: *"Reddite ergo id, quod est Caesaris, Caesari et id, quod est Dei, Deo!"*

via, vi-ae, f. Weg, Straße,Reise
rēctē (Adv.) richtig, korrekt
docēre, doceō lehren, unterrichten
enim (nachgestellt) nämlich
re-spicere, respiciō zurückblicken, berücksichtigen
persōna, -ae, f. Theatermaske, Rolle, *Person*
licēre, licet es ist erlaubt, man darf
tribūtum, tribūt-ī, n. Steuer, *Tribut*
Caesar, Caesar-is Caesar; *Kaiser*
ān? oder?
temptāre/tentāre versuchen
hypocrita, -ae, m. Heuchler (*ὑποκριτής*)
ostendere, ostendō entgegenhalten, zeigen
dēnārius, dēnāri-ī, m. *Denar*
cuius? wessen?
imāgō, imāgin-is, f. Bild (*image*)
īn-scrīptiō,-scrīptiōn-is, f. *Inschrift*
ait sagt(e) er(sie/es)
red-dere, reddō zurück-geben
id, quod das, was

⑨ Non nobis, Domine, non nobis, sed nomini tuo da gloriam!

⑩ Der *Homo – Mensura* – Satz mensūra, mensūr-ae, f.: Maß

		Singular / Einzahl				
Casus *Frage*	Funktion	1. Dekl. a – Dekl.	2. Dekl. o – Deklination		3. Deklination	
Nom. *Wer oder was?* Quis / Quid?	Subjekt / Prädikats-nomen	port-**a** ἡ ϑύρ-**α**	de-**us** ὁ ϑε-**ός**	dōn-**um**	salvātor ὁ σωτήρ	vās
Gen. *Wessen? (Von wem?)* Cuius?	Genitiv-Attribut	port-**ae** ϑύρ-**ας**	de-**ī** ϑε-**οῦ**	dōn-**ī**	salvātōr-**is** σωτῆρ-**ος**	vās-**is**
Dat. *Wem? (Für wen/ Wozu?)* Cui?	Dativ-Objekt (indir. Objekt)	port-**ae** ϑύρ-**ᾳ**	de-**ō** ϑε-**ῷ**	don-**ō**	salvātōr-**ī** σωτῆρ-**ι**	vās-**ī**
Akk. *Wen oder was?* Quem / Quid?	Objekt (dir. Obj.)	port-**am** ϑύρ-**αν**	de-**um** ϑε-**όν**	dōn-**um**	salvātōr-**em** σωτῆρ-**α**	vās
				neutrum		*neutr.*

		Plural / Mehrzahl				
Casus	Satzteil	1. Dekl. a – Dekl.	2. Dekl. o – Deklination		3. Deklination	
Nom.	Subjekt / Prädikats-nomen	port-**ae** ϑύρ-**αι**	de-**ī** ϑε-**οί**	dōn-**a**	salvātōr-**ēs** σωτῆρ-**ες**	vās-a
Gen.	Genitiv-Attribut	port-**arum** ϑυρ**ῶν** (*ϑυρ-**άων**)	de-**ōrum** ϑε-**ῶν**	don-**ōrum**	salvātōr-**um** σωτήρ-**ων**	vās-**um**
Dat.	Dat.-Obj. (indir.Obj.)	port-**īs** ϑύρ-**αις**	de-**īs** ϑε-**οῖς**	don-**īs**	salvātōr-**ibus** σωτῆρ-**σι**(ν)	vās-**ibus**
Akk.	Akk.-Obj. (dir. Obj.)	port-**ās** ϑύρ-**ας**	de-**ōs** ϑε-**ούς**	dōn-**a**	salvātōr-**ēs** σωτῆρ-**ας**	vās-a
				neutrum		*neutr.*

Personalpronomen

	1. Person sing.	2. Person sing.	1. Person plur.	2. Person plur.
Nom.	egō ich	tū du	nōs wir	vōs ihr
Dat.	mihī mir	tibī dir	nōbīs uns	vōbīs euch
Akk.	mē mich	tē dich	nōs uns	vōs euch

Der **Dativ** ist nicht nur "Gebe-Fall", er dient u. a. auch dazu, den Besitzer anzugeben (dativus possessivus):

Pastor**i** oves sunt. *(Dem Hirten sind Schafe:)*
Der Hirte hat Schafe / Dem Hirten gehören Schafe.

Mih**i** nomen est Petrus. *(Mir ist der Name Petrus:)*
Ich heiße Peter.

Übung 1
Deklinieren Sie "homo primus" / "der erste Mensch" *lateinisch-deutsch!*

Übung 2
a. "Datisne mihi cibum?" —

"D.............. .... cibum."

b. "Explicasne nobis parabolam?"

"Ex..
...."

Übung 3 — *Übersetzen Sie!*

Lectio epistulae beati Pauli apostoli ad Romanos.

Verbum Domini. - *Deo gratias.*

Lectio sancti Evangelii secundum Lucam. - *Gloria tibi, Domine.*

Verbum Domini. -
Laus tibi, Christe.

crās (Adv.) morgen

Übung 4

aquam - dexteram - discipulos - dominis - filium - matri - mundum - ovibus - patris - piscatoribus - salvatori

Setzen Sie das passende Wort aus der Liste in die Lücken der folgenden Sätze ein!

Homines .... gratias agunt.

Iesus .... docet.

Pastores .... dant.

Iesus .... appropinquat.

Christus sedet ad dexteram ....

Deus .... in .... mittit.

Servi .... oboediunt.

"Amice, da mihi .... !"

Filius .... non respondet, quod mortuus est.

Übung 5 zur Formenbestimmung

Vokabelform		Form-bestimmung	Übersetzung
1 *dare*	do	*1. sg. Präs.*	*ich gebe*
2	dono		
3	duo		
4	caro		
5	domini		
6	homini		
7	regi		
8	regni		
9	suscitas		
10	societas		
11	vias		
11	cras		

Lernwortschatz

③	ap-propinquāre, appropinquō	herankommen, sich nähern (*to approach*)
	dare, dō	geben
④	grātia, grāti-ae, f.	Dank, Gunst, Gnade, *Grazie*
	agere, agō	handeln, tun, verrichten; verhandeln
	grātiās agere	Dank sagen, danken
⑤	homo, homin-is, m.	Mensch; Mann, Kerl
⑥	parabola, parabol-ae, f.	Gleichnis, *Parabel* (παραβολή)
	ex-plicāre, explicō	entfalten, erklären
	vērō (Adverb)	wahrlich, in Wirklichkeit; aber
	rēgnum, rēgn-i, n.	(König-)reich, (Königs-)herrschaft (vgl. *rex, regina*)
	in-imīcus, inimīc-ī, m. *(amicus!)*	Feind
	diabolus, diabol-ī, m.	Verleumder, Verwirrer; *Deibel*, *Teufel* (διάβολος)
	autem (nachgestellt)	aber
	prīnceps, prīncip-is, m.	Erster, Anführer, Vorsteher; Herrscher (Titel der röm. Kaiser seit Augustus; *Prinzipat, Prinz*)
	sacerdōs, sacerdōt-is, m./f.	Priester(in)
	ob-oedīre *(audire!)*	gehorchen
	oportēre, oportet	es gehört sich; man muss
	magis ... quam	mehr ... als ....
⑧	via, vi-ae, f.	Weg, Straße, Marsch, Reise (*Via Appia*, ital. *viaggio*, span. *viaje*)
	rēctē (Adv.)	richtig, korrekt
	docēre, doceō	lehren, unterrichten (*dozieren, Dozent, Doktor*)
	enim (nachgestellt)	nämlich
	re-spicere, respiciō	zurückblicken, berücksichtigen
	persōna, persōn-ae, f.	Theatermaske, Rolle; *Person*
	licēre, licet	es ist erlaubt, man darf (*Lizenz*)
	tribūtum, tribūt-ī, n.	Steuer, Abgabe, *Tribut*
	Caesar, Caesar-is, m.	Caesar; *Kaiser*
	ān?	oder?
	tentāre/temptāre, tentō/temptō	versuchen
	ostendere, ostendō	entgegenhalten, zeigen
	cuius?	wessen?
	cui?	wem?
	imāgō, imāgin-is, f.	Bild (*image*)
	īn-scrīptiō, īnscrīptiōn-is, f.	*Inschrift*
	ait	sagt(e) er(sie/es)
	red-dere, reddō	zurück-geben (vgl. *dare*)
	id, quod	das, was
	crās (Adv.)	morgen
	quintus, a, um	fünfte(r)

Lesetexte nach Lektion 5

1. Iterum ibi stant duo discipuli Ioannis; et videt Ioannes Iesum et dicit: "Ecce agnus Dei." Et audiunt Ioannem duo discipuli et eunt ad Iesum. Et convertit se Iesus et dicit discipulis: "Quid quaeritis?" Respondent: "Rabbi, ubi habitas?" Dicit Iesus: "Venite et videte!" Veniunt ergo et vident, ubi habitat, et apud Iesum manent.

stare, st-o	stehen
quaerere, quaer-o	suchen, fragen
habitare, habit-o	wohnen
apud + Akk.	bei
manere, mane-o	bleiben

2. It autem per Galilaeam, et videt duos fratres, Simonem, et Andream fratrem Simonis; sunt piscatores Et ait fratribus: "Venite post me, et facio vos piscatores hominum."

post + Akk.	hinter (örtlich), nach (zeitlich)

3. *Nach einer "harten Rede" Jesu kommt es zu einer Krise unter seinen Anhängern.*

Tum multi discipulorum abeunt. Dicit ergo Iesus ad Duodecim: "Numquid et vos abitis?"

ab-ire ≠ adire	weg-/ab-gehen ≠ hin-/hinzu-gehen
numquid ...?	etwa ...?

Sed Simon Petrus Domino respondet: "Domine, ad quem imus? Verba vitae aeternae habes; et nos credimus et cognoscimus, quia tu es Sanctus Dei."

4. Et nuptiae sunt in Cana Galilaeae, et est ibi mater Iesu; vocant autem et Iesum et discipulos ad nuptias. Quod autem vinum deficit, mater dicit ad Iesum: "Vinum non habent." Et dicit matri: "Quid mihi et tibi, mulier? Nondum venit hora mea." Dicit mater servis: "Id, quod dicit vobis, facite!" Ecce ibi sunt sex vasa magna. Dicit servis Iesus: "Infundite aquam in vasa!" Et infundunt aquam in vasa. Et dicit Iesus: "Apportate vinum architriclino!"

Multi homines primum signum Christi laudant et in Christum credunt. Tum Iesus Cpharnaum descendit, ipse et mater et fratres et discipuli, et ibi manent. Et prope est Pascha Iudaeorum, et ascendit Hierosolymam Iesus.

nuptiae, nuptiarum, f.pl.	Hochzeit, Hochzeitsfeierlichkeiten
deficere, defici-o	fehlen, ausgehen
nondum	noch nicht
sex	sechs
archi-triclinus,-i, m.	(Chef des Trikliniums) Speisemeister, Caterer (ἀρχι-τρίκλινος)
Capharnaum,-i, n.	Kapharnaum, Kapernaum
manere, mane-o	bleiben
prope (Adv.)	nahe
Hierosolyma,-ae, f.	Jerusalem (Ἱεροσόλυμα)

VI. Lectio sexta

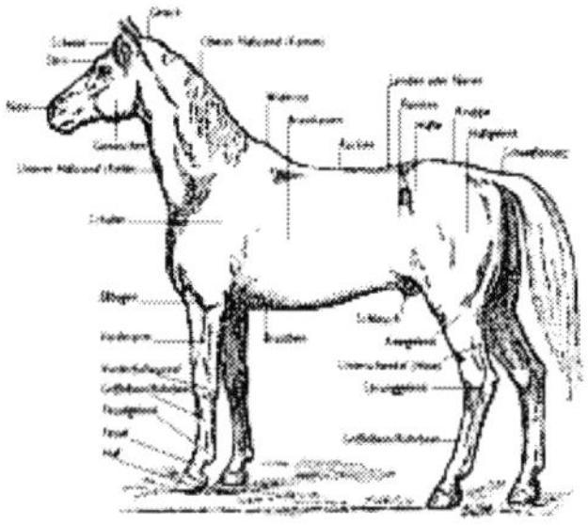

① raeda,-ae, f. (Reise-)Wagen equus, equ-ī, m. Pferd

1. **Leo** pap**a** in Germaniam **it**.

Der obige Satz wird im folgenden um jeweils einen Satzteil erweitert. Schreiben Sie das Fragewort hin, mit dem man das unterstrichene Wort des neuen Satzteils erfragen kann!

Annō Domini DCCIC Leo papa in Germaniam it.

Frage: Wann?

Annō Domini DCCIC Leo papa Romā in Germaniam it. . . . . ?

Annō Domini DCCIC Leo papa raedā vel equō Romā in Germaniam it.

. . . . ?

Annō Domini DCCIC Leo papa, terrore inimicorum fugatus, raedā vel equō Romā in Germaniam it. . . . . ?

leō, leōn-is, m.	Löwe (auch Männername)	vel	oder
Germānia, -ae, f.	*Germanien*	terror, terror-is, m.	Schrecken, *Terror* (= schreckenerregende Taten!)
annus, ann-ī, m.	Jahr	fugatus, a, um	vertrieben
Rōma, Rōm-ae, f.	*Rom*		

Der Kasus der in oben unterstrichenen Wörter ist der **Ablativ**.

Der Ablativ Singular endet in der o-Deklination auf langem -...... , in der a-Deklination auf langem -...... und in der 3. Deklination auf kurzem -...... .

Der Ablativ Plural hat die gleichen Endungen wie der Dativ Plur.: -īs bzw. -ibus.

2. Mense Iuliō anni DCCIC Leo papa in Germaniā est.

mēnsis, mēns-is, m.	Monat
Iūlius, a, um	(Adj. zu Iulius, hier zu Gaius Iulius Caesar)

Cum Carolō rege agit. — cum + Abl. (zusammen) mit

Cum Carolō rege de regnō et de ecclesiā agit. — de + Abl. über, von

Cum Carolō rege in palatiō ad fontes Lupiae sitō de regnō et de ecclesiā agit.

Carolus, Carol-ī, m.	*Karl*
palātium, palāti-ī, n.	der Palatin (einer der sieben Hügel Roms); die *Pfalz*, der *Palast, das Palais* (vgl. ital. *palazzo*, span. *palacio*)
fōns, font-is, m.	Quelle
Lupia, Lupi-ae, f.	Lippe (deutscher Fluss)
situs, a, um	gelegen (*Situation*)

3. Unterscheiden Sie: Papa *in Germaniam* it (oben Satz 1) —

Papa *in Germaniā* est (oben Satz 2)!

Unterscheiden und übersetzen Sie ebenso: Quo rex it? *In palatium* it. —

Ubi rex est? *In palatiō* est.

in + Akk. auf die Frage:	. . . . ?
in + Abl. auf die Frage:	. . . . ?

4. Setzen Sie die Sätze in die Mehrzahl!

a) Rex magnus raeda vel equo ad palatium it.

. . . .

b) Papa cum rege in palatio de regno agit.

. . . .

c) Homo cum muliere in villa laborat.

. . . .

d) Caesar in imagine *(Münzenbild)* est.

. . . .

Das Adverbiale / Die Umstandsbestimmung

Paul schießt ein Tor.

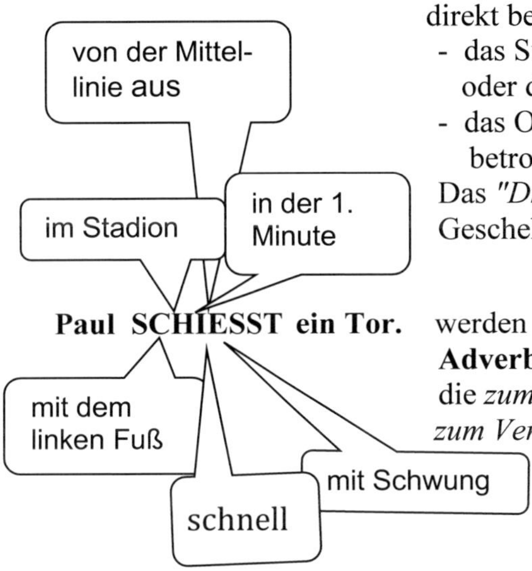

Subjekt und **Objekt** sind an einer Handlung direkt beteiligt:
- das Subjekt ist Hauptträger der Handlung oder des Geschehens,
- das Objekt ist als Ziel von der Handlung betroffen.

Das *"Drum und Dran"* einer Handlung, eines Geschehens, das heißt die näheren *Umstände* (vgl. engl. *circumstances*, von *circum-stare*: im Kreis drum herum-stehen), werden durch **Umstandsbestimmungen** (das **Adverbiale** / die Adverbialien) angegeben, die *zum Prädikat* (lateinisch: *ad verbum – zum Verb*) hinzutreten.

Alle Substantive können ferner durch ***Attribute*** *(Beifügungen)* näher bestimmt werden (z.B. der ***kleine*** Paul / das Tor ***des Monats***).

In der 1. Minute	**schießt**	**Paul**	im Stadion	von der Mittellinie aus
A	**P**	**S**	A	A
WANN? (Zeit)			WO? (Ort)	VON WO AUS? (Ausgangspunkt)

mit dem linken Fuß	mit Schwung	schnell	**ein Tor**.
A	A	A	AO
WOMIT? (Mittel)	Wie?	Wie?	
	(Art und Weise)		

---

i-re: gehen / to go

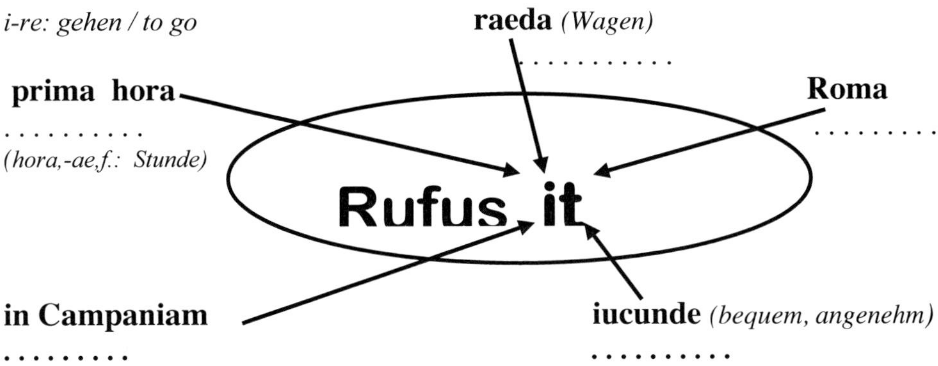

Primā horā **Rufus** raedā iucunde Romā in Campaniam **it**.	iūcundē (Adv.) Campānia, -ae, f.	angenehm, erfreulich Kampanien (Landschaft um Neapel)

Im Lateinischen steht das **Adverbiale** oft im **Ablativ** (Abl. sing.: **-ō**, **-ā**, -e; Abl. plur. = Dat. plur.!), und zwar

- auf die Frage WANN? (Ablativ des Zeitpunktes), temporal
- auf die Frage WOMIT? / WODURCH? (Ablativ des Mittels oder Werkzeugs), instrumental
- auf die Frage VON WO AUS? / WOVON WEG? (Ablativ des Ausgangspunktes einer Trennung), separativ

Oft wird die Sinnrichtung des Ablativs durch eine **Präposition** deutlich gemacht:

magnō cum labore — labor,labōr-is, m. Mühe, Arbeit
magnā cum laude — laus, laud-is, f. Lob
mediā in vitā — medius,-a, -um *mitten, mittlere(-r)*
in pace – ex hortō – ex cathedrā — pāx, pāc-is, f. Frieden — hortus,-i,m. Garten
c.t. = cum tempore, s.t. = sine tempore — tempus, témpor-is, n. Zeit

Akademische Notengebung:

cum laude — magnā cum laude — summā cum laude
summus,a,um: höchste(r/s), oberste(r/s)

honōs, hnonōr-is, m.: Ehre

②

Nocte Iesus est cum discipulis in horto Gethsemani. Tum venit Iudas, unus de duodecim, et multa turba cum lanternis et armis.
Iudas turbae signum dat; dicit: "Ave, Rabbi!" et Iesu osculum dat. Iesus autem Iudae dicit: "Iuda, osculo Filium hominis tradis?"
Nonnulli ex discipulis dicunt: "Domine, si percutimus in gladio?" Et Petrus percutit servum principis sacerdotum et amputat auriculam dexteram servi. Est autem nomen servo Malchus. Dicit Iesus Petro: "Mitte gladium in vaginam!" Et auriculam servi tangit et sanat. Dicit Iesus ad turbam: "Quasi ad latronem exitis cum gladiis et fustibus? Cottidie vobiscum sum in templo, et non me comprehenditis."
Tum turba Iesum comprehendit et ex horto ad principem sacerdotum ducit.

nox, noct-is, f.	Nacht
hortus, hort-ī, m.	Garten
Iūdās, Iūd-ae, m.	Judas
turba, turb-ae, f.	Menschenmenge, Volk
lanterna, -ae, f.	*Laterne*
arma, arm-ōrum, n.pl.	Waffen
osculum, oscul-ī, n.	Kuss
trādere, trādō	über-, ausliefern, verraten
non-nūllī, -nūllae, -nūlla	einige
sī	wenn, falls
per-cutere, percut-iō	durchschlagen, -bohren
gladius, gladi-ī, m.	Schwert
amputāre, amputō	abschneiden
auricula, -ae, f.	Ohr(-läppchen)
dexter, dext(e)ra, dext(e)rum	rechte(r)
vagīna, -ae, f.	Scheide
tangere, tangō	berühren
sānāre, sānō	heilen
quasī	gleich wie (wenn)
ex-īre, ex-eō	heraus-gehen, losziehen
fūstis, -is, m.	Knüppel, Stock
cottīdiē (Adv.)	täglich
templum, templ-ī, n.	*Tempel*
com-prehendere,-prehendō	ergreifen
sacerdōs, sacerdōt-is, m./f.	Priester(in)
dūcere, dūcō	ziehen, führen

So wird der Name **Jesus** (Ἰησοῦς) dekliniert, teilweise nach griechischem Muster:

Iēsūs	im Nominativ,
Iēsum	im Akkusativ,
Iēsū	in allen anderen Kasus (Genitiv, Dativ, Ablativ, Vokativ).

③ PETRVS ET PAVLVS

PETRVS PAVLVSQVE

④

Credo in unum Deum,
patrem omnipotentem *(allmächtig)*,
factorem caeli et terrae, ...

factor: *"Macher", vgl.* face-re: *machen*
caelus/coelus = caelum/coelum: *Himmel*

Et in unum Dominum Iesum Christum,
filium Dei, ...
Et in spiritum sanctum, qui *(der)* ex patre
filioque procedit.

pro-cēdere, procēd-ō: hervor-gehen

⑤ **Sanctus**, sanctus, sanctus
dominus Deus Sabaoth.
Pleni sunt coeli et terra gloria tua.

plēnus, a, um: voll

Hosanna in excelsis *(Höhe)*.

⑥ Dominus vobiscum!

Pax tecum! pāx, pāc-is, f.: Frieden

⑦ **Gloria** in excelsis *(Höhe)* Deo
et in terra pax hominibus bonae
voluntatis! voluntas,-tatis,f.: *Wille*
Laudamus te,
benedicimus te,
adoramus te,
glorificamus te.

⑧ "Gratia autem Dei sum id,
quod sum."

⑨ V./ A. *Kyrie, eléison / Κύριε, ἐλέησον*
V./ A. *Christe, eléison / Χριστέ, ἐλέησον*
V./ A. *Kyrie, eléison*
V./ A. Christe, audi nos
V./ A. Christe, ex-áudi nos — ex-audīre, exaudi-ō erhören

V. Sancta Maria,
A. ora pro nobis

Sancte Joseph, ora pro nobis
Sancte Gabriel, ora pro nobis
Sancte Petre, ora pro nobis
Sancte Andrea, ora pro nobis
Sancte Ioannes, ora pro nobis
Sancte Philippe, ora pro nobis
Sancte Marce, ora pro nobis
Sancte Michael, ora pro nobis
Sancte Raphael, ora pro nobis
Sancte Paule, ora pro nobis
Sancte Iacobe, ora pro nobis
Sancte Thoma, ora pro nobis
Sancte Luca, ora pro nobis
Sancte Stephane, ora pro nobis

Cuncti sancti Patriarchae et Prophetae, orate pro nobis

Sancte Laurenti, ora pro nobis
Sancte Augustine, ora pro nobis
Sancte Martine, ora pro nobis
Sancte Dominice, ora pro nobis
Sancte Ambrosi, ora pro nobis
Sancte Hieronyme, ora pro nobis
Sancte Benedicte, ora pro nobis
Sancte Francisce, ora pro nobis

Sancti Fabiane et Sebastiane, orate pro nobis . . .

⑩ Nona hora dominus servos signo laboribus liberat.
nōnus, a, um neunte(r) — labor, labōr-is, m. Mühe, Arbeit

⑪ Prima hora medicus aegrotum parva operatione morbo liberat.
operātiō, -tiōnis, f. Operation

⑫ Medio in labore amicus morbo malo (e) vita ab-it.
ab-īre weg-gehen ≠ ad-ire hinzu-, heran-gehen

Die Deklinationen der lateinischen Nomina (Subst. + Adj.)

Casus *Frage* Funktion	Singular / Einzahl			Plural / Mehrzahl		
	a-Deklin.	o-Deklin.	3. Deklin.	a-Deklin.	o-Deklin.	3. Deklin.
Nom. *Wer/Was?* Subjekt / Präd.-Nomen	port-**a** Tor,Tür, *Pforte* ϑύρ-**α**	de-**us** Gott ϑε-**ός** *dōn-**um*** Geschenk	salvātor Retter σωτήρ *tempus* Zeit	port-**ae** ϑύρ-**αι**	de-**ī** ϑε-**οί** *dōn-**a***	salvātōr-**es** σωτῆρ-**ες** *tempor-**a***
Gen. *Wessen?* *(Von wem?)* Gen.-Attr.	port-**ae** ϑύρ-**ας**	de-**ī** ϑε-**οῦ** *dōn-**ī***	salvātōr-**is** σωτῆρ-**ος** tempor-***is***	port-**ārum** ϑυρ-**ῶν**	de-**ōrum** ϑε-**ῶν** *dōn-**ōrum***	salvātōr-**um** σωτήρ-**ων** ***tempor-um***
Dat. *Wem?* *(Für wen / Wozu?)* Dat.-Objekt	port-**ae** ϑύρ-**ᾳ**	de-**ō** ϑε-**ῷ** *dōn-**ō***	salvātōr-**i** σωτῆρ-**ι** *tempor-**ī***	port-**īs** ϑύρ-**αις**	de-**īs** ϑε-**οῖς** *dōn-**īs***	salvātōr-**ibus** σωτῆρ-**σι**(ν) *tempor-**ibus***
Akk. *Wen oder was?* Akk.-Obj.	port-**am** ϑύρ-**αν**	de-**um** ϑε-**όν** *dōn-**um***	salvātōr-**em** σωτῆρ-**α** tempus	port-**ās** ϑύρ-**ας**	de-**ōs** ϑε-**ούς** ***dona***	salvātōr-**es** σωτῆρ-**ας** *tempor-**a***
Abl. *Womit/Wo-durch?* *Wann? Wo?* *Wovon weg?* Adverbiale	port-**ā**	cum de-**ō** *dōn-**ō***	cum salvātōr-**e** *tempor-**e***	port-**īs**	cum de-**īs** *dōn-**īs***	cum salvātōr-**ibus** *tempor-**ibus***
Vok. Anrede	=Nom.sg	domin-**e** κύριε	= Nom.sg.	=Nom.pl.	= Nom.pl.	= Nom.pl.

Die lateinischen Personalpronomen

	1. Person sing.	2. Person sing.	1. Person plur.	2. Person plur.
Nom.	egō ich	tū du	nōs wir	vōs ihr
(Gen.)	*(meī meiner)*	*(tuī deiner)*	*(nostrī unser)*	*(vestrī euer)*
Dat.	mihī mir	tibī dir	nōbīs uns	vōbīs euch
Akk.	mē mich	tē dich	nōs uns	vōs euch
Abl.	ā mē / mēcum von mir / mit mir	ā tē / tēcum von dir / mit dir	ā nōbīs / nōbīscum von uns / mit uns	ā vōbīs / vōbīscum von euch / mit euch

Übung 1 — *Ergänzen Sie die Endungen!*
(Paulus an die Galater:) Vos unum estis in Christ...... Ies...... .

Übung 2 — *Deklinieren Sie "magnus labor" und "imago parva" lateinisch-deutsch!*

Übung 3 — *Setzen Sie die Adverbialien in die folgenden Sätze passend ein! Übersetzen Sie die ergänzten Sätze!*

a lupis — anno domini quarto decimo (= XIV.) — armis — auro — carne — cum sociis — dextera — ex Maria — gladiis — hora cenae — in caelo — in caelum — in villa — in villam — parabolis — (a) peccatis — sancta nocte — vino

a) Iesus discipulos .... docet.

b) Pastor oves .... defendere temptat.

c) Romani imperium .... defendunt.

d) .... Christus a mortuis resurgit.
re-surgere, resurg-ō wieder-auferstehen

e) Piscator .... ad naviculam *(Schiff)* currit.

f) Servae cenam .... parant

g) Filius .... natus est.

h) Christus homines .... liberat.

i) .... copia servorum a laboribus .... re-venit. (re-: zurück-)

j) Dominus .... dormit.

k) Multi homines .... pereunt, multi .... pereunt.

l) Iesus hominem aegrotum .... tangit et sanat.

m) Archangeli paradisum .... custodiunt.

n) Sol .... est

o) Iesus .... ascendit.

p) .... Augustus mortuus est.

Übung 4 — *Bestimmen Sie alle Nominal- und Verbalformen, und übersetzen Sie den Satz!*

Filii filiaeque amicis patris herbis bonis cenam parant.
herba, -ae, f. Kraut, vgl. *Herbarium*

Nec laudibus nec timore

(Wahlspruch von Clemens August Kardinal Graf von Galen)

Musik: J. Berthier, Rechte: Ateliers et Presses de Taizé

Lernwortschatz

①	leō, leōn-is, m.	Löwe (auch Männername)
	Germānia, -ae, f.	*Germanien*
	annus, ann-ī, m.	Jahr
	Rōma, Rōm-ae, f.	*Rom*
	vel	oder
	equus, equ-ī, m.	Pferd
	mēnsis, mēns-is, m.	Monat
	Iūlius, a, um	(Adj. zu Iulius, hier zu Gaius Iulius Caesar)
	terror, terror-is, m. (terrēre)	Schrecken, *Terror* (= schreckenerregende Taten!)
	labor, labōr-is, m.	Mühe, Arbeit, Leiden (*laborare*, engl. *labour, laborieren*)
	cathedra, -ae, f.	Stuhl, Sessel, Lehrstuhl, *Katheder* (κάθεδρα)
	medius, a, um	mitten, mittlerer
	tempus, tempor-is, n.	Zeit *(temporal, temporär, Tempo)*
	laus, laud-is, f.	Lob, Loblied, Lobrede (*laudare*; die *Laudes*)
②	hortus, hort-ī, m.	Garten (*Hort*)
	nox, noct-is, f.	Nacht
	turba, turb-ae, f.	Verwirrung, Getümmel, Gedränge; Schar, Menschenmenge, -masse, Volk
	arma, arm-ōrum, n.plur.	Waffen, (Aus-)rüstung (*Armee, Armatur*)
	trādere, trādō	überliefern, ausliefern, verraten (*Tradition*)
	non-nūllī, nonnūllae, nonnūlla	einige

	sī	wenn, falls
	gladius, gladi-ī, m.	Schwert (*Gladiole*)
	dexter, dext(e)ra, dext(e)rum	rechte(r)
	tangere, tangō	berühren (*tangieren, Tangente*)
	sānāre, sānō	heilen (*sanieren, Sanatorium*)
	quasī	gleich wie (wenn)
	ex-īre, ex-eō	heraus-gehen, losziehen (engl. *exit*)
	cottīdiē (Adv.)	täglich
	templum, templ-ī, n.	*Tempel*
	com-prehendere, comprehendō	zusammen-fassen, ergreifen, erfassen (frz. *comprendre*)
	dūcere, dūcō	ziehen, führen
③	-que (angehängt)	und
④	factor, factōr-is, m.	Macher, Hersteller, Schöpfer, Täter (vgl. *facere; Faktor*)
	pro-cēdere, procēd-ō	hervor-gehen, vorwärts-gehen, vor-gehen (Prozedur, *Prozess, Prozession,* vgl. *ac-cedere*)
⑤	plēnus, a, um	voll (*das Plenum; Plenarversammlung, -saal*)
⑦	excelsa, excels-ōrum, n.plur.	die Höhen
	pāx, pāc-is, f.	Frieden (ital. *pace,* span. *paz,* frz. *paix,* engl. *peace*)
	voluntās, voluntāt-is, f.	Wille, Wohlwollen
⑨	ex-audīre, exaudi-ō	erhören
⑪	medicus, medic-ī, m.	Arzt (*Medizin*)
	ab-īre, ab-eō	weg-gehen, ab-gehen (*Abitur*)
	parāre, parō	(zu-)bereiten, bereitmachen (*parat*)
	sextus, a, um	sechste(r)

Präpositionen

cum (Präp. + Abl.)	(zusammen) mit (ital./span. *con*)
sine (Präp. + Abl.)	ohne
ē / ex (Präp. + Abl.)	aus ... (heraus), von ... (her); seit
ā / ab (Präp. + Abl.)	von
prō (Präp. + Abl.)	vor, für, anstelle von (*pro und contra*)
dē (Präp.+ Abl.)	von .. (herab), von ... (weg); über (jdn./etw. sprechen, Buchtitel "De Leone papa" usw.)
in (Präp. + Abl.)	in, auf (WO?)
in (Präp. + Akk.)	in, auf (WOHIN?)

VII. Lectio septima

Imp.Sing. (≈ Stamm) Imp. Plur. (-te / -te)	Inf. / a-Konj.	Imp.Sing.(≈ Stamm) Imp. Plur.(-te / -te)	Inf. / e-Konj.
Intra!		Mane nobiscum!	
. . . .	. . . . . .	. . . .	. . . . . .
Ora pro nobis!!		Responde amico!	
. . . .	. . . . . .	. . . .	. . . . . .
Para cenam!		Vide!	
. . . .	. . . . . .	. . . .	. . . . . .
Da mihi cibum!		Time Dominum!	
. . . .	. . . . . .	. . . .	. . . . . .
Interroga amicum!		Salve!	
. . . .	. . . . . .	. . . .	. . . . . .

Imp.Sing. (≈ Stamm) Imp. Plur. (-te / -i-te)	Inf./ 3. Konj. (konsonantisch)	Imp. Sing. / Imp. Plur.	Inf. / i-Konj.
Dic nobis!		Audi me!	
. . . .	. . . . . .	. . . .	. . . . . .
Fac!		Veni mecum!	
. . . .	. . . . . .	. . . .	. . . . . .
Cape equum!			
. . . .	. . . . . .		
Lude nobiscum!			
. . . .	. . . . . .		
Age!			
. . . .	. . . . . .		

Imp.Sing./Imp. Plur.	Infinitiv	Imp.Sing./Imp.Plur.	Infinitiv
I!		Es iustus/iusta!	
. . . .	. . . . . .	. . . .	. . . . . .
Abi!		Ades mihi!	
. . . .	. . . . . .	. . . .	. . . . . .

orare: beten, bitten (ursprünglich: laut/deutlich/feierlich reden) ➔ orator: Redner
Ora et labora! / Orate, fratres!

Gaudete <in Domino semper>! Rorate, coeli, . . . iustum!
ros, ror-is, m. Tau — rorare tauen, Tau tröpfeln lassen

v. = vide = s. — v.s. = vide supra = s.o. — v.i. = vide infra = s.u.

N.B. = Nota bene! = *Note well!*

notare: anmerken, aufmerken, bemerken, merken, beachten

① Puer natus in Bethlehem — puer, puer-ī, m. Junge, Kind, Sklave

Iesus puer in praesepio *(Krippe)* est. Pastores puerum salutant.
Tum viri ad oves redeunt.

vir, vir-ī, m. Mann
red-ire zurück-gehen, zurückkehren

② "Tu es magister noster. Te nostrum dominum vocamus."

③ Pharisaei discipulis Iesu dicunt: "Cur cum publicanis et peccatoribus manducat et bibit magister vester?"

magis mehr — minus weniger
magister, magistr-ī, m. ("*magis*-Mann") *Meister,* Chef
minister, ministr-ī, m. ("*minus*-Mann") Untergebener
noster, nostra, nostrum unser
vester, vestra, vestrum euer
mandūcāre, mandūcō essen, speisen
bibere, bib-ō trinken

④ Non est discipulus super magistrum neque minister super dominum.

⑤ Parabola: "Vir bonus seminat bonum semen in agro . . . "

sēminār säen — sēmen, sēmin-is, n. *Same* — ager, agr-ī, m. *Acker*

Einige Wörter der o-Deklination haben im Nom. Sing. keine Endung:

puer parvus, Gen. pueri parvi — vir bonus, viri boni — magister magnus, magistri magni — minister primus, ministri primi — dominus noster, domini nostri — deus vester, die vestri.

Übersicht über die Kasusendungen

	Singular			Plural		
	a-Dekl.	o-Dekl.	3. Dekl.	a-Dekl.	o-Dekl.	3. Dekl.
Nom.	-a	-us / —	—	-ae	-ī	-ēs
Gen.	-ae	-ī	-is	-ārum	-ōrum	-um / -ium
Dat.	-ae	-ō	-ī	-īs	-īs	-ibus
Akk.	-am	-um	-em	-ās	-ōs	-ēs
Abl.	-ā	-ō	-e	-īs	-īs	-ibus
Vok.	= Nom. sg.	-e[1]	= Nom. sg.	= Nom. pl.	= Nom. pl.	= Nom. pl.

[1] -e (nur Subst. auf *–us*, sonst Vok.= Nom.)

Fans halten auf dem Flughafen ein Schild hoch für Ronaldo:
"Eu quero uma fotografia contigo." vgl. quaerere, quaer-o suchen, fragen, verlangen
Dito für David Villa (Valencia CF):
"Yo quiero una fotografía contigo."

Übung 1 — *Deklinieren Sie "pater noster" in Singular und Plural!*

Übung 2 — *Verändern Sie alle Numeri (Singular / Plural)!*

1. Saepe frater amicum ad cenam bonam vocat.
2. Mane *(frühmorgens)* audimus: "Ubi estis, amici? Estisne in agris?"
3. Semper *(immer)* dominae ancillis dicunt: "Bonae ancillae libenter *(gern)* laborant."
4. Surgite tandem *(endlich)*! Ludite pilis nobiscum!
   pila,-ae,f. Ball — pil-ula Bäll-chen
5. Num *(Etwa)* morbus malus te capit?
6. Cur nobis non respondetis, sacerdotes?
7. Vir Iudaeus cum puero ad templum it.
8. Signo apostoli homo mortuus resurgit. re-surgere, -surg-ō wieder-auferstehen

Lateinische Nominal- und Verbalendungen

-a		-as	
Substantiv	Verb	Substantiv	Verb
1. Nom. sg. 2. 3.	Imp. sg. (a-Konj.)		2.sg. Präs. (a-Konj.)

-e		-es	
Substantiv	Verb	Substantiv	Verb
1. 2.		1. 2.	

-i		-is	
Substantiv	Verb	Substantiv	Verb
1. 2. 3.			

-o	
Substantiv	Verb
1. 2.	

Lernwortschatz

	manēre, mane-o	bleiben
	timēre, time-o	fürchten (vgl. *timor*, *timidus*)
	capere, capi-o	ergreifen, fassen, fangen (*kapern, kapieren*)
	ludere, lud-o	spielen
	iūstus, a, um	gerecht
	ad-esse, ad-sum	dasein, anwesend sein; (+ Dat.) beistehen, helfen
	gaudēre, gaude-o	sich freuen (*Gaudi*)
①	puer, puer-ī, m.	Junge, Kind, Sklave
	vir, vir-ī, m.	Mann
②	magis	mehr (span. *mas*, franz. *mais* [vielmehr, son dern, aber], ital. *ma*)
	minus	weniger
	magister, magistr-ī, m.	("*magis*-Mann") *Meister*, Vorsteher, Vorgesetzter; Lehr*meister*, Lehrer (engl. *master*, frz. *maître*, ital. *maestro*)
	minister, ministr-ī, m.	("*minus*-Mann") Untergebener, Diener
	noster, nostra, nostrum	unser
③	peccator, -is, m.	Sünder (vgl. *peccatum*)
	vester, vestra, vestrum	euer
	cūr?	warum?
	mandūcāre, mandūcō	essen, speisen (frz. *manger*, ital. *mangiare*)
	bibere, bib-ō	trinken
⑤	ager, agr-ī, m.	*Acker*, Feld (*agricola; agrar-)*
	surgere, surg-ō	aufstehen
	re-surgere, resurg-ō	wieder-auferstehen (vgl. *resurrectio*)
	septimus, a, um	siebte(r)

VIII. Lectio octava

①

Iesus it in civitatem Naim, et eunt cum eo discipuli eius et multa turba. Cum appropinquat portae eius civitatis, ecce cives adulescentem mortuum efferunt. Is filius matris unicus est. Ea vidua est. Flet, quia filius eius unicus mortuus est, et turba civitatis multa cum ea.

Iesus eam videt et ei dicit: "Noli flere!" Et adulescenti dicit: "Surge!" Et adulescens surgit. Et Iesus dat eum matri eius. Ii, qui id vident, magnificant Deum.

cīvis, cīv-is, m./f. Bürger(in)
cīvitās, cīvitāt-is, f. Bürgerschaft, Stadt, Staat
cum (Konjunktion) (damals,) als; (immer,) wenn
adulēscēns,adulēscent-is,m. Heranwachsender
ef-ferre,-fer-ō (aus der Stadt) heraustragen (zur Bestattung)
ūnicus, a, um einzig
vidua, vidu-ae, f. Witwe
flēre, fle-ō weinen
nolī / nolīte + Inf. = verneinter Imp.
iī, quī diejenigen, welche; die, die

② Beatus vir, qui timet Dominum, qui ambulat in viis eius.

ambulāre, ambulō umhergehen

	Demonstrativpronomen (*dieser, diese, dieses* oder *der, die, das*) und Personalpronomen (3. Person: *er, sie, es*)					
	masc.	fem.	neutr.	masc.	fem.	neutr.
Nom.	is	ea	id	ii	eae	ea
Gen.		eius		eorum	earum	eorum
Dat.		ei			iis / eis	
Akk.	eum	eam	id	eos	eas	ea
Abl.	eo	ea	eo		iis / eis	

Setzen Sie im folgenden **is, ea, id** *"für ein Wort" / "pro nomine",* also als *"Fürwort" / "Pronomen"* im passenden Kasus, Numerus und Genus ein!

De domino et familia *domini*	De domino et familia . . . . .
Dominus servos vocat et *servis* imperat: imperāre, imperō befehlen	Dominus servos vocat et . . . . . imperat:
"Viri, ite in agros et *agros* curate! cūrāre, cūrō pflegen	"Viri, ite in agros et . . . . curate!
Frumentum spectate et *frumentum* apportate!" frūmentum,ī, n. Getreide	Frumentum spectate et . . . . apportate!"
Tum cum servis et pueris *servorum* in agros it.	Tum cum servis et pueris . . . . in agros it.

Dominus gaudet,
nam cuncti servi *domino* adsunt.

Dominus gaudet,
nam cuncti servi . . . . adsunt.

Dominus Caeciliam videt
et *Caeciliae* dicit:

Dominus Caeciliam videt
et . . . . dicit:

"Ecce servos! *Servi* bene laborant."

"Ecce servos! . . . . . . bene laborant."

Etiam Caecilia *servos* laudat.

Etiam Caecilia . . . . laudat.

Nunc dominus *viros* labore liberat.

Nunc dominus . . . . . . labore liberat.

Tum dominus cum *Caecilia*
in villam redit. red-īre zurückkehren

Tum dominus cum . . . . . .
in villam redit.

Ibi filiam et amicas *filiae*
lúdere vident.

Ibi filiam et amicas . . . . . .
ludere vident.

Das **reflexive Personalpronomen** der 3. Person bezeichnet dieselbe Person, die auch Subjekt ist.

Reflexivpronomen ➔ Subjekt

Marcus Marcum spectat.
= Marcus **se** spectat.
spectāre, spectō sehen, betrachten

Amicae amicas spectant.
= Amicae **se** spectant.

Marcus Marco placet.
= Marcus **sibi** placet.
placēre, place-ō gefallen

Romani Romanis placent.
= Romani **sibi** placent.

Marcus cum Marco cogitat.
= Marcus **secum** cogitat.
cōgitare, cōgitō denken

Amicae cum amicis cogitant.
Amicae **secum** cogitant.

Saepe Marcus **se** laudat, sed ceteri **eum** non semper laudant.

	1. Person sing.	2. Person sing.	3. P. reflexiv (sg./pl.)	1. Person plur.	2. Person plur.
Nom.	egō ich	tū du	—	nōs wir	vōs ihr
(Gen.)	*(meī meiner)*	*(tuī deiner)*	*(suī)*	*(nostrī unser)*	*(vestrī euer)*
Dat.	mihī mir	tibī dir	sibī	nōbīs uns	vōbīs euch
Akk.	mē mich	tē dich	sē	nōs uns	vōs euch
Abl.	ā mē / mēcum von / mit mir	ā tē / tēcum von / mit dir	ā sē / sēcum	ā nōbīs / nōbīscum von / mit uns	ā vōbīs / vōbīscum von / mit euch

Präposition	Präfix
in + Abl. (WO?) in --- (drin), auf ... (darauf) in + Akk. (WOHIN?) in ... (hinein), auf .. (hinauf)	["hinein-" oder "drin-"] in-esse: (in etw.) drin sein in-ire oder intro-ire: hinein-gehen in-ficere (hinein-machen) *hinein-tun*, ein-flößen, anstecken usw. im-portare: (hin-)ein-tragen, ein-führen
ad + Akk. zu ... (hin), an, bei	[Nähe] ad-esse: (dazu-sein) dabei-sein, da-sein, anwesend sein ad-vocare: hinzu-rufen, herbei-rufen ap-portare: herbei-/hinzu-tragen, -bringen
a, ab, abs + Abl. von ... (weg), von ... (her)	[Entfernung] ab-esse: weg-sein, abwesend/entfernt sein ab-ire: weg-gehen
de + Abl. von ... (herab/herunter/weg) von / über etw. (*erzählen*)	["nieder-/ab-" oder "weg-"] de-ponere: ab-, nieder-, weg-legen de-portare: (hin-)ab-führen, weg-bringen de-esse: (weg-sein) fehlen
e, ex + Abl. aus ... (heraus)	[Bewegung nach außen oder Resultat] e-ducere: heraus-ziehen, -führen ex-ire: (her-)aus-gehen ex-ponere: (her-)aus-stellen, aus-setzen e-vocare: (her-)aus-rufen, hervor-rufen
cum + Abl. (zusammen) mit Wird ein Wort länger, z.B. durch ein Präfix, wird meist die Mittelsilbe ☞ gekürzt: aus a oder e wird ein kurzes i (facere — con-ficere).	[Zusammenschluss oder "Totalität des Ergebnisses" (≈Verstärkung!)] com-ponere: zusammen-stellen, -setzen con-vocare: zusammen-rufen con-ficere: (zusammen-machen) zusammen-bringen, fertig-machen co-ire: zusammen-gehen, -kommen
per + Akk. durch ... (hindurch)	["von einem Ende zum anderen": "durch-/hindurch-" oder "vollständig"] per-agere: durch-führen per-timere: (durch und durch fürchten ≈) sehr fürchten per-ficere: (durch-machen = zuende machen) vollenden
trans + Akk. über ... (hinüber), jenseits	["hinüber-"] trans-ire: hinüber-gehen trans-ponere: hinüber-setzen
ob + Akk. gegen	["entgegen-"] oc-currere: entgegen-laufen, begegnen of-fendere: (gegen jdm./etw. stoßen) an-stoßen, beleidigen, angreifen op-ponere ent-/da-gegen-setzen/-stellen
circa, circum + Akk. um ... herum	["herum-/um-"] circúm-dare: um-geben circum-ire: (im Kreis) herum-gehen

ante + Akk.	vor	["voran-/vor-"] ante-ire: vor(-an)-gehen
post + Akk.	hinter, nach (zeitlich)	["nach-/hinterher-"] post-ponere: nach-setzen, hintan-stellen
pro + Abl.	vor; für, anstelle von	["hervor-" oder "vorwärts-"] pro-ponere: vor-stellen, vor-schlagen pro-cedere: vor(-wärts-)/hervor-gehen, prod-esse: (für etw./jdn. sein ≈) nützen
	—	re- / red- ["zurück-" oder "wieder-/wider-"] re-spicere: zurück-blicken, berücksichtigen red-ire: zurück-kehren
	—	dis- / dī- ["auseinander-" oder "weg-"] dis-ponere: auseinander-setzen, verteilen dis-cedere: auseinander-gehen, weg-gehen

Übung 1

Geben Sie aufgrund der Tabelle oben die Bedeutung des *verbum compositum* (mit einem Präfix zusammengesetztes Verb) an!

ab-ducere, con-currere, ad-ire, ap-ponere, ante-cedere, col-laborare, circum-stare, ef-fugere, trans-portare, oc-currere, im-ponere, in-ducere oder intro-ducere, re-currere, ac-cedere, e-vadere, con-venire, de-ducere, di-mittere.

③

Pater noster, qui es in caelis:
Panem nostrum cotidianum
da nobis hodie!

pānis, pān-is, m. Brot (ital. *pane,* span. *pan,* frz. *pain*)
cotīdiānus, a, um täglich (*cottidie*)

Et dimitte nobis debita nostra,
sicut et nos dimittimus debitoribus nostris!

dī-mittere,-mitt-ō wegschicken; nachlassen, erlassen
dēbitum, dēbit-ī, n. das Geschuldete, die Schuld (engl. *debt*)
dēbitor, dēbitōr-is, m. Schuldner, *Debitor*

④ "Mane nobiscum, quoniam advesperascit!"

quoniam weil (ja) , da ja (advesperāscere) advesperāscit es dämmert, es wird Abend

Parataxe und Hypotaxe

Parataxe (Beiordnung – nebeneinander –): Eine **Satzreihe** ist eine Aneinanderreihung von selbständigen Sätzen (Hauptsätzen), eventuell verbunden durch Konjunktionen (Verbindungswörter).
Mater venit, (et) filius matrem videt. — Der Vater ruft den Sohn, (und) der Sohn kommt.).

Hypotaxe (Unterordnung) : Ein **Satzgefüge** (zusammengesetzter Satz) besteht aus einem übergeordneten Hauptsatz und einem odere mehreren davon abhängigen Nebensätzen; die Abhängigkeit wird durch eine Konjunktion angezeigt.
Marcus laetus est, quod sol lucet. — Gott sah, dass es gut war.).

Übung 1 — *Bestimmen Sie alle Formen der unterrstrichenen Wörter (Verben, Substantive, Adjektive, Pronomen) des folgenden Satzes!*

Cum <u>appropinquat</u> <u>portae</u> <u>eius</u> <u>civitatis</u>,

ecce <u>cives</u> <u>adulescentem</u> <u>mortuum</u> <u>efferunt</u>.

Lernwortschatz

①	cīvis, cīv-is, m./f.	Bürger(in) (*zivil, Zivilisation*)
	cīvitās, cīvitāt-is, f.	Bürgerschaft, Gemeinde, Stadt, Staat; Bürgerrecht (ital. *città*, frz. *cité*, engl. *city, span. ciudad*)
	cum (Konjunktion)	(damals,) als; (immer,) wenn
	adulēscēns, adulēscent-is, m.	Heranwachsender, Jugendlicher, junger Mann
	ef-ferre, effer-ō	heraus-tragen (zur Bestattung außerhalb der Stadt), bestatten
	ūnicus, a, um	einzig (vgl. *unus; Unikum, Unikat*)
	flēre, fle-ō	weinen
	nolī (Sing.) / nolīte (Plur.) + Inf. =	verneinter Imperativ (vgl. *"do not ... "*)
②	ambulāre, ambulō	umhergehen, (spazieren-)gehen (*ambulant*)
	imperāre, imperō	befehlen, herrschen (*Imperativ, Imperium*)
	cūrāre, cūrō	pflegen, (ärztlich) behandeln, sorgen für (*kurieren, Kur*)
	red-īre, red-eo	zurückkehren
③	pānis, pān-is, m.	Brot (ital. *pane,* span. *pan,* frz. *pain*)
	cotīdiānus, a, um	täglich (vgl. *cottidie*)
	dī-mittere, di-mitt-ō	wegschicken, entlassen; nachlassen, erlassen (vgl. *mittere*)
	dēbitum, dēbit-ī, n.	das Geschuldete, die Schuld (engl. *debt*)
	dēbitor, dēbitōr-is, m.	Schuldner, *Debitor*
④	spectāre, spectō	sehen, betrachten (*Spektakel*, engl. *spectacles*)
	placēre, place-ō	gefallen (das *Placet*, engl. *please*, frz. s'il vous *plaît*)
	cōgitare, cōgitō	denken *("Cogito, ergo sum")*
	octāvus, a, um	achte(r)

Test (V. – VIII.)

1. *terras / temptas / trinitas* — Welches der drei Wörter passt in den Zusammenhang des Satzes? Setzen Sie es ein! "Quid me . . . . , hypocrita?"

2. Bestimmen Sie die Form aller Substantive des Satzes! Übersetzen Sie ihn!

Servae dominae amicae filiae aquam apportant.
Nom. . . . .

. . . .
. . . .

3. Ein *Vademecum* ist ein kurzgefasster Ratgeber mit wichtigen Informationen. *Vademecum* ist auch der Markenname einer Zahnpasta, die einen ständig begleiten soll.

a) Was heißt "Vade mecum!" eigentlich? . . . .

b) Setzen Sie beide Wörter dieses lateinischen Satzes in den Plural!

. . . .

4. Geben Sie Kasus, Numerus und Genus der Substantive mit unterstrichenen Endungen an! Übersetzen Sie!

Pater cum serv<u>is</u> in agr<u>is</u> laborat. Etiam filii serv<u>is</u> patr<u>is</u> adsunt.

. . . .

. . . .
. . . .

5. Kreuzen Sie das Richtige an!

Deus vocat Moysen et ait:
(Moses)

"Ego sum Deus
☐ patris tuis,
☐ patris tui,
☐ patri tui,
☐ patri tuis,
Deus Abraham, Deus Isaac et Deus Iacob."

6. Setze in den Sätzen rechts *is/ea/id* ein bzw. kreuze das passende Personalpronomen an! Übersetzen Sie den Text mit Ihrer Lösung!

Iesus ambulat et videt duos fratres,	Iesus ambulat et videt duos fratres,
Simonem et Andream, fratrem <u>Simonis</u>; <u>Simo et Andreas</u> sunt piscatores.	Simonem et Andream, fratrem . . . . . ; . . . . . sunt piscatores.
Et Iesus ait <u>Simoni et Andreae</u>:	Et Iesus ait . . . . . . :

	☐ me!		☐ te		
"Venite	☐ mecum!	Facio	☐ vobis	piscatores hominum."	
	☐ mihi!		☐ vos		

Tum <u>Iesu</u> occurrunt (oc-currere: entgegenlaufen, begegnen) alii (andere) duo fratres,	Tum . . . . . . occurrunt alii duo fratres,
Iacobus, filius Zebedaei, et Ioannes,	Iacobus, filius Zebedaei, et Ioannes,
frater <u>Iacobi</u>.	frater . . . . . .
Iesus Iacobum et Ioannem appellat (appellare ≈ vocare).	Iesus Iacobum et Ioannem appellat.
Etiam <u>Iacobus et Ioannes</u> eunt <u>cum Iesu</u>.	Etiam . . . . . . eunt cum . . . . . .

Übers.: . . . .

. . . .

. . . .

. . . .

. . . .

. . . .

. . . .

. . . .

. . . .

. . . .

. . . .

. . . .

7. Cives plerumque (meistens) ministris principis oboediunt.

a) Setze das Adjektiv *Romanus, a, um* zu *cives* und zu *principis*! Schreiben Sie den neuen Satz hin!

. . . .

b) Übersetzung:. . . . .

. . . .

8. Setzen Sie die Sätze in den Plural, und übersetzen Sie sie!

a) Dic mihi nomen sacerdotis! . . . .

Übers.: . . . .

b) Cur mihi ostendis imaginem principis? . . . .

Übers.: . . . .

9. Unterstreichen Sie im lateinischen Text alle Ablative! Geben Sie unter jedem Ablativ seine Funktion an:
i = instrumental, t = temporal, sep = separativ, pr = präpositionale Verwendung!
Schreiben Sie die Übersetzung auf!

Nocte Iesus est cum discipulis in horto Gethsemani. Tum venit Iudas, unus de duodecim, ad eos et multa turba cum lanternis et armis. Iudas turbae signum dat; dicit: "Ave, Rabbi!" et Iesu osculum dat. Iesus autem ei dicit: "Iuda, osculo Filium hominis tradis?" Nonnulli ex discipulis dicunt: "Domine, si percutimus in gladio?" Et Petrus gladium vagina educit, percutit servum principis sacerdotum, amputat gladio auriculam dexteram servi. Est autem nomen servo Malchus. Dicit Iesus Petro: "Mitte gladium in vaginam!" Et auriculam servi tangit et sanat. Dicit Iesus ad turbam: "Quasi ad latronem exitis cum gladiis et fustibus (fūstis, -is, m. Knüppel, Stock)? Cottidie vobiscum sum in templo, et non me comprehenditis." Tum turba eum comprehendit et ex horto ad principem sacerdotum ducit.

lanterna, -ae, f. *Laterne*
ōsculum, ōscul-ī, n. Kuss
per-cutere,-cut-iō durchschlagen,-bohren
e-ducere,-ducō herausziehen, -führen
vagīna, -ae, f. Scheide
amputāre, amputō abschneiden
auricula, -ae, f. Ohrläppchen, Ohr

IX. Lectio nona

① 1. Aussage: | 2. Aussage:

Puella videt:
Puella putat:
Puella gaudet:
Puella narrat:
} *Amicus* **S** *venit.* **P**

a) Puella videt *amicum* *venire.*
b) Puella putat *amicum* *venire.*
c) Puella gaudet *amicum* *venire.*
d) Puella narrat *amicum* *venire.*

Subj.-Akk. + Präd.-Inf.

A. c. I.

Der in der 2. Aussage genannte Sachverhalt wird Objekt / Ziel / Ergänzung zum Prädikat der 1. Aussage (Man fragt: Was sieht / glaubt / erzählt der Junge? Worüber freut er sich?). Der bisherige Subjekts-Nominativ wird *Subjekts-Akkusativ,* und das Prädikat wird *Prädikats-Infinitiv*.

Der ***accusativus cum infinitivo*** *(a.c.i.)* ist also eine satzwertige Aussage.

"Auslöser" für einen a.c.i sind
— entweder Verben der "Kopftätigkeit"
  - der Wahrnehmung (sehen, hören, fühlen usw.),
  - des Denkens und Glaubens,
  - des Sprechens und Schreibens,
  - der "Gemütsbewegung" (sich freuen, sich ärgern usw.),
— oder unpersönliche Verben wie z. B. *oportet.*

putāre, put-ō	glauben, meinen
iubēre, iube-ō	auffordern, befehlen
narrāre, narr-ō	erzählen
scrībere, scrīb-ō	schreiben
oportet	es ist nötig

Übersetzungsmöglichkeiten für den a.c.i.

Puella amicum venire videt.

0. Das Mädchen sieht den Freund kommen.
1. Das Mädchen sieht, der Freund kommt.
2. Das Mädchen sieht, dass der Fr. kommt.
3. Wie das Mädchen sieht, kommt der Fr.

Puella amicum venire putat.

1. Das Mädchen glaubt, der Freund kommt.
2. Das Mädchen glaubt, dass der Fr. kommt.
3. Der Freund kommt, wie das Mädchen glaubt.

Puella amicum venire gaudet.

Das Mädchen freut sich <darüber>, dass der Freund kommt.

Puella amicum venire narrat.

1. Das Mädchen erzählt, der Freund kommt.
2. Das Mädchen erzählt, dass der Freund kommt.
3. Wie das Mädchen erzählt, kommt der Freund.

Für die Übersetzung eines lateinischen a.c.i. durch einen ***dass***-Satz kehrt man das Verfahren aus ① um:

Cupisne **me** **venire** ?
Akk. Inf.
(Subjekt) *(Prädikat)*

a. c. i.

↓ ↓

Ego ***venio***
Subjekt (Nom.) *Prädikat*

Willst du, **dass** ***ich*** ***komme***?

Im Deutschen wird also der lateinische Akkusativ zum Nominativ (Subjekt) und der lateinische Infinitiv zum Prädikat des ***dass***-Satzes.

Verfahren Sie ebenso in den folgenden Sätzen!

1. Cupio te venire .

2. Christum nos a peccatis liberare credimus.

3. Iesus scit Simonem piscatorem esse.

4. *(Hochzeit zu Kana:)* Cuncti vinum bonum esse dicunt .

5. Discipuli Iesum ad caelum ascendere vident. — Ioannes scribit eum ad dexteram patris sedere.

Cupisne me venire ? — Vergleichen Sie hiermit den *"englischen a.c.i."* :
Do you want *me to come ?*

② *(Nachts im Sturm auf dem See Gennesaret)*

Circa quartam vigiliam noctis vident hominem super aquam ambulare. Nesciunt eum Iesum esse, putant phantasma esse et exclamant. Statim autem Iesus dicit eis: "Ego sum. Nolite timere!"

quartus, a, um vierter
vigilia, vigili-ae, f. Nachtwache (In der Antike wurde die Nachtzeit von Sonnenuntergang bis Sonnenaufgang in 4 Nachtwachen – je drei Stunden - eingeteilt)
circā (Präp. + Akk.) um ... herum, *ca.* *= zirka*
ne-scīre, nesci-ō nicht wissen
ex-clāmāre,-clām-ō aus-rufen, laut rufen
statim (Adv.) sofort
phantasma,phantasmat-is,n. Erscheinung, Gespenst

③ ipse
Die gleichen Kasusendungen wie ***is, ea, id*** hat **ipse**: "selbst" (mit Ausnahme des Nom. sing.: **ipse, ipsa, ipsum**), also Gen.sg. ips-ius, Dat. sg. ips-i usw.

Ipse wird oft auch — genauso wie ***is, ea, id*** — als Personalpornomen der 3. Person ("er, sie, es") gebraucht.

Per ipsum, et cum ipso, et in ipso, est tibi Deo Patri omnipotenti, (. . .) honor et gloria per (. . .) saecula saeculorum.

honor, honōr-is, m. Ehre

④ Et <Iesus> eicit daemonium, nonnulli autem dicunt: "In Beelzebul, principe daemoniorum, eicit daemonia." Et alii signum de caelo quaerunt ab eo. Ipse autem scit cogitationes eorum et dicit eis: "Dicitis me in Beelzebul eicere daemonia.

ē-icere, ēici-ō heraus-werfen, aus-/ver-treiben
alius, alia, aliud ein anderer, eine andere, ein anderes
aliī, aliae, alia andere (alii - alii: die einen - andere / die anderen)
quaerere, quaer-ō suchen, fragen
cōgitātio, cōgitātion-is, f. das Denken, der Gedanke

Si autem ego in Beelzebul eicio daemonia, filii vestri in quo eiciunt? Ideo ipsi iudices vestri sunt. Porro si in digito Dei eicio daemonia, profecto adest regnum Dei."

in quō? in/mit wem? worin/womit?
ideō deshalb, daher
iudex, iudic-is,m. Richter
porrō ferner, weiterhin, außerdem
digitus, digit-ī, m. Finger
prōfectō in der Tat, tatsächlich, wirklich

⑤
Veniunt autem ab Antiochia et Iconio Iudaei et turbis persuadent lapidantque Paulum.

Tum eum trahunt extra civitatem, quod existimant eum mortuum esse. Cum autem discipuli eum circumdant, surgit et intrat civitatem.

Antiochia/Iconium (Städte in Kl.-Asien)
per-suādēre,-suāde-ō (jdm. etw.) einreden, überreden, überzeugen
lapidāre, lapid-ō steinigen
trahere, trah-ō schleppen, ziehen
ex-īstimare, -īstim-ō schätzen, glauben
extra + Akk. außerhalb von; aus ... heraus
circum-dare, -d-ō umgeben, umringen

⑥ Vere dignum et iustum est nos tibi semper et ubíque gratias agere:
Domine, sancte Pater, omnipotens æterne Deus: per Christum Dominum nostrum.

vērē (Adv.) wahrhaftig, wirklich
dīgnus, a, um würdig
ubīque (wo auch immer) überall

⑦ Ad-veniunt autem nonnulli Sadducaeorum; ii negant esse resurrectionem, et Iesum de morte interrogare quaerunt [...].
Iesus: „Deus autem non est mortuorum, sed vivorum: cuncti enim vivunt Deo." Respondent autem nonnulli scribarum et dicunt: „Magister, bene dicis." Et amplius non audent Iesum interrogare. Dicit autem Sadducaeis: „Quomodo dicunt Christum filium David esse? Ipse enim David dicit in libro Psalmorum: *«Dicit Dominus Domino meo: Sede a dextris meis, donec pono inimicos tuos scabellum pedum tuorum!»* David ergo Dominum illum vocat; et quomodo filius Domini est?"

ad-venīre an-/hinzu-kommen
Sadducaeus, -i, m. Sadduzäer
negāre verneinen, leugnen
mors, mort-is, f. Tod

scrība,-ae, m. Schriftgelehrter
amplius (Adv.) (noch) mehr, weiter
audēre, aude-ō wagen
quōmodo auf welche Weise; wie

liber, libr-ī, m. Buch
psalmus,-ī, m. Psalm
dōnec (Konjunktion) bis (dass)
pōnere, pōn-ō setzen, legen
scabellum,-i,n. Fußbänkchen, -schemel
pēs, ped-is, m. Fuß
illum (Akk.sg.m.) jenen, diesen

Abhängige Aussage: a.c.i. oder Nebensatz mit *quod, quia, quoniam*

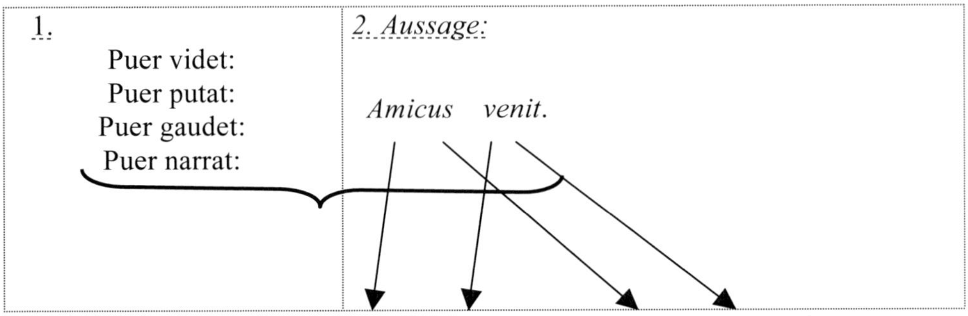

Puer videt, *quod amicus venit.* — Puer *amicum venire* videt.

Putamus eum venire.

Gaudeo, quod / quia venit.

Λέγει, **ὅτι** ἔρχεται.
Dicit, **quod** / **quia** venit.

⑧ Iesus daemonia verbo eicit; tum daemonia multa clamant:
"Tu es filius Dei." — verbum, -ī, n. Wort
Sed Iesus non sinit — sinere, sin-ō zulassen
↘
daemonia dicere,
↘
quia sciunt
↘
ipsum esse Christum.

Übung 1
Puer videt: Iesus advenit. ⇒ Puer <u>Iesum</u> <u>advenire</u> videt.
Puer putat: Iesus salvator est. ⇒ Puer . . . . putat.
Iesus narrat: Regnum Dei adest.
Iesus videt: Discipuli timore magno timent.
Scimus: Deus nos amat.
Scimus: Christus pastor bonus est.
Discipuli credunt: Iesus filius Dei est.
Lucas narrat: Multi pastores ad Iesum currunt.

Übung 2
Unterscheiden Sie! Cupio Iesum venire — Cupio Iesum videre.

Lernwortschatz

①	puella, ae, f.	Mädchen, junge Frau
	putāre, put-ō	rechnen, kalkulieren, überlegen, glauben, meinen, halten für (*Com-puter*: Zusammen-rechner)
	iubēre, iube-ō	auffordern, befehlen
	narrāre, narr-ō	erzählen
	scrībere, scrīb-ō	*schreiben*
②	circā (Präp. + Akk.)	um ... herum, *ca. = zirka*
	ne-scīre, nesci-ō	nicht wissen
	ex-clāmāre, -clām-ō	aus-rufen, laut rufen
	statim (Adv.)	sofort
③	ipse, ipsa, ipsum (Gen. ipsius, Dat. ipsi)	selbst; er, sie, es
	honōs / honor, honōr-is, m.	Ehre (*h.c = honoris causā*: aus dem Grund der Ehre, der Ehre wegen, ehrenhalber)
④	ē-icere, ēici-ō	heraus-werfen, aus-/vertreiben (*to eject*)
	alius, alia, aliud	ein anderer, eine andere, eine anderes
	aliī, aliae, alia	andere
	alii — alii	die einen — andere / die anderen
	quaerere, quaer-ō	suchen, fragen (*question*)
	cōgitātio, cōgitātion-is, f.	das Denken, der Gedanke (vgl. *cogitare*)
	in quō?	in/mit wem? worin/womit?
⑤	per-suādere, persuāde-ō	(jdm.etw.) einreden, überreden, überzeugen
	trahere, trah-ō	schleppen, ziehen (*Traktor, Traktion*)
	exīstimare, exīstim-ō	schätzen, glauben
⑥	vērē (Adv.)	wahrhaftig, wirklich (vgl. *vērō* [Adverb]: wahrlich, in Wirklichkeit; aber)
	dīgnus, a, um	würdig
	ubīque	(wo auch immer) überall
⑦	ad-venīre, adveni-ō	hinzukommen, ankommen (*Advent*)
	negāre, neg-ō	verneinen, leugnen; sagen, dass ... nicht ... (*negieren, Negation, negativ*)
	mors, mort-is, f.	Tod (vgl. *mortuus, a, um* gestorben, tot)
	scrība,-ae, m.	*Schreib*kundiger, *Schreiber*, Schriftgelehrter (*scribere*)
	quōmodo oder quō modō	auf welche Weise; wie (*modus,-i*, m. Art und Weise)
	liber, libr-ī, m. Buch (vgl. *library*) ≠	līber, lībera, līberum (vgl. *līberāre*) frei
	psalmus,-ī, m. / psalma,-ae, f.	*Psalm*
	pōnere, pōn-ō	setzen, stellen, legen
	pēs, ped-is, m.:	Fuß *(Pedal, Pedale)*
⑧	verbum, -ī, n.	Wort *(Verb, verbal)*
	nōnus, a, um	neunte(r)

X. Lectio decima

① STABAT MATER *is the title of a thirteenth-century Latin hymn and it means "the Mother was standing."*

Stabat Mater dolorosa
iuxta crucem lacrimosa
dum pendébat filius.
Ioannes Mariam tenébat:

stare, sto stehen
dolor-ōsus,a,um (dolor,- is, m.: Schmerz) schmerz-reich,-voll
iuxta + Akk. neben, bei
lacrim-ōsus,a,um (lácrima,-ae,f.: Träne) tränen-reich, -voll
dum (Konjunktion) während
pendēre, pende-ō hängen (*Pendel*)
tenēre, tene-ō (fest-)halten

flebat, cuncta videbat, cuncta audiebat, nihil dicebat;
sciebat: Iesus mortuus erat. Fac me vere tecum flere!
Iuxta crucem tecum stare
et me tibi sociare in planctu cupio,
virgo virginum praeclara.
Fac me tecum plangere!

sociāre, soci-ō verbünden, verbinden
in planctū in der Klage
virgō, virgin-is, f. junge Frau, Jungfrau
prae-clārus, a, um hochberühmt, sehr berühmt
plangere, plang-ō (weh-)klagen (vgl. *in planctu*)

- Tum .... <Iesus> in civitatem Naim, et .... cum eo discipuli eius et turba magna.

Cum autem .... portae civitatis, et ecce homines mortuum ...., filium unicum matris - ea vidua .... et valde .... - , et turba civium .... multa cum matre.

Tum it <Iesus> in civitatem Naim, et eunt cum eo discipuli eius et turba magna. Cum autem appropinquat portae civitatis, et ecce homines mortuum exportant, filium unicum matris — ea vidua *(Witwe)* est et valde flet — , et turba civium est multa cum matre.

Einige Adjektive bilden den Genitiv Sing. auf **-īus** und den Dativ Sg. auf **-ī** — vgl. *eius* und *ei* bei *is, ea, id* — :

unus, a, um	ein, einzig	alter, altera, alterum	der eine – der andere (von zweien)
solus, a, um	allein	totus, a, um	ganz

③ S.D.G. =
Soli Deo gloriam
schrieb Johann Sebastian Bach am Schluss unter manche Motetten und Kantaten.

④ "Nemo servus potest duobus dominis servire: aut enim unum odit et alterum diligit, aut uni adhaeret et alteri inimicus est. Non potestis Deo servire et mammonae."

ōdit er/sie/es hasst
ad-haerēre, -haereō, -haesī haften an, hängen an, sich anschließen an
mammōna,-ae, m. Mammon, Reichtum posse (aus ***pot**-esse) imstande sein, können

⑤ Iesus perambulabat Iericho. Et ecce vir nomine Zacchaeus, et is erat primus publicanorum et ipse magnas divitias habebat.
Et quaerebat videre Iesum, sed non poterat propter turbam, quia statura parvus erat.

per-ambulāre gehen durch .., ziehen durch ...
publicānus, -ī, m. Steuereintreiber, Zöllner
dīvitiae, -ārum, f.pl. Reichtum
statūra, -ae, f. *Statur*, Gestalt

arbor, arbor-is, f. Baum
sycomorus, - ī, f. Feigenmaulbeerbaum
ascéndere ≠ descendere hinaufsteigen ≠ hinabsteigen
locus, loc-ī, m. Ort, Platz, Stelle

Itaque petivit arborem sycomorum et ascendit.

Et Iesus venit ad eum locum, et spectavit Zachaeum.

Stetit et vocavit:
„Zacchaee, descende cito! *(schnell)*
Nam hodie in villa tua oportet me manere."

Et Zachaeus paruit, et cito descendit et appropinquavit et excepit Iesum magno cum gaudio.

Id cuncti videbant et murmurabant:
„Ecce, villam peccatoris intravit!"

murmurāre, murmur-ō murmeln, murren

dīmidium, dīmidi-ī, n. Hälfte
bonum, -ī, n. das Gute, das Gut
miser, misera,miserum elend, unglücklich
ali-quem irgend-wen, (irgend-)jemanden
fraudāre betrügen
quadruplum, -i, n. das Vierfache
hic diēs dieser Tag
sālūs, sālūti-is, f. Gesundheit, Wohl

Zacchaeus autem dixit ad Dominum:
„Ecce dimidium bonorum meorum, Domine, do hominibus miseris et, si aliquem fraudavi, red-do quadruplum."

Dixit autem Iesus:
„Hic dies tibi saluti est."

a-Konjugation	e-Konj.	3. oder konsonant. Konj.	i-Konjugation
spectāre, spectō, spectāvī stāre, stō, stetī vocāre, vocō, vocāvī appropinquāre, appropínquō, -quāvī intrāre, intrō, intrāvī	parēre, pareō, paruī vidēre, vídeō, vīdī	petere, peto, petīvī ascendere,-scendo, ascendī dēscendere,-scendō, descendī ex-cipere, ex-cipio, ex-cēpī dīcere, dīcō, dīxī	venīre, véniō, vēnī

Präsens	Imperfekt	Perfekt	
Personalendungen	Personalendungen	Personalendungen	
1. -o/-m -mus 2. -s -tis 3. -t -nt	1. -m -mus 2. -s -tis 3. -t -nt	1. **-ī** -imus 2. -istī -istis 3. **-it** -ērunt	
Infinitiv, 1. sing. Präs.	Präsensstamm + **-ba-** bzw. **-ēba-** (esse: er-**a**-)	Möglichkeiten	der Perfektstamm-bildung
vocare, voco rufen petere, peto erstreben	vocá-ba-m pet-éba-m	vocāv-ī petīv-ī	v-Perfekt *(vor allem: a-Konj.)*
habére, hábeo haben parére, páreo gehorchen	habé-ba-m paré-ba-m	hábu-ī paru-ī	u-Perfekt *(vor allem: e-Konj.)*
scríbere, scribo dícere, dico sagen	scrib-éba-m dic-éba-m	scrīps-ī dīx-ī	s-Perfekt (c+s=x!)
venire, venio kommen ex-cipere, -io aufnehmen agere, ago treiben, tun	veni-éba-m ex-cipi-éba-m ag-ebam	vēn-ī excēp-ī ēg-ī	Dehnungs-/ Ablautperfekt
stare, sto stehen(bleiben) dare, do geben	sta-ba-m da-ba-m	stet-ī ded-ī	Reduplikations-perfekt
ascendere, ascendo descendere, descendo	ascend-éba-m descend-éba-m	ascend-ī descend-ī	Stammperfekt (Perfektstamm = Präsensstamm)

Zustände und Beschreibungen / Begleithandlungen *- Wie war es?* *- Was war schon im Gange?* *- Was geschah immer wieder?* ***Hintergrund*** *das "Drum-und-Dran":* *Fleisch*	Aufeinander folgende, neu eintretende Handlungen / Ereignisse - Was passierte dann? - Was passierte dann? **Vordergrund** Handlungskette / Handlungsgerüst: Skelett
Imperfekt	**Perfekt**

Für die Wiedergabe im Deutschen gilt:

— Das lateinische **Imperfekt** übersetzt man im allgemeinen mit dem deutschen Präteritum (einfache Vergangenheit).

— Das lateinische **Perfekt** übersetzt man
  - in einem erzählenden Text mit dem deutschen Präteritum,
  - in einem nicht-erzählenden, sondern Aktuelles besprechenden Zusammenhang mit dem deutschen Perfekt.

Unterhaltungen auf der Straße:

— *Vidisti-ne Zachaeum?*
— *Eum non vidi, sed Iesum.*
— *Zachaeus publicanus est, pius non est.*
— *Zachaeus homo bonus non est.*
— *Publicani numquam homines boni sunt.*
— *Ego villam publicani numquam intro.*
— *Iesus autem cum publicano cenat.*
— *Cur villam Zachaei intravit?*

Tempora des Besprechens und Tempora des Erzählens
in verschiedenen Sprachen

	simple	progressive	completed
Gegenwart (besprechende Tempora / Besprechung aktueller Thematik)			
englisch	present	present progressive	present perfect
	I see	*I am seeing*	*I have seen*
lateinisch	Präsens		Perfekt
	video		*vidi*
französisch	présent		passé composé
	je vois		*j'ai vu*
deutsch	Präsens	Präsens	vollendete Gegenwart / Perfekt
	ich sehe	*ich betrachte*	*ich habe gesehen*
Vergangenheit (erzählende Tempora / Erzählung nicht-aktueller, vergangener Dinge)			
englisch	past	past progressive	past completed
	I saw	*I was seeing*	*I had seen*
lateinisch	Perfekt (Vordergrund / punktuell)	Imperfekt (Hintergrund / linear)	Plusquamperfekt
	vidi	*videbam*	*videram*
französisch	passé simple ou passé composé	imparfait	passé antérieur ou plus-que-parfait
	je vis / j'ai vu	*je voyais / je regardais*	*j'eus vu / j'avais vu*
deutsch	Präteritum	Präteritum	vollendete Vergangenheit / Plusquamperfekt
	ich sah / ich erblickte	*ich sah / ich betrachtete*	*ich hatte gesehen*

Die Formen des Verbs POSSE ***pot-***: *fähig, mächtig* wird mit *esse* zu einem Wort vereinigt, z. B. *pot-est: er/sie/es ist fähig/mächtig ≈ er/sie/es kann*; vor einem ***s*** wird *pot-* zu *pos-* : 1.sing. *pos-sum*, 3.plur. *pos-sunt*. Der Inf. Präs. lautet: ***posse*** (entstanden aus **pot-esse*), das Imperfekt: *pót-eram, pót-eras* etc., das Perfekt: *pót-ui, pot-uísti, pót-uit* etc.	posse können

Übung 1 — *Setzen Sie den folgenden Text ins Imperfekt!*

Iesus circum-it Galilaeam, circum-ire + Akk. herum-gehen / umher-ziehen in docet in synagogis et praedicat evangelium; sanatque multos aegrotos. Itaque multae turbae sunt cum eo, et multi dicunt: "Est Dei filius."

Übung 2 — *Setzen Sie diese kleinen Ausschnitte aus Geschichten der Bibel in das passende Vergangenheitstempus! Begründen Sie Ihre Tempuswahl!*

a) Deus creat mundum. Deus facit firmamentum; vocat firmamentum caelum. Videt, quod caelum bonum est. Deus facit solem et lunam. Sol item lucet ut luna. Deus videt, quod sol bonus est et quod luna bona est.

b) Simo piscator est. Etiam Iacobus et Ioannes socii piscatores sunt. Iesus vocat Simonem Petrum apostolum. Etiam Iacobum et Andream et Ioannem apostolos vocat. Iesus Iudaeus est; apostoli quoque Iudaei sunt. Iesus apostolos in mundum mittit.

Übung 3 — *Übersetzen Sie!*

Zachaeus arborem petit.
Me in villa tua manere oportet.
Zachaeus Iesum in villa excipit.

Übung 4 — *Übersetzen Sie die Sätze, und setzen Sie dann die Sätze lateinisch ins Präsens!*

"Vidisti-ne Iesum?" — "Non eum vidi."
Iesus villam Zachaei intravit.
Zachaeus dixit ad Dominum: " ... "
Zacharias sacerdos vitam in honorem Dei egit.

Lernwortschatz

①	stāre, st-ō, stet-ī	stehen
	dum (Nebensatz-Konjunktion)	während
	tenēre, tene-ō, tenu-ī	(fest-)halten
	virgō, virgin-is, f.	junge Frau, Jungfrau
	nihil	nichts
②	ex-portāre, export-ō	heraus-tragen (*Export*); (außerhalb der Stadt) bestatten
③	alter, altera, alterum	der eine / der andere (von zweien)
	sōlus, a, um	allein
	tōtus, a, um	ganz *(total)*
	honōs, honōr-is, m.	Ehre (*h.c. = honoris causā*: aus dem Grund der Ehre, der Ehre wegen, ehrenhalber)
	servīre, servi-ō	Sklave sein, dienen (vgl. *servus*)
	posse, pos-sum, potu-ī	können
	praedicāre, praedic-ō	(laut) aussagen, öffentlich ausrufen, verkünden, *predigen (Prädikat)*
	decimus, a, um	zehnte(r) (*decem*: 10; *Dezimal*system)
⑤	dīvitiae, dīviti-ārum, f. plur.	Reichtum
	statūra, statūr-ae, f.	*Statur*, Gestalt
	petere, pet-ō, petīv-ī	erstreben, gehen zu, (er-)bitten, angreifen
	arbor, arbor-is, f.	Baum
	locus, loc-ī, m.	Ort, Platz, Stelle *(lokal, Lokal, Lokus)*
	citō (Adv.)	schnell
	parēre, pare-ō, paru-ī	gehorchen (*parieren*)
	ex-cipere, excipi-ō, ex-cēp-ī	(her-)aus-nehmen, aufnehmen (*exception*)
	gaudium, gaudi-ī, n.	Freude (*gaudere*, *Gaudi*)
	bonum, -ī, n.	das Gute, das Gut, Hab und Gut
	miser, misera, miserum	elend, unglücklich, *miserabel*
	sālūs, sālūti-is, f.	Gesundheit, Wohl(-ergehen), Heil (vgl. *salvus*, salutare; *Salu*t, frz. *salut*)
	pius, pia, pium	fromm, gütig, verantwortungsvoll
	numquam	nie, niemals
	cēnāre, cēnō, cēnāvī	speisen, zu Abend essen (vgl. *cena*)

XI. Lectio undecima

①	*Quis est meus proximus?*	proximus,a,um nächste(r/s)

„**H**omo quidam

ibat ab Ierusalem in Iericho — multas divitias secum *(mit sich / bei sich)* portabat — ,

cádere, cádō, cécidī fallen *(casus)*
dē-spoliāre, -spoliō, -spoliāvī aus-rauben, aus-plündern
im-pōnere, -pōnō, -pósuī hinein-/darauf-legen,-setzen
re-línquere,-línquō,relīquī zurück-lassen, verlassen
ab-īre, ab-eō, ab-iī weggehen

et cecidit in latrones; ii etiam despoliaverunt hominem et plagas homini imposuerunt; tum semivivum reliquerunt et abierunt .

latrō, -ōnis, m. Räuber
plaga,-ae, f. Schlag
sēmi-vīvus,a,um halb-lebend(-ig)

Aliqui sacerdos,

qui descendebat eadem via,

vidēre, vídeō, vidi sehen
praeter-īre, praetér-eō, -iī vorbei-/vorüber-gehen *(Präteritum)*

virum vidit et praeteriit; similiter et Levita, qui venit et virum vidit, pertransiit.

simíliter (Adv.) in ähnlicher Weise, ebenso
Levīta,-ae, m. Levit
per-trans-īre ≈ praeter-īre

Samaritanus autem vir, Samaritānus, a, um samaritanisch

qui ibi iter faciebat,

venit et vidit. Tum misericordia Samaritanum vicit. Et appropinquavit homini et alligavit vulnera hominis

víncere, vincō, vīcī (be-)siegen
alligāre, allig-ō verbinden, zubinden
vulnus, vulner-is, n. Wunde, Verletzung
īn-fúndere,-fúndō,-fūdī hinein-/darauf-gießen

et infundebat oleum et vinum;

iūmentum,.-ī, n. (Zug-/Reit-)tier
stābulum,-ī, n. *Stall* (vgl. stāre)
curāre,curō,curāvī sorgen für, pflegen
postrīdiē am nächsten Tag
dēnārius,-ī, m. der Denár (röm. Münze)
stābulārius,-ī, m. *Stall*wirt, Gastwirt
dūcere, dūcō, dūxī führen, ziehen
dare, dō, dedī geben
dīcere, dīcō, dīxī sagen, sprechen

et imposuit hominem in iumentum et duxit in stabulum et hominem curavit. Postridie duos denarios stabulario dedit et dixit: «Curam hominis habe!»

Quem putas proximum fuisse homini,

esse, sum, fui . . sein
in-cídere,-cidō, íncidī hinein-fallen

fácere, fáciō, fēcī machen, tun
vādere, vādō, vāsī gehen

qui incidit in latrones?“
Sed is dixit:
„Qui fecit misericordiam in hominem.”
Et dixit Iesus:

„Vade et tu fac similiter!" similiter [Adv.] ähnlich; desgleichen

Präsens	Imperfekt	Perfekt	
Personalendungen:	Personalendungen:	Personalendungen:	Endung des Infinitiv Perfekt:
1. -o/-m -mus 2. -s -tis 3. -t -nt	1. -m -mus 2. -s -tis 3. -t -nt	1. -ī -imus 2. -istī -istis 3. -it -ērunt	**-isse**
Infinitiv, 1.sg.Präs.	Präsensstamm + **-ba**- bzw. -**ēba**- (esse: -**a**-)	Verschiedene Formen	der Perfektstamm-bildung:
vocare, voco audire, audio	vocá-ba-m audi-éba-m	vocāv-ī audīv-ī	v-Perfekt *(vor allem: a- u. i-Konj.)*
habére, hábeo pónere, pono	habé-ba-m pon-éba-m	hábu-ī pósu-ī	u-Perfekt *(vor allem: e-Konj.)*
mittere, mitto dícere, dico	mitté-bam dic-éba-m	mīs-ī dīx-ī	s-Perfekt (c+s=x!)
víncere, vinco fácere, fác-i-o	vinc-éba-m fac-i-éba-m	vīc-ī fēc-ī	Dehnungs- / Ablautperfekt
cúrrere, curro cádere, cado	curr-éba-m cad-éba-m	cú-curr-ī cé-cid-ī	Reduplikations-perfekt
ire, eo deféndere,-féndo	i-ba-m defend-éba-m	i-ī defénd-ī	Stammperfekt (Perfektstamm = Präsensstamm)
esse, sum	er-a-m	fu-ī	—

Infinitiv Präsens Aktiv und Infinitiv Perfekt Aktiv

② Lucas narrat Iesum adolescentem in vitam revocavisse. Homines mortuum, filium unicum matris suae, efferebant. Iesus matrem de filio suo flere vidit. Tum adiit, tetigit loculum *(Bahre)*, matri ait: "Noli flere!" Iesus adolescentem de mortuis resurgere voluit *(er wollte)*. Itaque eum surgere iussit. Cuncti adolescentem surgere viderunt.
Evangelistae narrant Iesum multa alia miracula fecisse.

③ Scimus Christum surrexisse a mortuis vere.
(aus der Ostersequenz *"Victimae paschali laudes"*)

Aspekte der lateinischen Tempora Perfekt und Imperfekt

Lat. Perfekt: neu eintretende, abgeschlossene, einmalige Handlung (Vordergrund) — punktuell

Lat. Imperfekt: andauernde, als nicht abgeschlossen vorgestellte Handlung (Hintergrund) — linear / durativ

"Ein Mann ging nach Jericho" (Präteritum) bedeutet:	entweder:	*er war zu Fuß unterwegs Richtung Jericho,* oder *er wollte nach J. gehen* / engl.: *He was going/marching to J.* — unvollendete / "imperfekte" oder versuchte Handlung *er war auf dem Weg nach Jericho, <da überfielen ihn Räuber . . . >* — noch andauernde Nebenhandlung, in die eine Haupthandlung "hineinplatzt" *er ging <jeden Tag / regelmäßig> nach Jericho* — wiederholte Handlung (Gewohnheit) lat.: Homo ibat Iericho (Imperfekt)
	oder:	*er ging los und erreichte (tatsächlich) zu Fuß die Stadt Jericho* / engl.: *He went to J.* - vollendete/"perfekte" Handlung (als Punkt einer Handlungskette) lat.: Homo iit Iericho (Perfekt)

Rosa floruit (Perfekt) bedeutet:	entweder:	*Die Rose fing an zu blühen, die Rose blühte auf, die Rose erblühte* — Anfang einer Handlung
	oder:	*Die Rose hat geblüht, die Rose ist verblüht, die Rose verblühte* — Ende/Abschluss einer Handlung
florēre, flore-ō blühen	oder:	*Die Rose hat geblüht / blühte <vom 2. bis zum 10. Mai>* — Zusammenfassung des gesamten Verlaufs einer Handlung

Manchmal drückt man im Deutschen den Unterschied der Tempora Perfekt und Imperfekt durch *lexikalische Veränderungen* aus.

clamare	spectare	fúgere	stare
clamabat: er schrie <die ganze Zeit> oder immer wieder>	spectabant: sie betrachteten	fugiebant: sie flohen, sie waren auf der Flucht, sie versuchten zu fliehen	stabat: sie stand
clamavit: *er schrie auf, er rief aus*	spectavérunt: *sie erblickten*	fugérunt: *sie entkamen*	stetit: *sie blieb stehen, sie stellte sich hin*

Felix, qui potuit rerum cognóscere causas!

fēlīx: glücklich; causae rērum: die Ursachen der Dinge; potuī (1.Sing.Perf.): ich konnte

cognōscēbam (duratives Impft.): ich war dabei kennenzulernen, ich wollte in Erfahrung bringen

cognōvī (resultatives Perf.): ich habe erkannt, ich habe erfahren, ich habe kennengelernt = *ich kenne, ich weiß* (im Deutschen gebraucht man hier das Präsens!)

Das Adjektiv-Suffix **-ōsus**, **-ōsa**, **-ōsum**

	lateinisch	italienisch / spanisch	französisch	englisch	deutsch
lateinisches Substantiv	-osus,a,um (voll von, reich an)	-oso,-osa	-eux,-euse	-ous	-os/-ös
grātia Dank, Gnade; Charme	gratiosus	grazioso / gracioso	gracieux	gracious	graziös
fāma Gerücht, guter Ruf, Ruhm	famosus	famoso	fameux	famous	famos
fābula Geschichte, Sage, Theaterstück	fabulosus	favoloso / fabuloso	fabuleux	fabulous	—
glōria Ehre, Ruhm	gloriosus	glorioso	glorieux	glorious	—
ruīna Einsturz, Verderben	ruinosus	rovinoso / ruinoso	ruineux	ruinous	ruinös
mystērium Geheimnis	mysteriosus	misterioso	mystérieux	mysterious	mysteriös
genus Art, Geschlecht, (edle) Abstammung	generosus	generoso (generosità, -osidad)	généreux (générosité)	generous (generosity)	generös
cūra Sorge, Pflege, Kummer, Neugier	curiosus, dazu Subst. curiositas,-tatis	curioso, (curiosità / curiosidad)	curieux, (curiosité)	curious, (curiosity)	kurios, Kuriosität
rigor Starrheit, Strenge	rigorosus	rigoroso / riguroso	rigoureux	rigorous	rigoros
cariēs Fäule, Morschheit	cariosus	carioso	carieux	carious	kariös
nervus Muskel, Sehne, Nerv; Kraft;Triebkraft	nervosus muskulös (!), kraftvoll	nervoso / nervioso	nerveux	nervous	nervös

Was ist ein *homo vinosus*, ein *magister plagosus*, ein *puer verbosus*, ein *ager aquosus*, eine *serva laboriosa*, ein *fons miraculosus,* ein *adulescens studiosus* (studium, -i, n.: Eifer, Bemühung, *Studium*)?

Der **Infinitiv Präsens** ist **gleichzeitig** zum übergeordneten Verb

„Videmus Graecos abire." Wir sehen die Griechen wegfahren.
Wir sehen, dass die Griechen wegfahren. Wir sehen, wie die Griechen wegfahren.
Wir sehen, die Griechen fahren weg. Wie wir sehen, fahren die Griechen weg.

Der **Infinitiv Perfekt** ist **vorzeitig** zum übergeordneten Verb

„Videmus Graecos abisse." Wir sehen, dass die Griechen weggefahren ....
Wir sehen, die Griechen .... weggefahren.
Wie wir sehen, ... die Griechen weggefahren.

Anm.: Nach zehnjähriger Belagerung Trojas durch die Griechen / Dánaer erfand der Grieche Odysseus (Olysseus, Ulysses, Ulixes) eine List: Er ließ ein hölzernes Pferd, in dem die tapfersten Griechen versteckt waren, als "Dánaer-Geschenk"(!) für die trojanischen Götter am Strand aufstellen und die Griechen mit ihren Schiffen wegfahren, als ob sie heimkehrten. Die Trojaner freuten sich, zogen das Pferd in die Stadt und stellten es auf der Burg von Troja auf. In der Nacht sprangen die versteckten Griechen aus dem Pferd und öffneten den mit ihren Schiffen zurückgekommenen Griechen die Stadttore . . . —

equus Troianus: *das trojanische Pferd*; in der Computerwelt: *the Troyan <horse>*, *der Trojaner!*

Achten Sie auf die passenden Tempora im Deutschen!

Troiani *Graecos abire* videbant.

Die Trojaner sahen die Griechen . . . . . .

Die Trojaner sahen, dass / wie die Griechen . . . . . .

Troiani *Graecos abisse* videbant.

Die Trojaner sahen, dass die Griechen weggefahren . . . . . .

Die Trojaner sahen, die Griechen . . . . . weggefahren.

Wie die Trojaner sahen, ... die Griechen weggefahren.

Übung 1 — *Übersetzen Sie!*

1 Quid est meus proximus?
2 Homo magnum iter facit.
3 Viri mali hominem relinquunt.
4 Sacerdos et Levita praetereunt.
5 Misericordia Samaritanum vincit.
6 Samaritanus oleum et vinum in vulnera hominis infundit.

Übung 2 — *Setzen Sie die Sätze lateinisch ins Präsens!*

Homo in latrones *(Räuber)* cecidit.
Sacerdos et Levita eum viderunt et praeterierunt.
Latrones hominem despoliaverunt.
Samaritanus curam hominis habuit.

Übung 3 — *Vergleichen Sie !*

1. a) Nemo Iesum **resurgere** vidit.
   b) Iesum **resurrexisse** credimus.
2. a) Angelus Iosephum cum familia in Aegyptum fugere iussit.
   b) Lucas evangelista Iosephum cum familia in Aegyptum fugisse narrat.

Übung 4 — *Übersetzung des lateinischen Perfekts*

1. Aliquando fuit rex. Eius filius iit in alias terras . . .
2. *Auf die Frage: "Haben Sie schon einmal eine Auslandsreise gemacht?" antwortet jemand lateinisch:*

Quando?	Wann?
ali-quando	irgend-wann, einmal, einst

"Aliquando Romam ii. Ibi amicos con-vocavi. Tum papam vidimus . . . "

Lernwortschatz

①	proximus, a, um	nächste(r)
	quī-dam	ein (gewisser/bestimmter)
	cadere, cadō, cecidī	fallen (*Kadenz, Kasus*)
	dē-spōliare, -spōliō, -spōliavī	ausplündern, ausrauben (*to despoil*)
	im-pōnere, impōnō, imposuī	hinein-/darauf-legen, -setzen, -stellen
	re-linquere, relinquō, relīquī	zurücklassen, verlassen
	ali-quī	irgend-ein
	īdem (aus *is-dem!), éa-dem, idem (aus *id-dem!)	der-/die-/dasselbe
	praeter-ire, -eō, -iī	vorübergehen, vorbeigehen (*Praeteritum*)
	venīre, veniō, vēnī	kommen
	iter, itíner-is, n.	Weg, Marsch, Reise (vgl. *ire*)
	vincere, vincō, vīcī	(be-)siegen
	oleum, ole-ī, n.	*Öl*
	dare, dō, dedī	geben
	cūra, cūr-ae, f.	Sorge, Pflege (vgl. *curare*, *Kur*)
	esse, sum, fuī	sein
	in-cidere, incidō, incidī	hinein-fallen, fallen in (*cadere*, *incident*)
	dīcere, dīcō, dīxī	sagen, sprechen
	facere, faciō, fēcī	tun, machen
	causa, -ae, f.	Grund, Ursache, Sache, (jur.) Fall (*kausal*)
	fugere, fugi-ō, fūg-ī	fliehen
	cognōscere, cognōsc-ō, cognōv-ī	(er-)kennen; kennenlernen
②	re-vocāre, revoc-ō, revocāv-ī	zurück-rufen
	ad-īre, ad-eo, ad-iī	heran-gehen, hinzu-gehen
	tangere, tang-ō, tetig-ī	berühren, anfassen (*Tangente*)
	re-surgere,-surg-ō, re-sur-rēx-ī	wieder-auf(-er-)stehen
	ita-que	und so; daher, deshalb
	iubēre, iube-ō, iuss-ī	auffordern, befehlen
	mirāculum, -ī, n.	Wunder
	evangelista, -ae, m.	*Evangelist* (εὐαγγελιστής)
	ūn-decimus, a, um	elfte(r) (vgl. undecim)

XII. Lectio duodecima

① Vir,
- qui in lege Domini ambulat,
- cuius familia Deum timet,
- cui Deus divitias dedit,
- quem Deus custodit,
- in quo crimen non est,

beatus est.

Mulieres,
- quae in lege Domini ambulant,
- quarum familiae Deum timent,
- quibus Deus divitias dedit,
- quas Deus custodit,
- in quibus crimina non sunt,

beatae sunt.

② Benedic, anima mea, Domino,
et cuncta, quae intra me sunt, nomini sancto eius!

③ Beatus vir,
cuius Deus est adiutor,
cuius spes in Domino Deo,
qui creavit caelum et terram
et cuncta, quae in eis sunt!

spēs Hoffnung

④ CUIUS REGIO, EIUS RELIGIO.

	Substantivisches Interrogativ-Pronomen (Person)	(Sache)	Relativpronomen und adjektivisches Fragepronomen *(der, die, das / welcher, welche, welches)* masc.	fem.	neutr.	Demonstrativ-pronomen *(diese, diese, dieses* oder *der, die. das)* und Pers.-Pron. *(er, sie, es)* m.	f.	n.
Nom.	Quis? *Wer?*	Quid? *Was?*	qui	quae	quod	is	ea	id
Gen.	Cuius?	*Wessen?*		cuius			eius	
Dat.	Cui?	*Wem?*		cui			ei	
Akk.	Quem? *Wen?*	Quid? *Was?*	quem	quam	quod	eum	eam	id
Abl.	A quo? *Von wem?*	Quo? *Wodurch?*	quo	qua	quo	eo	ea	eo

Nom.	qui	quae	quae	ii	eae	ea
Gen.	quorum	quarum	quorum	eorum	earum	eorum
Dat.		quibus			iis / eis	
Akk.	quos	quas	quae	eos	eas	ea
Abl.		quibus			iis / eis	

Unterscheiden Sie:	Quis?	— Wer?
	Qui homo?	— Welcher Mann?
	Homo, qui ...	— Der Mann, der .. / Der Mann, welcher ...

Präfix **ali-**: *irgend-*	Suffix **-dam**:
ali-quis: *irgend-wer, jemand, einer* ali-qui vir: *(irgend-)ein Mann* ali-quam servam (Akk.): *irgend-eine Sklavin*	qui-dam: *ein (gewisser / bestimmter);* plur.: *einige* *"Ein gewisser Quidam . . . "*

Relativischer Satzanschluss / Relativer Anschluss

Iesus Petrum interrogavit: "Amasne me?" **Qui** respondit . . .

Ein Relativpronomen leitet nicht nur einen Nebensatz (Relativsatz) ein, sondern es kann auch am Anfang eines neuen Satzes stehen mit Bezug auf ein Beziehungswort im vorangehenden Satz und wird dann als Demonstrativpronomen *(dieser, diese, dieses)* oder als Personalpronomen *(er, sie, es)* übersetzt.

⑤ Petro dixit Spiritus: "Ecce viri tres, qui quaerunt te. Surge itaque, descende, et vade cum eis sine timore: quia ego misi eos."

Descendit autem Petrus ad viros et dixit: "Ecce ego sum, quem qaeritis. Quae causa est, propter quam venistis?"

Qui ei dixerunt: "Cornelius, centurio Romanus, responsum accepit ab Angelo sancto accersire te in domum suam et audire verba abs te."

centūriō, -iōn-is, m. *Zenturio* (Anführer einer Hundertschaft)
ac-cipere,-io, -cēpī empfangen
respōnsum,-i, n. Antwort
accersīre,-cersi-ō herbei-holen

⑥ Invenit Philippus Nathanael et dicit ei: "Quem scripsit Moyses in Lege et Prophetae, invenimus, Iesum filium Ioseph a Nazareth." Et dixit ei Nathanael: "A Nazareth potest aliquid boni esse?" Cui dicit Philippus: "Veni et vide!" Vidit Iesus Nathanael venire ad se et dicit de eo: "Ecce vere Israelita, in quo dolus non est."

dolus, -ī, m. List, Arglist

⑦ Pilatus: "Quod scripsi, scripsi."

⑧ Et ecce duo ex iis ibant in castellum, quod erat in spatio stadiorum sexaginta ab Ierusalem nomine Emmaus. Dum sermonem habent, ipse Iesus appropinquabat et ibat cum eis; neque eum agnoverunt. Et ait ad eos: "Qui sunt ii sermones, quos confertis ad invicem?" Et steterunt maesti. Et unus, cui nomen Cleopas, dixit ei: "Tu solus peregrinus es in Ierusalem et non cognovisti <ea>, quae acciderunt in ea urbe?" Quibus ille dixit: "Quae?" Et ii dixerunt ei: "De Iesu Nazareno, qui fuit vir propheta, magnus in opere et sermone coram Deo et cuncto populo. Nonne audivisti eum tradidisse summos sacerdotes et principes nostros in damnationem mortis et crucifixisse eum? Nos autem sperabamus eum redemptorem Israel esse. Sed etiam mulieres quaedam ex nostris terruerunt nos, quae ante lucem fuerunt ad monumentum et, postquam corpus eius non invenerunt, venerunt et dixerunt **se etiam visionem angelorum vidisse**, qui dicunt *eum vivere*. Et abierunt quidam ex nostris ad monumentum et ita invenerunt, sicut mulieres dixerunt, ipsum vero non viderunt."
Et ipse dixit ad eos: "O stulti et tardi corde! Nonne **ea** oportuit **accipere Christum et intrare in gloriam suam**?" Et coepit a Moyse et cunctis Prophetis et eos docuit in cunctis Scripturis, quae de eo erant.

castellum,- ī,n. kleines Lager, Festung, *Kastell*; Dorf
spatium, spati-ī, n. Strecke; Zwischenraum, Raum
stadium, stadi-ī, n. Stadium / *Stadion* (griech.Längenmaß: ca. 200 m); Rennbahn, *Stadion*
sexaginta (LX) 60
sermō, sermōn-is, m. Gespräch, Rede, Unterhaltung
ā-gnōscere, āgnōsco, āgnōvī erkennen
cōn-ferre, -fer-ō zusammentragen, austauschen
ad invicem gegenseitig, miteinander
maestus, a, um traurig, betrübt
peregrīnus, -i, m. Fremder, Ausländer
ac-cidere,-cidit,-cidit zustoßen, sich ereignen
urbs, urb-is, f. (Haupt-)stadt
opus, oper-is, n. Werk, Arbeit
cōram (+ Abl.) vor jds. Augen, in jds. Gegenwart
summus, a, um höchster, oberster
damnātiō,-iōn-is, f. Verurteilung
crūci-fīgere, -ō, -fīxī kreuzigen
spērāre, spērō, spērāvī hoffen, erwarten
red-emptor, -tōr-is, m. Erlöser
terrrēre, terre-ō, terru-ī jdn. erschrecken
ante (Präp. + Akk.) vor
lūx, lūc-is, f. Licht, Tageslicht
postquam (Konjunktion + Perf.) nachdem
vīsiō, vīsiōn-is,f. das Sehen, Anblick, Erscheinung

stultus, a, um dumm
tardus, a, um langsam, träge
cor, cord-is, n. Herz

coepī (1.sg.Ind.Perf.) ich begann / ich habe begonnen
scriptūra, -ae, f. Schrift

Et appropinquaverunt castello, quo ibant, et ipse **se** finxit **longius ire**.

Et ei dixerunt: "Mane nobiscum, quoniam advesperascit!"

fingere, fing-ō, fīnx-ī vortäuschen; so tun, als ob
longius (Adv.) weiter
ad-vesperāscere,-scit es dämmert, es wird Abend

Übung 1 — *Setzen Sie das passende Relativpronomen ein! Übersetzen Sie dann das Satzgefüge!*

1. Venerunt in civitatem Naim et viderunt viros, ... adulescentem efferebant.
2. Iesus adulescentem, ... mater vidua *(Witwe)* erat, resurgere de mortuis voluit (voluit: *er wollte*).
3. Tum dedit filium matri, ... flebat.
4. Viri, ... admiratio *(Staunen, Ver-/Bewunderung)* magna erat, Iesu miraculum cunctis incolis narraverunt.
5. Bis dat <is>, ... cito dat.

Übung 2 — *Verbinden Sie die Sätze durch relativischen Anschluss, indem Sie jeweils das unterstrichene Wort durch das passende Relativpronomen ersetzen! Übersetzen Sie danach den neuen Text!*

Et ecce, mulier, cuius filia daemonium habebat, Iesum adoravit et dixit: "Domine, adiuva me!" Iesus ei respondit: "Non est bonum sumere panem filiorum et mittere catellis." At ea dixit: "Etiam, Domine, catelli edunt de micis, quae cadunt de mensa dominorum." Mulieri respondit Iesus: "O mulier, propter sermonem tuam vade, exiit daemonium de filia tua."

sumere, sumo nehmen
catellus, i, m. junger Hund, Hündchen
edere, edo essen
mica, ae, f. Krümel, Bissen (frz. mie)
mensa, ae, f. Tisch

Et ecce mulier, cuius filia spiritum immundum habebat, Iesum adoravit et dixit: "Domine, adiuva me!" ...... ei respondit: "Non est bonum sumere panem filiorum et mittere catellis." At ea dixit: "Etiam, Domine, catelli edunt de micis, quae cadunt de mensa dominorum." .... respondit Iesus: "O mulier, propter sermonem tuam vade, exiit daemonium de filia tua."

Lernwortschatz

①	lēx, lēg-is, f.	Gesetz *(legal)*
	crīmen, crīmin-is, n.	Beschuldigung; Verbrechen (*kriminell*, engl. *crime*)
②	intrā ≠ extra (Präp. + Akk.)	innerhalb von; in ≠ außerhalb von; aus *intravenös, -muskulär; extraordinär, -korporal*)
③	ad-iūtor, adiūtōr-is, m.	Unterstützer, Helfer
④	regiō, regiōn-is, f.	Richtung, Gebiet, *Region*
	religiō, religiōn-is, f.	Gewissenhaftigkeit, *Religion*
⑤	ac-cipere, accipiō, accēpī	empfangen, annehmen
⑥	prophēta, -ae, m./f.	Prophet(-in) (προφήτης)
⑧	sermō, sermōn-is, m.	Gespräch, Rede, Unterhaltung
	neque / nec	und nicht, aber nicht, auch nicht (vgl. *neque/nec ... neque/nec ...* : weder - noch)
	ā-gnōscere (aus *ad-gnoscere), āgnōsco, āgnōvī	erkennen (vgl. *cognoscere*)
	cōn-ferre, cōn-fer-ō, con-tulī	zusammen-tragen, austauschen, vergleichen (*Konferenz, cf.* = *confer* = vgl.)
	ac-cidere, accidit, accidit	zustoßen, sich ereignen, passieren (*cadere*; frz./engl. *accident*)
	urbs, urb-is, f.	Hauptstadt, Stadt
	opus, oper-is, n.	Werk, Arbeit
	cōram (Präp. + Abl.)	vor jds. Augen, in jds. Gegenwart
	summus, a, um	höchster, oberster (vgl. *summa*)
	damnātiō, damnātiōn-is, f.	Verurteilung, *Verdammung*
	crūci-fīgere, -ō, -fīxī	kreuzigen (vgl. *crux, Kruzifix*)
	spērāre, spērō, spērāvī	hoffen, erwarten
	redemptor, redemptōr-is, m.	Erlöser (vgl. Orden der *Redemptoristen*)
	terrrēre, terre-ō, terru-ī	jdn. erschrecken (*Terror*)
	ante (Präp. + Akk.)	vor
	lūx, lūc-is, f.	Licht, Tageslicht (vgl. *lucēre*)
	postquam (Konjunktion + Perf.)	nachdem
	vīsiō, vīsiōn-is,f.	das Sehen; Anblick, Erscheinung, *Vision*
	cor, cord-is, n.	Herz (vgl. *miseri-cordia*)
	coepī (1.sg. Ind. Perf.)	ich begann / ich habe begonnen
	scriptūra, -ae, f.	Schrift (vgl. *scribere, scriba*)
	fingere, fing-ō, fīnx-ī	sich verstellen; vortäuschen; so tun, als ob (*fingieren*)
	duo-decimus, a, um	zwölfte(r)

Test (IX. – XII.)

I. *Bestimmen Sie die Form der Wörter, und geben Sie Grundform der Wörter (Nominativ oder Infinitiv) an!*

adii — alii — gaudii — saluti — salutavi — veni (2) — uni — soli (2) — ei — ii (2) — cepi

II. Joseph und seine Brüder

1. *Verwandeln Sie die unterstrichenen Wörter in einen a.c.i.! Übersetzen Sie den neu entstandenen Satz!*

Dixitque Ioseph ad fratres: "Audite somnium meum, quod vidi!

Vidi: <Nos> ligamus manipulos in agro, et surgit manipulus meus et stat, vestrique manipuli circumstant et adorant manipulum meum.

somnium,-i,n. Traum — ligare binden
manipulus,-i,m. Bündel, Garbe (aus Getreidehalmen einschl. Ähren)

2. *Ersetzen Sie den a.c.i. – unterstrichene Wörter in Z. 2 – durch einen Nebensatz mit quod! Übersetzen Sie dann!*

Responderunt fratres eius: "Numquid rex noster es?" — numquid etwa?

Aliud quoque vidit somnium, quod narravit fratribus:

"Vidi per somnium quasi solem et lunam et stellas undecim adorare me."
quasi gleich wie, als ob; gleichsam — stella,-ae,f. Stern — undecim elf

III. *Erläutern Sie die Bedeutung der Tempora in den folgenden Sätze! Übersetzen Sie beide Sätze unterschiedlich!*

1. Petrus et Joannes **ascendēbant** in templum ad horam orationis nonam.
oratio, oration-is, f.: Gebet (vgl. *orare*)
2. Petrus et Joannes **ascendērunt** in templum ad horam orationis nonam.

IV. Discipuli in domum veniebant. **Qui** cum laetitia Iesum audiebant.
laetitia,-ae,f.: Freude (vgl. laetus)

Übersetzen Sie die beiden Sätze!

Qui
- ☐ leitet hier einen Relativsatz ein.
- ☐ ist hier ein Fragepronomen.
- ☐ bildet hier einen relativischen Satzanschluss.

V. Dem Zisterzienserabt Arnold Amalrich, Legat des Papstes im Kreuzzug gegen die Katharer (auch Albigenser genannt), wird der folgende Ausspruch zugeschrieben, den er vor dem Massaker von Béziers (ca. 20.000 Tote) getan haben soll, als Ritter und Söldner fragten, was man tun solle, wenn man im Kampf Katharer und Katholiken nicht unterscheiden könne: "Caedite eos! Novit enim Deus, qui sunt eius." — *Übersetzen Sie den lateinischen Ausspruch!*
caedere, caedo töten — novit = cognovit (Perf.!) ≈ scit (Präs.!)

VI. 1. Benedicite Domino, ... !

2. Mater, ... , flebat.

3. Tu es Deus, ...

4. Veniunt autem ab Antiochia Iudaei, ...
. . . .

5. Ecce adulescentem mortuum efferebant, ...
. . . .

6. "Ego sum, ..."

7. Discipuli asinum apportaverunt, ...
asinus,-i,m. Esel

8. Convenerunt sacerdotes, ...
con-venire zusammen-kommen (vgl. venire)

9. Deus: "Cuncti viderunt maiestatem meam et signa, ...
. . . . maiestas, maiestat-is,f. Erhabenheit, Majestät

Setzen Sie die folgenden Relativsätze a) – i) passend in die obigen Sätze ein!

a) cui cuncta parent

b) cuius mater vidua erat
vidua Witwe

c) quae feci in Aegypto

d) quae Iesum tenebat

e) quem quaeritis

f) qui creavit caelum et terram

g) qui turbis persuadent lapidantque Paulum
lapidare steinigen

h) quo Iesus Hierosolymam intravit

i) quorum princeps Caiphas erat

VII. "Der Jüngling von Naim"

1. Cuncti adulescentem mortuum **surgere** viderunt.

2. Multi adulescentem mortuum **surrexisse** narraverunt.

Erläutern Sie den Unterschied der Infinitive!

Übersetzen Sie!

XIII. Lectio tertia decima

①	Sing.	Plur.
Nom.	manus	manūs
Gen.	manūs	manuum
Dat.	manuī	manibus
Akk.	manum	manūs
Abl.	manū	manibus

Manus manum lavat. — Plur.:

....

In nomine patris et filii et spiritus sancti. Amen.

Gloria patri et filio et spiritui sancto
et nunc et semper in saecula saeculorum.
Amen.

Dominus vobiscum — Et cum spiritu tuo

	Sing.	Plur.
Nom.		
Gen.		
Dat.		
Akk.		
Abl.		

res: *Sache, Ding*

rē - rē-bus - re-ī - re-m - rē-rum - rē-s

Subst. pópulus

Adj. **pópul-icus,-a,-um* (**volk-lich*) *völkisch, Volks-, öffentlich*

↓

pūblicus,-a,-um *(vgl. Publikum)*

res privata ⇆ **res publica** → *Republik*
Privatsache ⇆ *"Volks-Sache"* / Gemeinwesen / Staat

② AVE MARIA, gratia plena,
Dominus tecum.
Benedicta tu in mulieribus,
et benedictus fructus ventris tui, Iesus.
Sancta Maria, Mater Dei,
ora pro nobis peccatoribus,
nunc et in hora mortis nostrae. Amen.

avē ≈ salvē *(Ave, Maria)*
benedictus, a, um gesegnet, gepriesen, *gebenedeit (bene-dicere)*
frūctus, frūct-ūs, m. *Frucht*
venter, ventr-is, m. Bauch

③ Pilatus aqua lavit manus publice (= coram turba) et dixit:
"Innocens ego sum a sanguine hominis." innocēns, innocent-is unschuldig
Et universus populus respondit: "Sanguis eius super nos et super filios nostros!"
ūniversus, a, um gesamt sanguis, sanguin-is, m. Blut

④

In Aegypto Putiphar, eunuchus pharaonis, princeps satellitum, vir Aegyptius, emit Ioseph de manu Ismaelitarum. Fuitque Dominus cum eo, et vir in cunctis rebus prospere agebat habitabatque in domo domini sui. Qui optime sentiebat esse Dominum cum eo. Invenitque loseph gratiam coram domino suo et ministrabat ei.

eunūchus, -ī, m. Eunuch
satelles, satellit-is, m. Leibwächter
Aegyptus, -i, f. Ägypten
Aegyptius, a, um ägyptisch;Ägypter
emere, em-ō, ēm-ī kaufen
Ismaelita,-ae,m./f. Ismaelit/-in
suus, a, um sein, ihr
prosper,-a,-um erwünscht, günstig, glücklich
habitāre wohnen
domus,-ūs, f. (Abl.: domō) Haus
optimus,a,um sehr gut, beste(r)
sentīre, senti-ō, sēns-ī fühlen, spüren, merken
ministrāre (be-)dienen

Et, postquam praeposuit eum domui suae et cuncta, quae possidebat, tradidit in manum eius, benedixit Dominus domui Aegyptii propter Ioseph. Erat autem Ioseph pulchra facie et decorus aspectu. Postea ergo iniecit uxor domini eius oculos suos in Ioseph et ait: "Dormi mecum!"

prae-pōnere,-pōn-ō,-posu-i voranstellen
pos-sidēre, -side-o, -sēd-ī besitzen
pulcher, pulchra, pulchrum schön
faciēs, faciē-ī, f. Gesicht, Äußeres
decōrus, a, um ehrenhaft, reizend, schön
aspectus,-ūs,m. An-blick, Aussehen
in-icere, -ici-ō, iniēc-ī hinein-/drauf-werfen
uxor, uxōr-is, f. (Ehe-)frau

Qui nequaquam acquievit, sed dixit ad eam: "Ecce dominus meus, quoniam cuncta mihi tradidit, non curat de ulla re in domo sua, nec quisquam maior est in domo quam ego, et nihil mihi subtraxit praeter te, quae uxor eius es. Quomodo ergo possum ego malum id magnum facere et peccare in Deum?"

nēquāquam keineswegs
ac-quiēscere, -sc-ō, -quiēv-ī einverstanden sein
ūllus, a, um irgend-ein
quisquam irgend-jemand
māior (Gen. māiōr-is) quam . . größer als . .
sub-trahere, -trah-o, -trax-ī entziehen
praeter (Präp. + Akk.) außer

Eius modi verbis in dies *(von Tag zu Tag)* et mulier molesta erat adulescenti, et is recusabat stuprum.

peccāre einen Fehler machen, sündigen
modus, mod-ī,m. Art (und Weise)
molestus,a,um lästig, zudringlich
recūsāre ablehnen
stuprum,-ī,n. unehelicher Beischlaf, Unzucht

Quadam autem die intravit Ioseph domum et opus suum absque arbitris faciebat; tum

absque ≈ sine ("*ohne*") ≠ cum
arbiter, arbitr-ī, m. Zeuge, Beobachter; Schiedsrichter

ea apprehendit laciniam vestimenti eius et dixit: "Dormi mecum!" Qui pallium in manu eius reliquit et fugit foras. Postquam vidit mulier eum vestem reliquisse in manibus suis et fugisse foras, vocavit homines domus suae et ait ad eos: "En, introduxit virum Hebraeum, qui illudit nobis. Is intravit ad me, et cupiebat coire mecum. Quoniam ego clamavi, reliquit pallium, quod tenebam, et fugit foras." Et pallium ostendit marito, qui rediit domum, et dixit: "Intravit ad me servus Hebraeus, quem adduxisti; et cupiebat illudere mihi. Et postquam audivit me clamare, reliquit pallium, quod tenebam, et fugit foras." Dominus, postquam audivit verba uxoris, iratus est valde; traditque Ioseph in carcerem.

ap-prehendere, -prehend-ō, apprehend-ī	ergreifen
lacinia, lacini-ae, f.	Zipfel, Fetzen
vestīmentum, -ī, n.	Kleid, Kleidungsstück
vestis, vest-is, f.	Kleid, Kleidungsstück
pallium, palli-ī, n.	Überwurf, Oberkleid, Mantel
forās (Adv.)	nach draußen
ēn	sieh mal, seht mal!
intro-dūcere, -dūc-ō, -dūx-ī	hineinführen
Hebraeus, a, um	hebräisch; Hebräer
il-lūdere, -lūd-ō, -lūs-ī	sein Spiel treiben mit
co-īre, co-eo, co-iī	zusammenkommen
marītus, -ī, m.	Ehemann
ad-dūcere,-dūc-ō, -dūx-ī	heranführen
irātus, a, um	erzürnt, zornig
carcer, carcer-is, m.	Gefängnis, *Kerker*

Satzaufbau

HS (Hauptsatz)	Et, (postquam praeposuit eum domui suae
GS[1] (Gliedsatz 1. Grades)	et cuncta,
GS[2] ((Gliedsatz 2. Grades))	((quae possidebat,))
GS[1]	tradidit in manum eius,)
HS	**benedixit Dominus** domui Aegyptii propter Ioseph.

HS (Hauptsatz)	Ecce **dominus meus**,
GS[1] (Gliedsatz 1. Grades)	(quoniam cuncta mihi tradidit,)
HS	non **curat** de ulla re in domo sua,
	nec quisquam maior **est** in domo quam ego,
	et nihil mihi **subtraxit** praeter te,
GS[1] (Gliedsatz 1. Grades)	(quae uxor eius es).

⑤ *Lex talionis* (talio,-ionis,f.: gleiche Wiedervergeltung, Eintreiben eines gleichartigen Ausgleichs):

(Wer sich schuldig gemacht hat,) reddere debet animam pro anima, oculum pro oculo, dentem pro dente, manum pro manu, pedem pro pede.

⑥
(Nach Jesu Kreuzestod)

Et venerunt ergo milites ad Iesum et viderunt
eum iam mortuum esse,
non fregerunt eius crura, sed unus militum
lancea latus eius aperuit,
et continuo exivit sanguis et aqua.

mīles, mīlit-is, m. Soldat
aperīre,aperi-ō, aperu-ī öfnen, aufmachen
frangere, frango, frēgī brechen
crūs, crūr-is, n. Unterschenkel, Bein
lancea,-ae, f. *Lanze*
latus, láter-is, n. (Körper-)seite,
exivit = exiit

⑦

P: Benedictus es, Domine, Deus universi,
quia de tua largitate accepimus **panem**,
quem tibi offerimus, fructum terrae et operis
manuum hominum, ex quo nobis fit panis vitae.

A: Benedictus Deus in saecula.

P: Benedictus es, Domine, Deus universi, quia
de tua largitate accepimus **vinum**,
quod tibi offerimus, fructum vitis et operis manuum hominum, ex quo nobis fit potus spiritalis.

A: Benedictus Deus in saecula.

largitās, largitāt-is,f. Freigebigkeit
of-ferre, -fer-ō, ob-tul-ī entgegen-tragen, anbieten; *opfern*
fit (3.Sing.Ind.Präs.) er/sie/es wird gemacht
vītis, vīt-is, f. Weinreben, -stock
potus spirit(u)alis geistiger / geistlicher Trank

Übung 1 — *Bestimmen Sie die Formen der Wörter (Subst., Adj., Pron., Verben) dieses Satzes!*

Benedictus es, Domine, Deus universi, quia de tua largitate accepimus panem, quem tibi offerimus,
fructum terrae et operis manuum hominum,
ex quo nobis fit panis vitae.

Übung 2 — *Deklinieren Sie a)* spes magna *(Sing. u. Plur.), b)* spiritus sanctus *(Sing.), c)* fructus pulcher *(Plur.)!*

Wie ein Adjektiv (Eigenschaftswort) zur näheren Bestimmung von Substantiven (Personen oder Sachen) dient, so dient ein **Adverb** (*ad verbum*: "zum Verb") zur näheren Bestimmung eines Verbs, einer Handlung.

	Adjektiv	Adverb
Adjektive	public-us, public-a, public-um	public-ē
der a- und o-Deklination	prosper, prosper-a, prosper-um	prosper-ē
bilden das Adverb auf **-ē**.	optim-us, optim-a, optim-um	optim-ē

Übung 3

1.Claudius **pulcher** non est, sed .... scribit.
pulcher, pulchra, pulchrum schön

2. Iulia **mala** non est, sed .... cantat.

3. Iesus in synagoga legem doct . . . explicat. doctus,a,um gelehrt

4. Tu ver . . . es Dei filius. verus, a, um wahr, wahrhaftig

- Dr. rer. pol. = doctor rerum politicarum politicus,a,um: politisch
- Sprichwort: Pax optima rerum (Rathaus in Münster / Eingang zum Friedenssaal)
- Enzyklika: Rerum novarum novus,a,um: neu, neuartig

Alte Bibliothek, Berlin

Friedrich der Große machte mit dieser Bibliothek die Literatur, die zuvor nur dem Adel, Ministern, Wissenschaftlern u. höheren Staatsbeamten vorbehalten war, auch dem Bürgertum zugänglich. So steht bis zum heutigen Tage über dem Portal der lateinische Spruch: „nutrimentum spiritus“ (dt.: „geistige Nahrung“). Von den Berlinern soll das frei übersetzt worden sein, wie folgt: *„Spiritus is ooch 'n Nahrungsmittel“*.

Das Suffix -mentum, -menti, n., angefügt an den Stamm eines Verbs, bezeichnet ein Mittel oder Werkzeug.
In deuschen Fremdwörtern sowie in franz. und engl. Wörtern wird das Suffix -mentum zu -ment verkürzt.

Beispiele:
nutrire ernähren (ital. nutrire, franz. nourrir, engl. nourish)
nutri-mentum Nahrungsmittel (ital. nutrimento, engl. nourishment)

Erklären Sie die Bedeutung der Substantivs bzw. der daraus gebildeten Fremdwörter!

sacra-mentum (von sacrare: etw. Gott widmen, heilig machen)
orna-mentum (von ornare: schmücken, ausstatten)
para-mentum (von parare: bereitmachen, ausrüsten, ausstatten)
monu-mentum (von monere: ermahnen, erinnern)

Lernwortschatz

①	manus, man-ūs, f.	Hand, Handvoll, Schar (*manuell, Manual*)
	lavāre, lav-ō, lāvī	waschen, reinigen
	spīritus, spīrit-ūs, m.	Hauch, Atem, Geist
	rēs, re-ī, f.	Sache (*real, reell*)
	prīvātus, a, um	*privat*
	pūblicus, a, um	Volks-, öffentlich
	spēs, spe-i, f.	Hoffnung (*sperare*)
②	avē ≈ salvē	*(Ave, Maria)*
	benedictus, a, um	gesegnet, gepriesen, *gebenedeit* *(bene-dicere)*
	frūctus, frūct-ūs, m.	*Frucht*
	venter, ventr-is, m.	Bauch
③	innocēns, innocent-is	unschuldig (*Innozens*, engl./frz. *innocent*)
	sanguis, sanguin-is, m.	Blut
	ūniversus, a, um	gesamt (das *Universum*, *universal*, *Universität*)
④	emere, em-ō, ēm-ī	kaufen
	prosper, prospera, prosperum	erwünscht / erhofft (vgl. *spes*) , günstig, glücklich, erfolgreich (*prosperity*)
	habitāre, habit-ō, habitāvī	wohnen
	domus, -ūs, f. (Abl.: do-mō)	Haus (*Dom*)
	optimus, a, um	sehr gut, beste(r), am besten
	sentīre, senti-ō, sēns-ī	fühlen, spüren, merken, wahrnehmen (*sentimental*)
	prae-pōnere, -pōn-ō, -posu-ī	vor-setzen, voran-stellen
	possidēre, posside-o, possēd-ī	besitzen
	aspectus/ad-spectus, aspect-ūs, m.	An-blick, Aussehen (vgl. *spectare*, *Aspekt*)
	in-icere, inici-ō, iniēc-ī	hinein-werfen, auf jdn./etw. werfen (*injizieren, Injektion,* vgl. *eicere*)
	uxor, uxōr-is, f.	(Ehe-)frau

	māior (Gen. māiōr-is) quam . .	größer als . .
	sub-trahere, -trah-o, subtrax-ī	(unten) weg-ziehen, wegnehmen, entziehen (*subtrahieren*)
	praeter (Präp. + Akk.)	außer
	peccāre	einen Fehler machen, sich verfehlen, sündigen (vgl. *peccatum, peccator*)
	modus, mod-ī, m.	Art (und Weise), Maß
	diēs, diē-ī, m./f.	Tag (vgl. span. *el día*; latein. *lunae dies*, ital. *lunedì*, franz. *lundi*)
	vestīmentum,-ī, n. ≈ vestis,vest-is, f.	Kleid, Kleidungsstück, Gewand
	intro-dūcere, -dūc-ō, -dūx-ī	hinein-führen, einführen, hereinbringen (*to introduce, introduction*)
	co-īre, co-eo, co-iī	zusammen-kommen, sich vereinigen, sich begatten (*Koitus*)
	marītus, -ī, m.	Ehemann (ital. *marito*, span. *marido*, frz. *mari*)
	ad-dūcere, addūc-ō, addūx-ī	heran-führen, hɛrbei-bringen, veranlsssen
⑤	dēns, dent-is, m.	Zahn (*Dentist*)
⑥	mīles, mīlit-is, m.	Soldat (*Militär, Miliz*)
	aperīre, aperi-ō, aperu-ī	öffnen, aufmachen
	continuō (Adv.)	sofort
⑦	of-ferre, offer-ō, ob-tul-ī	entgegen-tragen, darbieten, anbieten; *opfern* (*offerieren, Offerte;* engl. *to offer*)
	pōtus, pōt-ūs, m.	Trank, Getränk
	vērus, a, um	wahr, wahrhaftig

Zusatz zu ⑤

Iesus: "Audistis, quia dixerunt:

«Oculum pro oculo et dentem pro dente.»

Ego autem dico vobis: Non resistere malo!

Sed si quis te percussit in dextera maxilla tua, praebe ei et alteram!

Ei, qui vult tecum iudicio contendere et tunicam tuam tollere, remitte ei et pallium! (...)

Qui petit a te, da ei!"

audistis = audiv-istis

re-sistere, -sist-o, restiti — sich widersetzen, widerstehen (*resistent)*
per-cutere,-cutio,-cussi — durch-stoßen, schlagen (*percussion*)
maxilla,-ae,f. — Kinnlade, (Kinn-)Backe
praebere, praebe-o — hinhalten, gewähren
vult (3. Sing.) — (er/sie/es) will
iudicium, -i, n. — Rechtsstreit, Prozess
contendere, -tendo, -tendi — streiten
tunica,-ae, f. — (Untergewand) Hemd
pallium, i, n. — (Obergewand) Mantel
re-mittere,-mitt-o,-mis-i — zurückschicken; überlassen

XIV. Lectio quarta decima

- **hic**, **haec**, **hoc** dieser, diese, dieses <hier / bei der sprechenden (1.) Person>
- **iste**, **ista**, **istud** dieser, diese, dieses <da / bei der angesprochenen (2.) Person>
- **ille**, **illa**, **illud** jener, jene, jenes <dort / evtl. bei der besprochenen (3.) Person>

Alle drei Pronomina werden auch als *Personalpronomina* der 3. Person verwendet: *er, sie, es*.

Singular			
Nominativ	hic haec hoc	iste ista istud	ille illa illud
Genitiv	huius	istius	illius
Dativ	huic	isti	illi
Akkusativ	hunc hanc hoc	istum istam istud	illum illam illud
Ablativ	hoc hac hoc	isto ista isto	illo illa illo

Plural			
Nom.	hi hae haec	isti istae ista	illi illae illa
Gen.	horum harum horum	istorum istarum istorum	illorum illarum illorum
Dat.	his	istis	illis
Akk.	hos has haec	istos istas ista	illos illas illa
Abl.	his	istis	illis

① **In illo tempore** venit in patriam suam.

Et sabbato coepit in synagoga docere; et multi, qui eum audiebant, dicebant: "Unde huic haec? Et quae est sapientia, quae est illi, et virtutes, quas manu sua efficit? Nonne iste est faber, filius Mariae et frater Iacobi et Iosetis et Iudae et Simonis? Et nonne sorores eius hic nobiscum sunt?"

patria,-ae,f. Vaterland,-stadt
sabbatum, -ī, n. *Sabbat*
synogōga, -ae, f. *Synagoge* (συν-αγωγή)
ūndē? woher?
sapientia, -ae, f. Weisheit
virtūs,-tūt-is, f. Männlichkeit, Tüchtigkeit, Kraft
ef-ficere, fici-ō (hervor-)bringen
faber,fabr-ī,m. Handwerker
soror, sorōr-is,f. Schwester
hīc hier

② Erant autem publicani et peccatores, qui audiebant illum. Et murmurabant pharisaei et scribae, qui dicebant: "Hic peccatores recipit et manducat cum illis."

re-cipere,-cipi-ō (auf-)nehmen

Et ait illis parabolam istam: "Quis ex vobis, qui habet centum oves, et si periit una ex illis, nonne dimittit nonaginta novem in deserto et vadit ad illam, quae periit, donec invenit illam?"

centum (C) 100
nōnāgintā (XC) 90
dēsertum, -i, n. Einöde, Wüste
donec (solange,) bis

® Accipite et manducate ex hoc cuncti: — manducāre essen

Hoc est enim **Corpus meum**.

Accipite hunc calicem et bibite ex hoc cuncti! — calix, calic-is, m. *Kelch*

Hic est enim calix **Sanguinis mei**.

Hoc facite in commemorationem meam!
commemorātiō, -iōnis,f. Erinnerung, Gedenken

④ (aus dem *Liber Sapientiae*:)

Spiritus Domini replevit orbem terrarum, Alleluia. Et hoc, quod continet cuncta, scientiam habet vocis.

re-plēre	(an-)füllen, erfüllen
orbis (terrarum)	(Erd-)kreis
con-tinēre	zusammen-halten, ent-halten
vōx, vōc-is, f.	Stimme, Wort

⑤ Pax huic domui!

⑥ Sequenz aus der Totenmesse: Dies irae, dies illa — ira, irae, f. Zorn

⑥ Nunc autem manet fides, spes, caritas, tria haec; maior autem ex his est caritas.

fidēs,fide-i,f.	Treue, Vertrauen; Glaube
cāritās, -tāt-is, f.	Liebe, Nächstenliebe
trēs, trēs, tria	drei
maior	größer

Übung 1 — *Ergänzen Sie die passenden Form von* ***hic, haec, hoc*** *und übersetzen Sie den Text!*

Lucas haec narrat: Iesus perambulabat civitatem Iericho. .... est civitas in Iudaea. Multi homines in viis .... civitatis stabant; nam Iesum videre quaerebant. .... in civitate etiam Zachaeus, princeps publicanorum, habitabat. Is quoque Iesum videre quaerebat. Zachaeus, quia propter turbam nihil videbat, ascendit arborem. Iesus venit ad .... locum viditque Zachaeum. Tum dixit ad eum: "Descende!" Iesus enim in domo .... viri manere cupiebat.

Übung 2 — *Ergänzen Sie die passenden Form von* ***ille, illa, illud****, und übersetzen Sie den Text!*

Caecus quidam sedebat ad viam et mendicabat. Tum Iesus .... appropinquavit.

Caecus vocavit nomen Iesu. Itaque homines .... increpabant. .... autem magis clamabat. Iesus iussit: "Adducite .... ad me!" Tum ex .... quaesivit: "Quid cupis?" — "Domine, videre cupio." Et Iesus tetigit oculos .... et caecus vidit.

caecus, a, um blind
mendicāre betteln

increpāre + AO zurufen, anfahren, anmeckern, schelten

Römische Götternamen

Iuppiter (*Iov-pater), Gen. Iov-is: Jupiter (griech. Zeus)

Mars, Mart-is, m.	Mars (Kriegsgott, griech. Ares)	Satúrnus, -ī	Saturn (Vegetationsgott, griech. Kronos)
Venus, Véner-is, f.	Venus (griech. Aphrodite)	Sōl, Sōl-is, m.	Sol (Sonnengott, griech. Helios)
Mercurius, Mercúri-ī, m.	Merkur (griech. Hermes)	Lūna, -ae, f.	Luna (Mondgöttin, griech. Selene)

Europäische Wochentage sind meist nach Göttern benannt, im romanischen Sprachgebiet nach römischen, im germanischen nach germanischen. Unter den germanischen Göttern sind bekannt: ***Freya***, Göttin der Liebe; ***Donar***, Wettergott mit Blitz und Donner.

a) Welche Götter stecken in *giovedì* (ital.) / *jeudi* (franz.) / *jueves* (span.), in *venerdì* (ital.) / *vendredi* (frz.) / *viernes* (span.) und in *lunedì* (ital.) / *lundi* (frz.) / *lunes* (span.)?

b) Ordnen Sie die Tagesbezeichnungen aus a) den entsprechenden deutschen und englischen Wochentagen zu!

c) Welchem englischen Wochentag entspricht der lateinische *Saturni dies* (Tag des Saatgottes Saturn)?

Die Römer wiesen — wie andere Völker auch — die Wochentage einzenen Göttern zu:

dem Sonnengott Sol,
der Mondgöttin Luna,
dem Kriegsgott Mars,
dem Götterboten Mercurius,
dem Göttervater Iuppiter,
der Liebesgöttin Venus,
dem Vegetationsgott Saturnus.

Schreiben Sie die lateinischen Wochentage auf (der Name des Gottes wird als Genetivattribut beigefügt, z.B. "Tag des Mercurius")!

1. dies . . . .
2. dies . . . .
3. dies . . . .
4. dies . . . .
5. dies . . . .
6. dies . . . .
7. dies . . . .

Nach der Christianisierung des römischen Reiches wurde der *"Tag der Sonne" / Sonntag / sunday* umbenannt in den "Tag des Herrn" oder "Herrentag": *dies domini* oder *dies dominicus / dies dominica* (vgl. *domenica, domingo, dimanche*).

Das reflexive Personalpronomen im a.c.i.:

Zur Wiederholung	*Claudia* **se** *pulchram putat.*
Marcus **se** spectat. Amicae **se** spectant.	*Claudia* **se** pulchram esse *putat.*
Saepe Marcus **se** laudat, sed ceteri **eum** non semper laudant.	*Marcus narrat* se e monte mare vidisse. mare,maris,n. Meer
Marcus **sibi** consulit. Romani **sibi** consulunt.	*Sed amici* eum mare vidisse *non putant.*
Marcus **secum** cogitat. - Amici **secum** cogitant.	*Amici* se e monte Rhenum fluvium vidisse *non ignorant.* Rhēnus, -i, m. Rhein — fluvius, i, m. Fluss

Das Possessivpronomen der 3. Person — reflexiv und nicht-reflexiv

meus, mea, meum - tuus, tua, tuum - noster, nostra, nostrum - vester, vestra, vestrum sind besitzanzeigende Fürwörter (Possessivpronomen) und geben die 1. und 2. Person Sing. und Plur. als **Besitzer** oder **Bezugsperson** an.

Das Possessivpronomen ***suus, sua, suum*** ist ***reflexiv*** (*rückbezüglich aufs **Subjekt***), d.h. es gibt immer das Subjekt als Besitzer oder Bezugsperson an: ***sein*** oder ***ihr***.

Wenn aber nicht das Subjekt dieses Satzes, sondern eine andere 3. Person Besitzer oder Bezugsperson ist, gebraucht man den Genitiv des Personalpronomens **is, ea, id** (er, sie, es oder dieser, diese, dieses):

eius	mask. *dessen* fem. *deren*

eorum earum	m./f. plur. *deren*

Ego equum meum apporto. ap-portare: herbei-tragen, -bringen, holen

Tu equum tuum apportas.

Gaius equum **suum** apportat. **Gaius** holt . . . . . . Pferd.

Domitilla equum **suum** apportat. **Domitilla** holt . . . . . . Pferd.

Liberi equ<u>os</u> **su**<u>os</u> apportant.	Die **Kinder** holen . . . . Pferde.
Etiam *Pomponio* equus est.	Auch *Pomponius* hat ein Pferd.
Servi equum ***eius*** apportant.	Sklaven holen ***dessen*** Pferd = ... Pferd.
Ubi est Domitilla? Equus eius hic est.	Wo steckt Domitilla? Hier ist . . . . Pferd = ... Pferd
Servi domin<u>o</u> **su**<u>o</u> parent.	Die **Sklaven** gehorchen . . . . Herrn.
Servi domin<u>is</u> **su**<u>is</u> parent.	**Sklaven** gehorchen . . . . Herren.
Servis vita misera est.	*Sklaven* haben ein elendes Leben.
Pomponius vitam ***eorum*** non ignorat.	Pomponius kennt . . . . Leben = ... Leben genau.

Pater . . . . filios et . . . . amicos videt.

Der Vater sieht seine . . . .

SPQR = SENATVS POPVLVS......... ROMANVS, ist die Bezeichnung für den Souverän der *Res publica Romana*.

Tragen Sie die folgenden Kasusformen von fünf Substantiven in die Tabelle ein! Manche Formen kommen mehrfach vor (s. Zahl in Klammern). Schreiben Sie unter den Nominativ die deutsche Bedeutung der Vokabel!

1. causa - causā - causae (3) - causam - causārum - causās - causīs (2)
2. diē - diēbus (2) - diēī (2) - diem - diērum - diēs (3)
3. opera (2) - opere – operī - operis - operibus (2) - operum - opus (2)
4. modī (2) - modīs (2) - modō (2) - modōrum - modōs - modum - modus
5. frūctibus (2) - frūctū - frūctuī - frūctum - frūctuum - frūctus - frūctūs (3)

Singular					
	a-Deklination	o-Deklination	3. Deklination	u-Deklination	e – Deklination
Nom. deutsch:	....	....	. ...	....	....
Gen.					
Dat.					
Akk.					
Abl.					

Plural					
Nom.					
Gen.					
Dat.					
Akk.					
Abl.					

Lernwortschatz

①	patria, patri-ae, f.	Vaterland, -stadt; Heimat
	sabbatum, sabbat-ī, n.	*Sabbat*
	synogōga, -ae, f.	*Synagoge* (συν-αγωγή)
	ūndē?	woher?
	sapientia, sapienti-ae, f.	Weisheit
	virtūs, virtūt-is, f.	Männlichkeit, Mannhaftigkeit, Tapferkeit, Tüchtigkeit, Kraft; Leistung; Streitmacht, Heer
	ef-ficere, effici-ō, effēc-ī	hervorbringen, zustande bringen, bewirken (*effizient, Effekt*)
	faber, fabr-ī, m.	Handwerker (*Fabrik, fabrizieren*)
	soror, sorōr-is, f.	Schwester
	hīc	hier
②	re-cipere, recipi-ō, recēp-ī	(auf-)nehmen (*rezipieren, Rezeption, Rezept, rp. = recipe*! [Anweisung an den Apotheker])
	manducāre	essen (manū ducere: mit der Hand <zum Munde> führen; ital. *mangiare*, franz. *manger*)
③	calix, calic-is, m.	*Kelch* (κύλιξ)
④	re-plēre,-ple-ō,-plēv-ī = im-plēre	(an-)füllen, erfüllen
	orbis (terrarum), orb-is, m.	Kreis, Erdkreis (*orbit*, vgl. *urbi et orbi*)
	con-tinēre, contine-ō, continu-ī	zusammen-halten (vgl. *tenere*, *Kontinent*)
	vōx, vōc-is, f.	Stimme, Wort (vgl. *vocare,Vokal, vokal,* frz. *voix,* engl. *voice,* it. *voce,* span. *voz*)
⑥	fidēs, fide-i, f.	Treue, Vertrauen; Glaube
	cāritās, cāritāt-is, f.	Liebe, Nächstenliebe (Subst. zu *carus,a,um*: lieb, teuer)
	trēs, trēs, tria	drei
	saepe (Adv.)	oft
	cōnsulere, cōnsul-ō, cōnsulu-ī	(+ Akk.) um Rat fragen, konsultieren; (+ Dat.) sorgen für
	pulcher, pulchra, pulchrum	schön
	mons, mont-is, m.	Berg, Gebirge
	mare, maris, n. (Nom.pl.: mária)	Meer
	īgnōrare	nicht wissen, nicht kennen *(Ignorant)*
	suus, sua, suum (Possessiv-Pron.)	sein, ihr

XV. Lectio quinta decima

Aktiv bedeutet:
Die Handlung geht vom Subjekt aus, das Subjekt ist aktiver, d. h. tätiger Handlungsträger.

Servi Rufum portant.
Die Sklaven tragen Rufus.

Passiv bedeutet:
Das Subjekt ist von einer Handlung betroffen; der "Täter" kann, muss aber nicht dabei genannt werden.

Rufus portatur.
Rufus wird getragen.
Rufus lässt sich tragen.

Perspektivenwechsel durch den Wechsel von Aktiv und Passiv

In einem passivischen Satz wird derselbe Sachverhalt wie im Aktivsatz dargestellt, aber in einer anderen Perspektive, nämlich nicht vom Subjekt (Handlungsträger), sondern vom Objekt (= Ziel oder "Opfer" einer Handlung) her, d. h. das Objekt wird zum Subjekt (= Thema des Satzes) gemacht, und der Handelnde ("Täter" im aktiven Satz) braucht nicht genannt zu werden. — Soll die handelnde Person genannt werden, wird sie durch **a/ab + Ablativ** angegeben.

Das lat. Passiv bezeichnet auch eine "Mittelform" zwischen Aktiv und Passiv, das Medium.

AKTIV

Mater lavat puerum.
S AO
Die Mutter wäscht
den Jungen.

<MEDIUM>

Puer lavatur (in fluvio).
S
Der Junge **wäscht sich** (im Fluss).
Der Junge **lässt sich waschen** (im Fluss).
Der Junge **badet** (im Fluss).

PASSIV

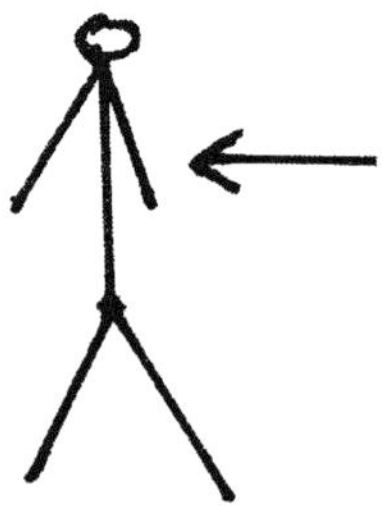

Puer lavatur (a matre).
S
Der Junge wird gewaschen (von seiner Mutter).
Man wäscht den Jungen.

	Passiv			
Präsens	am**or** ich werde geliebt	víde-**or** ich werde gesehen	ag-**or** ich werde getrieben	aúdi-**or** ich werde gehört
	amā-**ris**	vidē-**ris**	áge-**ris**	audī-**ris**
	amā-**tur**	vidē-**tur**	ági-**tur**	audī-**tur**
	amā-**mur**	vidē-**mur**	ági-**mur**	audī-**mur**
	amā-**mini**	vidē-**mini**	agí-**mini**	audī-**mini**
	ama-**ntur**	vide-**ntur**	ag-u**ntur**	audi-u**ntur**
Imper-fekt	amā-**ba-r**	vidē-**bā-r**	ag-**ēba-r**	audi-**ēba-r**
	amā-**bā-ris**	vidē-**bā-ris**	ag-**ēba-ris**	audi-**ēba-ris**
	amā-**bā-tur**	vidē-**bā-tur**	ag-**ēba-tur**	audi-**ēba-tur**
	...	...	...	...
Infinitiv	amā-**rī**	vidē-**rī**	ag-**ī**	audi-**rī**

Übersetzung des Passivs

Pueri in fluvio lavantur. fluvius,fluviī, m. Fluss

a) echtes Passiv — *Die Kinder werden im Fluss (von ihren Eltern) gewaschen.*
b) unpersönlich ("man" + Aktiv) — *Man wäscht die Kinder im Fluss.*
c) reflexiv — *Die Kinder waschen sich im Fluss.*
(Handlung geht vom Subjekt aus und richtet sich aufs Subjekt)
d) intransitiv (Verb ohne Objekt) — *Die Kinder baden im Fluss.*

Bibitur. bíbere, bibo, bibi trinken

a) echtes Passiv — *Es wird getrunken.*
b) unpersönlich ("man" + Aktiv) — *Man trinkt.*

Curis vexor. vexare quälen

a) echtes Passiv — *Ich werde von Sorgen gequält.*
b) reflexiv — *Ich quäle mich mit Sorgen ab.*
c) Umwandlung ins Aktiv — *Sorgen quälen mich.*

Ein *"voluntatives"* Wortfeld

orare	beten, bitten (*Ora* et labora! / Sancta Maria, *ora* pro nobis!)
rogare	fragen, bitten (≈ to ask)
quaerere	suchen, fragen (+ Präp. *e / ex*; franz./engl. *question*), begehren (span. *querer*)
petere	erstreben, bitten (*Petition*)
velle	wollen (Präs.: *volo, vis, vult, volumus, vultis, volunt*; *voluntas, -tatis,* f.: Wille)

① Rex voluit rationem ponere cum servis suis. Et **monstratur** ei servus, qui decem milia talenta debebat. Quae quod reddere non poterat, iussit dominus eum et uxorem et filios **venumdari** et cuncta, quae habebat, **reddi**. Servus autem dominum oravit et dixit: "Patientiam habe in me, cuncta enim tibi reddere volo." Tum dominus misericordia **movetur** et debitum servo dimittit. Servus ille, postquam e villa exiit, invenit unum de conservis suis, qui debebat ei centum denarios.

ratiōnem pōnere	Rechnung legen
mōnstrāre	zeigen
decem (X) mīlia	10.000
talentum, -ī, n.	Talent
dēbēre, dēbe-ō	schulden, müssen
vēnum-dare,-dō,-dedī	ver-kaufen
patientia, -ae, f.	Geduld
velle, vol-ō, volu-ī	wollen
movēre, move-ō	bewegen
con-servus,-ī,m.	Mit-sklave
centum (C)	100

Quem capit et dicit: “Redde, quod debes!” Tum conservus eius rogavit eum: “Patientiam habe in me, cuncta enim tibi reddere volo.”

Ille autem negavit, et conservus in carcerem **mittitur**. Res domino ab aliis servis **nuntiatur**. Qui iratus servum advocat et dicit illi: “Serve nequam, cuncta debita dimisi tibi, quoniam rogasti me. Nonne oportuit etiam te habere misericordiam conservi tui, qui tibi pecuniam debet, sicut et ego tui misericordiam habui?” Et iratus dominus eius tradidit eum tortoribus.

carcer, carcer-is, m.	*Kerker*, Gefängnis
nuntiāre, nuntiō	melden, berichten
nēquam (indekl.)	nichts-nutzig, -würdig
pecunia; -ae, f.	Geld

② Passio sanctorum Scilitanorum
(Die Akten der Märtyrer von Scili)

Eine Gruppe von Christen aus Scili wurde am 17. Juli 180 n. Chr. in Karthago wegen ihres christlichen Glaubens hingerichtet. Der Bericht über die scilitanischen Märtyrer ist eines der ältesten Glaubenszeugnisse im römischen *Africa* und wohl das älteste christliche Dokument in lateinischer Sprache.

Haec in actis martyrum de passione Scilitanorum leguntur: Christiani in iudicium trahuntur et ab iudice interogantur: "Accusamini, quod Christiani et hostes imperii Romani estis. Nemo ad iudicem ducitur, si legibus paret imperatoremque, dominum nostrum, ut deum colit. A vobis autem Caesar non colitur, itaque vos ad mortem duci iubeo. Et tu, Donata, responde! Nonne terreris periculo mortis, cum in arenam duceris et a bestiis necaris?"

ācta,-ōrum, n. pl. Taten, Protokolle
martyr,martyr-is,m. Zeuge *Märtyrer*
legere, leg-ō, lēg-ī lesen
iūdicium,-ī, n. Gericht
iūdex, iūdic-is, m. Richter
accūsāre anklagen
hostis, host-is, m. Feind
imperātor,-is,m. Kaiser
ut wie
colere, col-ō verehren
perīculum, -ī, n. Gefahr
arēna, -ae, f. Sand, Kampfplatz, *Arena*
bestia, -ae, f. (wildes) Tier
necāre, necō töten

Donata, una e Christianis: "Nos Christiani periculo mortis non terremur. Nam a nobis non timetur alius nisi dominus Deus noster, qui est in caelis."

Iudex: "Vos Christiani stulti esse videmini, nam deus vester vos a bestiis non servare potest. Caesar autem cunctis ignoscit, qui ad bonam mentem redeunt et per genium imperatoris iurant. In terris nullus est deus nisi Caesar, imperator noster, quem timere debetis."

stultus, a, um dumm
vidēri,vide-or scheinen
servāre, servō retten, bewahren
ignōscere,ignōsc-ō verzeihen
mēns, ment-is, f. Geist, Verstand, Herz
genius, geni-ī, m. Schutzgeist, *Genius*
iūrāre schwören

Donata: "Honorem Caesari; timorem Deo! Non moveor verbis tuis. Nam audior a Deo, qui est in caelis neque oculis videri potest. Hoc certum est: Christiani post mortem in caelos ducuntur. Deo gratias agimus, si a te ad mortem ducimur."

Et ceteri consenserunt. Tum iudex eos duci iussit.

certus, a, um sicher, gewiss
ceteri, -ae, -a die übrigen, alle anderen
cōn-sentīre, -sēns-ī übereinstimmen

Übung 1
Tragen Sie alle passiven Verformen aus dem Text ② in das folgende Schema ein!

Infinitiv Präsens Passiv	1. sing.	2. sing.	3. sing.

1. plur.	2. plur.	3. plur.

Übung 2 *Wandeln Sie die aktiven Aussagen deutsch und lateinisch ins Passiv um!*

Iudex Christianos interrogat.
Donata Iesum colit.
Deus Donatam servat.
Romani imperatorem ut deum colunt.

Übung 3 *Bestimmen Sie die Formen!*

terror — terreor — terreri — terreris — terrere — mitte — mitti — mittis — mittitis — mittite

Übung 4
Welche alternativen Übersetzungsmöglichkeiten gibt es für passivische Sätze, in denen kein Urheber / Täter angegeben wird?

Subito terra movetur. subito plötzlich
"Domum venite! Vocamur."
In via pila luditur. (pila: Ball)
Num vita morte finitur? — Ignoratur. finire beenden
Donata verbis non terretur.

Lernwortschatz

①	ratiō, ratiōn-is, f.	Rechnung, Überlegung, Verstand, Vernunft, Grund, Art und Weise (*rational, Ration*, frz. *raison*, engl. *reason*)
	mōnstrāre, mōnstrō, mōnstrāv-ī	zeigen (*Monstranz, de-monstrieren*)
	dēbēre, dēbe-ō, dēbu-ī	schulden, müssen, verdanken (vgl. *debitum, debitor*)
	patientia, -ae, f.	Geduld (*patience*)
	velle, vol-ō, volu-ī	wollen (Präs.: volo, vīs, vult, volumus, vultis, volunt; *voluntas, -tatis*, f: Wille)
	movēre, move-ō, mōv-ī	bewegen (*to move*)
	nuntiāre, nuntiō, nuntiāv-ī	melden, berichten, verkünden
②	ācta, āct-ōrum, n. plur.	Taten, Verhandlungen; Protokolle, Tagebücher; *Akten*
	martyr, martyr-is, m.	Zeuge, *Märtyrer* (μάρτυς, μάρτυρ-ος)
	legere, leg-ō, lēg-ī	lesen (vgl. Augustin: "Tolle, lege!"; *Legende, Lektüre, Lektor*)
	iūs, iūr-is, n.	Recht (*de iure*; *Jura, Jurist,* vgl. *iustus*)
	iūdicium, iūdici-ī, n.	Urteil, Prozess, Gericht (*ius, dicere*)
	iūdex, iūdic-is, m.	Richter
	accūsāre, accūsō, accūsāv-ī	anklagen
	hostis, host-is, m.	Feind
	imperātor, imperātor-is, m.	Befehlshaber, Feldherr; Kaiser *(imperare, imperium; frz. empereur, engl. emperor)*
	ut	wie (vgl. *sic-ut:* so wie)
	colere, col-ō, colu-ī	pflegen; (agrum) bebauen bearbeiten; bewohnen (vgl. *in-cola*); verehren, heilig halten (*Kult*)
	bestia, -ae, f.	(wildes) Tier (*bestialisch*, *Biest*, engl. *beast*)
	necāre, necō, necāv-ī	töten
	vidēri, vide-or, vīsus sum	(gesehen werden) scheinen
	servāre, servō, servāv-ī	retten, bewahren
	ignōscere, ignōsc-ō, ignōv-ī	ein Einsehen haben; verzeihen
	mēns, ment-is, f.	Geist, Sinn, Herz, Gesinnung (*mental*)
	certus, a, um	sicher, gewiss (frz./engl. *certain*)
	ceteri, ceterae, cetera	die übrigen, alle anderen (*etc.* = *et cetera*: und die übrigen Dinge, und alles andere ≈ usw.)
	cōn-sentīre,-senti-ō, cōnsēns-ī	übereinstimmen (*Konsens*)

XVI. Lectio sexta decima

Adjektive der 3. / konsonantischen / Misch-Deklination

	m.	f.	n.
Nom.sg.	sapiēns	sapiēns	sapiēns
Gen.sg.	sapient-is		
kurz:	sapiēns, sapient-is *vernunftbegabt, verständig, weise (homo sapiens)*		

m.	f.	n.
fēlīx	fēlīx	fēlīx
fēlīc-is		
(īn-)fēlīx, (īn-)fēlīc-is (un-)*glücklich*		

ebenso:	
	constāns, constant-is *standhaft, beständig (konstant)*
	vēlōx, vēlōc-is *schnell*
	(veloci pede: *mit schnellem Fuß* > *le vélocipède, das Veloziped* > *le vélo, das Velo [Fahrrad]*)

	m. / f.	n.
Nom.sg.	dulcis	dulce
Gen.sg.	dulc-is	
kurz:	dulcis, dulce *süß, angenehm*	

m. / f.	n.
omnis	omne
omn-is	
omnis, omne *jeder, ganz*; plur.: *alle*	

ebenso:		
	nōbilis, nōbile	*berühmt, vornehm, edel, adelig*
	trīstis, trīste	*traurig*
	(im-)mortālis, (im-)mortāle	*(un-)sterblich*
	cīvīlis, cīvīle	*bürgerlich, Bürger-* (bellum cīvīle: *Bürgerkrieg*)

	m.	f.	n.
Nom.sg.	ācer	ācris	ācre
Gen.sg.	ācr-is		
kurz:	ācer, ācris, ācre *scharf, spitz, heftig*		

m.	f.	n.
celer	céleris	célere
céler-is		
celer, celeris, celere *schnell*		

Adjektive der 3. Deklination haben in der Regel

- im Abl. sing. m./f./n.: **-i** in dulc**i** iubilo: *in süßem Jubel(-schalle)*
- im Nom. plur. neutr.: **-ia** per omn**ia** saecula saeculorum
- im Gen. plur. m./f./n.: **-ium** sapiens sapient**ium**

① Credo in unum Deum, Patrem omnipotentem,

factorem caeli/cœli et terrae, visibilium omnium et invisibilium.
(in-)vīsibilis, (in-)vīsibile (un-)sichtbar

② O clemens, o pia, o dulcis virgo Maria!
clēmēns, Gen.: clēment-is mild, gnädig

③ *(Paulus an Titus:)*

Apparuit enim gratia Dei salutaris omnibus hominibus. Exspectamus beatam spem et adventum gloriae magni Dei et salvatoris nostri Iesu Christi, qui nos redimit ab omni iniquitate et mundat sibi populum peculiarem.

Haec mone et argue cum omni imperio!

Admone illos

- principibus et potestatibus subditos esse et
- ad omne opus bonum paratos esse,
- neminem blasphemare,
- modestos esse,
- omnem ostendere mansuetudinem ad omnes homines!

ap-pārēre, -pāre-o, -pāru-ī erscheinen, sich zeigen (*to appear*)
sālūtāris, sālūtāre heilbringend, heilsam
ex-spectāre (aus-schauen nach) erwarten
beātus, a, um glücklich, selig
ad-ventus, -ūs, m. Ankunft
red-imere,-im-o,-em-i zurück-kaufen, loskaufem, erlösen
in-iquitas, -iquitat-is, f. Ungerechtigkeit, Schwierigkeit
mundare, mundo, masndavi reinigen
peculiaris, peculiare eigen, eigentümlich (engl. *peculiar*)
arguere, arguo, argui (hier:) deutlich darlegen, fest behaupten
(ad-)monere,-moneo,-monui (er-)mahnen auffordern, belehren
imperium, -i, n. (Ober-)befehl, Befehlsbereich, Autorität
potestās,potestāt-is,f. Macht, Amtsgewalt
subditus, a, um unterworfen, untertan
parātus, a, um bereit
nemo, Akk.: neminem niemand
blasphemare lästern, beschimpfen, schmähen
modestus, a, um maßvoll, bescheiden
mansuetudo, mansuetudin-is, f. Sanftmut, Milde, Freundlichkeit

	Singular			Plural		
	o-Dekl.	a-Dekl.	3. Dekl.	o-Dekl.	a-Dekl.	3. Dekl.
Nom.	-us / —	-a	—	-ī	-ae	-ēs
Gen.	-ī	-ae	-is	-ōrum	- ārum	-um / -ium
Dat.	-ō	-ae	-ī	-īs	-īs	-ibus
Akk.	-um	-am	-em	-ōs	-ās	-ēs
Abl.	-ō	-ā	Subst. -e / Adj. -ī	-īs	-īs	-ibus
Vok.	-e[1]	(= Nom.)	(= Nom.)	(= Nom.)	(= Nom.)	(= Nom.)

-e[1] (nur Subst. auf –us, sonst = Nom.)

(Substantiva) Neutra (alle Dekl.): Nom. = Akk. in Sing. und Plur.
Nom.Plur. / Akk.Plur.: -a / -ia

e-Deklinatiuon Singular: rēs, rei, rei, rem, rē
Plural: rēs, rērum, rēbus, rēs, rēbus

u-Deklination Sing.: manus, manūs, manui, manum, manū
Plur.: manūs, manuum, manibus, manūs, manibus

④ Per ipsum, et cum ipso, et in ipso
est tibi Deo Patri omnipotenti,
in unitate Spiritus Sancti,
omnis honor et gloria per omnia saecula saeculorum. – *Amen.*

ūnitās, ūnitāt-is, f. Ein-heit (*unus*)

⑤

In dulci iubilo cantate domino
nostri cordis gaudium in praesaepio
et fulget ut lux solis in matris gremio
|: ergo merito :|
iubilizat cor omne mentis tripudio

O Jesu parvule langueo post te
laetum fac cor meum tu puer optime
et tuum fer auxilium tu puer inclite
|: trahe me post te :|
ad regnum patris tui tu princeps gloriae

iūbilus,-ī,m./iūbilum,-ī,n. Jauchzen,*Jubel*
cantāre, canto, cantāv-ī singen
praesepium, -i, n. Krippe
fulgere, fulge-o, fuls-i blitzen, glänzen, leuchten
gremium, gremi-i, n. Schoß
merito (Adv.) verdientermaßen, zu Recht
iubilizare = iubilare jubeln
tripudium, i, n. (dreischrittiger) Sieges-tanz / Freudentanz
parv-ulus,a,um ganz klein
languére, -eo kraftlos sein, schmachten
auxilium,-ī, n. Hilfe
ínclitus, a, um berühmt

In dulci iubilo
nun singet und seid froh
unsres Herzen Wonne
leit (liegt) in praesepio
und leuchte als die Sonne
matris in gremio
|: Alpha es et O. :|

O Jesu parvule,
nach dir ist mir so weh
tröst mir mein Gemüte,
o puer optime,
durch alle deine Güte,
o princeps gloriae,
|: trahe me post te! :|

⑥

Vespere Iesus abiens in montem iussit discipulos ascendere in naviculam et praecedere eum trans fretum. Ipse ascendit in montem solus orare. Navicula iam multis stadiis a terra distabat, et iam mare exsurgebat. Et videns eos laborantes in remigando, erat enim ventus contrarius eis, circa quartam vigiliam noctis venit ad eos ambulans super mare. At illi, ut viderunt eum ambulantem super mare, putaverunt phantasma esse et prae timore exclamaverunt.

navicula, -ae, f. Schiff(-chen)
fretum, -i, n. Meer, See
prae-cēdere,-cēd-ō voran-, voraus-gehen
stadium, -i, n. (στάδιον) Stadium (rund 200 m)
distare, disto, — entfernt sein
ex-surgere,-surg-o aufstehen, sich erheben
remigare rudern
ventus, -ī, m. Wind
contrārius,a,um entgegengesetzt, Gegen-
ut (Konj.) wie; sobald (als)
prae (Präp. + Abl.) vor
phantasma, phantasmat-is,n. Erscheinung, Gespenst
ex-clamare auf-schreien, ausrufen

Statim Iesus eis appropinquavit dicens: "Habete fiduciam, ego sum; nolite timere!" Respondens autem ei Petrus dixit: "Domine, si tu es, iube me venire ad te super aquas!" At ipse ait: "Veni!" Et descendens Petrus de navicula ambulavit super aquas et venit ad Iesum. Videns autem ventum validum timuit et, dum iam mergitur, clamavit dicens: "Domine, salvum me fac!" Continuo autem Iesus dans manum intereunti apprehendit eum et ait illi: "Modicae fidei <es>, quare dubitasti?" Et postquam ascenderunt in naviculam, cessavit ventus.

fiducia, -ae, f.	Zutrauen, Vertrauen, Zuversicht
validus, a, um	stark
mérgere, -o	untertauchen, versenken
continuo (Adv.)	sofort
inter-īre, inter-eō, inter-iī	untergehen
ap-prehendere,-prehendo,-prehendi	ergreifen, fassen
modicus, a, um	(mittel-)mäßig, gering
quarē?	wodurch? warum?
dubitare, dubito	zweifeln, zögern (dubitasti = dubitavisti!)
cessare	aufhören

Partizip Präsens Aktiv (P. P. A.)

Ein Partizip ist eine Verbform, die dekliniert wird wie ein Adjektiv.

Wie ein Adjektiv stimmt es in KNG mit einem Beziehungswort überein.

Das Partizip Präsens Aktiv (PPA) bezeichnet eine Handlung, die gewöhnlich gleichzeitig ist zum Verb des Satzes.

Gaudere cum gaudentibus,
flere cum flentibus!

labōrā-re	labōrā-**ns** labora-**nt**-is *(Laborant)* sich abmühend, arbeitend; der/die Arbeitende
docē-re	docē-**ns** doce-**nt**-is *(Dozent)* lehrend, unterrichtend; der /die Lehrende
age-re	ag-**ēns** ag-**ent**-is *(Agent)* handelnd; der/die/das Treibende
audī-re	audi-**ēns** audi-**ent**-is hörend; der/die Hörende
ī-re	i-**ēns** e-**unt**-is gehend; der/die Gehende

⑦ Aliquando adibant Iesum quattuor viri paralyticum lecto ferentes. Quod magna turba hominum ante domum stabat, amici eius eum non per portam intulerunt, sed tectum aperientes eum ad Iesum submiserunt. Is videns illum dixit: "Dico tibi: Surge!" Et paralyticus, qui usque ad hunc diem	ali-quandō — irgend-wann, einmal, eines Tages quattuor (IV) — 4 paralyticus, a, um — gelähmt lectus,-i,m. / lectulus,-i,m. / lecticulus,-i,m. — Bett(-chen) ferre, fer-ō, tul-ī — tragen, bringen īn-ferre, -ferō, -tul-ī — hinein-tragen sub-mittere,-mitto,-mis-i — herunter-lassen usque ad + Akk. — bis (zu)

ab amicis suis lectulo ferebatur, surrexit, e domo exiit, lecticulum nunc ipse tulit, rediens in domum suam Deum laudavit.

Übung 1 *Deklinieren Sie "homo sapiens" und "omnis populus"!*

Übung 2 *Entscheiden Sie sich für die richtige Form des jeweiligen Adjektivs und übersetzen Sie!*

In illo tempore Iesus dixit: "Pater, Domine caeli et terrae, abscondisti haec *a sapientis / a sapientibus / a sapientes* et *prudentis / prudentibus / prudentes* et revelasti ea parvulis.	abs-condere,-cond-o,-cond-i — verbergen, verstecken, verheimlichen prūdēns, prūdent-is — klug re-velare — enthüllen, offenbaren parv-ulus,a,um (-ulus, a, um: Verkleinerungs-Suffix)

Omnes / Omni / Omnia mihi tradita sunt a Patre meo; et nemo novit Filium nisi Pater, neque Patrem quis novit nisi Filius et cui vult Filius revelare. Venite ad me *omnes / omnem / omni* , qui laboratis, et ego reficio vos.

Tollite iugum meum super vos et discite a me, quia *mite/mitibus/mitis* sum et *humilis/humilibus/humile* corde, et volo dare requiem animabus vestris. Iugum enim meum *suavium / suavem / suave* , et onus meum *levium / levibus / leve / levem* est." onus, oner-is, n. — Last, Bürde; levis, leve — leicht	re-ficere,-fici-ō — wiederherstellen iugum, iug-i, n. — Joch discere, disc-ō — lernen, erfahren mitis, mite — mild, sanft humilis,humile — niedrig, demütig suavis, suave — lieblich, angenehm

Übung 3 *Bestimmen Sie im folgenden Text alle Formen von* ***omnis, omne****!*

Unus Dominus, una fides, unum baptisma, unus Deus et Pater omnium, qui super omnes et per omnia et in omnibus <est>.

Salve, Regina,
mater misericordiae!
Vita, dulcedo et spes nostra, salve!

dulcēdō, dulcēdin-is,f. (Subst. zu *dulcis, e*)
exsul, exsul-is verbannt, vertrieben, heimatlos

Ad te clamamus, exsules filii Evae.
Ad te suspiramus, gementes et flentes
in hac lacrimarum valle.

su-spirare tief Atem holen, seufzen
gemere, gem-ō stöhnen, seufzen
lacrima, -ae, f. Träne
vallis, -is, f. Tal

Eia ergo, advocata nostra,
illos tuos misericordes oculos
ad nos converte!
Et Jesum, benedictum fructum ventris
tui, nobis post hoc exsilium ostende!
O clemens, o pia,
o dulcis Virgo Maria!

ad-vocata, -ae, f. (die Herbeigerufene) Anwältin, (Rechts-)beistand
miseri-cors,-cordis barmherzig, mitleidig
con-vertere, -vert-ō,- vert-ī umdrehen, hinwenden
exsilium,-i,n. Verbannung, *Exil* (vgl.*exsul*)

Psallite, unigenito
Christo Dei Filio, Christo Dei Filio,
Redemptori Domino, puerulo,
iacenti in praesepio!

psallere, psall-o musizieren; singen
uni-genitus, a, um eingeboren (= einzig geschaffen)
iacēre, iaceo, iacui liegen
praesepium, i, n. Krippe

Ein kleines Kindelein liegt in dem Krippelein;
Alle lieben Engelein dienen dem Kindelein und singen ihm fein.

Psallite, unigenito
Christo Dei Filio, Christo Dei Filio,
Redemptori Domino, puerulo, iacenti in praesepio!

Requiem aeternam dona eis, Domine!

Alle Deklinationen

a – Deklin.	o – Deklin.	3. Deklination	u - Deklination	e – Deklin.
Subst.: meist fem. villa	Subst.: meist mascul. amicus puer neutr.: templ-um (Nom.pl. –a)	Subst.: alle Geschlechter orator, orator-is, m. oratio, oration-is, f. neutr.: temp-us, -oris gen-us, -eris nom-en, -inis	Subst.: meist masc. portus, impetus, exercitus, *manus, **f.***	Subst.: meist fem. res, spes, fides *dies, **m./f.***
Adjekt.: -us, -a, -um / (-er), -(e)ra, -(e)rum		(Nom./Akk.pl. –a)		

Nom.sg. -a	N.sg. -us / -er neutr.: -um	Nom.sg. —	Nom.sg. -us	N.sg. -ēs
Gen. -ae	Gen. -ī	Gen. -is	Gen. -ūs	Gen. -eī
Dat. -ae	Dat. -ō	Dat. -ī	Dat. -uī	Dat. -eī
Akk. -am	Akk. -um	Akk. -em	Akk. -um	Akk. -em
Abl. -ā	Abl. -ō	Abl. -e - Subst. - dives, pauper, vetus - Part.Präs. Akt. Abl. -ī - Adj. + turris, animal, mare; + vis, vim, vi	Abl. -ū	Abl. -ē

N.pl. -ae	N.pl. -ī neutr.: -a	Nom.pl. -ēs neutr.: -a / -ia	Nom.pl. -ūs	N.pl. -ēs
Gen. -arum	Gen. -ōrum	Gen. -um / -ium	Gen -uum	G. -ērum
Dat. -īs	Dat. -īs	Dat. -ibus	Dat. -ibus	Dat. -ēbus
Akk. -ās	Akk.. -ōs neutr.: -a	Akk. -ēs neutr.: -a / -ia	Akk. -ūs	Akk. -ēs
Abl. -īs	Abl. -īs	Abl. -ibus	Abl. -ibus	Abl. -ēbus

Wörter aus der Tabelle der vorigen Seite

a-Deklination		o-Deklination	
villa, villae, f.	(Land-/Bauern-) Haus	amícus, amíci, m.	Freund
		puer, púeri, m.	Junge, Kind
		templum, templi, n.	Tempel

3. Deklination	
orátor, oratór-is, m.	Redner
orátio, oratión-is, f.	Rede; Gebet
tempus, témpor-is, n.	Zeit
nomen, nómin-is, n.	Name
genus, géner-is, n.	Geschlecht, Art
dives, *Gen.:* dívit-is	reich
pauper, *Gen.:* paúper-is	arm
vetus, *Gen.:* véter-is	alt
turris, turris, f.	Turm
ánimal, animális, n.	Tier, Lebewesen
mare, maris, n.	Meer
vis (Nom.), vim (Akk.), vi (Abl.) Plur.: vires, virium, f.	Kraft, Gewalt, Menge

u-Deklination		e-Deklination	
portus, portus, m.	Hafen	res, rei, f.	Sache, Ding
ímpetus, ímpetus, m.	Angriff	spes, spei, f.	Hoffnung
exércitus, exércitus, m.	Heer	fides, fídei, f.	Vertrauen, Glaube
manus, manus, f.	Hand(-voll), Schar	dies, diéi, m./f.	Tag

Lernwortschatz

	sapiēns, sapient-is	vernunftbegabt, verständig, weise *(homo sapiens, sapientia)*
	(īn-)fēlīx, (īn-)fēlīc-is	(un-)glücklich
	constāns, constant-is	standhaft, beständig *(konstant)*
	vēlōx, vēlōc-is	schnell (veloci pede: mit schnellem Fuß > le vélocipède, das Veloziped > le vélo, das Velo)
	dulcis, dulce	süß, lieblich, freundlich, angenehm
	nōbilis, nōbile	berühmt, vornehm, edel, adelig *(nobel)*
	trīstis, trīste	traurig, betrübt *(trist)*
	(im-)mortālis, (im-)mortāle	(un-)sterblich (vgl. *mors*)
	cīvīlis, cīvīle	bürgerlich, Bürger- (bellum *cīvīle*: Bürgerkrieg; vgl. *civis, zivil*)
	omnis, omne	jeder, ganz; pl.: alle
	ācer, ācris, ācre	scharf, spitz, heftig
	celer, celeris, celere	schnell
①	(in-)vīsibilis, (in-)vīsibile	(un-)sichtbar
②	clēmēns, Gen.: clēment-is	mild, gnädig

③	appārēre, appāre-o, appāru-ī	erscheinen, sich zeigen (*to appear*)
	sālūtāris, sālūtāre	heilbringend, heilsam (vgl. *salus*)
	ex-spectāre,-specto,-spectāv-ī	(aus-schauen nach) erwarten (vgl. *spectare*, engl. *to expect*)
	beātus, a, um	glücklich, selig
	ad-ventus, -ūs, m.	Ankunft (vgl. *ad-venire*)
	(ad-)monere,-moneo,-monui	(er-)mahnen, auffordern, erinnern, belehren (vgl. *modus*)
	imperium, -i, n.	(Ober-)befehl, Befehlsbereich, Macht, Herrschaft, Reich (frz./engl. *empire*)
	potestās, potestāt-is, f.	Macht, Amtsgewalt
	parātus, a, um	bereit (vgl. *parare, parat*)
	nemo	niemand (Gen.: nullius, Dat.: nemini, Akk.: neminem, Abl.: a nemine)
④	ūnitās, ūnitāt-is, f.	Ein-heit *(unus)*
⑤	iūbilus, -ī, m. / iūbilum, -ī, n.	Jauchzen, *Jubel*
	cantāre, canto, cantāv-ī	singen *(Kantate, Kantor)*
	auxilium,-ī, n.	Hilfe
⑥	prae (Präp. + Abl.)	vor
	prae-cēdere, -cēd-ō, -cess-ī	voran-, voraus-gehen, -fahren (*Präzedenz*fall)
	ventus, -ī, m.	Wind
	contrārius, a, um	entgegengesetzt, Gegen- (*contra, konträr*)
	ut (Konj.)	wie; sobald, als
	inter-īre, inter-eō, inter-iī	untergehen
	quarē?	wodurch? warum? (qua rē: durch welche Sache?)
⑦	ali-quandō	irgend-wann, einmal, eines Tages
	quattuor (IV)	4
	ferre, fer-ō, tul-ī	tragen, bringen (Präsens: fer-o, fer-s, fer-t, feri-mus, fer-tis, fer-unt; Imperfekt: fer-eba-m, fer-eba-s . . .)
	īn-ferre, -ferō, -tul-ī	hinein-tragen
	usque ad + Akk.	bis zu
	prūdēns, prūdent-is	klug (Juris-*prudenz*)
	nōscere, nōsc-ō, nōv-ī	kennenlernen, erkennen; Perf.: novi: ich habe kennengelernt = ich kenne (Präsens!)
	nisī	wenn nicht; außer (vgl. *si*)
	re-ficere, refici-ō, refēc-ī	wieder machen, wiederherstellen, wieder kräftigen, erneuern (*Refektorium*)
	discere, disc-ō, didic-ī	lernen, erfahren (vgl. *discipulus*)
	requiēs, requiē-ī, f.	Ruhe (*Requiem* – Introitus der Totenmesse: *Requiem aeternam dona ei(s), Domine*)

Test (XIII. – XVI.)

1. Deklinieren Sie in Singular und Plural: omnis res — jede Sache!

2. Setzen Sie die folgenden Substantive samt Genitivform in das richtige Kästchen!

tempus – maritus – manus – ius – venter – puer – ratio – fides – miles – res – pes – cura – arma – caritas – mare

a – Dekl.	o – Dekl.	3. Dekl.	u- Dekl.	e- Dekl.
Beispiel: *— filia, filiae*				

3. Setzen Sie den folgenden Satz lateinisch und deutsch ins Passiv!

Angelus Mariae nativitatem Iesu nuntiat.

nativitas,-tatis, f. Geburt

4. (*Josephs Brüder sprechen sich ab, um ihn zu ermorden.*)

Ruben, qui hoc audiebat, studebat liberare eum de manibus fratrum . . . . et dixit:

"Nolite eum necare neque sanguinem effundere, sed proicite eum in cisternam hanc, quae aquam non habet, manusque vestras servate innoxias!" . . . .

studere sich bemühen
ef-fundere aus-/ver-gießen
proicere (nach vorn) werfen
cisterna Zisterne
in-noxius, a, um unschädlich, un-schuldig

Hoc autem dicebat, quod eum liberare volebat de manibus eorum et reddere patri suo.

Bestimmen Sie die Form der unterstrichenen Substantive, Adjektive und Verben, und übersetzen Sie den Text insgesamt!

5. *Stephanus in concilio / Stephanus vor dem Hohen Rat:*

"Salomon autem aedificavit Domino domum. Sed non Altissimus in manufactis habitat, sicut propheta dicit: "Caelum mihi thronus est, terra autem scabellum pedum meorum. Quam domum aedificatis mihi, dicit Dominus?

aedificare (er-)bauen
alitissimus, a, um höchst
manu-factus, a, um hand-gemacht
thronus Thron
scabellum Schemel

Nonne manus mea fecit haec omnia?"
....

Bestimmen Sie die Form der unterstrichenen Substantive, Adjektive und Verben, und übersetzen Sie den Text insgesamt!

6. Setzen Sie passend ein: omnes res — omni re — omnis res — omnium rerum (2x)! Übersetzen Sie a) – c)!

a) *Immer nur Manna! Das Volk murrt:*
Tum Moysi .... intoleranda videbatur.
in-tolerandus, a, um un-erträglich

b) *Wenn Du ein umherirrendes Rind oder Schaf Deines Bruder findest, sollst Du es ihm zurückbringen!*
"Aeque fac de asino et de vestimento et de .... fratris tui, quae periit!"
aequus, a, um gleich

c) *Aus den Geboten Gottes (Deuteronomium):*
Quod non servis Domino, Deo tuo, in gaudio cordisque laetitia propter .... abundantiam,
laetitia: Fröhlichkeit
abundantia Überfluss
servire debes inimico tuo, quem mittit Dominus tibi, in fame et siti et .... penuria.
fames,-is,f. Hunger / sitis, is, m. Durst
penuria Mangel, Not

d) *Aus den Sprüchen des Buches Kohelet:*
.... difficiles non potest homo explicare.
dif-ficilis, e: schwierig ≠ facilis, e (facere): mach-bar, leicht

XVII. Lectio septima decima

Präsens Aktiv	Milites Romani Iesum necant.	Römische Soldaten töten Jesus.
Präs. Passiv	*Iesus a*	*Jesus* ....
Perfekt Aktiv	Milites Romani Iesum necaverunt.	Römische Soldaten töteten Jesus. (Prät.) haben Jesus getötet. (Perf.)
Perf. Passiv	*Iesus a militibus Romanis necātus est.*	

Jesus wurde von röm. Soldaten getötet. (Prät.)
Jesus ist von röm. Soldaten getötet worden. (Perf.)

So wird das Perfekt Passiv gebildet:

Partizip Perfekt Passiv (PPP) + Präsens von *esse*

So wird das **PPP** gebildet:

Verbstamm + ***-tus,-ta,-tum*** / ***-sus,-sa,-sum*** (Endungen wie die Adjektive auf -us, -a, -um)

laudā-tus,-ta,-tum: gelobt (worden) — audī-tus,-ta,-tum: gehört (worden) — cap-tus,-ta,-tum: ergriffen (worden)

e-Konjugation, meist wie terré-re: térr-itus sum;
debēre: Pecunia *(Geld)* mihi déb-ita est;
aber: delē-re *(zerstören)*: Urbs delē-ta est; vidēre: vīsus est;
movēre: mōtus sum; respondēre: respōnsum est.

3. / konsons. Konj.: ágere: Fabula *(Drama)* ācta est; míttere: missus sum;
dēféndere: dēfēnsus es; tráhere: tracta est;
cólere: Deus / Campus *(Feld)* cultus est; fácere: Iter factum est;
pōnere: Castra pósita sunt.

Das PPP ist wie das PPA ein Verbaladjektiv. Es ist im Satz entweder Attribut (Beifügung zu einem Substantiv) – *in templo deleto:* im zerstörten Tempel – oder Prädikatsnomen (mit einer Form von esse als Kopula) – *templum deletum est.*

... tertio post Christum natum saeculo ...

In Bethlehem puer natus est.

Romani templum deleverunt.
Die Rümer zerstörten den Tempel. *(Erzählung)*
haben den Tempel zerstört. *(Feststellung)*

Templum a Romanis deletum est.
1. Der Tempel wurde zerstört (abgeschlossener Vorgang in der Vergangenheit):
Deutsches Tempus: Präteritum (historische Erzählung)

Templum (a Romanis) deletum est.
2. Der Tempel ist zerstört worden (abgeschlossener Vorgang in der Vergangenheit):
Deutsches Tempus: Perfekt (Feststellung/Behauptung)

Templum deletum est.
3. Der Tempel ist zerstört (ein Zustand, der aus einem Vorgang in der Vergangenheit hervorgeht und in der Gegenwart fortbesteht:
Der Tempel liegt in Trümmern):
Deutsches Tempus: "vollendete Gegenwart” bzw. Präsens

"Stammformen" lateinischer Verben

Inf. Präs. Akt.	1. sing. Präs. Akt.	1. sing. Perf. Akt.	PPP neutrum
vocare rufen	voco	vocav-i	vocātus,-ta,-tum
audire hören	audio	audív-i	audītus,-ta,-tum
habére haben, halten	hábeo	hábu-i	hábitus,-ta,-tum
debére schulden, müssen	débeo	débu-i	débitus,-ta,-tum
delére zerstören	déleo	delév-i	delētus,-ta,-tum
respondére antworten	respóndeo	respond-i	respōn-sum
pétere (er-)streben, (er-)bitten	peto	petív-i	petītus,-ta,-tum
cognóscere erkennen, erfahren	cognosco	cognóvi	cógnitus,-ta,-tum
pónere setzen, stellen, legen	pono	pósu-i	pósitus,-ta,-tum
scríbere schreiben	scríbo	scrips-i	scrīptus,-ta,-tum
dícere sagen	dico	dix-i	dictus,-ta,-tum
dúcere führen, ziehen	duco	dux-i	ductus,-ta,-tum
víncere (be-)siegen	vinco	vic-i	victus,-ta,-tum
ágere treiben, tun	ago	eg-i	āctus,-ta,-tum
fácere tun, machen	fác-i-o	fec-i	factus,-ta,-tum
cúrrere laufen	curro	cú-curr-i	cursum
cádere fallen	cado	cé-cid-i	(cāsum)
deféndere verteidigen	defendo	defénd-i	dēfēnsus,-sa,-sum
con-téndere sich anstrengen, eilen, kämpfen	contendo	contend-i	contentus,-ta,-tum
esse sein	sum	fu-i	—
ire gehen	eo	i-i	ītum

	a – Konjugation Aktiv	 Passiv	e – Konj.	3. Konj. Aktiv	 Passiv	i – Konj.
Prä- sens	voco	vocor	habeo	ago	agor	audio
	vocas	vocaris	habes	agis	ágeris	audis
	vocat	vocatur	habet	agit	ágitur	audit
	vocamus	vocamur	habemus	agimus	ágimur	audímus
	vocatis	vocamini	habetis	agitis	agímini	audítis
	vocant	vocantur	habent	agunt	aguntur	aúdiunt
Im- perf.	vocábam	vocábar	habébam	agébam	agébar	audiébam
	vocábas	vocabáris	habebas	agebas	agebáris	audiébas
	vocábat	vocabátur	habebat	agebat	agebátur	audiébat
	vocabámus	vocabámur	habebámus	agebámus	agebámur	audiebámus
	vocabátis	vocabámini	habebátis	agebátis	agebámini	audiebátis
	vocábant	vocabántur	habébant	agébant	agebántur	audiébant
Perf.	vocávi	vocátus sum	hábui	ēgi	ăctus sum	audívi
	vocavisti	vocátus es	habuisti	ēgisti	ăctus es	audivisti
	vocávit	etc.	hábuit	ēgit	etc.	audívit
	vocávimus		habúimus	ēgimus		audívimus
	vocavistis		habuistis	ēgistis		audivistis
	vocavérunt		habuérunt	ēgérunt		audivérunt
Präs. Infin.	vocáre	vocári	habére / habéri	ágere	agi	audíre / audiri
Perf.	vocavisse	vocatum esse	habuisse	ēgisse	ăctum esse	audivisse
Im- pera- tiv	voca me! vocate me!		gratiam habe! / habete!	age! ágite!		audi nos! audíte nos!

sum	eo
es	is
est	it
sumus	imus
estis	itis
sunt	eunt
éram	ibam
éras	ibas
érat	ibat
erámus	ibámus
erátis	ibátis
érant	ibant
fúi	ii
fuisti	isti
fúit	iit
fúimus	iimus
fuistis	istis
fuérunt	iérunt

		Aktiv	Passiv
Personalendungen (Präs. und Impf.):	1.sg.	-o / -m (sum / -ba-m)	-(o)r
	2.	-s	-ris
	3.	-t	-tur
	1.pl.	-mus	-mur
	2.	-tis	-mini
	3.	-nt	-ntur
Personalendungen (Perfekt Aktiv):	1.sg.	-i	
	2.	-isti	
	3.	-it	
	1.pl.	-imus	
	2.	-istis	
	3.	-erunt	

Inf. esse / fuisse	ire / isse
Imp. laetus/-a es! laeti/-ae este!	domum i! domum ite!

Ein Partizip Perfekt Passiv (PPP)

- bildet zusammen mit einer Form von esse das Prädikat (Perfekt Passiv) oder den Prädikatsinfinitiv eines a.c.i. (KNG-Kongruenz mit dem Subjekt bzw. mit dem Subjektsakkusativ):

  a) **Timotheus et Silas** in Macedoniam **missi sunt**.

  b) Lucas ***Timotheum et Silam*** *in Macedoniam* ***missos esse*** in Actis Apostolorum narrat.

- enthält zusammen mit einem Beziehungswort in KNG-Kongruenz (Klammerstellung!) eine in der Regel vorzeitige Nebenhandlung (*participium coniunctum* / verbundenes Partizip):

  a) **Timotheus et Silas** in Macedoniam miss**i** in synagoga Thessalonicae docuerunt.

  b) Sancti **Timotheum et Silam** in Macedoniam miss**os** receperunt.

Übung

1. Matthaeus hominem mutum a Iesu sanatum esse narrat. mutus, a, um stumm
2. Multi incolae homini muto a Iesu sanato invidebant.
   in-videre, invide-o + Dat. jdn. beneiden
3. Homo mutus a Iesu sanatus est.
4. Propter hominem mutum a Iesu sanatum pharisaei odio impleti sunt.
   odium, -i, n. Hass
5. Homo mutus a Iesu sanatus ad familiam suam rediit.

① *Exiit, qui seminat, seminare semen suum. Et dum seminat ipse, aliud cecidit secus viam et conculcatum est, et volucres caeli comederunt.*

semen, sémin-is,n. Samen seminare säen
dum (Konjunktion) während
secus + Akk. längs, entlang
con-culcare zer-treten

vólucris, -is, f. Vogel — com-édere,-edo,-edi,-esum auffressen

Et aliud cecidit super petram et natum aruit, quia non habebat humorem.

alius,alia,aliu: andere(r/s) alius – alius – alius einer — ein anderer – wieder ein anderer
super + Akk. (oben) auf petra, ae, f. Felsen arére, áreo, árui vertrocknen
humor, -oris, m. Flüssigkeit, Saft

Et aliud cecidit inter spinas, et simul exortae spinae suffocaverunt illud. Et aliud cecidit in terram bonam et fecit fructum centuplum.

inter + Akk.	zwischen,unter
spina,ae,f.	Dorn
simul	zugleich
ex-ortus, a, um	aufgewachsen
suf-focare	ersticken
céntu-plus, a, um	hundertfach

② Interrogabant autem Iesum discipuli de parabola. Quibus ipse dixit:

"Vobis datum est nosse mysteria regni Dei,
ceteris autem in parabolis. Est autem haec
parabola: Semen est verbum Dei.

Qui autem secus viam:

Sunt <homines>, qui audiunt; deinde venit
Diabolus et tollit verbum de corde hominum,
itaque non credunt et non salvantur.

Qui autem supra petram:

Qui cum <verbum> audiverunt, cum gaudio
suscipiunt verbum; sed radices non habent
<homines>, qui ad tempus credunt,
et in tempore tentationis recedunt.

Quod autem in spinas cecidit:

Sunt <homines>, qui audierunt
et a sollicitudinibus et divitiis et voluptatibus
vitae suffocantur et non referunt fructum.

Quod autem in bonam terram:

Sunt <homines>, qui in corde bono et optimo
audiunt et verbum retinent
et fructum afferunt in patientia."

(cog-)nosse = (cog-)novisse *Inf. Perf. Akt. (cog-)nóscere*
mysterium, i, n. Geheimnis
regnum,i,n. (vgl. rex / régere)
semen, semin-is, n. Samen
tóllere, tollo wegnehmen, entfernen
gaudium,i,n. Freude (*gaudére*)
sus-cípere,-cípio,-cepi,-ceptum auf-nehmen
radix, radíc-is, m. Wurzel
ad tempus zur Zeit, eine Zeit lang
tentatio,tentation-is,f. Versuchung
re-cédere, -cedo zurück-weichen
sollicitúdo, -túdin-is, f. Sorge, Besorgnis, Kummer
volúptas, -tat-is, f. Vergnügen, Lust, Wollust
suffocare ersticken
re-tinére,-tíneo,-tínui zurück- / fest-halten
patientia,ae,f.: Geduld, Ausdauer

---

cognóscere — te cognovi ≈ te cognitum habeo
"ich habe dich, und zwar als einen Kennengelernten"

finire — opus finivi ≈ opus finitum habeo

audire — verbum audivi ≈ verbum auditum habeo
"das Wort gehört habe ich"

formare — Deus hominem formavit ≈ hominem formatum habet

ital.	<egli> ha formato il uomo
span.	<él> ha formado el hombre
katalan.	<ell> ha format l'home
franz.	<il> a formé l'homme

Vom PPP-Stamm können durch *Suffixe* weitere Wörter gebildet werden.

Wortart	*Suffix*	*Bedeutung*
Substantiv	-tor, -tōris, m. oder -sor, -sōris, m.	der Handelnde / Täter
Substantiv	-trīx, -trīcis, f.	die Handelnde / Täterin
Substantiv	-tiō, -tiōnis, f. oder -siō, -siōnis, f.	die Handlung / Tätigkeit
Substantiv	-tus, -tūs, m. oder -sus, -sūs, m.	die Handlung / Tätigkeit
Substantiv	-tōrium, -tōrii, n. oder -sōrium, -sōrii, n.	Ort der Tätigkeit
Adjektiv	-tīvus, -tīva, -tīvum oder -sīvus, -sīva, -sīvum	— verbunden mit der betr. Tätigkeit, — sie unterstützend oder durchführend (fast gleich dem wie ein Adjektiv gebrauchten Part. Präs. Akt.)

Stammformen: ágere - agō – ēgī - āctum in Bewegung setzen, treiben; handeln, tun

PPP substantiviert:

actum, i, n.: das in Bewegung Gesetzte; das Getane ≈ die Tat; die Handlung + Schriftstück, das die Tat bestätigt und festhält *(acta apostolorum)* — frz. un *acte*, deutsch die *Akte* oder der *Akt*

Weitere Ableitungen vom PPP durch Suffixe:

actor, actor-is, m.: der In-Bewegung-Setzer, Treiber; Handelnder; (theatr.) Darsteller

actio, action-is, f.: die Bewegung, das Handeln, die Tat; die (polit. oder jurist.) Verhandlung, öffentliche Rede

actus, -us, m.: die Tat, Handlung, Bewegung; der *Akt* (*Akt*malerei) — *actūs apostolorum*

activus,-a,-um: tätig

Stammformen: audīre - audio - audīvī - audītum (zu-/an-)hören

auditor, auditor-is, m.: der Hörer, Zuhörer; Schüler

audítrix, auditrícis, f.: die Hörerin

auditio, audition-is, f.: das Zuhören, die Anhörung

audítus, audítus, m.: das Hören, der Hörsinn, das Gehör

auditorium, -i, n.: Hörsaal; Zuhörerschaft

modern: auditívus, -a, -um: mit dem Hören verbunden, das Hören ermöglichend

Stammformen: nōmināre - nōminō - nōmināvī - nōminātum nennen
nominator, -tori-is, m.: der Benenner, Bezeichner
nominatio, nominatión-is, f.: die Benennung, das Vorschlagen
nominativus, -a, -um: zur Nennung gehörig; bezeichnend; *casus no minativus*: der *Nenn-Fall* auf die Frage *Wer?/Was?*

Stammformen: in-vādere - in-vādō - in-vāsī - in-vāsum hinein-gehen, eindringen
invasor, invasor-is, m: der Eindringling, Angreifer, Eroberer
invasio, invasion-is, f. das Eindringen, der Einfall, die Besitznahme
modern: invasivus, a, um mit Eindringen verbunden; eindringend (eine minimal *invasive* Operation)

Stammformen: cúrrere - currō – cúcurrī - cursum laufen
cursor, cursor-is, m: der Läufer
cursio, cursion-is, f.: das Laufen, der Lauf —
ex-cursio: die Ex*kursion*, der Ausflug
cursus, cursus, m.: das Laufen, der Lauf; Laufstrecke, Laufbahn; *Kurs*
ex-cursus: der Ex*kurs*
con-cursus: das Zusammenlaufen <z. B. der Gläubiger vor dem Haus des Schuldners>, der Konkurs
cursivus,-a,-um: laufend, läuferisch; *kursiv*

Stammformen: gígnere - gignō - génuī - génitum erzeugen, gebären
génitor, genitor-is, m.: der Erzeuger , Vater, Urheber
génetrix, genetríc-is, f.: die Erzeugerin, Mutter, Urheberin
genitivus, -a, -um: mit der Erzeugung = Herkunft verbunden; *casus genitivus*: "Herkunftsfall" auf die Frage *Wessen?*
Stammformen: gígnere - gignō - génuī - génitum erzeugen, gebären
génitor, genitor-is, m.: der Erzeuger , Vater, Urheber
génetrix, genetríc-is, f.: die Erzeugerin, Mutter, Urheberin
genitivus, -a, -um: mit der Erzeugung = Herkunft verbunden; *casus genitivus*: "Herkunftsfall" auf die Frage *Wessen?*

Stammformen: vidēre - vídeō – vīdī - vīsum sehen, erblicken
(spectator, -toris, m: der Betrachter, Zuschauer;
visitator, -toris, m: der Besucher;
modern: der Re-visor: der "Wieder-Beschauer", Überprüfer)
visio, vision-is, f.: das Sehen, der Anblick, die Schau; die geistige Vorstellung
visus, visus, m: das Sehen; das Sehvermögen
visum, visi, n.: das Gesehene, die (Traum-)Erscheinung; das *Visum*: der Vermerk *"Gesehen"* = Sichtvermerk im Pass

③ *Paulus über das Bischofsamt* (episcopatus, -ūs, m.):

Fidelis sermo: si quis episcopatum appetit,
bonum opus desiderat.

Oportet ergo
episcopum irreprehensibilem esse,
unius uxoris virum,
sobrium, prudentem, ornatum,
hospitalem,
idoneum ad docendum,
non vinolentum,
non percussorem,
sed modestum,
non litigiosum,
non turpis lucri cupidum,
sed aequum,
non pugnacem,
suae domui bene praepositum,
filios habentem in subiectione
cum omni castitate
— si quis autem domui suae
praeesse nescit, quomodo
ecclesiae Dei curam habe-
re potest? — .

Oportet autem
illum et testimonium habere bonum ab his, qui
foris sunt.

fidēlis, fidēle zuverlässig, glaubwürdig, gläubig
ap-petere,-pet-ō,-petīv-ī,-petītum anstreben, erstreben
dē-sīderāre wünschen, ersehnen
episcopus, -ī, m. Aufseher, Hüter; *Bischof* (ἐπί-σκοπος)
ir-reprehensibilis,-bile un-tadelig, tadellos, unbescholten
sobrius, a, um nüchtern, nicht der Trunkenheit ergeben
ornatus, a, um ausgerüstet, angesehen, ehrenvoll
hospitālis, e gastfreundlich
idoneus, a, um geignet
vinolentus, a, um betrunken; Trunkenbold
percussor, -is, m. Dolchstecher, Schläger, Mörder
litigiosus, a, um prozess-/streitsüchtig, zänkisch
turpis, e schändlich, unanständig
lucrum, -ī, n. Gewinn
cupidus, a, um begierig (*cupere*)
aequus, a, um gleich, gerecht, billig
pugnax, pugnac-is kampflustig, streitbegierig, kriegerisch
sub-iectio, -iection-is, f. Unterwerfung, Unterordnung
castitas, castitat-is, f. (Sitten-) reinheit, Uneigennützigkeit

prae-esse, -sum, -fuī vorstehen, vorgesetzt sein, leiten

testimōnium, -ī, n. Zeugnis, Zeugenschaft
foris (Adv.) draußen, außerhalb

Gerundium (substantiviertes Verb / deklinierter Infinitiv):

*modus vive**ndi**, consilium ab-eu**ndi**,* consiium, -i, n. Rat, Ratschlag
*paratus ad age**ndum**, doce**ndo** discimus, in lude**ndo***

"Es klappt am e**ND** fast immerzu *ZU*;
beim Ablativ kommt man mit *DURCH* durch;
steht IN dabei, nimm *BEI*!" (Gerhard Fink)

④ Nocte Iesus ascendit in montem ad orandum. Postera die autem vocavit discipulos et eis dedit potestatem eiciendi daemonia et curandi infirmitates.

posterus, a, um nächstfolgend
e-icere, eici-o, eiec-i heraus-werfen
in-firmitas, -infirmitat-is, f. Schwäche, Krankheit

Das Gerundium kann durch Objekte, Adverbien oder adverbiale Bestimungen ergänzt werden:

*potestas cura**ndi** infirmitates*
Akk.pl.
vgl. engl.: *"the power **of** cur**ing** diseases"*

⑤ *(Die Frau des Putiphar:)* "Adduxisti virum Hebraeum ad illudendum mihi / mihi illudendi causa."

il-lūdere, illūd-ō, illūs-ī, illūsum + Dat. sein Spiel treiben mit
causā + Gen. (*aus dem Grund*) wegen

⑥ In illis diebus Iesus Galilaeam permigravit et homines adiuvit benefaciendo et sanando aegrotos, quoniam Deus est cum illo.

per-migrāre durch-wandern, durchziehen
bene-facere, -faci-ō, -fēc-ī (jdm.) Gutes tun

⑦ Et Iesus videbat, quod laborabant <discipuli> in remigando. remigare rudern

⑧ Zwei Varianten zum *«Ite, missa est»*:

"Ite ad Evangelium Domini nuntiandum!"

"Ite in pace, glorificando vita vestra Dominum!"

Lernwortschatz

	pecūnia, -ae, f.	Geld
	fābula, -ae, f.	Geschichte; Theaterstück
	dēlēre, dēle-o, dēlēv-ī, dēlētum	zerstören
	campus, -ī, m.	Feld, Grundstück
①	inter (Präp. + Akk.)	zwischen
	simul (Adv.)	zugleich, gleichzeitig *(simultan)*
②	diábolus, -ī, m.	*Teufel* (διάβολος)
	fer-re, fer-ō, tul-ī, lātum	tragen, bringen
	re-férre, réfer-ō, rettul-ī, relātum	(zurück-)bringen; berichten (= re-portare); beziehen auf (referieren, Referenz, relativ/Relation)
	af-férre, áffer-ō, attul-ī, allātum	(herbei-)bringen, (-)tragen
③	fidēlis, fidēle	zuverlässig, glaubwürdig, gläubig (vgl. *fides*)
	episcopus, -ī, m.	Aufseher, Hüter; *Bischof* (ἐπί-σκοπος)
	episcopātus, -ūs, m.	Bischofsamt *(Episkopat)*
	ap-petere,-pet-ō,-petīv-ī,-petītum	anstreben, erstreben *(Appetit)*
	dē-sīderāre,-sīderō,-sīderāv-ī,-sīderā-tum	wünschen, ersehnen, wollen (frz. *désirer*, engl. *to desire*)
	hospitālis, hospitāle	gastfreundlich (*Hospital*, frz. *hôtel*, engl. *hostel*)
	cupidus, a, um	begierig (vgl. *cupere*)
	aequus, a, um	gleich, gerecht, billig
	prae-esse, -sum, -fuī	vorstehen, vorgesetzt sein, leiten
	testimōnium, -ī, n.	Zeugnis, Zeugenschaft *(Test)*
⑤	cōnsilium, -ī, n.	Rat(schlag), Plan, Versammlung (vgl. *consulere*)
	causā + Gen.	(eigentlich: *aus dem Grunde*) wegen (Dr. h. c. = doctor *honoris causa*)

Zusatztext aus dem Buch Kohelet / Ecclesiastes)

Omnia tempus habent,
et momentum suum cuique negotio
sub caelo:
tempus nascendi et tempus moriendi,
tempus plantandi et
tempus evellendi, quod plantatum est,
tempus occidendi et tempus sanandi,
tempus destruendi et tempus aedificandi,
tempus flendi et tempus ridendi,
tempus plangendi et tempus saltandi,
tempus spargendi lapides et
tempus eos colligendi,
tempus quaerendi et tempus perdendi,
tempus custodiendi et tempus abiciendi,
tempus scindendi et tempus consuendi,
tempus tacendi et tempus dicendi,
tempus dilectionis et tempus odii,
tempus belli et tempus pacis.

quis-que, Gen. cuius-que, Dat. cui-que (wer auch immer) jeder
momentum, -i, n. Bewegung(-sdauer); Augenblick, Zeit(-raum)
negotium, -i, n. Geschäft, Tätigkeit, Aufgabe
nasci, nascor geboren werden (*natus*)
mori, morior sterben (vgl. *mors*)
e-vellere, evello, evelli heraus-reißen

occidere, occido niederschlagen, töten
de-struere, destruo ab-bauen, zerstören
aedificare (auf-/er-)bauen
flere, fleo, flevi weinen
ridere, ride-o, risi lachen
plangere,plang-o (weh-)klagen,jammern
saltare, salto, saltavi springen, tanzen
spargere, sparg-o auswerfen, verstreuen
lapis, lapid-is, m. Stein
col-ligere, collig-o, collegi sammeln
quaerere, quaer-o suchen, fragen
perdere, perd-o verlieren, verderben
custodire aufbewahren, behüten
ab-icere, -ici-o, abieci weg-werfen
scindere, scind-o, scidi zerreißen
con-suere, -su-o zusammen-nähen

tacere, tace-o, tacui schweigen
dilectio, dilection-is, f. Hochschätzung, Liebe
odium, -i, n. Abneigung, Hass
bellum,- i, n. Krieg

XVIII. Lectio duodevicesima

I.	AKTIV	PASSIV
Inf. Pr.	**dīc-*e*-re** sagen / bezeichnen	dīc-ī gesagt (zu) werden / bezeichnet (zu) werden
Imp.	dīc sag / bezeichne! dic-*i*-te sagt / bezeichnet!	—
PPA	dīc-ēns, dīc-ent-is sagend / bezeichnend	—
Präs.	dīc-ō ich sage / bezeichne *Te felicem esse* dic-*i*-s. (+ a.c.i.)	dīc-or ich werde bezeichnet / ich nenne mich = ich heiße! *(Tu) felix esse* dic-*e*-ris. (+ n.c.i.)
Impf.	dīc-ēba-m ich sagte / bezeichnete dīc-ēba-s	dīc-ēba-r ich wurde bezeichnet dīc-ēba-ris
Perf.	dīx-ī ich habe gesagt / ich sagte dīx-istī	dictus sum ich bin bezeichnet worden ich wurde bezeichnet dictus es

Caecilius imaginem admiratur —
- C. (***wird** in Bewunderung versetzt ≈ **wird** „aus dem Häuschen **gebracht**"*) — passiv
- ↓ — ↓
- wundert **sich** über das Bild — reflexiv (Medium)
- ↓ — ↓
- bewundert das Bild — aktiv

Stammformen:
ad-mira-ri sich wundern / bewundern
admiror ich wundere mich / bewundere
admiratus sum ich habe mich gewundert / habe bewundert

ad-mirari ist ein *verbum depónens* (de-ponere: ablegen), d. h. ein Verb, das <die aktiven Formen> quasi *ab-legt*; also ist ein **Deponens** (Plur.: Deponentien) ein Verb, das **passive Formen**, aber **aktive** oder **reflexive Bedeutung** hat.

loqu-ī sprechen
loqu-or ich spreche
locūtus sum ich habe gesprochen, ich sprach

II.	AKTIV	PASSIV Deponens / Deponentien: passive Form — aktive Bedeutung
Inf.Pr.	—	**loqu-ī** sprechen / sagen
Impera-tiv	—	loqu-*e*-re sprich / sag! loqu-*i*-mini sprecht / sagt!
PPA PFA	loqu-ēns, loqu-ent-is sprechend / sagend locūt-ūrus,-a,-um sprechen wollend; um zu sprechen	—
Präs.	—	loqu-or ich spreche / sage lóqu-*e*-ris
Impf.	—	loqu-ēba-r ich sprach / sagte loqu-ēba-ris
Perf.	—	locūtus sum ich habe gesprochen/ ich sprach locūtus es

III.	AKTIV		PASSIV	
	Semi-Deponens / Semi-Deponentien: teils aktive , teils passive Formen — meist aktive oder reflexive Bedeutung			
Inf. Präs.	—	**gaudē-re** sich freuen	—	**fi**-*e*-**rī** gemacht werden, werden; geschehen
Präs.	fī-o ich werde (gemacht) fī-s fi-t er/sie/es wird / es geschieht	gaude-o ich freue mich gaudē-s	—	
Impf.	fi-eba-m ich wurde (gemacht) fi-eba-s	gaude-ba-m ich freute mich gaude-ba-s	—	
Perf.	—		gavīsus sum ich habe mich gefreut / ich freute mich gavīsus es	factus sum ich bin geworden / ich wurde factus es

①

Dum illi ab Iericho egrediuntur, secuta est eum turba multa. Et ecce, duo caeci sedentes	illi = Iesus + discipuli ē-gred-i, ēgredi-or heraus-gehen sequī,sequ-or, secūtus sum folgen

secus viam audierunt Iesum transire et clamaverunt dicentes: "Domine, miserere nostri, fili David!" Turba autem iubebat eos tacere; at illi magis clamabant dicentes: "Domine, miserere nostri, fili David!" Et stetit Iesus et vocavit eos et ait: "Quid vultis?" Dicunt illi: "Domine, aperi oculos nostros!" Miseritus autem Iesus tetigit oculos eorum; et confestim *(sofort)* viderunt et secuti sunt eum.

caecus, a, um blind
secus + Akk. neben, an ... entlang
trans-īre,-eō,-iī vorüber-gehen
miserērī, misere-or + Gen. sich erbarmen
tacēre, tace-ō, tacu-ī, - schweigen still sein

②

Rogabat autem illum quidam de pharisaeis; et ingressus domum pharisaei discubuit. Et ecce mulier, quae erat in civitate peccatrix, ut cognovit, quod accubuit in domo pharisaei, accessit ad eum habens

illum = Iesum
in-gredī, -ior, -gressus sum hinein-gehen
dis-cumbere = ac-cumbere sich zu Tisch legen, speisen
peccātrīx, peccātrīc-is, f. Sünderin

alabastrum (ἀλάβαστρον)

alabastrum unguenti pretiosi. Et stans retro secus pedes eius flens lacrimis coepit rigare pedes eius et capillis capitis sui tergebat, et osculabatur pedes eius et unguento ungebat.

ac-cēdere,-o,-cess-ī heran-gehen
unguentum ,- ī, n. Salböl
pretiōsus,a,um wertvoll, kostbar
retro (Adv.) zurück, hinten
lacrima, ae, f. Träne
rigare bewässern, benetzen
capillus,ī,m. (Haupt-/Bart-)Haar
caput, capit-is, n. Kopf, Haupt
tergere (ab-)trocknen
ōsculārī, ōsculor küssen

Videntes autem discipuli indignati sunt dicentes: "Ut quid perditio haec?" Potuit enim istud venumdari multo et dari pauperibus." Sciens autem Iesus ait illis: "Quid molesti estis mulieri? Opus enim bonum operata est in me; nam semper pauperes habetis vobiscum, me autem non semper habetis. Mittens enim haec unguentum hoc supra corpus meum ad sepeliendum me fecit." Dixit autem ad illam: "Remissa sunt peccata tua." Et coeperunt, qui simul accumbebant, dicere intra se: "Quis est hic, qui etiam peccata dimittit?" Dixit autem ad mulierem: "Fides tua te salvam fecit; vade in pace!"

in-dīgnārī sich empören
ut quid? wozu?
perditio,-ion-is,f. Verschwendung
vēnum-dare verkaufen
pauper, pauper-is arm
multo scil. pretio zu hohem Preis; teuer
operārī, operor, operātus sum tun, verrichten
sepelīre, sepeli-ō bestatten, beerdigen

③

neu	alt
Confiteor Deo omnipotenti, con-fitērī, con-fite-or, con-fessus sum bekennen, gestehen	**Confiteor** Deo omnipotenti, [beatae Mariæ semper Vírgini, beato Michaeli Archángelo, beato Ioanni Baptístæ, sanctis Apostolis Petro et Paulo, omnibus Sanctis,]
et vobis, fratres, quia peccavi nimis nimis zuviel, zu sehr cogitatione, verbo, opere et omissione: omissiō, -iōn-is, f. Unterlassung	et vobis, fratres, quia peccavi nimis cogitatione, verbo et opere:
meā culpā, mea culpā, culpa, -ae, f. Schuld	mea culpa, mea culpa,
meā māximā culpā. māximus, a, um größte(r), sehr groß	mea maxima culpa.
Ideo precor beatam Mariam semper Virginem, precārī, precor bitten, beten arch-angelus,-ī, m. *Erz-engel*	Ideo precor beatam Maríam semper Virginem, [beatum Michaelem Archangelum, beatum Ioannem Baptistam, sanctos Apostolos Petrum et Paulum,]
omnes Angelos et Sanctos, et vos, fratres, orare pro me ad Dominum Deum nostrum.	omnes Sanctos, et vos, fratres, orare pro me ad Dominum Deum nostrum.

④ Panis angelicus fit panis hominum. angelicus, a, um (Adj. zu angelus)

Lernwortschatz

	(ad-)mīrārī, (ad-)mīror, (ad-)mīrātus sum	sich wundern, staunen, bewundern
	loquī, loquor, locūtus sum	sagen, reden, sprechen
	gaudēre, gaude-ō, gavīsus sum	sich freuen
①	ē-gred-i, ēgredi-or, ēgressus sum	heraus-gehen
	sequī, sequ-or, secūtus sum	folgen (*Sequenz, kon-sequent*)
	caecus, a, um	blind
	trans-īre, trans-eō, trans-iī	vorüber-gehen, hinüber-gehen (*Transit*)
	miserērī, misere-or, miseritus sum + Gen.	sich erbarmen, Mitleid haben (*Misereor*, vgl. *miser, misericordia*)
	tacēre, tace-ō, tacu-ī, —	schweigen, still sein

②	in-gredī, in-gredi-or, in-gressus sum	hinein-gehen
	dis-cumbere, dis-cumb-ō, dis-cubu-ī, —	sich zu Tisch legen, speisen
	ac-cumbere, ac-cumbo, ac-cubu-ī, — ≈ dis-cumbere	sich zu Tisch legen, speisen, tafeln
	peccātrīx, peccātrīc-is, f.	Sünderin
	ac-cēdere, ac-cēd-o, ac-cess-ī, ac-cessum	heran-gehen, hinzu-gehen (engl. *access*)
	alabaster, alabastr-ī, m. / alabastrum, -ī, n.	Salbenfläschchen (ἀλάβαστρον)
	unguentum ,- ī, n.	Salböl
	pretiōsus, a, um	wertvoll, kostbar
	lacrima, ae, f.	Träne
	capillus, -ī, m.	(Haupt-/Bart-)Haar
	caput, capit-is, n.	Kopf, Haupt, Hauptsache, Hauptstadt (*Kapital, kapital, Kapitel,* engl. *capital, chapter*)
	ōsculārī, ōsculor, ōsculātus sum	küssen
	ungere, ung-ō, ūnx-ī, ūnctum	salben, bestreichen (*unguentum*)
	in-dīgnārī, in-dīgnor, in-dīgnātus sum	für unwürdig (indignus,a,um) halten; sich empören, entrüstet sein
	vēnum-dare > vēndere, vēnd-ō, vēndid-ī, vēnditum	(zum Verkauf geben) verkaufen
	pauper, pauper-is	arm
	operārī, operor, operātus sum	tätig sein, arbeiten, tun, verrichten (*operieren, ko-operativ, Operation*)
	sepelīre, sepeli-ō, sepelīv-ī, sepultum	bestatten, beerdigen
③	con-fitērī, con-fite-or, con-fessus sum	bekennen, gestehen (*Konfession*)
	omissiō, omissiōn-is, f.	Unterlassung
	culpa, -ae, f.	Schuld
	māximus, a, um	größte(r), sehr groß (*maximal*)
	precārī, precor, precātus sum	bitten, beten
	arch-angelus, -ī, m.	*Erz-engel* (ἀρχ-άγγελος)
	patī, pati-or, passus sum	leiden, dulden, ertragen (*Patient, Passion,* frz./engl. *patience*)
	baptisma, baptismat-is, n.	Taufe (βάπτισμα)

XIX. Lectio undevicesima

	Aktiv					Passiv			
Modus	Indikativ					Indikativ			
Tempus: Präs.	sum	am-o	vide-o	ag-o	audi-o	am-or	víde-or	ag-or	aúdi-or
	es	amas	vide-ts	agi-s	audi-s	ama-ris	vidé-ris	áge-ris	audí-ris
	est	ama-t	vide-t	agi-t	audi-t	ama-tur	vidé-tur	ágt-tur	audí-tur
	sumus	ama-mus	vide-mus	ági-mus	audí-mus	ama-mur	vidé-mur	ági-mur	audí-mur
	estis	ama-tis	vide-tis	ági-tis	audí-tis	ama-mini	vide-mini	agi-mini	audí-mini
	sunt	ama-nt	vide-nt	ag-unt	aúdi-unt	ama-ntur	vide-ntur	ag-untur	audi-úntur
Tempus: Impf.	era-m	ama-**ba**-m	vide-**ba**-m	ag-**eba**-m	audi-**eba**-m	ama-**ba**-r	vide-**ba**-r	ag-**eba**-r	audi-**eba**-r
	era-s	ama-**ba**-s	vide-**ba**-s	ag-**eba**-s		ama-**ba**-ris	vide-**ba**-ris	ag-**eba**-ris	
	erat	ama-**ba**-t	vide-**ba**-t	ag-**eba**-t		ama-**ba**-tur	vide-**ba**-tur	ag-**eba**-tur	
						. . .	. . .	. . .	
Tempus: Fut. I	ero	ama-**bo**	vide-**bo**	ag-**a**-m	audi-**a**-m	amá-**bo**-r	vide-**bo**-r	ag-**a**-r	audi-**a**-r
	eris	ama-**bi**-s	vide-**bi**-s	ag-**e**-s	audi-**e**-s	amá-**be**-ris	vidé-**be**-ris	ag-**é**-ris	audi-**é**-ris
	erit	ama-**bi**-t	vide-**bi**-t	ag-**e**-t	audi-**e**-t	amá-**bi**-tur	vidé-**bi**-tur	ag-**é**-tur	audi-**é**-tur
	erimus	ama-**bi**-mus	vide-**bi**-mus	ag-**e**-mus	audi-**e**-mus	amá-**bi**-mur	vidé-**bi**-mur	ag-**é**-mur	audi-**é**-mur
	eritis	ama-**bi**-tis	vide-**bi**-tis	ag-**e**-tis . .		ama-**bí**-mini	vide-**bí**-mini	ag-**é**-mini . .	
	erunt	ama-**bu**-nt	vide-**bu**-nt	ag-**e**-nt	audi-**e**-nt	ama-**bu**-ntur	vide-**bu**-ntur	ag-**e**-ntur . .	

	Endungen Präs./Impf./Fut.		Verben	Endungen	
	Aktiv	Passiv	Imperfekt:	Perf.Akt.	Perf.Pass.
1. sg.	-o / -m	-or	**-ba- / -eba-**	-i	-tus, -ta, -tum /
2. sg.	-s	-ris	(esse: eram, eras ...)	-isti	-sus, -sa, -sum
3. sg	-t	-tur	Futur:	-it	(PPP)
1. pl.	-mus	-mur	***Bei a- und e- nimm -b-***	-imus	+ sum, es, est ...
2. pl.	-tis	-mini	(-bo, -bi-, -bu-),	-istis	(Präs. von esse)
3. pl.	-nt	-ntur	***sonst nur -a- und -e- !***	-erunt	
			(esse: ero, eris, erit ...)		

Imperativ sg.	= Stamm
Imperativ pl.	-te

PPA (Partizip Präsens Aktiv)	Verbstamm + -ns (Gen. -nt-is) oder -ens (Gen. -ent-is)
PPP (Partizip Perfekt Passiv)	Verbstamm + -tus, -ta, -tum oder -sus, -sa,-sum
PFA (Partizip Futur Aktiv)	PPP-Stamm + -ūrus, - ūra, -ūrum (moritūrus: *going to die, sterben werdend = einer, der <gleich> sterben wird*)

	Infinitiv	
	Aktiv	Passiv
Präsens (gleichzeitig)	-re	-rī / -ī[1] [1] (nur 3. Konj.)
Perfekt (vorzeitig)	-isse	-tum / -sum esse (PPP + esse)
Futur (nachzeitig)	-ūrum esse (PFA + esse)	—

Gerundium (substantivierter Infinitiv)
–nd– + Endungen o-Dekl. neutr. *Es klappt am eND fast immerzu ZU.* *Beim Ablativ kommt man mit DURCH durch; steht IN dabei, nimm BEI!*

① Dixit Isaias propheta:

Mons domus Domini elevabitur super colles; et fluent ad eum omnes gentes. Et ibunt populi multi et dicent: "Venite et ascendite ad montem Domini et ad domum Dei Iacob, et docebit nos vias suas, et ambulabimus in semitis eius." Quia de Sion exibit lex, et verbum Domini de Ierusalem. Et iudicabit gentes et arguet populos multos. Et conflabunt gladios suos in vomeres et lanceas suas in falces. Non levabit gens contra gentem gladium, nec exercebuntur umquam ad proelium.

ē-levāre hochheben, erheben
collis, -is, m. Hügel
fluere, flu-ō, flūx-ī fließen
gēns, gent-is, f. Sippe, Stamm, Volk
semita, -ae, f. Fußweg, Pfad
iudicare (ab-/be-/ver-)urteilen
arguere, arguo beschuldigen, anklagen
con-flare zusammen-blasen, einschmelzen
vomer, vomer-is, m. Pflugschar
lancea, -ae, f. Lanze, Spieß
falx, falc-is, m. Sichel, Sense
exercēre, exerce-ō (aus-)üben, trainieren
umquam jemals
proelium, proeli-ī, n. Kampf, Schlacht

Laetabitur deserta terra, et exsultabit solitudo et florebit quasi lilium. Gentes videbunt gloriam Domini, maiestatem Dei nostri. Confortate manus dissolutas et genua debilia roborate! Dicite pusillanimis: "Confortamini, nolite timere! Ecce Deus ipse veniet et salvabit vos."

dēsertus,a,um verlassen, verödet
ex-sultare aufspringen, jauchzen
sōlitūdō, -tūdin-is, f. Einsamkeit, Einöde
flōrēre blühen
quasi lilium gleich wie (eine) Lilie
māiestās,māiestāt-is,f. Größe, Hoheit
cōn-fortāre stärken, stark machen
dis-solutus, a, um aufgelöst, erschlafft, energielos
genū, gen-ūs, n. Knie
dēbilis, e schwach, gebrechlich
roborare kräftigen, stark machen
pusill-animus, a, um klein-mütig

Tunc aperientur oculi caecorum, et aures surdorum patebunt. Tunc saliet claudus sicut cervus, et aperta erit lingua mutorum, ait Dominus omnipotens.

aperīre, aperi-ō, aperu-ī, apertum	öffnen
auris, aur-is, f.	*Ohr*
surdus, a, um	taub
patēre, pate-ō, patu-ī	offen stehen / sein, zu Diensten stehen
salīre, sali-ō, salu-ī	hüpfen, springen, tanzen
claudus, a, um	lahm, hinkend; Krüppel
cervus, -i, m.	Hirsch
lingua, -ae, f.	Zunge, Sprache
mūtus, a, um	stumm

Et tu exsultabis in Domino et in Sancto Israel laetaberis. Pauperes quaerunt aquas, at aquae non sunt; lingua eorum siti aret.

at	aber, jedoch
sitis, sit-is, f.	Durst
arere	trocken sein

Ego, Dominus, exaudiam eos; ego, Deus Israel, non derelinquam eos. Aperiam in collibus flumina et in medio vallium fontes; ponam desertum in stagna aquarum et terram aridam in rivos aquarum.

Plantabo in deserto cedrum, acaciam et myrtum et lignum olivae; ponam in solitudine abietem, ulmum et cupressum simul . . ."

de-relinquere ≈ relinquere	
vallis, vall-is, f.	Tal
fōns, font-is, m.	Quelle, Quellwasser
stagnum, -i, n.	stehendes Gewässer, Teich, See
aridus, a, um	trocken
rīvus, rīv-ī, m.	Bach
cedrus, -i, f.	*Zeder*
acacia, -ae, f.	*Akazie*
myrtus, -i, f.	*Myrte*
oliva, -ae, f.	*Olive*
abies, abiet-is, f	Tanne
ulmus, -i, f.	*Ulme*
cupressus, -i, f.	*Zypresse*

② (Aus dem *Credo*:) Et iterum venturus est cum gloria, iudicare vivos et mortuos.

③ *(Aus der Sequenz der früheren Totenmesse:)*

Dies irae, dies illa
Solvet saeclum
in favilla.

favilla, -ae, f.	Asche
solvere, solv-ō	(auf-) lösen

Quantus tremor est futurus,
Quando iudex est venturus
Cuncta stricte discussurus!

tremor, -is, m.	Zittern
quantus, a, um	wie groß
quando	wann, wenn
dis-cutere,-cuti-ō,-cuss-ī,-cussum	auseinander-schlagen; untersuchen
stricte (Adv.)	straff, eng, *strikt*

Quid sum miser tunc dicturus?
Quem patronum rogaturus?

tunc = tum	da, dann, damals
patrōnus, -ī, m.	Schutzherr, Verteidiger

Partizipien

		Deponens:
Stammformen Bedeutungen	mittere, mitto, misi, missum schicken, senden; gehen lassen	pati, patior, passus sum (er-)leiden, (er-)dulden
Part.Präs.Akt. PPA (gleich-zeitig)	mittēns, mittent-is schickend, sendend	patiēns, patient-is leidend, duldend engl. *suffering*
Part.Perf.Pass. PPP (vorzeitig)	missus,a,um geschickt/gesandt (worden)	passus,a,um *(gelitten habend)* engl. *having suffered*
Part.Fut.Akt. PFA (nachzei-tig)	missūrus,a,um *(schicken werdend)* engl. *going to send* oft final: um zu schicken	passūrus,a,um *(leiden werdend)* engl. *going to suffer* oft final: um zu leiden

Zusatz: Nicht nur das PPP, sondern auch das PPA und das PFA können mit einer Form von *esse* verbunden werden.

mittens est (≈ mittit, Präs.):	er / sie ist sendend (≈ er / sie schickt)
patiens est (≈ patitur, Präs.):	er / sie ist leidend, er ist ein Leidender / ein Patient (≈ er / sie leidet)
missus est:	er ist geschickt worden, er wurde geschickt
passa est:	sie hat gelitten, sie erlitt
missura est (≈ mittet, Futur):	sie ist im Begriff zu schicken (≈ sie wird schicken)
passurus est (≈ patietur, Futur):	er wird (gleich / bald) leiden (≈ er wird leiden)

Übung — *Ordne die folgenden Verbformen in die Tabelle ein!*

habeo — tacebo — discumbo — capiam — culpam — levabam — fluent — habent — oportet — appetet — erunt — tulerunt — ferunt — egrediar — patior — mutabor — referes — fideles — taces — ingrederis — operaberis — terreris — vulneris — aderis — florebit — posuit — eram — sepeliam — fabulam — fuerunt — eunt — dabunt — videntur — audientur — audiuntur — timebuntur

Vergangenheit	Gegenwart	Zukunft

Lernwortschatz

①	ē-levāre	hochheben, erheben (engl. *elevator*)
	collis, is, m.	Hügel
	fluere, flu-ō, flūx-ī , flūxum	fließen (vgl. *flumen*, engl. *fluent*)
	iudicare	(ab-/be-/ver-)urteilen (vgl. *ius, iudicare, iudicium, iudex*)
	gēns, gent-is, f.	Sippe, Stamm, Volk (ital. *la gente*, frz. *les gens*); im engeren Sinn: nicht-israelitisches Volk (engl. *gentile*), Heiden(-volk)
	exercēre, exerce-ō, exercu-ī, -	(aus-)üben, trainieren *(exerzieren)*
	umquam ≠ numquam	jemals ≠ nie(-mals)
	laetāri, laetor, laetātus sum	sich freuen (vgl. *laetus*)
	dēsertus, a, um	verlassen, verödet, einsam, leer
	dēserta, -ōrum , n. plur.	Einöde, Wüste (engl. *desert*)
	ex-sultare	aufspringen, frohlocken, jauchzen, jubeln
	sōlitūdō, sōlitūdin-is, f.	Einsamkeit, Einöde (vgl. *solus*)
	flōrēre	blühen *(florieren)*
	māiestās, māiestāt-is, f.	Größe, Hoheit, Würde, *Majestät*
	aperīre, aperi-ō, aperu-ī, apertum	öffnen
	auris, aur-is, f.	*Ohr*
	patēre, pate-ō, patu-ī	offen stehen/sein, zu Diensten stehen
	salīre, sali-ō, salu-ī, saltum	hüpfen, springen, tanzen *(Salto)*
	lingua, -ae, f.	Zunge, Sprache (*Linguistik*, frz. *langue*, engl. *language*
	at	aber, jedoch
	vallis, vall-is, f.	Tal
	fōns, font-is, m.	Quelle, Quellwasser (*Fontäne*)
	rīvus, rīv-ī, m.	Bach *(Rivale)*
®	solvere, solv-ō, solv-ī, solūtum	(auf-)lösen
	quantus, a, um	wie groß *(Quantum, Quantität)*
	quando	wann, wenn
	dis-cutere,-cuti-ō,-cuss-ī,-cussum	auseinander-schlagen; untersuchen, erörtern, *diskutieren*
	tunc = tum	da, dann, damals
	patrōnus, -ī, m.	Schutzherr, Verteidiger, Anwalt, *Patron*

XX. Lectio vicesima

① Pauperes **quaerentes** aquam non invenient, sed Dominus eos non relinquet **aperiens** flumina in collibus. Dabit in deserto rivos ac arbores. Tunc **laetans** terra florebit quasi lilium.

②

Missus est angelus Gabriel a Deo in civitatem Galilaeae, cui nomen <erat> Nazareth, ad virginem desponsatam viro,

de-sponsare + Dat. verloben

cui nomen erat Ioseph de domo David, et nomen virginis erat Maria. Is ingressus ad eam dixit: "Ave, gratia plena, Dominus tecum."

Ipsa autem turbata est in sermone eius et cogitabat de ea salutatione. Et ait angelus ei: "Noli timere, Maria! Invenisti enim gratiam apud Deum. Et ecce, concipies in utero et paries filium et vocabis nomen eius *Iesum*. Hic erit magnus et *Filius Altissimi* vocabitur, et dabit ei Dominus Deus sedem David patris eius, et regnabit (= tenebit regnum) super domum Iacob in aeternum, et regni eius non erit finis." Dixit autem Maria ad angelum: "Quomodo fiet istud, quoniam virum non cognosco?" Et respondens angelus dixit ei: "Spiritus Sanctus superveniet in te, et virtus Altissimi obumbrabit tibi: ideoque et id, quod nascetur sanctum, vocabitur *Filius Dei*. Et ecce Elisabeth cognata tua et ipsa concepit filium in senecta sua, et hic mensis est sextus illi, quae vocatur sterilis, quia non erit impossibile apud Deum omne verbum."

Dixit autem Maria: "Ecce ancilla Domini . . ."

turbāre aufregen, verwirren
sālūtātiō, -tiōnis, f. Gruß, Begrüßung
apud (Präp. + Akk.) bei
con-cípere,-cipi-ō empfangen, aufnehmen
uterus,- ī., m. Mutterleib, Bauch
párere, pári-ō gebären, erzeugen
altissimus, a, um (Superlativ zu altus,a,um: hoch)
sēdēs,-is,f. Sitz, -platz, Wohnsitz

fíerī gemacht werden, werden, geschehen
super-venire über jdn. kommen
ob-umbrare (umbra: Schatten) überschatten, Schutz geben
nāscī, nāscor, nātus sum geboren werden
cognatus, a, um verwandt
senecta,ae,f. (Greisen-)alter
sterílis, sterile unfruchtbar
(im-)possíbilis, -e (un-)möglich

③ Et ecce homo erat in Ierusalem, cui nomen Simeon, et homo iste erat iustus et timoratus, exspectans consolationem Israel, et Spiritus Sanctus erat super eum.

Et responsum accepit ab Spiritu Sancto **se** non **visurum esse** mortem ante adventum Christi Domini.

Et venit in Spiritu in templum. Et cum inducebant puerum Iesum parentes eius, ipse accepit eum in ulnas suas et benedixit Deum et dixit: “Nunc dimittis servum tuum, Domine, secundum verbum tuum in pace, quia viderunt oculi mei salutare tuum, quod parasti ante faciem cunctorum populorum, lumen ad revelationem gentium et gloriam plebis tuae Israel.”

timoratus,a,um: (gottes-)fürchtig
cōnsōlātiō, -tiōnis, f. Tröstung, Trost
responsum,i,n. (substantiviertes PPP von respondére)
parentēs, parent-um, m.pl. Eltern
ulna, -ae, f. Ellenbogen, Arm
salutare (neutrum) das Heilbringende, das Heil
parasti (Kurzform für para*v*isti, 2. sg. Perf. Akt.)
lūmen, lūmin-is, n. Licht
revēlātiō, -tiōnis, f. Enthüllung
plēbs, plēb-is, f. Volk

Et erat pater eius et mater mirantes super his, quae dicebantur de filio.

(Anm.: *erat* im letzten Satz kongruiert nur mit dem Subjekt *pater*, aber *mirantes* kongruiert mit beiden Subjekten *pater et mater*!)

④

Et ecce quidam legis peritus surrexit tentans illum dicens:

perītus, a, um kundig, erfahren

"Magister, quid faciendo vitam aeternam possidebo?"

At ille dixit ad eum: "In lege quid scriptum est? Quomodo legis?"

Ille autem respondens dixit: "Diliges Dominum Deum tuum ex toto corde tuo et ex tota anima tua et ex omnibus viribus tuis et ex omni mente tua et proximum tuum sicut te ipsum." vīs, Plur.: vīrēs, vīr-ium Kraft, Gewalt

Dixitque illi: "Recte respondisti; hoc fac et vives."

Ille autem, volens iustificare se ipsum, dixit ad Iesum: "Et quis est meus proximus?" iūsti-ficāre rechtfertigen

Suscipiens autem Iesus dixit: "Homo quidam descendebat ab Ierusalem in Iericho et incidit in latrones . . . "

⑤ Decem verba
(*ΔΕΚΑ ΛΟΓΟΙ / Dekalog*),
quae scripsit Dominus Deus in duabus tabulis lapideis

Locutus est Dominus ad Moysen: "Ascende ad me in montem et mane ibi! Daboque tibi tabulas lapideas et legem ac mandata, quae scripsi." (...) Dixit Deus: "Ego sum Dominus Deus tuus, qui eduxi te de terra Aegypti, de domo servitutis.

— Non habebis deos alienos in conspectu meo.

— Non facies tibi sculptile neque similitudinem eorum, quae sunt in caelo et quae in terra et quae in aquis sub terra.

— Non adorabis ea neque coles, quia ego sum Dominus, Deus tuus, Deus zelotes, reddens iniquitatem patrum in filiis in tertiam et quartam generationem et faciens misericordiam diligentibus me et custodientibus praecepta mea.

— Non usurpabis nomen Domini Dei tui frustra, quia non erit impunitus, qui assumpsit nomen Domini Dei sui frustra.

— Observa diem sabbati et eum sanctifica, sicut praecepit tibi Dominus Deus tuus!

Sex diebus operaberis et facies omnia opera tua; septimus autem dies sabbatum est Domino Deo tuo; non facies ullum opus tu et filius tuus et filia tua, servus tuus et ancilla tua et omne iumentum tuum et advena, qui est intra portas tuas.

Sex enim diebus fecit Dominus caelum et terram et mare et cuncta, quae

tabula, -ae, f. Brett, *Tafel*
lapídeus,-ea,-eum steinern; aus Stein; Stein-
a(d)-scéndere,-o, ascendi,- scensum (auf-)steigen

mandatum, i,n. (substantiviertes PPP / mandare: anvertrauen, auftragen)

sérvi-tus,-tutis, f. (Subst. zu servus)
alienus,a,um: fremd, ausländisch
conspectus,-us,m. (Subst. zu con-spícere, -io,-spexi,-spectum: an- /er-blicken)
scúlptile,-is, n. das Geschnitzte; Bild, *Skulptur*
simili-túdo,-túdinis, f. Ähnlichkeit, Ebenbild

zelotes (ζηλωτής) Eiferer, Eifersüchtiger
réd-dere (dare!),reddo,réddidi zurück-geben, erwidern, vergelten
iníquitas,-tatis, f. Ungerechtigkeit, Unrecht

praeceptum,i,n. (substantiv. PPP von praecípere,-io,-cepi,-ceptum: vor-schreiben, befehlen, lehren)
usurpare in Gebrauch nehmen, gebrauchen
frustra (Adv.) vergeblich, nutzlos, grundlos
im-punitus,a,um (vgl. punire,-io, punívi, punítum: (be-)strafen)
as-súnere,-o,-sumpsi,-sumptum an-/aufnehmen, beanspruchen,
ob-servare be(-ob-)achten
sancti-ficare heilig-machen, heiligen

ullus,a,um irgend-ein
iumentum,i,n. Lasttier, Zugtier
advena (vgl. ad-venire) Ankömmling, Zugereister, Fremdling
intra ≠ extra + Akk. innerhalb von ≠ außerhalb von

in eis sunt, et requievit die septimo; idcirco benedixit Dominus diei sabbati et sanctificavit eum.	re-quiēscere, -o, -quiēv-ī sich ausruhen idcirco ≈ itaque deshalb, daher
— Honora patrem tuum et matrem tuam . . . !	honorare (Verb zu honos, honóris,m.: Ehre)
— Non occides.	oc-cídere (vgl. caedere: schneiden, fällen, töten) töten
— Non moechaberis.	moechari Ehebruch begehen
— Furtumque non facies.	furtum,i,n. Diebstahl
— Nec loqueris contra proximum tuum falsum testimonium.	falsus, a, um *falsch* testimonium, i, n. Zeugnis, Zeugenaussage
— Non concupisces domum proximi tui; nec desiderabis uxorem eius, non servum, non ancillam, non bovem, non asinum nec omnia, quae illius sunt,"	con-cupíscere,-o,-cupívi,-cupítum begehren desiderare ersehnen, wünschen, begehren bos, bov-is, m./f. Rind ásinus, i, m. Esel
Cunctus autem populus videbat voces et lampades et sonitum bucinae montemque fumantem.	lampas, lámpad-is,f. (λαμπάς) Fackel, Leuchter, Lampe sónitus,-us,m. Ton, Klang, Schall, Geräusch búcina,ae,f. Horn fumare rauchen, qualmen
Et perterriti ac pavore concussi steterunt procul dicentes Moysi: "Loquere tu nobis, et audiemus."	per-terrére;-eo,-térrui, -térritum (durch u. durch = sehr) erschrecken pavor, -is, m. Angst, Furcht con-cútere,-io,-cussi,-cussum schütteln, erschüttern procul (Adv.) fern, von ferne, in der Ferne

⑥ *Aus dem alten ORDO MISSAE*

Sacerdos paratus, cum procedit ad altare, signat se signo crucis a fronte ad pectus	altāre, -is, n. *Altar* sīgnare bezeichnen; *segnen* frōns, front-is, m. Stirn pectus, pector-is, n. Brust

et clara voce dicit:

In nomine Patris et Filii et Spiritus Sancti. Amen.

Deinde iunctis manibus ante pectus incipit antiphonam:	iungere, iung-ō, iūnx-i, iūnctum verbinden in-cipere,-cipi-ō, coep-i, inceptum anfangen
Introibo ad altare Dei.	intro-īre hinein-gehen, heran-gehen

Ministri respondent:

Ad Deum, qui laetificat iuventutem meam.

laeti-ficāre fröhlich machen *(laetus, facere)*

Signat se iterum et dicit:

Adiutorium nostrum in nomine Domini.

adiutorium Hilfe (vgl. adiutor)

Ministri:

Qui fecit caelum et terram.

(. . .)

Sacerdos:

Deus, tu conversus vivificabis nos.

vivi-ficare lebendig machen

Ministri:

Et plebs tua laetabitur in te.

⑦

Asperges me, Domine, hyssopo, et mundabor.	a(d)-spérgere an-spritzen, bespritzen, besprengen hyssopum,-i,n. Ysop (Pflanze mit buschigen Zweigen)
Lavabis me, et super nivem dealbabor. (. . .)	mundāre reinmachen, reinigen super + Akk. oben auf, über .. hinaus nix, niv-is, f. Schnee de-albare weißmachen (vgl. albus,a,um: weiß)

Gloria Patri et Filio et Spiritui Sancto.

Sicut erat in principio, et nunc et semper, — prīncipium, -iī, n. Anfang

et in saecula saeculorum. Amen.

Übersetzungsmöglichkeiten des ***participium coniunctum*** (p.c.)

participium coniunctum: Ein mit einem Beziehungswort in KNG-Kongruenz verbundenes Partizip enthält eine Aussage über das Beziehungswort, zusätzlich zur Aussage des Satzes, die im Prädikat enthalten ist.

Vir a Iesu auditus non est. — Der Mann wurde von Jesus nicht (an-)gehört.

Vir **clamans** a Iesu auditus non est.

Übersetzung durch dtsch. Partizip	1. a) Der schreiende Mann ... b) Der Mann, schreiend, ...
Relativsatz	2. Der Mann, der . . . . , ...
Konjunktion mit Nebensatz	3. Als/Während/Weil/Obwohl der Mann ..
Beiordnung (selbständiges Prädikat)	4. Der Mann schrie, und/aber ...
Substantivierung + Präposition	5. Bei seinem Schreien / Während/Wegen/Trotz seines Schreiens ..

Das PPA und das PPP geben oft nicht ein genaues Zeitenverhältnis (gleichzeitig oder vorzeitig zum Prädikat des Satzes) wieder, sondern das PPA dient oft einfach als Partizip Akltiv und das PPP als Partizip Passiv.

(Paulus nach einer Totenerweckung:)

Ascendens autem frangensque panem et gustans satisque allocutus usque in lucem, sic profectus est.

ascendere *hier:* aufstehen gustare: kosten al-loqui: an-reden, An-sprache halten
proficisci,-or,-fectus sum: aufbrechen

Übung — *Übersetzen Sie auf verschiedene Weise!*

1 Ies<u>us</u> asino <u>iens</u> in civitatem a multis salutabatur.

2 Ies<u>us</u> asino <u>iens</u> civitatem intravit passurus mortem.

3 Multi Ies<u>um</u> asino <u>euntem</u> in civitatem secuti sunt.

4 Petrus dormiens inter duos milites in carcere morabatur.

5 Discipuli Ierusalem ingressi cibos paraverunt manducaturi Pascham.

6 Factus est sonus tamquam advenientis spiritus vehementis.

Lernwortschatz

②	turbāre	aufregen, verwirren
	sālūtātiō,-tiōnis, f. (vgl. salutare)	Gruß, Begrüßung
	apud (Präp. + Akk.)	bei
	con-cípere, -cipi-ō,-cēp-ī,-ceptum	empfangen, aufnehmen, auffassen *(konzipieren, Konzept, Konzeption)*
	uterus,- ī., m.	Mutterleib, Bauch, *Uterus*
	párere, pári-ō, peper-ī, partum	gebären, erzeugen
	altissimus, a, um (Superlativ zu altus,a,um: hoch)	
	sēdēs,-is,f. (vgl. *sedere*: sitzen)	Sitz, Sitzplatz, Wohnsitz
	fíerī (Passiv zu facere)	gemacht werden, werden, geschehen (Präsens: fio, fis, fit, fimus, fitis, fiunt)
	nāscī, nāscor, nātus sum	geboren werden
	co-gnātus, a, um	(zusammen-geboren) verwandt
	senecta,ae,f. = senectūs,-tūtis, f.	(Greisen-)alter (vgl. *senex, senior*)
	(im-)possíbilis, -e	(un-)möglich
③	cōnsōlātiō, -tiōnis, f.	Tröstung, Trost
	parentēs, parent-um, m. pl.	Eltern (vgl. *párere*, frz./engl. *parents*)
	lūmen, lūmin-is, n. ≈ lūx, lūc-is, f.	Licht
	plēbs, plēb-is, f.	Volk *(Plebejer)*

④	perītus, a, um	kundig, erfahren
	vīs, Akk. vim, Abl. vī, Plur.: vīrēs, vīr-ium	Kraft, Gewalt
	iūsti-ficāre	(gerecht machen) rechtfertigen (vgl. *iustus*)
	sus-cipere,-cipi-ō,-cēp-i, susceptum	unter-nehmen, übernehmen, aufnehmen, erwidern
⑤	tabula, -ae, f.	Brett, *Tafel* (vgl. frz./engl. *table*)
	ob-servare	be(-ob-)achten
	sancti-ficare	(sanctm facere) heilig-machen, heiligen
	re-quiēscere, -o, -quiēv-ī	sich ausruhen (vgl. *requies*)
	falsus, a, um	*falsch*
⑥	altāre, -is, n.	*Altar*
	sīgnare	bezeichnen; *segnen* (vgl. *signum*)
	frōns, front-is, m.	Stirn (*Front, frontal*)
	pectus, pector-is, n.	Brust
	iungere, iung-ō, iūnx-i, iūnctum	verbinden
	in-cipere, -cipi-ō, coep-i, inceptum	anfangen, beginnnen
	intro-īre	hinein-gehen, heran-gehen (*Introitus*)
	adiūtōrium, -ī, n.	Unterstützung, Hilfe (vgl. *ad-iuvare; Ko-adjutor*)
⑦	mundāre	reinmachen, reinigen
	nix, niv-is, f.	Schnee
	prīncipium, -iī, n.	Anfang
	pars, part-is, f.	Teil, Anteil (*Partei, Part, Partie*)
	nōlle ≠ velle	nicht wollen ≠ wollen (Präs.: nolo, non vis, non vult, nolumus . . .)
	per-cutere,-cuti-ō,-cuss-ī, per-cussum	schlagen, erschüttern (*percussion*, vgl. *dis-cutere*)

Zusatztext

Duo homines ierunt in templum ad orandum / orandi causa, unus pharisaeus, alter publicanus. Pharisaeus stans haec apud se orabat: „Deus, gratias tibi ago, quod non sum sicut ceteri homines, raptores, iniusti, adúlteri, ut etiam hic publicanus. Ieiuno bis in sabbato, decimas <partes> do omnium, quae possideo."

Et publicanus a longe stans nolebat nec oculos ad caelum tollere, sed infelici animo percutiebat pectus suum dicens: „Deus, propitius es", inquit, "mihi peccatori!"

Dico vobis: „Qui se exaltat, humiliabitur,
et qui se humiliat, exaltabitur."

causā + Gen.	wegen, halber
rap-tor (vgl. *rapere*: reißen,rauben)	
in-iustus ≠ iustus	
adúlter, -i, m.	Ehebrecher
ieiunare	fasten
nōlle ≠ velle	nicht wollen ≠ wollen
a longe	von ferne, in der Ferne
per-cutere,-cuti-ō	schlagen, erschüttern
propitius, a, um	gnädig
humiliare	erniedrigen
ex-altare	erhöhen (altus: hoch)

Test (XVII. – XX.)

1. *Setzen Sie jeweils eine der folgenden Verbformen passend ein, dann übersetzen Sie!*

baptizatus est — baptizari — baptizavi — baptizandi — baptizandum — baptizabit — baptizabat

De Ioanne baptista

baptista,-ae, m. Täufer; vgl. baptizare taufen

Ioannes ad Iordanem venit ad .... populum. Et ....
.... multos homines in Iordane. Dixit: "Ego vos ....
.... in aqua. Is autem, qui post me venturus est, vos ....
.... in Spiritu Sancto."

Etiam Iesus ad Ioannem venit .... causa. Ioannes autem prohibebat (prohibere,-hibeo: hindern, abwehren) eum dicens: "Ego a te .....
.... debeo, et tu venis ad me?" Postremo Iesus ....
.... ab Ioanne.

2. *Geben Sie zu jeder Verbform den Infinitiv Präsens an! Übersetzen Sie dann!*

Christus homo factus est; etiam pro nobis crucifixus est et sub Pontio Pilato passus est

....

et sepultus est. Resurrexit tertia die, . . . ascendit in caelum.

Iterum venturus est cum gloria ad iudicandum.

....

3. *Übersetzen Sie!*

Symbolum Nicaeno-Constantinopolitanum

Credo in unum Deum, Patrem omnipotentem, factorem cæli et terræ, visibilium omnium et invisibilium.

Et in unum Dominum Iesum Christum, Filium Dei unigenitum et ex Patre na tum ante omnia sæcula.

uni-genitus, a, um eingeboren, einzig

Deum de Deo, Lumen de Lumine, Deum verum de Deo vero,

genitum, non factum, consubstantialem Patri;
per quem omnia facta sunt.
Qui propter nos homines et propter nostram
salutem descendit de cælis.
Et incarnatus est de Spiritu Sancto ex Maria
Virgine, et homo factus est.

gignere, gigno, genui, genitum (er-)zeugen
con-substantialis, -e gleich-beschaffen, wesensgleich
incarnare zu Fleisch machen

Crucifixus etiam pro nobis sub Pontio Pilato, passus et sepultus est,
et resurrexit tertia die, secundum Scripturas,
et ascendit in cælum, sedet ad dexteram Patris.
Et iterum venturus est cum gloria, iudicare vivos et mortuos,
cuius regni non erit finis.
Et in Spiritum Sanctum, Dominum et vivificantem,
qui ex Patre filioque procedit.
Qui cum Patre et Filio simul adoratur et conglorificatur;
qui locutus est per prophetas.
Et unam, sanctam, catholicam et apostolicam Ecclesiam.
Confiteor unum baptisma in remissionem peccatorum.
Et expecto resurrectionem mortuorum, et vitam venturi sæculi. Amen.

vivi-ficare lebendig machen
con-glori-ficare zusammenverherrlichen

4. *Bestimmen Sie die Verbformen genau!*

venīmus	1. pl. . . . .
vēnimus	1. pl. . . . .
veniēmus	1. pl. . . . .
veniunt	. . . .
vēnērunt	. . . .
venient	. . . .
veniēns	. . . .
vident	. . . .
vīdērunt	. . . .
vidēbunt	. . . .

XXI. Lectio vicesima prima

① Quod postquam vidit Petrus, cecidit ad genua Iesu dicens: “Exi a me, quia homo peccator sum, Domine!” Stupor enim circumdederat eum et omnes, qui cum illo erant, in captura piscium, quos ceperant. Et ait ad Simonem Iesus: "Ex hoc iam homines eris capiens."

quod (relativ. Satzanschluss; gemeint ist hier der wunderbare Fischfang)
stupor, -óris, m. (Er-)staunen, Ver-/Bewunderung
circum-dare, -do, -dedi, -datum umgeben, umzingeln
captúra, -ae, f. (Subst. zu cápere)
piscis, -is, m. *Fisch*
ex hoc (von diesem Moment an) ab jetzt, von nun an

② *(Aus der Weihnachtsgeschichte)* Pastores autem videntes notum fecerunt verbum, quod dictum erat illis de puero. Et omnes, qui audierunt, stupore affecti sunt de eis, quae dicta erant a pastoribus ad ipsos. Et reverterunt pastores glorificantes et laudantes Deum in omnibus, quae audierant et viderant.

nōtus, a, um bekannt
af-ficere,-ficiō,-fēcī,-fectum an-tun, in einen Zustand versetzen, versehen mit
re-vertī, revert-or, revert-ī (Semidepon.)zurück-kehren

③ Et ait Dominus ad Cain: "Ubi est Abel frater tuus?" Qui respondit: "Nescio. Num custos fratris mei sum ego?" Dixitque ad eum: "Quid fecisti? Vox sanguinis fratris tui clamat ad me de agro.
Nunc igitur maledictus eris!
Cum laboraveris agrum, ager non dabit tibi fructus suos; vagus et profugus eris super terram."
Dixitque Cain ad Dominum: "Magna est poena mea . . . . Ecce eicis me hodie ab agro, et ero vagus et profugus in terra; omnis igitur, qui invenerit me, occidet me."
Dixitque ei Dominus: "Nequaquam ita fiet, sed omnis, qui occiderit Cain, septuplum punietur!"

custōs, custōd-is, m. Wächter, Hüter
male-dicere schlecht sprechen, schmähen,
vagus,a,um unstet,umherschweifend
pró-fugus flüchtig; Flüchtling

poena, -ae, f. Strafe, *Pein* (*punire*)

oc-cīdere, -ō, -cīd-ī, occīsum töten
nequáquam (Adv.) keineswegs, auf keinen Fall
séptuplum (Adv.) siebenfach
pūnīre (be-)strafen

Vorzeitige Tempora

	Aktiv (audire: hören)	Passiv (audiri: gehört werden)	Deponens (loqui: sprechen)
Perfekt	audiv-it er hörte / er hat gehört	auditus est er wurde gehört / er ist gehört worden	locutus est er sprach / er hat gesprochen
Plusquamperfekt	audiv-**erat** er hatte gehört	auditus **erat** er war gehört worden	locutus **erat** er hatte gesprochen
Futur II	audiv-**erit** (er wird gehört haben)	auditus **erit** (er wird gehört worden sein)	locutus **erit** (er wird gesprochen haben)

Die Endungen des Plusquamperfekt Aktiv entsprechen den Formen des Imperfekts von *esse*, die Endungen des Futur II Aktiv entsprechen den Formen des Futur I von *esse*.

Die drei Zeitstufen

Vergangenheit	Gegenwart	Zukunft
Imperfekt Perfekt ambulabam ambulavi *ich ging herum/spazieren*	Präsens ambulo *ich gehe herum / spazieren*	Futur I ambulabo *ich werde herumgehen / spazieren gehen*

Vorzeitigkeit in den drei Zeitstufen

(Wörter in gleicher Schrift bilden jeweils einen Satz.)

Ambulavi, cum cena**v**eram ⏎ cum cena**v**i	Ambulo, ⏎	Ambulabo, cum cenavero ⏎

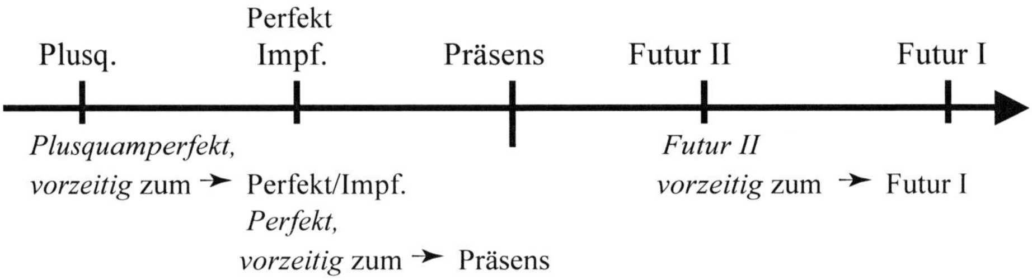

Gegenwart:

Das lateinische **Perfekt** ist **vorzeitig** zum Präsens.

> Omnēs lauda-nt cēnam, quam parāv-it servus.
> Ubi est puer, quī ā frātre necātus est?

Vergangenheit:

Das lateinische **Plusquamperfekt** ist **vorzeitig** zum Imperfekt und zum Perfekt.

> Piscātōrēs vend-ēbant / vendid-ērunt piscēs, quōs cēp-erant.
> (vendere, vendo, vendidi, venditum: verkaufen)
> Iēsus sēnsit, quod mulier pedēs eius ōsculāta erat.

Zukunft:

Das lateinische **Futur II** ist **vorzeitig** zum Futur I.
Es wird meist mit Perfekt, Futur I oder Präsens übersetzt.

> Diabolus: "Si adōrāv-eris me, tibi omnia dā-bō."
> Angelus: "Cum filius nātus erit, nōminā-bis nōmen eius Iēsum."

Übung 1

Setzen Sie zum P.P.P die passende Form des Hilfsverbs esse *ein:* sum, es, est . . *oder* eram, eras, erat, . . . *oder* ero, eris, erit, . . . ! *Vervollständigen Sie die Übersetzung!*

Servus in patriam redit, quod liberatus .... - Der Sklave kehrt in seine Heimat zurück, weil er freigelassen worden ......

Servus in patriam rediit, quod liberatus ...... - Der Sklave kehrte in seine H. zurück, weil er freigelassen worden ....

Servus in patriam redibit, cum *(wenn)* liberatus .... - Der Skl. wird in seine H. zurückkehren, wenn er freigelassen ...

Übung 2

Setzen Sie die passende Form von laborare *ein:*
laborav-i, laborav-isti, laborav-it, . . . *oder* laboráv-eram, laboráv-eras, laboráv-erat, . . . *oder* laboráv-ero, laboráv-eris, laboráv-erit, . . . !
Vervollständigen Sie die Übersetzung!

Servus fessus **est**, quod diu laborav........... *(jetzt)* Der Sklave ist müde, weil er lange gearbeitet . . .

Servus fessus **erat**, quod diu laborav.......... *(gestern abend)* Der Sklave war müde, weil er lange gearbeitet . . . . . .

Servus fessus **erit**, cum diu laborav........... *(morgen abend)* Der Sklave wird müde sein, wenn er lange gearbeitet . . . .

④

Et ait <Iesu> Diabolus: "Tibi dabo potestatem hanc universam et gloriam illorum, quia mihi tradita est, et, cui volo, do eam. Tu ergo si adoraveris coram me, erit tua omnis."

⑤ *(Jesus zu Petrus:)*

"Amen, dico tibi, quia tu hodie, in nocte hac,
priusquam bis gallus vocem dederit, ter me es negaturus!"

gallus, -i, m.	Hahn
bis	zweimal
ter	dreimal

Fresko / Paulusgrotte in Ephesus (6. Jh.)

⑥ *Wie sah Paulus aus?* (aus den Thekla-Akten [Acta Pauli et Theclae])

Quidam vero vir Onesiphorus nomine audiens Paulum Iconium esse venturum exivit obviam illi cum coniuge et filiis eum hospitio recepturus.

Narraverat enim illi Titus de effigie Pauli, quod eum in carne ignorabat, sed tantum in spiritu sciebat.

Procedentes ergo per viam regalem ambulabant Paulum exspectantes; et transeuntes intuebantur secundum indicium Titi.
Viderunt ergo eum venientem, virum statura brevem, capite reburro, cruribus scambum, iunctis superciliis, naso aquilino, gratia repletum. Et aliquando quidem apparebat ut homo, interdum vero angeli vultum habebat.

Idem vero Paulus videns Onesiforum subrisit.
Onesiforus autem dixit ad eum:
"Ave, minister benedicti Dei."
Et ille ait: "Gratia tecum et cum domo tua!"

Iconium (Stadt in Lykaonien / Kleinasien)
obviam ex-ire (aus dem Haus) jdm. entgegengehen
hospitio re-cipere jdn. gastfreundlich / im Gastzimmer aufnehmen
effigies,- ei, f. Bild, Gestalt
tantum (Adv.) nur

via regalis Königsstraße
indīcium,-i, n. Ansage,Angabe
in-tuērī, -tueor an-schauen
reburrus,a,um mit sich emporsträubendem Haar
crus, crur-is, n. Unterschenkel, Bein
scambus, a, um krummbeinig
super-cilium,-i,n. Augenbraue
nāsus, -ī, m. *Nase*
aquilinus, a, um (Adj. zu aquila: Adler)
re-plere ≈ im-plere/com-plere anfüllen
vultus, -ūs, m. Gesichtsausdruck, Miene
sub-ridere,-ride-o,-risi, (von unten / heimlich / ein bisschen lachen) lächeln

⑦ Et cum complebantur dies Pentecostes, erant omnes in eodem loco. Et factus est repente de caelo sonus tamquam advenientis spiritus vehementis et replevit totam domum, ubi erant sedentes. Et apparuerunt illis dispertitae linguae tamquam ignis, seditque supra singulos eorum.

Et repleti sunt omnes Spiritu Sancto
et coeperunt loqui aliis linguis,
prout Spiritus dabat eloqui illis.

Pentecoste der 50. Tag nach dem Passa (πεντηκοστή scil. ἡμέρα)
repente (Adv.) plötzlich
tamquam wie; als ob
vehemēns, vehement-is heftig, gewaltig
dis-pertire auseinander-/ver-teilen (vgl. *pars*)
suprā (Präp. + Akk.) oben auf, oberhalb von
singul-ī, -ae, -a je ein, einzeln
pro-ut je nachdem, wie
e-loqui ≈ loqui

Erant autem in Ierusalem habitantes Iudaei, viri religiosi ex omni natione, quae sub caelo est. Tum convenit multitudo et confusa est, quoniam audiebat unusquisque lingua sua illos loquentes. Stupebant autem et mirabantur dicentes: "Nonne ecce omnes isti, qui loquuntur, Galilaei sunt? Et quomodo nos audimus unusquisque propria lingua nostra, in qua nati sumus? Parthi et Medi et Elamitae et qui habitant Mesopotamiam, Iudaeam quoque et Cappadociam, Pontum et Asiam, Phrygiam quoque et Pamphyliam, Aegyptum et partes Libyae, quae est circa Cyrenem, et advenae Romani, Iudaei quoque et proselyti, Cretes et Arabes: Audimus loquentes eos nostris linguis magnalia Dei."

religiōsus,a,um gewissenhaft, fromm
cōn-fundere,-fund-ō,-fūd-i,-fūsum zusammen-gießen, vermischen, verwirren
unus-quisque jeder (einzelne)
proprius,a,um eigen(-tümlich)

Stupebant autem omnes et haesitabant ad invicem dicentes: "Quidnam hoc vult esse?"
Alii autem irridentes dicebant: "Musto pleni sunt isti."

ad-vena,-ae, m./f. (subst.) Ankömmling, (adjekt.) zugereist
proselytus,-i,m. (hinzu-gekommen) vom Heidentum zum Judentum Übergetretener, Konvertit
magnalia,-ium, n.pl. große Dinge, Großtaten
stupēre, stupe-ō starr sein, bestürzt sein, staunen
haesitare steckenbleiben, zögern
ad invicem zueinander
ir-ridere,ride-o bei/zu/über etw./jdn. lachen; (ver-)spotten
mustum,-i,n. *Most*

Übung 3 — *Bestimmen Sie alle Verbformen des folgenden Textes, und übersetzen Sie sie!*

Et ait <Iesu> Diabolus: "Tibi dabo potestatem hanc universam et gloriam illorum, quia mihi tradita est, et, cui volo, do eam. Tu ergo, si adoraveris coram me, erit tua omnis."

Übung 4 — *Schreiben Sie aus der Pfingstgeschichte oben alle Ablative mit Präposition und alle Ablative ohne Präposition in zwei Spalten. Geben Sie zu den Ablativen der zweiten Spalte ihre jeweilige Funktion im Satz an!*

Lernwortschatz

①	circum-dare, -do, -dedi, -datum	um-geben, rings herum stellen, umringen, umzingeln
	piscis, -is, m.	*Fisch*
②	nōtus, a, um	bekannt
	af-ficere, -fici-ō, -fēc-ī, af-fectum	an-tun, in einen Zustand versetzen, versehen mit (*Affekt*)
	re-vertī, revert-or, revert-ī (Semidepon.)	zurück-kehren
③	custōs, custōd-is, m.	Wächter, Hüter (*Küster, Custos,* vgl. *custodire)*
	male-dicere ≠ bene-dicere	schlecht sprechen, schmähen, beschimpfen ≠ gut sprechen, preisen, segnen
	poena, -ae, f.	Strafe, *Pein* (vgl. *punire*)
	oc-cīdere, -ō, occīd-ī, occīsum	töten (vgl. *caédere*: fällen, nieder schlagen)
	pūnīre	(be-)strafen (vgl. *poena*)
⑥	tantum (Adv.)	nur
	indīcium,-i, n.	Ansage, Angabe; Hinweis, Anzeichen; Beweis *(Indiz)*
	in-tuērī, -tueor, -tuitus sum	an-/hin-schauen, betrachten *(Intuition)*
	nāsus, -ī, m.	*Nase*
	vultus, -ūs, m.	Gesichtsausdfruck, Miene, Aussehen
⑦	vehemēns, vehement-is	heftig, gewaltig *(vehement)*
	suprā (Präp. + Akk.)	oben auf, oberhalb von, über . . . hinaus
	singul-ī, -ae, -a	je ein, einzeln *(Singular)*
	religiōsus,a,um	gewissenhaft, fromm, *religiös*
	cōn-fundere, -fund-ō, -fūd-i, -fūsum	zusammen-gießen, vermischen, verwirren, entstellen (*konfus*, vgl. *in-fundere*)
	proprius, a, um	eigen(-tümlich)
	stupēre, stupe-ō	starr sein, bestürzt sein, staunen

	Aktiv	Passiv
Modus	Indikativ	Indikativ
Tempus: Präs.	sum am-o vide-o ag-o audi-o es amas vide-ts agi-s audi-s est ama-t vide-t agi-t audi-t sumus ama-mus vide-mus ági-mus audí-mus estis ama-tis vide-tis ági-tis audí-tis sunt ama-nt vide-nt ag-unt aúdi-unt	am-or víde-or ag-or aúdi-or ama-ris vidé-ris áge-ris audí-ris ama-tur vidé-tur ágt-tur audí-tur ama-mur vidé-mur ági-mur audí-mur ama-mini vide-mini agi-mini audí-mini ama-ntur vide-ntur ag-untur audi-úntur
Tempus: Impf.	era-m ama-**ba**-m vide-**ba**-m ag-**eba**-m audi-**eba**-m era-s ama-**ba**-s vide-**ba**-s ag-**eba**-s erat ama-**ba**-t vide-**ba**-t ag-**eba**-t	ama-**ba**-r vide-**ba**-r ag-**eba**-r audi-**eba**-r ama-**ba**-ris vide-**ba**-ris ag-**eba**-ris ama-**ba**-tur vide-**ba**-tur ag-**eba**-tur . . . .
Tempus: Fut. I	ero ama-**bo** vide-**bo** ag-**a**-m audi-**a**-m eris ama-**bi**-s vide-**bi**-s ag-**e**-s audi-**e**-s erit ama-**bi**-t vide-**bi**-t ag-**e**-t audi-**e**-t erimus ama-**bi**-mus vide-**bi**-mus ag-**e**-mus audi-**e**-mus eritis ama-**bi**-tis vide-**bi**-tis ag-**e**-tis . . erunt ama-**bu**-nt vide-**bu**-nt ag-**e**-nt audi-**e**-nt (Bei a- und e- nimm **-b-**, sonst nur **-a-** und **-e-** !)	amá-**bo**-r vide-**bo**-r ag-**a**-r audi-**a**-r amá-**be**-ris vidé-**be**-ris ag-**é**-ris audi-**é**-ris amá-**bi**-tur vidé-**bi**-tur ag-**é**-tur audi-**é**-tur amá-**bi**-mur vidé-**bi**-mur ag-**é**-mur audi-**é**-mur ama-**bí**-mini vide-**bí**-mini ag-**é**-mini . . ama-**bu**-ntur vide-**bu**-ntur ag-**e**-ntur . . (Bei a- und e- nimm **-b-**, sonst nur **-a-** und **-e-** !)
Tempus: Perf.	fu-i amáv-i vid-i eg-i audiv-i fu-isti amav-ísti vid-ísti eg-ísti audiv-isti fu-t amáv-it vid-it eg-it audiv-it fu-imus amáv-imus víd-imus ég-imus audiv-imus fu-istis amav-ístis vid-ístis eg-ístis audiv-istis fu-érunt amav-érunt vid-érunt eg-érunt audiv-érunt	ama**tus,-ta,-tum** sum vi**sus,-sa,-sum** sum actus,-a,-um sum audítus,-a,-um sum . . . .
Plusq.	fú-eram amáv-eram vid-eram ég-eram audív-eram fú-eras amáv-eras vid-erams ég-eras audív-eras (Endungen = Impft. von esse!)	amatus,-a,-um eram visus,-a,-um / actus,-a,-um eram auditus,-a,-um eram . . . . .
Tempus: Fut. II	fú-ero amáv-ero víd-ero ég-ero audív-ero fú-eris amáv-eris víd-eris ég-eris audív-eris fú-erint amáv-erint víd-erint ég-erint audív-erint (Endungen ≈ Fut. I von esse!)	amatus,-a,-um ero visus,-a,-um ero actus,-a,-um ero auditus,-a,-um ero

Imp.	
	es ama vide age audi es-te amá-te vide-te ág-i-te audí-te

	Aktiv	Passiv
Inf. Präs.	es-se ama-re vidé-re áge-re audí-re	amá-ri vidé-ri ag-i audí-ri
Inf. Perf.	fu-isse amav-isse vid-isse eg-isse audiv-isse	amatum esse visum esse actum esse auditum esse
Inf. Fut.	fut-urum esse amat-urum esse vis-urum esse act-urum esse audit-urum esse	—

	Aktiv	Passiv
Part.Pr. Akt.	— ama-ns vide-ns age-ns audí-ens amant-is vident-is agent-is audient-is	—
Part. Perf.P.	—	amatus, a, um visus, a, um actus, a, um auditus, a, um
Part. F. Akt.	fut-urus,a,um amat-urus,a,um vis-urus,a,um act-urus,a,um audit-urus,a,um	—

XXII. Lectio vicesima secunda

Indikativ:	Modus der Wirklichkeit
Konjunktiv:	Modus der Möglichkeit

Konjunktiv Präsens:

Wunschvokal" **-a-** , (**-e-** für Verben der a-Konjugation;
sim, sīs, sit, sīmus, sītis, sint für *esse*)

Wünsche können mit *utinam* oder *ut* eingeleitet werden, verneint werden sie mit *ne* (statt *non*).

① <Ut / Utinam> ad-veni**a**t regnum tuum!

Deine Königsherrschaft / Dein Reich komme (an) / soll kommen / möge kommen / Hoffentlich kommt . . . !

Sanctific**e**tur nomen tuum!
Fi**a**t voluntas tua, sicut in caelo et in terra!
Ne nos induc**a**s in temptationem / tentationem!

temptātiō/tentātiō, -tiōnis, f. (Subst. zu *temptāre/tentāre*: versuchen)

② Benedictio apostolica (*apostolischer Segen*):

Benedictio Dei omnipotentis, patris et filii et spiritus sancti,

*descend**a**t super vos et mane**a**t semper!*

③ CMB = Christus mansionem benedic**a**t! mansio, -ionis, f. Bleibe, Haus (*manēre*)

④ Venite, ad-or**e**mus!

"Transe**a**mus usque Bethlehem et vide**a**mus id verbum, quod factum est, quod Dominus ostendit nobis!"

trans-ire hinüber-/vorüber-gehen (*Sic transit gloria mundi*, vgl. *Transit*)
usque (ad) + Akk. bis nach

Laud**e**tur Iesus Christus!

Studentenlied: *Gaude**a**mus igitur!*
*Viv**a**t academia, viv**a**nt professores, (. . .)*
*semper **sint** in flore!*

flos, flor-is, m. Blüte, Blume (*Flora*)

⑤ Pro-**sit** Neujahr!

Sit venia verbo!

prod-esse (für etw./jdn. sein) zum Wohle sein, nützen
venia, -ae, f. Verzeihung, Erlaubnis

⑥ *Zwei juristische Grundsätze:*

Ne bis in idem!

Audi**a**tur et altera pars!

ne (s.o.) bloß nicht!
bis zweimal
in idem (Akk. sg. n.) in dasselbe hinein / auf dasselbe
alter – alter der eine (von zweien) – der andere

⑦ Ex-surgit Deus, et dissipantur inimici eius;
et fugiunt, qui oderunt eum, a facie eius.

dissipāre auseinanderwerfen, zerstreuen
ōdī (1.sg.Ind.Perf.) ich hasse
faciēs, faciē-ī, f. Gesicht

Exsxurg**a**t Deus, et dissip**e**ntur inimici eius,
et fugi**a**nt, qui oderunt eum a facie eius!

⑧ Spiritus Domini replevit orbem terrarum. Alleluia.
Et hoc, quod continet omnia, scientiam habet vocis. Alleluia.

Exsxurg**a**t Deus, et dissip**e**ntur inimici eius,
et fugi**a**nt, qui oderunt eum a facie eius!

Gloria Patri, et Filio, et Spiritui Sancto: Sicut erat in principio, et nunc, et semper, et in sæcula sæculorum. Amen.

Spiritus Paraclitus docebit vos omnia. Alleluia. (Introitus / Pfingstsonntag)

Von der **Parataxe** ("Nebeneinanderreihung", Hauptsatzreihe) zur **Hypotaxe** (Unterordnung von Nebensätzen / Satzgefüge)

Iuppiter pluit (eigentl.: *Juppiter kommt als Regen herunter.*) es regnet
tonat es donnert
ningit es schneit
fulget es blitzt

Satzreihe
Agricolae:
„Ut/Utinam Iuppiter plu**a**t!" *(Hoffentlich ... / Möge Jupp. ....!)*

Satzgefüge
Agricolae orant, ut plu**a**t,
(orare: beten, bitten)
ne ning**a**t. *(**optativ**er Nebensatz)*
optare wünschen

Iuppiter pluit, ut terra fructum ferat,
(siccus,a,um: trocken)
ne terra sicca sit.
*(**final**er Nebensatz)*

Pluit <sic>, ut terra fructum ferat,
(sic = ita: so)
ut non sicca sit.
*(**konsekutiv**er Nebensatz)*

⑨ *Der Engel zu Joseph:*
"Futurum est enim, ut Herodes quaerat puerum ad perdendum eum."
perdere, perdo verderben, vernichten

⑩ *Der Versucher zu Jesus:* "Si Filius Dei es, dic, ut lapides ii panes fiant."
lapis, lápidis,m. Stein

⑪ *Jesus zu seinen Jüngern:* "Ne solliciti sitis, quid manducetis!"
sollícitus, a, um aufgeregt, besorgt
≈ "Nolite ergo solliciti esse: Quid manducabimus?"
ergo also

⑫ "Nolite iudicare, ut non iudicemini!"

⑬ "Nolite dare sanctum canibus
neque mittatis margaritas vestras ante porcos!"

canis, -is, m. Hund
margarita, -ae, f. Perle
(μάργαρος / μαργαρίτης)
porcus, -i, m. Schwein

⑭ Et centurio ait: "Domine, non sum dignus, ut intres sub tectum meum,
tēctum, -ī, n. Dach
sed tantum dic verbo, et sanabitur puer meus!"

⑮ "Qui habet aures audiendi, audiat!" auris, is, f.: Ohr

⑯ *Die Jünger zu Jesus:* "Domine, vis dicamus, ut ignis descendat de caelo
et consumat eos?" ignis,-is, m. Feuer
consumere: verzehren, verbrauchen)

⑰ *Duo caeci*
Ii magis clamabant: "Domine, miserere nostri, fili David!"
Et stetit Iesus et vocavit eos et ait:
"Quid vultis, ut faciam vobis?" / "Quid faciam?"

caecus,a,um blind
magis ≠ minus

⑱ Prima autem Azymorum accesserunt discipuli
ad Iesum et dixerunt:
"Ubi vis paremus tibi comedere Pascha?"

prima *scil.* die
á-zymus, a, um un-gesäuert
(ἄ-ζυμος)
com-édere <zusammen> essen

⑲ Pilatus:
"Quem vultis dimittam vobis: Barrabam an Iesum, qui dicitur Christus?"

⑳ Maria: "Ecce ancilla Domini. Fiat mihi secundum verbum tuum!"

㉑ *Der Engel zu Zacharias:*

"Ne timeas, Zacharia, quoniam ex-audita est deprecatio tua,
de-precatio,-ionis, f. Gebet, Bitte
et uxor tua Elisabeth pariet tibi filium,
et vocabis nomen eius Ioannem."

㉒
Diluculo autem iterum venit in templum, et omnis populus veniebat ad eum, et sedens docebat eos. Adducunt autem scribae et Pharisaei mulierem in adulterio deprehensam et statuerunt eam in medio et dicunt ei: "Magister, haec mulier manifesto deprehensa est in adulterio. In lege autem Moyses mandavit nobis huiusmodi lapidare; tu ergo quid dicis?"

Hoc autem dicebant tentantes eum accusandi causa. Iesus autem inclinans se deorsum digito scribebat in terra.
Dum autem perseverant interrogantes eum, erexit se et dixit eis: "Qui sine peccato est vestrum, primus in illam lapidem mittat!" et iterum se inclinans scribebat in terra. Audientes autem — unus post unum — exibant, incipientes a senioribus, et remansit solus, et mulier in medio stans.
Erigens autem se Iesus dixit ei: "Mulier, ubi sunt? Nemo te condemnavit?" Quae dixit: "Nemo, Domine." Dixit autem Iesus: "Nec ego te condemno. Vade et amplius iam noli peccare!"

di-luc-ulum, -i, n. Tagesanbruch, Morgendämmerung *(lux)*
adulterium, -i, n. Ehebruch
dē-prehendere,-ō,-ī, prehēnsum ergreifen, ertappen
statuere,statu-ō,statu-ī aufstellen
manifesto (Adv.) handgreiflich, offenbar; auf frischer Tat
mandāre auftragen
huius-modi (dieser Art) derartig
lapidare (zu Tode) steinigen
in-clinare, inclino neigen, beugen
deorsum (Adv.) nach unten
digitus, -i, m. Finger
per-severare, -severo bei etw. verharren, fortfahren
vestrum (Gen.partitivus) von euch
lapis, lapid-is,m. Stein, Fels
iterum (Adv.) wieder(-um)
re-manere,-mane-o,-mans-i zurück-bleiben
ē-rigere, ē-rig-ō, -rēx-ī aufrichten
con-demnare, -demno verurteilen, ver*dammen*
amplius (Adv.) weiter(-hin)

㉓ Erat autem homo ex pharisaeis, Nicodemus nomine, princeps Iudaeorum. Hic venit ad eum nocte et dixit ei: "Rabbi, scimus, quia a Deo venisti magister. Nemo enim potest haec signa facere, quae tu facis, nisi fuerit Deus cum eo." Respondit Iesus et dixit ei: "Amen, amen dico tibi: Nisi quis natus fuerit desuper *(von oben her)*, non potest videre regnum Dei."

Dicit ad eum Nicodemus: "Quomodo potest homo nasci, cum senex sit? Numquid potest in ventrem matris suae iterum introire et nasci?"
Respondit Iesus: "Amen, amen dico tibi: Nisi quis natus fuerit ex aqua et Spiritu, non potest introire in regnum Dei. Quod natum est ex carne, caro est; et, quod natum est ex Spiritu, spiritus est. Non (ad-)mireris, quia dixi tibi: Oportet vos nasci denuo (von neuem, wieder). Spiritus enim, ubi vult, spirat (spirare: wehen), et vocem eius audis, sed non scis, unde veniat et quo vadat. Sic est omnis, qui natus est ex Spiritu."

Zum Schluss ein Kalauer: Was für ein Brett ist ein CELEBRET?
celebrare feiern, *zelebrieren*

Lernwortschatz

①	temptātiō/tentātiō, -tiōnis, f. (*temptāre*: versuchen, vgl. *the temptation*, *la tentación*)	
⑤	venia, -ae, f.	Verzeihung, Erlaubnis (vgl. *venia legendi*)
⑥	alter – alter	der eine – der andere (von zweien)
	alii — alii	die einen — andere / die anderen
⑦	dissipāre	auseinanderwerfen, zerstreuen, zerstören
	faciēs, faciē-ī, f.	Gesicht (franz./engl. *face*)
⑧	ōdī (1.sg.Ind.Perf.), ōdisti, ōdit; Inf. ōdisse	hassen
	paráclitus, - ī, m.	Beistand, Schützer, Tröster (παράκλητος)
⑨	ut (Konjunktion) + Indikativ	wie, sobald, als
	ut (Konjunktion) + Konjunktiv	dass (oder Infinitiv), damit (oder "um zu" + Inf.), (so) dass
⑩	per-dere, per-d-ō, pér-did-ī, pérditum	zugrunderichten, verderben, vernichten
⑪	lapis, lápidis, m.	Stein
⑫	sollícitus, a, um	aufgeregt, besorgt
⑮	tēctum, -ī, n.	Dach
㉓	dē-prehendere, -prehend-ō, -prehend-ī, -prehēnsum	ergreifen, festnehmen; ertappen
	statuere, statu-ō, statu-ī, statūtum	aufstellen, hinstellen; feststellen, -setzen, beschließen
	mandāre, mandō	auftragen, anvertrauen *(Mandat, Mandant)*
	ē-rigere, ē-rig-ō, -rēx-ī, -rēctum	aufrichten (vgl. *regere*)

㉔	dē-super	von oben her
	dēnuō (dē novō)	von neuem, wieder
	spīrāre	hauchen, blasen, wehen; atmen *(spīritus)*
	cum (Konjunktion) + Indikativ	(immer,) wenn, (damals,) als
	cum (Konjunktion) + Konjunktiv	als, nachdem (Perf./Plusq.), weil/da, obwohl/obgleich, während (doch)
	celebrāre, celebrō	feiern, *zelebrieren*

Zusatztext

In paradisum deducant te angeli,
in tuo adventu
suscipiant te martyres,
et perducant te
in civitatem sanctam Jerusalem.
Chorus angelorum te suscipiat,
et cum Lazaro quondam paupere
aeternam habeas requiem!

XXIII. Lectio vicesima tertia

Apostoli *[navibus tempestate perditis]* ad terram nataverunt.

tempestās, -tātis, f. Unwetter, Sturm natāre schwimmen

[navibus tempestate perditis] ist ein *ablativus absolutus*, der die Aussage enthält:

Naves tempestate perditae { sunt. / erant. }

Schiffe { sind / waren } durch Sturm { vernichtet (worden). / verloren gegangen. }

Der *ablativus absolutus* steht gewissermaßen auf zwei Beinen; das erste "Bein" ist das Nomen "navibus", das das Subjekt der Aussage darstellt, das zweite "Bein" ist das kongruente Partizip "perditis", das als Prädikat fungiert.

Der *abl.abs.* oben enthält ein PPP; also enthält er eine ....handlung, die ....zeitig zur ....handlung ist.

In welcher Sinnverbindung der *abl. abs.* zur Haupthandlung steht, ergibt sich erst aus dem Zusammenhang.

Eine Nebenhandlung im abl.abs. erläutert {
das zeitliches Verhältnis (vorzeitig) zu
den Grund
den Gegengrund*
die Bedingung
die Art und Weise
} einer Haupthandlung.

* Im Satz *Weil Kai fußballbegeisert ist, geht er zum Spiel, obwohl er krank ist* ist die Fußballbegeisterung der Grund für den Stadionbesuch, die Krankheit der Gegengrund, der gegen den Stadionbesuch spricht und eigentlich Grund für das entgegengesetzte Verhalten wäre, nämlich zu Hause zu bleiben.

Machen Sie in den folgenden lateinisch-deutschen Satzbeispielen jeweils den Sinn des abl.abs. in Bezug auf die Haupthandlung deutlich!

Navibus tempestate perditis
- 1 trat plötzlich Windstille ein.
- 2 warteten die Kaufleute lange vergebens auf die Waren.
- 3 verloren die Schiffbrüchigen nicht die Hoffnung auf Rettung.
- 4 — sagten die Kaufleute vor der Fahrt beim Einschiffen — würden sie auf dem Landweg zurückkehren.
- 5 bestrafte Juppiter die gottlosen Piraten.

Übersetzungsmöglichkeiten des abl. abs. je nach Sinnrichtung:

	Unterordnung / abl.abs. als Nebensatz, eingeleitet durch:	Beiordnung / abl.abs. als Hauptsatz, fortgeführt durch:	Präpositionaler Ausdruck / Substantivierung des Verbs + Präp.
Zeitverhältnis (temporal) gleichzeitig: vorzeitig:	während, als, wenn nachdem, als	und <währenddessen> <und> dann / danach	während .. nach ..
Grund (kausal)	weil / da	<und> deshalb / daher	wegen ..
Gegengrund (konzessiv)	obwohl / obgleich	<und> trotzdem / dennoch	trotz ..
Bedingung (kondizional)	wenn / falls	<und> in diesem Falle	im Falle von ..
Art und Weise (modal)	dadurch dass / indem	<und> dadurch / so	durch ..

Übersetzen Sie den *abl.abs.* auf verschiedene Weise!

1. Misereatur nostri omnipotens Deus et, dimissis peccatis nostris, per-ducat nos ad vitam æternam!

2. Et post dies octo iterum erant discipuli eius intus, et Thomas cum eis. Venit Iesus ianuis clausis et stetit in medio et dixit: "Pax vobis!"

iānua, -ae, f. Tür
claudere, claud-ō, claus-ī, clausum (ab-)schließen

Abl.abs. mit PPA

Domine Jesu Christe, [cooperante Spiritu Sancto] per mortem tuam mundum vivificasti (= vivificavisti).

vīvi-ficāre: lebendig-machen

Dieser **abl.abs.** enthält ein PPA; also enthält er eine ....handlung, die ....zeitig zur ....handlung ist. Übersetzungsmöglichkeiten s.o.

① *(Nach dem "Schock" der Auferstehung Jesu:)*

Ecce quidam de custodia venerunt in civitatem et nuntiaverunt principibus sacerdotum omnia, quae facta fuerant. Et congregati cum senioribus consilio accepto pecuniam copiosam dederunt militibus dicentes: "Dicite: «*Discipuli eius nocte venerunt et furati sunt eum nobis dormientibus.*» Et si hoc

custodia die Wachmannschaft (, die das versiegelte Grab bewachte)
con-grēgāre zusammenscharen
senior, -ōris älter; Ältester
copiosus, a, um reichlich
furari stehlen

auditum fuerit a praeside, nos suadebimus ei et securos vos faciemus." At illi accepta pecunia fecerunt, sicut erant docti. Et divulgatum est verbum istud apud Iudaeos usque in hodiernum diem.

prae-ses,-sid-is, m./f. Vorsitzende(r)
suādere, suāde-ō jdm. raten
securus, a, um sicher
dī-vulgāre öffentlich verbreiten
hodiernus,a,um heutig

② *(Christi Himmelfahrt)* Et postquam haec dixit, illis videntibus elevatus est, et nubes accepit eum ab oculis eorum.

nūbēs, nūb-is, , f. Wolke

③ *Die Tochter des Jaïrus*

Iesus: "... Nemo mittit vinum novum in utres veteres ... ."

uter, utr-is, m. Schlauch

Haec illo loquente ad eos, ecce venit quidam de archisynagogis nomine Iairus et videns eum cecidit ad pedes eius rogans eum: „Filiola mea in extremis est. Veni, impone manus super eam, ut salva sit et vivat." Et abiens cum illo a turbis comprimebatur.

archi-synagogus, -i,m. Synagogenvorsteher
fili-ola, -ae, f. Töchterchen
extremum,-i,n. das Äußerste, das (Lebens-)Ende
com-primere zusammendrücken, bedrängen

Et mulier quaedam erat in fluxu sanguinis ab annis duodecim, quae in medicos consumebat omnem substantiam suam nec ab ullo potuit curari. Accessit retro et tetigit fimbriam vestimenti eius, et confestim stetit fluxus. Et ait Iesus: „Quis est, qui me tetigit?" Negantibus autem omnibus dixit Petrus: „Praeceptor, videsne turbam te comprimentem?" At dixit Iesus: „Tetigit me aliquis; nam et ego novi virtutem de me exisse." Videns autem mulier, quia non latuit, tremens venit et procidit ante eum et dixit ei omnem veritatem. At ipse dixit illi: „Filia, fides tua te salvam fecit. Vade in pace!"

sanguinis fluxus, -us, m. Blutfluss
cōn-sūmere,-sūm-o verbrauchen
sub-stantia, -ae,f. Bestand, Vermögen
retro (Adv.) zurück; hinten
fimbria, -ae, f. Troddel, Franse, Saum
confestim (Adv.) eilig, sofort
prae-ceptor,-tōris,m. Lehrer
latere, late-o, latu-i verborgen sein
tremere, trem-o, tremu-i zittern
pro-cidere -cido,-cidi vorwärts hinfallen, niederfallen
vēritās,vēritāt-is,f. Wahrheit

Adhuc Iesu id dicente venit quidam e domo principis synagogae dicens:

„Mortua est filia tua. Noli amplius vexare magistrum!" Iesus autem verbo, quod dicebatur, audito dixit archisynagogo: „Noli timere! Crede tantum, et salva erit." Et veniunt ad domum archisynagogi. Et videt tumultum et flentes et eiulantes, et intrans ait eis: „Nolite flere! Non est enim mortua, sed dormit." Et deridebant eum scientes, quia mortua erat. Ipse vero eiectis omnibus assumit patrem puellae et matrem et, qui secum erant, et intrat, ubi erat puella. Et tenens manum puellae clamavit dicens: *„Talitha, qum!"* — quod est interpretatum: „Puella, tibi dico: Surge!" — Et confestim surrexit puella et ambulabat. Et iussit illi dari manducare. Et stupuerunt parentes eius . . .

amplius (Adv.) mehr, weiter
vexare quälen, belästigen

tumultus, -us, m. Getöse, Getümmel, Lärm, *Tumult*

de-ridere, -ride-o, -ris-i, -risum auslachen, verspotten

interpretare / interpretari erklären, deuten

stupéscere,-o, stupui erstaunen

Übung zur Jairus-Geschichte

Unterstreichen Sie in den folgenden Sätzen Partizip und Beziehungswort – falls vorhanden –, geben Sie an, ob es sich um ein *participium coniunctum (p.c.)* oder um einen *ablativus absolutus (abl.abs.)* handelt, und übersetzen Sie die Partizipialkonstruktion jeweils zweifach!

1. Haec illo loquente ad eos, ecce venit quidam. *abl.abs*

   [1]Während er zu ihnen dieses sagte, siehe, da kam jemand.
   [2]Dies sagte er zu ihnen, siehe, da kam jemand.

2. Iairus videns eum cecidit ad pedes eius rogans eum: " . . . . "

. . . .

. . . .

3. <Iesus> abiens cum illo a turbis comprimebatur.

. . . .

. . . .

4. Negantibus autem omnibus dixit Petrus.

. . . .

. . . .

5. "Videsne turbam te comprimentem?"

. . . .

. . . .

6. Videns autem mulier, quia non latuit, tremens venit.

. . . .

. . . .

7. Adhuc Iesu id dicente venit quidam e domo dicens: " . . . .

. . . .

. . . .

8. Iesus autem verbo, quod dicebatur, audito dixit archisynagogo: " . . . .

. . . .

. . . .

9. Et videt tumultum et flentes et eiulantes, et intrans ait eis: " . . . .

. . . .

. . . .

10. Et deridebant eum scientes, quia mortua erat.

. . . .

. . . .

11. Ipse vero eiectis omnibus assumit patrem puellae et matrem.

. . . .

. . . .

12. Et tenens manum puellae clamavit dicens: „*Talitha, qum!*"

. . . .

. . . .

④ *(Aus den apokryphen "Akten des Paulus und der Thekla":)*

Introeunte Paulo in domum Onesifori laetitia magna facta est, et erat sermo dei de continentia, Paulo ita dicente:

- *Beati, qui puri sunt corde, quia ipsi deum vide bunt.*
- *Beati, qui corpus suum in castitate custodiunt, quia animae eorum templa dei fient.*
- *Beati abstinentes, quia cum ipsis loquitur deus.*
- *Beati, qui saeculo renuntiaverunt, quoniam deo placere poterunt.*
- *Beati, qui uxores habent tamquam non habentes, quia ipsi haereditabunt vitam. (. . .)*
- *Beati spiritus virginum, quia minime perdent mercedem suam; sermo enim dei opus illis fiet salutis in die filii eius et pausam habebunt in saecula saeculorum in lumine, amen. (*

continentia,- ae, f. Enthaltsamkeit, Selbstbeherrschung
pūrus, a, um rein
castitas,-tat-is, f. moralische Reinheit, Keuschheit
abs-tinēns, -tinent-is enthaltsam
re-nuntiare aufkündigen, entsagen
tamquam wie wenn, als ob
haereditare erben
mercēs, mercēd-is, f. Lohn
pausa *Pause*, Erholung

Haec igitur Paulo per totam noctem praedicante in media ecclesia

— hoc est in domo Onesifori —

virgo quaedam nomine **Thecla**, Theocliae filia,

sedens ad fenestram,

quae erat iuxta domum Onesifori,

audiebat die ac nocte orationis sermonem,

ab eademque fenestra minime recedebat,

sed fide et affectu maximo ducebatur.

fenestra, ae, f. Fenster
iuxta (Präp. + Akk.) neben
minime (Adv.) am wenigsten; keineswegs
re-cēdere, -cēd-ō zurück-weichen, weggehen
affectus, -ūs, m. Empfindung, Gefühl, Liebe

Videbat etiam multas mulieres introeuntes ad Paulum,

et cupiebat ipsa quoque digna esse audire Pauli sermonem.

Neque enim effigiem eius viderat,

sed tantum sermonem audiebat.

effigiēs, -ēī, f. Bild, Gestalt

⑤ Rōmā locūtā causa finita <est>.

Lernwortschatz

	tempestās, -tātis, f.	Unwetter, Sturm
	natāre	schwimmen
	per-dūcere, -dūc-ō, -dūx-ī	hinführen
	intus	drinnen, im Innern *(intus)*
	iānua, -ae, f.	Tür, Tor
	claudere, claud-ō, claus-ī, clausum	(ab-)schließen *(numerus clausus, Klausur)*
	co-operārī	zusammen-arbeiten, mitwirken *(kooperieren)*
	vīvi-ficāre	lebendig-machen (vgl. *vivus, vivere*)
	con-grēgāre	zusammen-scharen, versammeln *(Kongregation)*
①	senior, -ōris (griech. πρεσβύτερος)	älter; Ältester, Gemeindeleiter, Synagogenvorsteher (*Senior*, span. *señor*, ital. *signore*)
	praeses, praesid-is, m./f.	(subst.) Vorsitzende(r); (adj.) vorsitzend *(sedere; Präsident)*
	suādere, suāde-ō, suās-ī, suāsum	jdm. raten (vgl. *per-suadere*)
	dī-vulgāre ≈ vulgāre	(unters Volk bringen) öffentlich verbreiten, allgemein bekannt-machen
②	nūbēs, nūb-is, , f.	Wolke
③	vēritās, vēritāt-is, f.	Wahrheit, Wirklichkeit
	cōn-sūmere, -sūm-ō, -sūmps-ī, con-sūmptum	verbrauchen, verzehren *(konsumieren, Konsum)*
	sub-stantia, -ae, f.	Bestand, Vermögen, *Substanz* (vgl. *stare*)
	prae-ceptor, -tōris, m.	Lehrer (*prae-cipere*: vorschreiben, unterweisen)
④	pūrus, a, um	rein, *pur*
	abs-tinēns, -tinent-is	enthaltsam (P.P.A von *abs-tinere*: sich enthalten/fernhalten; *abstinent*)
	mercēs, mercēd-is, f.	Lohn, Belohnung; spätlatein.: Dank, Gunst, Gnade, Erbarmung (frz. *merci*, engl. *mercy*, span. *merced, Maria de las mercedes*)
	re-cēdere, -cēd-ō, -cess-ī, -cessum	zurück-weichen, weggehen *(rezessiv, Rezession)*
	affectus, -ūs, m.	Empfindung, Gefühl, Liebe (vgl. *af-ficere, Affekt*)
	effigiēs, -ēī, f.	Bild, Gestalt

XXIV. Lectio vicesima quarta

① Realer Bedingungssatz: "Si Filius Dei es, dic, ut lapides isti panes fiant!"

② Irrealer Bedingungssatz: "Si propheta esset, sciret, quae et qualis mulier, quae tangit eum, quia peccatrix est." quālis, quāle wie beschaffen, was für ein

Der Konjunktiv Imperfekt:
Inf. Präs. Akt. *(-re!)* + Personalendung
(-m, -s, -t, -mus, -tis, -nt *bzw.* -r, -ris, -tur, -mur, -mini, -ntur)

Dicebant ergo ei pharisaei: "Ubi est Pater tuus?"
Respondit Iesus: "Neque me scitis neque Patrem meum.
Si me sciretis, forsitan et Patrem meum sciretis."
forsitan vielleicht

(Paulus:) "Si hominibus placerem, Christi servus non essem!"

Konjunktivische Nebensätze (gz)

Cum Iesus turbam ***doceat***, quidam ad eum **accedit**.
Gegenwart / NS gleichzeitig zum HS

Cum Iesus turbam ***doceret***, quidam ad eum **accessit**.
Vergangenheit / NS gleichzeitig zum HS

Deus mundum sic **diligit**, *ut filium suum* ***mittat***.
Gegenwart / NS gleichzeitig zum HS

Deus mundum sic **dilexit**, *ut filium suum* ***mitteret***.
Vergangenheit / NS gleichzeitig zum HS

Der lateinische Konjunktiv in Nebensätzen wird in der Regel durch den deutschen Indikativ wiedergegeben.

③
Quidam incolae Philipporum Paulum et Silam traxerunt in forum ad principes; et producentes eos magistratibus dixerunt:
"Hi homines conturbant civitatem nostram, cum sint Iudaei, et annuntiant mores, quos non licet nobis suscipere neque facere, cum simus Romani."

Philippi,-orum (Stadt in Nordgriechenland)
Silas, Sil-ae, m.
forum, -ī, n. Marktplatz, *Forum*
prō-dūcere -dūc-ō vorführen
magistrātus,-ūs,m. Amtsträger, Beamter
con-turbare ≈ turbare
an-nuntiare ≈ nuntiare
mōs, mōr-is, m. Sitte, Gewohnheit

④

Factum est autem, in diebus illis exiit edictum a Caesare Augusto, ut describeretur universus orbis. Haec descriptio prima facta est praeside Syriae Quirino. Et ibant omnes, ut profiterentur, singuli in suam civitatem. Ascendit autem et Ioseph a Galilaea de civitate Nazareth in Iudaeam in civitatem David, quae vocatur Bethlehem, eo quod esset de domo et familia David, ut profiteretur cum Maria desponsata sibi, uxore praegnante. Factum est autem, cum essent ibi, impleti sunt dies, ut pareret. Et peperit filium suum primogenitum; et pannis eum involvit et reclinavit eum in praesepio, quia non erat eis locus in deversorio.	ē-dictum, -ī, n. Aus-sage, Bekanntmachung dē-scrībere,-scrīb-ō,-scipsi beschreiben, aufschreiben descriptio (vgl. describere) pro-fitēri-fiteor,-fessus sum öffentlich erklären eo ≈ ideo deshalb, daher de-sponsare + Dat. verloben praegnāns,praegnant-is schwanger im-plēre,-ple-ō,-plēv-ī,-plētum vollmachen, füllen primo-genitus,a,um erst-geboren pannus, -i, m. Lappen, Windeln in-volvere, -volv-ō, volv-ī einwickeln re-clinare zurück-beugen, hinlegen praesepium,-i,n. (Futter-)krippe deversorium,-i, n. Absteigequartier,Herberge

⑤

Primo p. Chr. n. saeculo Romae vivebant multi homines a Romanis Christiani appellati, quod Christum deum colebant. Qui saepe noctu conveniebant in locum secretum, ut Deum colerent cenamque communem haberent. Sed ceteri urbis cives ad eos conventus non invitati Christianos ibi se contra rem publicam coniurare putabant.	appellāre nennen, rufen noctu bei Nacht, nachts sēcrētus,a,um geheim commūnis,-e gemeinsam con-ventus,-ūs, m. Zusamenkunft invitare einladen coniurare sich verschwören

Alii timebant, ne Christiani scelera ibi clam commissa occultarent. Itaque Christiani invidiam atque odium adeo commoverunt, ut multi propter coniurationem accusati ad mortem damnarentur.

scelus, sceler-is, n. Verbrechen
clam heimlich
com-mittere, -mitt-ō, -mīs-ī, -missum veranstalten; begehen
occultare verbergen, verstecken
invidia, -ae, f. Neid; Hass
odium, -ī, n. Hass, Abneigung
adeo so sehr
coniuratio (Subst./ *coniurare*)

Ii autem inter se dicebant:

"Si Deus — nomen eius laudetur in aeternum! — vult, laeti mortem obeamus!

mortem ob-ire sterben

Homines nos beatos nominent, nam regnum caelorum mox videbimus!"

mox bald

Der lateinische Konjunktiv

Konjunktiv	Form	Beispiel: *audire* (3. sing.)
Präsens	„Wunschvokal" –**a**- , (-**e**- für Verben der a-Konjugation sim, sis, sit, simus, sitis, sint für *esse*, velim, velis . . . für *velle, nolle, malle)*	*audiat* *audiatur*
Imperfekt	Inf. Präs. Akt. (-re!) + Personalendung (-m, -s, -t, -mus, -tis, -nt *bzw.* -r, -ris, -tur, -mur, -mini, -ntur)	*audiret* *audiretur*
Perfekt	Aktiv: ≈ Futur II (-erim,-eris, -erit . . .) Passiv: PPP + sim, sis, sit . . . (Konj. Präs. von *esse*)	*audíverit* *auditus sit*
Plusquam-perfekt	Aktiv: Inf. Perf. Akt. (-isse) + Personal-endung (-m, -s, -t, . . .) Passiv: PPP + essem, esses, esset . . (Konj. Impf. von *esse*)	*audivisset* *auditus esset*

Konjunktiv	Hauptsatz (HS)	Nebensatz (NS)
Präs./Perf.	Erfüllbarer Wunsch / Bitte / Aufforderung oder Potentialis (Möglichkeitsaussage) — selten im NT —	Der fast automatisch verwendete Konjunktiv - zeigt die Unterordnung des NS an, - zeigt das Zeitenverhältnis zum HS an.
Impf. / Plusqu.	Unerfüllbarer Wunsch oder Irrealis (irreale Aussage)	

Das lateinische Verbsystem

	AKTIV		PASSIV		
	KONJUNKTIV	INDIKATIV	INDIKATIV	*KONJUNKTIV*	
PRÄSENS -o/-m, -s, -t, -mus, -tis, -nt Konj.: -a- (-e-)	*móne-a-m* *HS: ich könnte wohl / möchte / soll ich ..? pot./opt./dubitativ* *mone-a-s*	móne-o ich (er-)mahne, ich ermuntere, ich erinnere mone-s	móne-or ich werde gemahnt moné-ris	*móne-a-r* *HS: ich werde wohl gemahnt / möchte gemahnt werden potential./optativ* *mone-á-ris*	PRÄSENS -(o)r, -ris, -tur, -mur, -mini, -ntur Konj.: -a- (-e-)
IMPERFEKT Ind.: -ba- Konj.: -re- (Inf.Präs.!)	*monére-m* *HS: ich würde mahnen irreal* *monere-s*	moné-ba-m ich mahnte mone-ba-s	moné-ba-r ich wurde gemahnt mone-ba-ris	*monére-r* *ich würde ermahnt irreal* *moneré-ris*	IMPERFEKT Ind.: -ba- Konj.: -re- (Inf.Präs.)
FUTUR I Bei a- und e- nimm -b- (-bo / -bi- / -bu-), sonst nur -a- und -e- !	—	mone-b-o ich werde mahnen mone-bi-s	moné-b-or ich werde gemahnt werden moné-be-ris	—	FUTUR I -b- / -be- / -bi- / -bu- Bei a- und e- nimm -b-, sonst nur -a- und -e- !
	IMPERATIV	mone! mone-te! mahne! mahnt!	—	—	
	INFINITIV PRÄS.	mone-re (zu) mahnen	mone-ri gemahnt (zu) werden	INFINITIV PRÄS.	
	INFINITIV PERF.	monu-isse gemahnt (zu) haben	mónitus, a, um esse gemahnt worden (zu) sein	INFINITIV PERF.	
PERFEKT Ind.: -i, -isti, -it, -imus, -istis, -erunt Konj.: ≈ Ind. Fut. II	*monu-erim* *HS: ich habe wohl gemahnt / Hoffentl. habe ich .. pot./opt.* monu-eris	monu-i ich habe gemahnt / ich mahnte monu-isti	mónitus,-ta,-tum sum ich bin gemahnt worden / ich wurde gemahnt monitus,a,um es	*mónitus,-ta,-tum sim* *HS: ich bin wohl gemahnt worden./ hoffentlich bin ich ge... pot./opt.* *monitus,a,um sis*	PERFEKT PPP + esse (Präs.)
PLUSQ. Ind.: -eram, -eras ... Konj.: -isse- (Inf.Perf.!)	*monuisse-m* *HS: ich hätte ermahnt irreal* *monuisse-s*	monu-eram ich hatte gemahnt monu-eras	monitus,-ta,-tum eram ich war gemahnt worden monitus,a,um eras	*monitus,-ta,-tum essem* *HS: ich wäre ermahnt worden irreal* *monitus,a,um esses*	PLUSQ. PPP + esse (Impf.)
FUTUR II Ind.: -ero, -eris ...	—	monu-ero ich werde gemahnt haben monu-eris	monitus,-ta,-tum ero ich werde gemahnt worden sein monitus,a,um eris	—	FUTUR II PPP + esse (Fut. I)
PARTIZIP PRÄSENS AKTIV (P.P.A.)		mone-ns, mone-ntis mahnend	moni-tus, -ta, -tum gemahnt (worden)	PARTIZIP PERFEKT PASSIV (P.P.P.)	
PARTIZIP FUTUR AKTIV (P.F.A.)		moni-t-urus, a, um mahnen werdend/wollend/im Begriff zu mahnen / um zu mahnen	—	—	
- ND - FORMEN (Gerundiumn / Gerundivum)		mone-nd-i (Gen.) zu mahnen (des Mahnens)	mone-nd-us est / monenda est / monendum est er/sie/es ist zu mahnen		*Es klappt am eND fast immer ZU . . . !*

<u>Konj. Präs. (HS)</u>

<Utinam> adveniat regnum tuum! — Dein Reich komme / möge kommen / soll kommen / Hoffentlich kommt ... !

Ne nos in-ducas in temptationem! — Führe uns bitte nicht in Versuchung!

Oremus! — Lass(e)t uns beten / Wir wollen beten!

(Id credas. Das könntest/dürftest du wohl glauben / Das glaubst du wohl/vielleicht.)

<u>Konj. Imperf. (HS)</u>

Utinam veniret! — Wenn er doch käme / Käme er doch!

Si propheta esset, sciret, quae mulier est, quae eum tangit. — Wenn er ein Prophet wäre, wüsste er, . . .

Non haberes potestatem in me, nisi tibi esset datum desuper. — Du hättest keine Macht gegen/über mich, wenn sie dir nicht von oben gegeben worden wäre.

<u>Konj. Plusqu. (HS)</u> Utinam tacuisses! — Wenn du doch geschwiegen hättest / Hättest du doch den Mund gehalten!

O, si tacuisses, philosophus mansisses!

<u>Verneinter Befehl/Imperativ:</u>

entweder ***Noli / Nolite*** *(Do not ... !)* + Infinitiv Präsens Akt./Pass.

oder ***Ne*** + 2. Person sing./plur. Konjunktiv Perfekt Akt./Pass.

Noli timere! = Ne timúeris! Nolite timere! = Ne timuéritis!

Consecutio temporum (Folge der Zeiten / Zeitenfolge)

	Nebensatz im Indikativ	*Nebensatz im Konjunktiv*
HS Gegenwart, NS gleichzeitig	Discipuli vident id, *quod fit.*	Discipuli Petrum rogant, *ut veniat.*
HS Vergangenheit, NS gleichzeitig	Discipuli viderunt id, *quod fiebat.*	Discipuli Petrum rogaverunt, *ut veniret.*
HS Gegenwart, NS vorzeitig	Discipuli putant, *quod Deus Christum misit.*	„*Cum Abel necaveris,* te punio."
HS Vergangenheit, NS vorzeitig	Discipuli putabant, *quod Deus Christum miserat.*	*Cum A. necavisset,* Deus Cain punivit.

Nebensätze im Konjunktiv:

Steht das Prädikat des HS im Präsens oder Futur, steht im abhängigen Satz der Konjunktiv Präsens, bei Vorzeitigkeit der Konjunktiv Perfekt.

Wenn dagegen der HS in der Vergangenheit spielt, wechselt der NS in den Konjunktiv Imperfekt, bei Vorzeitigkeit in den Konjunktiv Plusquamperfekt.

⑥

Novissime recumbentibus illis Undecim
<Iesus> apparuit,
et exprobravit incredulitatem illorum et
duritiam cordis,
quia his, qui viderant eum resuscitatum,
non crediderant.

novissime (Adv.) zuletzt
re-cumbere, -cumb-o, -cubui, — sich zurück-legen, sich zu Tische legen
ex-probrare vorwerfen, zum Vorwurf machen
in-credulitas,-tatis, f. Unglaube
duritia, -ae, f. (Subst. zu durus, a, um: hart)
re-suscitare wiederauferwecken

Et dixit: "Euntes in mundum universum praedicate evangelium omni creaturae!

creātura, -ae, f. Geschöpf, Schöpfung

Qui crediderit et baptizatus fuerit, salvus erit;

baptizāre taufen

qui vero non crediderit, condemnabitur.

con-demnare ≈ damnare

Signa autem eos, qui crediderint, haec sequentur: In nomine meo daemonia
eicient, linguis loquentur novis, serpentes tollent,
et, si mortiferum quid biberint, non eos nocebit,
super aegrotos manus imponent, et bene habebunt."

serpens, serpent-is, m./f. Schlange
morti-fer,-fera,-ferum tod-bringend, tödlich
quid = ali-quid

Et Dominus quidem Iesus, postquam locutus est eis, assumptus est in caelum et sedit a dextris Dei.

Illi autem profecti praedicaverunt ubique,
Domino co-operante et sermonem con-firmante,
sequentibus signis.

prō-ficiscī, -ficīsc-or, prōfec-tus sum sich auf den Weg machen
cōn-firmāre stark machen, stärken

⑦ *(Nach erfolglosem Martyrium kehrt Thekla zu Paulus zurück.)*

Postea surgens Thecla dixit Paulo: "Proficiscor Iconium."

Qui dixit ei: "**Perge et doce dei sermonem**!"
Trifena (reiche Witwe aus Antiochia) autem multam vestem et aurum Theclae miserat. Tunc pro Trifena communiter oraverunt Iesum.

pergere, perg-ō, per-rēx-i, per-rēctum fortsetzen, fortgehen, weitergehen, weitermachen

Et plurimam partem Paulo relinquens ad usus sanctorum et pauperum, processura ipsa perrexit Iconium.

usus, -us, m. Gebrauch, Nutzung, Nutzen

Et cum pervenisset illic, ingressa est Onesifori domum et humi se prostravit, ubi Paulus sedens ante docuerat, et lacrimata est et dixit: "Domine, deus meus, te adoro in domo huius, in qua mihi lumen effulsit; Iesus Christus, filius dei, deus, qui fuisti mihi adiutor in carcere, protector ante iudicem, auxiliator in igne, defensor inter feras: Quoniam tu es deus, cui gloria vera est in saecula, adiuva tuas famulas!"

illic (Adv.) dort
humi (Adv.) auf dem Boden
pro-sternere, -stern-o, -strav-i hin-/aus-strecken,
ante (Adv.) = anteā vorher (vgl. Präp. *ante* + Akk.)
lacrimari weinen

ef-fulgēre,-fulge-o, -fuls-i auf-leuchten, -scheinen
carcer, carcer-is, m. *Kerker*, Gefängnis
pro-tector,-is, m. Beschützer
auxiliātor, -is, m. Helfer
īgnis, -is, m. Feuer, Brand
defensor, -is, m. Verteidiger
fera scil. bestia, -ae, f. wildes Tier, Raubtier
ad-iuvāre, -iuv-ō, -iuv-ī, -iutum unterstützen, helfen
famulus,-i, m. / famula, -ae, f. Diener / Dienerin

Lernwortschatz

②	quālis, quāle	wie beschaffen, was für ein *(Qualität)*
③	forum, -ī, n.	Marktplatz, *Forum*
	prō-dūcere, -dūc-ō, -dūx-ī, prōdūctum	vor-führen, hervor-ziehen, hervor-bringen, *produzieren (Produkt, Produktion)*
	magistrātus, -ūs, m.	(staatliches) Amt, Amtsträger, Beamter, Behörde *(Magistrat)*
	mōs, mōr-is, m.	Sitte, Gewohnheit, Lebensart, Charakter, *Moral*
④	ē-dictum, -ī, n.	Aus-sage, Bekanntmachung, Verordnung, *Edikt*
	dē-scrībere, -scrīb-ō, -scrīps-ī, dēscrīptum	beschreiben, aufschreiben, feststellen
	pro-fitēri, -fiteor, professus sum	öffentlich erklären, gestehen, sich bekennen (zu ... / als ...), sich anbieten (als ...) *(Professor, Profession)*
	praegnāns, praegnant-is	schwanger, trächtig, voll (*prägnant*, engl. *pregnant*)
	im-plēre, -ple-ō, -plēv-ī, implētum	(ein-/an-/er-) füllen (vgl. re-plere / *com-plere)*
	in-volvere, -volv-ō, volv-ī, in-volūtum	ein-wickeln, verwickeln *(involvieren)*

⑤	appellāre	nennen, rufen *(appellieren, Appell)*
	con-venīre, -veni-ō, -vēn-ī, con-ventum	zusammen-kommen, überein kommen *(Konvent, Konvention)*
	sēcrētus, a, um	geheim (frz./engl. *secret*)
	commūnis, commūne	gemeinsam, allgemein (*communio; Kommunismus, Kommunikation*)
	con-ventus, -ūs, m.	Zusamenkunft; Übereinkunft (vgl. *con-venire*)
	scelus, sceler-is, n.	Verbrechen
	com-mittere, -mitt-ō, -mīs-ī, -missum	zusammen-bringen; veranstalten, begehen; anvertrauen *(Kommission, frz. commettre, engl. to commit)*
	clam (Adv.)	(*klamm*-)heimlich
	com-movēre, -move-ō, -mōv-ī, commōtum	bewegen, erregen
	damnāre	verurteilen, ver*dammen*
	mortem ob-īre	dem Tod entgegen-gehen, sterben
	philosophus, -i, m.	Philisoph (*φιλόσοφος*)
⑥	creātura, -ae, f.	Geschöpf, Schöpfung, *Kreatur (creare; kreativ)*
	baptizāre	taufen (βαπτίζειν)
	quidem (betont das vorhergehende Wort)	
	prō-ficiscī, prō-ficīsc-or, prō-fectus sum	("sich vorwärts machen") sich auf den Weg machen, aufbrechen, reisen
	cōn-firmāre	stark/fest machen; (ver-)sichern, stärken (*Konfirmation, to confirm)*
⑦	usus, -us, m.	Gebrauch, Nutzung, Nutzen (engl. *use*)
	pergere, perg-ō, per-rēx-i, per-rēctum	fortsetzen, fort-/hin-gehen, weitergehen, weitermachen
	ad-iuvāre, -iuv-ō, -iuv-ī, -iutum	unterstützen, helfen
	īgnis, -is, m.	Feuer, Brand
	famulus,-i, m. / famula, -ae, f.	Diener / Dienerin

Zusatztext

1 Simile est regnum caelorum homini patri familias, qui exiit primo mane conducere operarios in vineam suam;
2 conventione autem facta cum operariis ex denario diurno, misit eos in vineam suam.
3 Et egressus circa horam tertiam vidit alios stantes in foro otiosos
4 et illis dixit: "Ite et vos in vineam! Et, quod iustum fuerit, dabo vobis."
5 Illi autem abierunt. Iterum autem exiit circa sextam et nonam horam et fecit similiter.
6 Circa undecimam vero exiit et invenit alios stantes et dicit illis: "Quid hic statis tota die otiosi?"
7 Dicunt ei: "Quia nemo nos conduxit". Dicit illis: "Ite et vos in vineam!"
8 Cum sero autem factum esset, dicit dominus vineae procuratori suo: "Voca operarios et redde illis mercedem incipiens a novissimis usque ad primos!"
9 Et cum venissent, qui circa undecimam horam venerant, acceperunt singuli denarium.
10 Venientes autem primi arbitrati sunt se plus accepturos esse; acceperunt autem et ipsi singuli denarium.
11 Accipientes autem murmurabant adversus patrem familias
12 dicentes: "Hi novissimi una hora fecerunt, et pares illos nobis fecisti, qui portavimus pondus diei et aestum!"
13 At ille respondens uni eorum dixit: "Amice, non facio tibi iniuriam. Nonne ex denario convenisti mecum?
14 Tolle, quod tuum est, et vade! Volo autem et huic novissimo dare sicut et tibi."

Vokabelhilfen:

1	similis,-e	ähnlich, gleich
	primo mane	am frühen Morgen
	con-ducere	zusammen-führern; (Gegenstände) mieten, (Personal) anstellen / einstellen
	operarius	Handwerker, Arbeiter, Tagelöhner (vgl. opus, óper-is,n.: Werk)
	vinea	Weingarten, -feld, -berg (vgl. vinum)
2	conventio,-ionis, f.	Übereineinkunft, Vereinbarung, Vertrag (vgl. con-venire: zusammen-kommen, überein-kommen)
	denarius	Denar (röm. Silbermünze, typischer Tageslohn in der römischen Kaiserzeit)
	diurnus,a,um	(Adj. zu dies, diei,m./f.: Tag)
3	é-gredi, egrédior, egressus sum	heraus-gehen
6	hic (Adv.)	hier
	otiosus, a, um	müßig, untätig, unbeschäftigt
8	sero (Adv.)	spät
	pro-curator	Stellvertreter, Verwalter
	reddere,-o, réddidi, rédditum	zurück-geben; geben
	merces, merced-is, f.	Lohn
	in-cípere, -cipio	anfangen
	novissimus, a, um	letzter
	usque ad + Akk.	bis zu
9	singuli,-ae,-a	je ein; einzeln
10	arbitrari, árbitror, arbitratus sum	glauben, meinen
	ac-cipere, -io, accepi, acceptum	empfangen, annehmen, bekommen
11	murmurare	murren, brummen, meckern
	adversus + Akk	gegen jdn., gegenüber jdm.
12	par, Gen.: paris	gleich
	pondus, pónder-is, n.	Gewicht, Last
	aestus, -us, m.	Hitze, Glut
13	unus,a,um, Gen.: unius, Dat.: uni	ein, einzig

Weitere Aufgaben:

1. Bestimmen Sie Form und Kasusfunktion von *tota die* (6)!
2. a) Nennen Sie aus dem Text je ein Beispiel für einen *ablativus absolutus* und für einen *accusativus cum infinitivo*!
   b) Geben Sie eine Alternativübersetzung für den gefundenen *abl. abs.* an!
3. Worin besteht die *iniuria* (13)?

XXV. Lectio vicesima quinta

Bildung des Adverbs
Adj. der a- und o-Dekl.: **-ē**
Alle anderen Adj. (3. Dekl.): **-(i)ter**

Steigerung der Adjektive und der Adverbien

Adj.	Positiv	Komparativ	Superlativ / Elativ
Adj.	laetus, laeta, laetum fröhlich brevis, brevis, breve kurz	laet**ior**, laet**ior**, laet**ius**, Gen.: laetior-is fröhlicher, ziemlich fröhlich, (all-)zu fröhlich brev**ior**, brev**ior**, brev**ius**, Gen.: brevior-is kürzer, ziemlich kurz, (all-)zu kurz	laet**issimus**, -a, -um am fröhlichsten, sehr fröhlich brev**issimus**, -a, -um am kürzesten, sehr kurz
Adv.	laet**ē** brevi**ter**	laet**ius** brev**ius**	laet**issimē** brev**issimē**

Statt auf **-issimus, -a, -um** endet der Superlativ
— bei den Adjektiven mit der Endung -er auf **-errimus, -a, -um**,
bei den Adjektiven auf -ilis, -ile endet er auf **-illimus,- a, -um**, z. B.

pulcher, pulchra, pulchrum *schön*	pulchrior, pulchrius	pulcherrimus,a,um
celeber, celebris, celebre *gefeiert, berühmt*	celebrior, celebrius	celeberrimus,a,um
facilis, facile *machbar, leicht* (vgl. *facere, facio*)	facilior, facilius	facillimus,a,um

Besondere Steigerungsformen:

groß:	magnus, a, um	maior, maius	maximus,a , um
klein:	parvus, a, um	minor, minus	minimus, a, um
gut:	bonus, a, um	melior, melius	optimus, a, um
schlecht:	malus, a, um	peior, peius	pessimus, a, um

wenig:	paulum	minus	minimum
viel:	multum	plus	plurimum
viele:	multi, ae, a	plures, plura	plurimi, ae, a

① *Paulus an Titus:*

Apparuit enim gratia Dei salutaris omnibus hominibus erudiens nos, ut abnegantes impietatem et saecularia desideria **sobrie** et **iuste** et **pie** vivamus in hoc saeculo.

erudire unterrichten, (aus-)bilden
ab-negare ab-leugnen, ablehnen
im-pietās, -pietāt-is, f. Gottlosigkeit, Ruchlosigkeit
saeculāris, saeculāre zeitlich, weltlich, heidnisch
dēsiderium, -ī, n. Wunsch
sobrius, a, um nüchtern, enthaltsam

② *Paulus berichtet von einem Streit:*

Cum autem venisset Cephas Antiochiam, in faciem ei restiti, quia reprehensibilis erat. Prius enim quam venirent quidam ab Iacobo, cum gentibus comedebat. Cum autem venissent, subtrahebat et segregabat se, timens eos, qui ex circumcisione erant. Et simulationi eius consenserunt ceteri Iudaei, ita ut et Barnabas simul abduceretur illorum simulatione. Sed cum vidissem, quod non recte ambularent ad veritatem evangelii, dixi Cephae coram omnibus:
"Si tu, cum Iudaeus sis, **gentiliter** et non **Iudaice** vivis, quomodo gentes cogis iudaizare?"
Nos natura Iudaei <sumus>, et non ex gentibus peccatores.

Cephas = Petrus
re-sistere, -sist-ō, restit-ī sich widersetzen
reprehensibilis, -bile anfechtbar, tadelnswert
prius-quam (*eher als*) bevor
com-edere,-ed-o,-ed-i, com-esum zusammen essen
sub-trahere (unten) weg-ziehen, wegnehmen, *subtrahieren*
se-gregare absondern, trennen, entfernen
circum-cīsiō, -iōnis, f. Beschneidung
simulātiō, -tiōnis, f. Vortäuschung, Verstellung
ab-dūcere,-dūc-ō weg-führen/-ziehen, verführen
rēctus, a, um gerade, richtig

gentīlis, gentīle zum Volk gehörig; heidnisch (vgl. *gens*)
Iudaicus, a, um jüdisch
cōgere, cōg-ō, coēg-ī, co-āctum zusammen-treiben, zwingen
iudaizare jüdisch leben

③ *Gott gibt Mose Anweisungen für das Passah-Fest:*

"Dies primus erit vobis celeberrimus sanctissimusque; omne opus servile non facietis in eo.

celeber,-bris,-bre gefeiert, berümt, feierlich
servīlis, servīle (Adj. zu servus/serva)

Sed offeretis sacrificium in igne Domino septem diebus, dies autem septimus erit celebrior et sanctior quam ceteri; nullumque servile opus facietis in eo."

sacri-ficium, -i, n.	heilige Handlung, Opfer
septem	sieben

④ Samson hat einen Löwen mit eigenen Händen zerrissen. Später – auf der Reise zur Hochzeit mit einer Philisterin – kommt er an die Stelle des Kampfes zuräck und findet im Gerippe des Löwen einen Bienenstock. Aus dieser Episode formt er ein Rätsel für die 39 philistinischen Brautbegleiter, für dessen Lösung er wertvolle Preise aussetzt:

"De comedente exivit cibus

et de forte est egressa dulcedo."

Die Braut verrät die Lösung an die Brautbegleiter, und die Hochzeit platzt.

"Quid dulcius melle et

quid leone fortius <est>?"

com-edere	(zus.-) essen, fressen
ex-ire, -eo, -ii oder -ivi,-itum	heraus-gehen, -kommen
fortis, forte	stark, tapfer, tüchtig
e-gredi, e-gredi-or, e-gressus sum	heraus-gehen, -kommen
dulcedo, dulcedin-is, f.	Süße, Süßigkeit
mel, mell-is, n.	Honig

> dulcius quam mel = dulcius melle — *"süßer als . . . "*
> Statt *quam* ("als") + Substantiv beim Komparativ
> steht der *ablativus comparationis* (Ablativ des Vergleichs).

⑤ "Deus, qui humanae substantiae dignitatem **mirabiliter** condidisti et **mirabilius** reformasti:

Da nobis per huius aquae et vini mysterium eius divinitatis esse consortes, qui humanitatis nostrae fieri dignatus est particeps, Iesus Christus, Filius tuus, Dominus noster: Qui tecum vivit et regnat in unitate Spiritus Sancti, Deus, per omnia saecula saeculorum. Amen."

divinitas, -tatis, f.	(Subst. zu divnus, a, um: göttlich)
con-sors, con-sort-is	Teilhaber

⑥ Et <Iesus et discipuli> venerunt trans mare in regionem Gerasenorum. Et exeunte eo e navi statim accurrit de monumentis homo in spiritu immundo, qui domicilium habebat in monumentis; et neque catenis iam quisquam

Gerasenus, -i, m.	(von der Stadt Gerasa) Gerasener
navis,-is,f.	Schiff (*navicula*)
im-mundus,a,um	un-rein
catena,ae,f.	Kette
quis-quam	(irgend-)jemand

eum poterat ligare, quoniam saepe compedibus et catenis vinctus dirupisset catenas et compedes comminuisset, et nemo poterat eum domare; et semper nocte ac die in monumentis et in montibus erat clamans et concidens se lapidibus. Et videns Iesum celeriter cucurrit, ut adoraret eum, et clamans voce magna dicit: „Quid mihi et tibi, Iesu, fili Dei Altissimi? Adiuro te, ne me torqueas.” Dicebat enim illi: „Exi, spiritus immunde, ab homine!”

Et interrogabat eum: „Quod tibi nomen est?” Et dicit ei: „Legio nomen mihi est, quia multi sumus.” Et deprecabatur eum vehementer, ne se expelleret extra regionem.

Erat autem ibi circa montem grex porcorum magnus pascens; et deprecati sunt eum dicentes: „Mitte nos in porcos, ut in eos introeamus!” Et illis id concessit. Et exeuntes spiritus immundi introierunt in porcos. Et magno impetu grex ruit per praecipitium in mare, ad duo milia, et male suffocabantur in mari.

Qui autem pascebant eos, fugerunt et nuntiaverunt in civitatem et in agros. Et egressi sunt videre, quid esset factum. Et veniunt ad Iesum; et vident illum, qui a daemonio vexabatur, sedentem, vestitum et sanae mentis, eum, qui legionem habuerat, et timuerunt.
Et qui viderant, narraverunt illis, qualiter factum esset ei, qui daemonium habuerat, et de porcis. Et rogare eum coeperunt, ut discederet a finibus eorum.

Cumque ascenderet navem, qui daemonio vexatus fuerat, deprecabatur eum, ut esset cum illo. Et non admisit eum, sed ait illi: „Vade in domum tuam ad tuos et annuntia illis, quanta tibi Dominus fecerit et miseritus sit tui!” Et abiit et coepit praedicare in Decapoli, quanta sibi fecisset Iesus, et omnes valde mirabantur. Et cum transcendisset Iesus in navi rursus trans mare, convenit turba multa ad illum.

ligare (ver-)binden
com-pes, -pedis, f. Fuß-fessel
vincire,-io,vinxi, vinctum fesseln
di-rúmpere,-o,-rupi,-ruptum auseinander-brechen
com-minuere,-minuo zerkleinern, zertrümmern
domare bezwingen, zähmen
con-cidere niederschlagen
altus, a ,um hoch, tief
ad-iurare beschwören, flehentlich bitten
torquere drehen, foltern
im-mundus,a,um un-rein
lēgiō *Legion*
deprecari ≈ precari
ex-pellere, -pello, -puli, -pulsum heraus-treiben, vertreiben
grēx, grēgis, m. Herde, Schar
porcus, -i, m. Schwein
con-cēdere, -cēd-ō,- cess-ī einräumen, erlauben
ímpetus, -ūs, m. Angriff, Ansturm
rúere stürzen, eilen
praecipitium, -i, n. abschüssige Stelle, Abhang
suffocare ersticken

vexare quälen, belästigen
vestīre bekleiden
sanus,a,um gesund

qualiter (Adv.) wie

dis-cēdere weg-gehen
fīnis, -is, m. Ende, Grenze; plur.: Gebiet

ad-míttere,-ō,-mīs-ī zu-lassen
an-nuntiare ≈ nuntiare

tran-scendere,-scend-ō,-scend-ī hinüber-steigen, -gehen
rursus (Adv.) wieder(-um)

Die **-nd**-Formen werden nicht nur als Verbalsubstantive (Gerundium), sondern auch als Adjektive mit den Endungen -us, -a, -um (Gerundivum) gebraucht.

Amandus est: Er ist *zu lieben*, er muss geliebt werden, er ist liebenswert.
→ Amandus (Vorname)

Amanda est: Sie ist *zu lieben*, sie muss geliebt werden, sie ist liebenswert.
→ Amanda (Vorname)

Confirmandi sunt: Sie sind (im Glauben) *zu stärken* / *zu befestigen*.
→ Konfirmand(-in)

Probandi sunt: Sie sind zu prüfen / zu testen.
→ Proband(en)

Conversantibus autem discipulis in Galilaea, dixit illis Iesus:
conversari sich aufhalten; verkehren

"Filius hominis **tradendus est** in manus hominum, et occident eum, et tertio die resurget." Et contristati sunt vehementer.
con-tristare traurig werden (vgl. tristis,-e)

Bei *–nd–* + *esse* steht die Person, von der etwas zu tun ist, im Dativ (*dativus auctoris*). Tibi *laborandum* est: Von dir ist *zu arbeiten* = Du musst arbeiten.

Roma mihi videnda est. – Pacta <nobis> sunt servanda.
pactum,-i,n. Vertrag, Abmachung — servare retten, bewahren

<rem> ad senatum / ad populum referre (etwas vor den Senat / vor das Volk bringen):
Referendum

Memorandum (memorare: erinnern)

q.e.d. = quod erat demonstrandum

N.N. = nomen nominandum (oder: nomen nescio)

Addenda

mutatis mutandis

Ecclesia semper reformanda

⑦ Im Jahre 312 trafen die Kaiser des weströmischen und des osträmischen Reiches, Constantinus (Rom) und Licinius (Byzanz), eine Vereinbarung (sog. *Mailänder Toleranzedikt*).

Cum feliciter tam ego Constantinus Augustus quam ego Licinius Augustus apud Mediolanum convenissemus
atque universa, quae ad commoda et securitatem publicam pertinerent, in tractatu haberemus,

haec — inter cetera, quae videbamus pluribus hominibus profutura <esse> — vel imprimis ordinanda esse credidimus,
quibus divinitatis reverentia continebatur,
ut daremus et Christianis et omnibus
liberam potestatem sequendi religionem, quam quisque voluisset,
ut, quicquid <est> divinitatis in sede,
nobis atque omnibus, qui sub potestate nostra sunt constituti,
placatum ac propitium possit existere.

feliciter	glücklich, unter guten Vorzeichen
tam ... quam ...	$\approx$ et ... et ...
commodum, -i, n.	Vorteil
securitas, -tatis, f.	Sicherheit
pertinere ad	sich erstrecken auf, sich beziehen auf
in tractatu habere	in Verhandlung haben, behandeln, beraten
prod-esse, pro-sum, pro-fui	(für etw./jdn. sein) nützen
imprimis (Adv.)	besonders
ordinare	(an-)ordnen, regeln
divinitas, -tatis, f.	Gottheit
reverentia, -ae, f.	Verehrung, *Reverenz*
con-tinere	zusammen-halten, enthalten; regeln
quidquid divinitatis	welche Gottheit auch immer, jede Gottheit
placatus, a, um	versöhnt, geneigt
propitius, a, um	gnädig, gewogen

Itaque hoc consilium salubri ac rectissima ratione ineundum esse credidimus,
ut nulli omnino facultatem abnegendam putaremus,
qui vel observationi Christianorum vel ei religioni mentem suam dederet,
quam ipse sibi aptissimam esse sentiret,
ut possit nobis summa divinitas, cuius religioni liberis mentibus obsequimur,
in omnibus solitum favorem suum benevolentiamque praestare.

saluber,-bris,-bre	gesund, reiflich	ab-negare	ablehnen, verweigern
consilium inire	(in einen Beschluss hinein-gehen) einen Beschluss fassen		
vel ... vel ...	(entweder) ... oder ...	observatio	$\approx$ religio
mentem dare + Dat.	sich einer Sache anschließen	solitus, a,um	gewohnt, üblich
favor, favor-is, m.	Gunst, Gnade	bene-volentia, -ae, f.	Wohlwollen
rectus, a, um	richtig, genau, gewissenhaft		

Alle Infinitive, alle Partizipien und alle *-nd-* Formen

	Zeitenverhältnis	Aktiv		Passiv	
Inf. Präs.	gleichzeitig zum Prädikat	ag**ere**	(zu) treiben / (zu) tun	ag**i** (incita-**ri**!)	getan (zu) werden / getrieben (zu) werden
Part. Präs.		age**ns**, age**nt**-is	treibend / handelnd / tuend	—	
Inf. Perf.	vorzeitig zum Prädikat	eg**isse**	getrieben (zu) haben / getan (zu) haben	**actum esse**	getrieben worden (zu) sein
Part. Perf.		—	—	ac**tus**,a,um	getrieben / getan (worden)
Inf. Fut.	nachzeitig zum Prädikat	act**urum esse**	treiben werden / tun (zu) wollen	—	—
Part. Fut.		act**urus**,a,um	*going to act* / im Begriff zu tun / tun wollend / um zu treiben (final!)	—	—

-nd- Formen	Gerun**d**ium (Verbalsubstantiv) - Aktiv (= Dekl. des Inf.Präs.Akt.)		Gerun**d**īvum (Verbaladjektiv) - Passiv (+ esse + dat.auct.): ... *ist zu (tun)*	
	N. agere	das Handeln	age**nd**us,a,um est	er/sie/es ist zu treiben / muss getrieben werden
	G. age**ndi**	des Handelns		
	D. age**ndo**	dem Handeln		
	Akk. agere / ad age**nd**um	das Handeln / zum Handeln	age**nd**a (n.plur.)	die zu tuenden Dinge / das zu Tuende / die *to do list*, die Tagesordnung
	Abl. age**ndo**	durch (das) Handeln		

Es klappt am –ND– fast immer ZU,
beim ABL kommst du mit DURCH durch,
steht IN dabei, nimm BEI!

1. Rusticus boves Romam agere vult.
   rusticus ≈ agri-cola — bos, bovis (Gen.pl. boum, Dat./Abl.pl. bobus), m./f. Rind

2. a) Quid rusticus hodie acturus est?
   b) Rusticus uxori nuntiat *se hodie boves Romam acturum esse.*
   uxor, uxor-is, f. Ehefrau

3. Rusticus villa exit boves Romam acturus.

4. Rusticus boves Romam agens cantat. cantare singen

5. Boves *se Romam agi* non gaudent.

6. Rusticus narrat *se boves in forum boarium egisse.*
forum boarium Rindermarkt

7. Rusticus narrat *se boves Romam actas ibi bene vendidisse.*
véndere,-o, véndidi, vénditum verkaufen

8. Bobus Romam actis rusticus fessus est.

9. Rusticus *rem bene actam esse* gaudet. fessus, a, um erschöpft, müde

10. Boves rustico Romam agendae sunt.

11. a) Mos agendi boves Romam vetus est. vetus, vetus, vetus (Gen. véteris) alt

= b) Mos boum Romam agendarum vetus est.

⑧ Centurionis cuiusdam servus erat moriturus, qui illi erat pretiosus. Et cum audisset de Iesu, misit ad eum seniores Iudaeorum rogans eum, ut veniret et salvaret servum eius. At illi, cum venissent ad Iesum, rogabant eum sollicite dicentes: *"Dignus est, ut hoc illi praestes: diligit enim gentem nostram et synagogam ipse aedificavit nobis."* Iesus autem ibat cum illis. At cum iam non longe esset a domo, misit centurio amicos dicens ei: *"Domine, noli vexari! Non enim dignus sum, ut sub tectum meum intres. Sed dic verbo, et sanabitur puer meus."* Quo audito Iesus miratus est eum et sequentibus se turbis dixit: *"Dico vobis: Nec in Israel tantam fidem inveni!"*

Et reversi, qui missi fuerant, domum invenerunt servum sanum.

mori, mori-or, mortuus sum (PFA: moriturus) sterben
pretiosus, a, um wertvoll
sollícitus, a, um erregt, bsorgt; *(hier:)* sorgfältig, eifrig
prae-stāre, prae-stō voran-stehen; gewähren
aedificare (er-)bauen
vexāre heftig bewegen, quälen, beunruhigen
tantus,a,um so groß
re-verti, -vertor, reverti, reversus (Semi-Dep.) zurück-kehren

⑨

Venit ergo <Iesus> in civitatem Samariae, quae dicitur Sichar, iuxta praedium, quod dedit Iacob Ioseph filio suo; erat autem ibi fons Iacob. Iesus ergo fatigatus ex itinere sedebat sic super fontem; hora erat quasi sexta.

iuxta + Akk. neben, nahe bei
praedium, -i, n. Grund-stück, Landgut
fons, font-is, m. Quelle, Brunnen
fatigare ermüden

Venit mulier de Samaria haurire aquam. Dicit ei Iesus: "Da mihi bibere." Discipuli enim eius abierant in civitatem, ut cibos emerent. Dicit ergo ei mulier illa Samaritana: "Quomodo tu, Iudaeus cum sis, bibere a me poscis, quae sum mulier Samaritana?" Non enim coutuntur Iudaei Samaritanis. Respondit Iesus et dixit ei: "Si scires donum Dei, et quis est, qui dicit tibi: «Da mihi bibere», tu forsitan petisses ab eo, et dedisset tibi aquam vivam." Dicit ei mulier: "Domine, neque, in quo haurias, habes, et puteus altus est. Unde ergo habes aquam vivam? Numquid tu maior es patre nostro Iacob, qui dedit nobis puteum, et ipse ex eo bibit et filii eius et pecora eius?"

haurire schöpfen

poscere verlangen, fordern

co-uti,-or,co-usus sum zusammen gebrauchen, miteinander verkehren, Umgang haben mit

forsitan vielleicht

puteus, -o, m. Brunnen (-schacht)

pecus, pecor-is, n. Kleinvieh, Schafe

Respondit Iesus et dixit ei: "Omnis, qui bibit ex aqua hac, sitiet iterum. Qui autem biberit ex aqua, quam ego dabo ei, non sitiet in aeternum. Sed aqua, quam dabo ei, fiet in eo fons aquae salientis in vitam aeternam."

sitire Durst haben

salire (ent-)springen

Dicit ad eum mulier: "Domine, da mihi hanc aquam, ut non sitiam neque veniam huc haurire!" Dicit ei: "Vade, voca virum tuum et veni huc!" Respondit mulier et dixit ei: "Non habeo virum." Dicit ei Iesus: "Bene dixisti: «Non habeo virum»; quinque enim viros habuisti, et nunc, quem habes, non est tuus vir. Hoc vere dixisti." Dicit ei mulier: "Domine, video, quia propheta es tu. Patres nostri in monte hoc ad-oraverunt, et vos dicitis, quia in Hierosolymis est locus, ubi adorare oportet." Dicit Iesus: "Crede mihi, mulier, quia venit hora, quando neque in monte hoc neque in Hierosolymis adorabitis Patrem. Vos ad-oratis, quod nescitis. Nos adoramus, quod scimus, quia salus ex Iudaeis est. Sed venit hora, et nunc est, quando veri adoratores adorabunt Patrem in Spiritu et veritate; nam et Pater tales quaerit, qui adorent eum. Spiritus est Deus, et eos, qui adorant eum, in Spiritu et veritate oportet adorare."

Dicit ei mulier: "Scio, quia Messias venit, qui dicitur Christus. Cum venerit ille, nobis annuntiabit omnia."
Dicit ei Iesus: "Ego sum, qui loquor tecum."

an-nuntiare ≈ nuntiare

Et continuo venerunt discipuli eius et mirabantur, quia cum muliere loquebatur; nemo tamen dixit: "Quid quaeris aut quid loqueris cum ea?"

Zwei Anekdoten

Zur Begrüßung eines neuen Pfarrers bringt die Dorfgemeinde auf der Straße Transparente an mit lateinischen Bibelzitaten, die sie von einem Passionsspiel aufbewahrt haben. Am Dorfeingang steht: *"Ecce homo!"* Etwas weiter heißt es: *"Si non esset malefactor, non tibi tradidissemus eum."* Am Pfarrhaus liest der neue Pfarrer: *"Sitio."*

Als ein schon älterer Junggeselle heiratete, ließ er - seiner Frau zur Warnung - über dem Hauseingang den Satz anbringen: *"Uxori parendum est."* Als er nach einem Jahr völlig unter dem Pantoffel seiner Frau stand und von Bekannten auf den Spruch über dem Eingang angesprochen wurde, sagte er resigniert: "Ja, das stimmt: *Uxori parendum est.*"

Lernwortschatz

①	im-pietās, -pietāt-is, f.	Gottlosigkeit, Ruchlosigkeit (vgl. *pius*)
	saeculāris, saeculāre	zeitlich, weltlich, heidnisch (vgl. *saeculum*)
	dēsiderium, -ī, n.	Wunsch, Sehnsucht, Begierde (vgl. *desiderare,* engl. *desire, frz. désirer, span. desear)*)
②	re-sistere, -sist-ō, restit-ī, —	sich widersetzen, Widerstand leisten *(resistent)*
	prius-quam	(*eher als*) bevor
	circum-cīsiō, -iōnis, f.	Beschneidung
	simulātiō, -tiōnis, f.	Vortäuschung, Verstellung, Heuchelei *(Simulation)*
	ab-dūcere, -dūc-ō, -dūx-ī, ab-dūctum	weg-führen/-ziehen, abspenstig machen, verführen
	rēctus, a, um	gerade, richtig (vgl. *regere*)
	cōgere, cōg-ō, co-ēg-ī, co-āctum	zusammen-treiben, zwingen
③	celeber, celebris, celebre	gefeiert, berümt, feierlich (vgl. *celebrare*; frz. *célèbre*)
	servīlis, servīle (Adj. zu servus/serva)	
	sacri-ficium, -i, n.	heilige Handlung, Opfer
	septem	sieben
⑤	dignitās, dignitāt-is, f.	Würde (vgl. *dignus*)
	mīrābilis, -bile	wunderbar
	condere, cond-ō, condid-ī, conditum	zusammen-fügen, gründen, schaffen
	re-formāre, -formō, -formāv-i, -formātum	wieder formen, um-formen, neubilden, *reformieren* (*Reformation*)

	dīgnārī, dīgnor, dīgnātus sum	für würdig halten, wollen (vgl. *dignus*)
	parti-ceps, parti-cip-is	teilhaftig (*pars / capere, partizipieren*)
	rēgnāre	(als König) herrechen, *regieren*
⑥	grēx, grēgis, m.	Herde, Schar (vgl. *con-gregare*)
	quis-quam (in verneinten oder fragenden Sätzen	(irgend-)jemand
	lēgiō, lēgiōn-is, f.	*Legion*
	con-cēdere, -cēd-ō, -cess-ī, -cessum	einräumen, erlauben *(konzedieren, Konzession*)
	vestīre	bekleiden (vgl. *vestis, vestimentum*)
	dis-cēdere	weg-gehen
	fīnis, -is, m.	Ende, Grenze; plur.: Gebiet
	ad-míttere,-ō,-mīs-ī,-missum:	zu-lassen (engl. *to admit, frz. admettre)*)
	tran-scendere,-scend-ō,-scend-ī,-scēnsum	hinüber-steigen, -gehen, -fahren *(transzendent)*
⑧	mori, mori-or, mortuus sum (PFA: moriturus)	sterben
	prae-stāre, prae-stō, prae-stitī, —	voran-stehen; gewähren, leisten
	sollícitus, a, um	erregt, besorgt; *(hier:)* sorgfältig, eifrig
	aedificare	(er-)bauen
	vexāre	heftig bewegen, quälen, beunruhigen
	tantus, a, um	so groß (vgl. *quantus,a,um*)

Einführung in den Gebrauch des Lexikons

1. Alphabetische Reihenfolge?

( ) ratiuncula
( ) ratiocinatio
( ) ratiocinor
( ) ratiocinarium
( ) ratiocinativus
( ) rationalis

2. AES, aeris, n.

I. Kupfer, Bronze

II. alles aus Kupfer / Bronze Gefertigte

1.. Kupfer-/Bronzegeräte, -waffen, -kunstwerke

2. Zahlungsmittel, Geld(-stück)

a) Sold, Lohn — Dienstjahre

Schulden — aes alienum

3. CONFICERE
fertig machen

aufbrauchen — (tempus) verschwenden; (vires) erschöpfen

erfolgreich beenden — (bellum) gewinnen; (librum) fertigstellen

4. Unter welcher Grundform sucht man
duabus – cuidam – senum – introiit – arari – tolleret – subfuit -attulisset?

5. ARCES kann von ARX [arx, arc-is,f.: *(Wehr-)burg*] oder von ARCEO [arcére, árceo, árcui: *abwehren*] kommen.
(Hilfe zur Entscheidung gibt die Antwort auf die Frage: Verlangt der Satz hier ein Verb oder ein Substantiv?)

a) Won welchen drei Wörtern kann SEDES hergeleitet werden? — Ermitteln Sie die Bedeutung von SEDES in folgender Notsituation: Im Seesturm wenden sich die Jünger an Jesus: *«Utinam mare sedes!»*

b) Hostes Romanos a latere sinistro temptabant.

temptare	versuchen, angreifen
sinister, sinistra, sinistrum	links

1. Welche Wortart muss LATERE sein? Die Antwort ergibt sich, wenn Sie das Wort davor und dahinter betrachten.
2. Unter welcher Grundform findet man LATERE? Übersetzen Sie den Satz!

6. Ein römischer Feldherr gibt seinen Schlachtplan bekannt:

„Ich weiß, daß ich euch nahezu Unglaubliches verspreche,

sed	***accipite***	***rationem***	***consilii mei**."*
	nehmt an	Vernunft	Rat(-schlag)
	empfangt	Rechenschaft	Plan
	laßt euch geben	Rücksicht	Beratung
	billigt	Überlegung	Überlegung
	hört	Methode	Beschluss
	begreift	Absicht	Kriegslist
	beurteilt	Begründung	Vorschlag
	erleiden	Art und Weise	(Rats-)Versammlung

Anhang (Lesetext): *Joseph in Ägypten*

Vidit pharao somnium. Putabat se stare super fluvium, de quo ascendebant septem boves pulchrae et crassae et pascebantur in locis palustribus. Aliae quoque septem emergebant post illas de flumine foedae confectaeque macie et stabant in ipsa amnis ripa. Devoraveruntque septem boves pulchras et crassas.

Expergefactus pharao rursum dormivit et vidit alterum somnium. Septem spicae pullulabant in culmo uno plenae atque formosae. Aliae quoque totidem spicae tenues et percussae vento urente oriebantur devorantes omnem priorum pulchritudinem.

Evigilavit pharao, et ecce erat somnium! Et, facto mane, pavore perterritus misit ad omnes coniectores Aegypti cunctosque sapientes suos; et accersitis narravit somnium, nec erat, qui interpretaretur. Tunc demum reminiscens pincernarum magister ait: "Confiteor peccatum meum. Iratus rex servis suis me et magistrum pistorum mitti iussit in carcerem principis satellitum, ubi una nocte uterque vidimus somnium praesagum futurorum. Erat ibi puer Hebraeus eiusdem ducis satellitum famulus, cui narrantes somnia audivimus, quidquid postea rei probavit eventus. Ego

crassus, a, um — dick, fett
paluster, -stris, -stre — sumpfig
e-mérgere, -o, -mersi, -mersum — auf-tauchen
foedus, a, um — hässlich
con-ficere,-fici-o, fec-i,con-fectum — zuammen-machen, fertig machen, erledigen
macies,maci-ei,f. — Magerkeit, Dürre
amnis, -is, m. — Fluss, Strom
devorare — verschlingen, auffressen

ex-perge-facere — aufwecken
rursus (Adv.) — wieder(-um)
spica, -ae, f. — Ähre
pullulare — hervorsprießen, sich entwickeln
culmus, -i, m. — Halm, Stengel
formosus, a, um — wohlgestaltet, schön
totidem (indecl.) — ebenso viel(e)
tenus, tenue — dünn, schmächtig, zart
per-cutere, -cutio, -cuss-i, -cussum — durch-stoßen,-schlagen,erschüttern
urere, ur-o, uss-i, ustum — (ver-) brennen, sengen
e-vigilare — auf-wachen
mane (indeclin./Adv.) — Morgen; frühmorgens
pavor, pavor-is, m. — Entsetzen, Schrecken
con-iector, -iector-is, m. — (Traum-) deuter
ac-cérsere, -o, -cersivi, -cersitum — herbei-rufen
tum/tunc demum — da(nn) erst
reminisci, -or, — — sich erinnern
pincerna, -ae, m. — Mundschenk
pistor, pistor-is, m. — Bäcker
satelles, satellit-is, — Leibwächter, Begleiter
uterque, utraque, utrumque — jeder (von zweien); beide
prae-sagus, a, um — voraus-sagend
famulus, -i, m. — Diener
quid-quid — was auch immer; alles, was
probare — prüfen, billigen, beweisen
e-ventus, -us, m. — Ausgang, Ergebnis, Ereignis

enim redditus sum officio meo, et ille suspensus est in patibulo." Statim ad regis imperium eductum de carcere Ioseph totonderunt ac, veste mutata, obtulerunt ei. Cui ille ait: "Vidi somnia, nec est, qui edisserat; quae audivi te sapientissime conicere." Respondit Ioseph: "Absque me Deus respondebit prospera pharaoni!"

sus-pendere, -o, -pend-i, -pensum aufhängen
patibulum, -i, n. Halsblock, Kreuz (-stange)
tondere, tonde-o, totond-i, tonsum scheren

e-dis-serere ausführlich erörtern, erklären
con-icere, -ici-o, -iec-i, con-iectum vermuten, deuten

Narravit ergo pharao, quod viderat: "Putabam me stare super ripam fluminis et septem boves de amne conscendere pulchras nimis et obesis carnibus, quae in pastu paludis virecta carpebant. Et ecce has sequebantur aliae septem boves in tantum deformes et macilentae, ut numquam tales in terra Aegypti viderim. Quae, devoratis et consumptis prioribus, nullum saturitatis dedere vestigium, sed simili macie et squalore torpebant. Evigilans, rursus sopore depressus, vidi somnium: Septem spicae pullulabant in culmo uno plenae atque pulcherrimae. Aliae quoque septem tenues et percussae vento urente oriebantur e stipula; quae priorum pulchritudinem devoraverunt. Narravi coniectoribus somnium, et nemo est, qui edisserat." Respondit Ioseph: "Somnium regis unum est: Quae facturus est, Deus ostendit pharaoni. Septem boves pulchrae et septem spicae plenae septem ubertatis

conscendere = ascendere
nimis sehr, allzu sehr
obesus,a,um wohlgenährt, fett,feist
pastus,past-us,m. Weiden, Fressen
virectum, -i, n. Gras, Wiese
carpere rupfen,pflücken, abfressen
de-formis, -forme miss-gestaltet, hässlich
malilentus, a, um mager
saturitas, tat-is, f. Sattheit, Sättigung
vestigium, -i, n. Spur, Fährte
macies,maci-ei,f. Magerkeit, Dürre
squalor, -is, m. Dreck, schmutziges Aussehen
torpere,torpe-o erstarrt sein,starren
sopor, -is, m. Schlaf

stipula, -ae, f. Halm
prior, prius (Kompar.) der/die/das erstere / frühere / vorige

ubertas, ubertat-is, f. Ergiebigkeit, Überfluss

anni sunt; eandemque vim somnii comprehendunt. Septem quoque boves tenues atque macilentae, quae ascenderunt post eas, et septem spicae tenues et vento urente percussae septem anni sunt venturae famis, qui hoc ordine complebuntur: ecce septem anni venient fertilitatis magnae in universa terra Aegypti; quos sequentur septem anni alii tantae sterilitatis, ut oblivioni tradatur cuncta retro abundantia. Consumptura est enim fames omnem terram, et ubertatis magnitudinem perditura est inopiae magnitudo. Quod autem vidisti secundo ad eandem rem pertinens somnium, firmitatis indicium est, eo quod fiat sermo Dei et velocius a Deo impleatur. Nunc ergo provideat rex virum intellegentem et sapientem et praeficiat eum terrae Aegypti constituatque praepositos per cunctas regiones et quintam partem fructuum per septem annos fertilitatis, qui iam nunc futuri sunt, congreget in horrea; et omne frumentum sub pharaonis potestate condatur serveturque in urbibus; et paretur futurae septem annorum fami, quae pressura est Aegyptum, et non consumetur terra inopia."

fames, -is, f. Hunger
fertilitas, -tat-is, f. Fruchtbarkeit
sterilitas -tat-is,f. Unfruchtbarkeit
oblivio, -ion-is,f. Vergessen(-heit)
abundantia, -ae, f. Überfluss
in-opia, -ae, f. Mangel, Not
firmitats, -tat-is, f. Festigkeit, Sicherheit
indicium, -i, n. Anzeige, Angabe, Anzeichen, Beweis
velox, veloc-is schnell
prae-positus, -i ,m. Vorgesetzter, Vorsteher
con-gregare zusammen-scharen, versammeln
horreum, -i, n. Vorratskammer, Speicher
con-dere, -o, -did-i, con-ditum zusammen-bringen, aufbewahren
parare bereiten, Vorkehrungen treffen für

Placuit pharaoni consilium et cunctis ministris eius. Locutusque est ad eos: "Num invenire poterimus talem virum, qui spiritu Dei plenus sit?" Dixit ergo ad Ioseph: "Quia ostendit tibi Deus omnia, quae locutus es, numquid sapientiorem et consimilem tui invenire potero? Tu eris super domum meam, et ad tui oris imperium cunctus populus meus oboediet; uno tantum regni solio te praecedam." Dixitque rursus pharao ad Ioseph: "Ecce, constitui te super universam terram Aegypti." Tulitque anulum de manu sua et dedit eum in manu eius; vestivitque eum stola byssina et collo torquem auream circumposuit. Fecitque eum ascendere super currum suum secundum, clamante praecone:

con-similis, -e ganz/völlig ähnlich
os, or-is, n. Mund *(oral)*
solium, -i, n. Thron
prae-cedere voran-gehen; übertreffen
anulus, -i, m. (Finger-)ring
vestire (be-)kleiden
stola byssina Talar aus feinstem Leinen
collum, -i, n. Hals, Nacken
torques, -is, m. Halskette
aureus, a, um golden, aus Gold
circum-ponere (herum-)legen
currus, -us, m. Wagen
praeco, praecon-is, m. Herold, Ausrufer

"Abrech!", ut omnes coram eo genuflecterent et praepositum esse scirent universae terrae Aegypti. Dixit quoque rex ad Ioseph: "Ego sum pharao, absque tuo imperio non movebit quisquam (quisquam: [irgend-]jemand) manum aut pedem in omni terra Aegypti." Vertitque nomen eius et vocavit eum lingua Aegyptiaca Saphaneth Phanec (quod interpretatur Salvator mundi) deditque illi uxorem Aseneth, filiam Putiphare sacerdotis Heliopoleos. Egressus est itaque Ioseph ad terram Aegypti, triginta autem annorum erat, quando stetit in conspectu regis pharaonis et circuivit omnes regiones Aegypti.

genu-flectere das Knie beugen
oriri, ori-or, ortus sum entstehen, hervorgehen, aufgehen (*Orient*)
prior, prior-is ersterer, früherer, vorderer (*Prior, Priorität*)
officium, -i, n. Aufgabe, Pflicht, Amt (franz./engl. *office*)
de-primere, -o, -press-i, -pressum herunter-/nieder-drücken, bedrängen *(deprimiert, Depression)*
comprehendere, -o, -prehend-i, -prehensum zusammen-fassen; erfassen, begreifen; umfassen
prae-ficere, -fici-o, -fec-i, prae-fectum voran-stellen, an die Spitze stellen *(Präfekt)*

Anhang (Klausurbeispiel)

Text

Petrus et Ioannes ascendebant in templum ad horam orationis nonam.	Petrus und Johannes gingen zusammen hinauf in den Tempel zum Gebet, zur neunten Stunde.

Et quidam vir, qui erat claudus ex utero matris suae, baiulabatur; quem ponebant cotidie ad portam templi, ut peteret eleemosynam ab introeuntibus in templum. Qui, cum vidisset Petrum et Ioannem incipientes introire in templum, rogabat eleemosynam. Intuens autem in eum Petrus dixit: „Respice in nos!”

At ille intendebat in eos, sperans se aliquid accepturum esse ab eis.

Petrus autem dixit: „Argentum et aurum non est mihi. Quod autem habeo, hoc tibi do: In nomine Iesu Christi Nazareni surge et ambula!” Et apprehensa eius manu dextera, allevavit eum; et protinus consolidatae sunt bases eius et tali. Et exsiliens stetit et ambulabat laudans Deum.

Vokabelhilfen:

Z. 1	baiulare	tragen
Z. 2	eleemosyna,-ae,f.	*Almosen* (griech. ἡ ἐλεημοσύνη: Mitleid, Erbarmen)
Z. 5	respicere ≈ aspicere	ansehen
Z. 6	intendere	*hier:* sich bzw. seine Aufmerksamkeit (irgendwohin) richten, genau auf jdn./etw. blicken, sich auf jdn./etw. konzentrieren
Z. 9	con-solidare	fest machen, festigen, stark machen (*konsolidieren*)
Z.10	basis,-is,f. (gr. ἡ βάσις)	Fußgestell, Sockel; *hier:* Füße, Schenkel

Aufgaben

I. Übersetzen Sie den Text (Z. 1 – 10)!

II. 1. Welche Bedeutung hat *quod* in Z. 7? Nennen Sie die anderen Funktionen von *quod*!

2. a) Wer ist als Subjekt zu *allevavit* (Z. 9) zu denken?
   b) Wer wird in demselben Satz (Z. 8/9) jeweils mit den Pronomen *eius* und *eum* bezeichnet?

3. *apprehensa* ... (Z. 9), *laudans* ... (Z. 10) — Um welche Konstruktionen handelt es sich? Geben Sie für jede noch eine weitere Übersetzungsmöglichkeit an!

4. Nennen Sie den Satz, der nach Ihrer Meinung zentral ist! Begründen Sie Ihre Meinung, indem Sie in zwei oder drei Sätzen den Sinn dieses Satzes erläutern!

Anhang (Text für die mündliche Prüfung)

Prüfungstext (Matth. 9, 18ff)

Da kam ein Vorsteher (lat.: princeps) *zu Jesus, fiel vor ihm nieder . . .*

. . . et orabat eum: *"Filia mea modo* mortua est. Sed veni, impone manum tuam super eam,*

et vivet." Et surgens Iesus sequebatur eum.

Et cum venisset Iesus in domum principis* et vidisset tibicines* et turbam* tumultuantem, dicebat:

"Recedite! Non est enim mortua puella, sed dormit."

Et deridebant* eum. At eiecta turba, intravit et tenuit manum eius, et surrexit puella.

*modo (Adv.)	(so-)eben; nur
*princeps, -cipis, m.	Vorsteher, Anführer
*tibicen, -cinis, m.	Flötenspieler
*turba,-ae,f.	Getümmel, Trubel; Volk, Volksmasse
*de-ridére	auslachen, verspotten

Anhang (Römische Zahlen)

Zahlen werden aus den Zahlzeichen für 1 (I), 5 (V), 10 (X), 50 (L), 100 (C), 500 (D) und 1.000 (M) zusammengesetzt.

Die Zahlen werden von links nach rechts gelesen, wobei der Wert der Zahlzeichen von links nach rechts abnimmt, und dann addiert, z. B. XVI = 10 + 5 + 1 = 16, MMXV = 2015.

Eine kleinere Zahl, die vor einer größeren steht, wird von ihr subtrahiert, z. B. IX = 10 — 1 = 9, XIV = 14, MCMLXXIII = 1973.

Zahlzeichen	Grundzahlen / Kardinalzahlen	Ordnungszahlen / Ordinalzahlen
I	unus,a,um	primus, a, um
II	duo, duae, duo	secundus, a, um
III	tres, tres, tria	tertius, a, um
IV	quattuor	quartus, a, um
V	quinque	quintus, a, um
VI	sex	sextus, a, um
VII	septem	séptimus, a, um
VIII	octo	octávus, a, um
IX	novem	nonus, a, um
X	decem	décimus, a, um
XI	úndecim	undecimus, a, um
XII	duódecim	duodécimus, a, um
XIII	trédecím	tertius décimus
XIV	quattuórdecim	quartus décimus
XV	quíndecim	quintus decimus
XVI	sédecim	sextus decimus
XVII	septéndecim	séptimus decimus
XVIII	duo-de-viginti	duodevicésimus, a, um
XX	vigínti	vicésimus, a, um
XXX	trigínta	tricésimus, a, um
XL	quadragínta	quadragésimus, a, um
L	quinquagínta	quinquagésimus, a, um
LX	sexaginta	sexagésimus, a, um
LXX	septuagínta	septuagésimus, a, um
LXX	octogínta	octogésimus, a, um
XC	nonaginta	nonagésimus, a, um
C	centum	centésimus, a, um
CC	ducénti,ae,a	ducentésimus, a, um
CCC	trecénti,ae,a	trecentésimus, a, um
CD	quadringénti,ae,a	quadringentésimus, a, um
D	quingénti,ae,a	quingentésimus, a, um
M	mille	millésimus, a, um
MM	duo milia	bis millésimus, a, um

Alphabetisches lateinisch-deutsches Wörterverzeichnis

ā / ab (Präp. + Abl.) 6	von ... weg, von ... her
ab-dūcere, -dūc-ō, -dūx-ī, -dūctum 25	weg-führen/-ziehen, abspenstig machen, verführen
ab-īre, ab-eō, ab-iī 6	weg-gehen, ab-gehen (*Abitur*)
abs-tinēns, -tinent-is 23	enthaltsam (P.P.A von *abs-tinere*: sich enthalten / sich fernhalten; *abstinent*)
ac-cēdere, -cēd-ō, -cess-ī, ac-cessum 3	heran-gehen, hinzu-gehen (engl. *access*)
ac-cidere, accidit, accidit 12	zustoßen, sich ereignen, passieren (*accident*)
ac-cipere, accipiō, -cēpī, acceptum 12	empfangen, annehmen
ac-cumbere, -cumbo, -cubu-ī, — 18	sich zu Tisch legen, speisen, tafeln
ac-cūsāre, accūsō, accūsāv-ī 15	anklagen
ācer, ācris, ācre 16	scharf, spitz, heftig
ācta, āct-ōrum, n. plur. 15	Taten, Verhandlungen; Protokolle, Tagebücher; *Akten*
ad (Präp. + Akk.) 1	zu, an bei
ad-dūcere, addūc-ō, addūx-ī 13	heran-führen, hrbei-bringen, veranlsssen
ad-esse, ad-sum, ad-fu-ī 1	da-sein, anwesend sein; (+ Dat.) beistehen, helfen
ad-īre, ad-eo, ad-iī 11	heran-gehen, hinzu-gehen
ad-iūtor, adiūtōr-is, m. 12	Unterstützer, Helfer
ad-iūtōrium, -ī, n. 20	Unterstützung, Hilfe (vgl. *ad-iuvare; Koadjutor*)
ad-iuvāre, -iuv-ō, -iūv-ī, -iūtum	unterstützen, helfen (vgl. *adiutor*)
(ad-)mīrārī, -mīror, -mīrātus sum 18	sich wundern, staunen, bewundern
ad-míttere, -ō,- mīs-ī, -missum 25	zu-lassen (engl. *to admit*, frz. *admettre*)
(ad-)monēre, -moneo, -monui 16	(er-)mahnen, auffordern, erinnern, belehren
ad-ōrāre, ad-ōrō 3	an-beten
adulēscēns, adulēscent-is, m. 8	Heranwachsender, Jugendlicher, junger Mann
ad-venīre, adveni-ō 9	hinzukommen, ankommen (*Advent*)
ad-ventus, -ūs, m. 16	Ankunft (vgl. *ad-venire*)
aedificare 25	(er-)bauen
aegrōtus, a, um 4	krank
aequus, a, um 17	gleich, gerecht, billig
aeternus, a, um 4	ewig
af-fectus, -ūs, m. 23	Empfindung, Gefühl, Liebe (vgl. *af-ficere, Affekt*)
af-férre, áf-fer-ō, at-tul-ī, al-lātum 17	(herbei-)bringen, (-)tragen
af-ficere, -fici-ō, -fēc-ī, af-fectum 21	an-tun, in einen Zustand versetzen, versehen mit (*Affekt*)
ager, agr-ī, m. 7	*Acker*, Feld (*agricola*; *agrar-)*
agere, agō, ēg-ī, āctum 5	handeln, tun, verrichten; verhandeln
āgnōscere, āgnōsco, āgnōvī 12	erkennen (vgl. *cognoscere*)
āgnus, āgn-ī, m. 3	Lamm
agri-cola, -ae, m. 4	Landwirt, Bauer

ait 5	sagt(e) er(sie/es)
alabaster, -str-ī, m./alabastrum, -str-ī, n. 18	Salbenfläschchen
ali-quandō 16	irgend-wann, einmal, eines Tages
ali-quī 11	irgend-ein
aliī, aliae, alia 9	andere (alii - alii: die einen – andere / die anderen)
alius, alia, aliud 9	ein anderer, eine andere, eine anderes
altāre, -is, n. 20	*Altar*
alter, altera, alterum 10	der eine / der andere (von zweien); alter – alter: der eine – der andere (von zweien)
amāre, amō 2	lieben (*amor*)
ambulāre, ambulō 8	umhergehen, (spazieren-)gehen (*ambulant*)
amīc-a, amī-cae, f. 2	Freundin
amīc-us, amīc-ī, m. 2	Freund
amor, amōr-is, m. 1	Liebe
ān? 5	oder?
ancilla, ancill-ae, f. 4	Magd
angelus, -ī, m. 1	Bote, *Engel (ἄγγελος)*
anima, -ae, f. 1	Seele *(animieren, Animation, Animateur)*
annus, ann-ī, m. 6	Jahr
ante (Präp. + Akk.) 12	vor
aperīre, aperi-ō, aperu-ī, apertum 13	öffnen, aufmachen
apostol-us, -ī, m. 2	*Apostel* (ἀπὸστολος)
apostolicus, a, um 1	*apostolisch* (ἀποστολικός)
ap-pārēre, -pāre-o, -pāru-ī 16	erscheinen, sich zeigen (*to appear*)
ap-pellāre 24	nennen, rufen *(appellieren, Appell)*
ap-petere, -pet-ō, -petīv-ī, -petītum 17	anstreben, erstreben *(Appetit)*
ap-portāre, -portō 2	herbei-tragen, -bringen (*apportieren*)
ap-propinquāre, ap-propinquō 5	herankommen, sich nähern (*to approach*)
apud (Präp. + Akk.) 20	bei
aqu-a, aqu-ae, f. 2	Wasser
arbor, arbor-is, f. 10	Baum
arch-angelus, -ī, m. 18	*Erz-engel* (ἀρχάγγελος)
arma, arm-ōrum, n. plur. 6	Waffen, (Aus-)rüstung (*Armee, Armatur*)
ascende-re, ascend-ō, -ī, ascēnsum 4	hinauf-steigen *(ascensio)*
ascēnsiō, ascēnsiōn-is, f. 4	Aufstieg (*ascendere*)
aspectus/ad-spectus, aspect-ūs, m. 13	An-blick, Aussehen (vgl. *spectare, Aspekt*)
as-sūme-re, -sūm-ō,-sūmps-ī, -sumptum 4	hinzu-, auf-nehmen *(assumptio)*
as-sūmptiō, assūmptiōn-is, f. 4	Aufnahme (*assumere*)
at 19	aber, jedoch
audīre, audi-ō, audīv-ī, audītum 1	hören (*audio-*)
auris, aur-is, f. 19	*Ohr*
aurum, -ī, n. 3	Gold
autem (nachgestellt) 5	aber
auxilium, -ī, n. 16	Hilfe
avē ≈ salvē 13	*(Ave, Maria)*
baptisma, baptismat-is, n. 18	Taufe (βάπτισμα)

baptizāre 24	taufen (βαπτίζειν)
beātus, a, um 16	glücklich, selig
bene (Adverb) 2	gut (ital. *bene*, franz./span. *bien*)
bene-dīcere, -dīc-ō, -dīxī, -dictum 3	(gut reden) preisen, segnen, benedeien
bene-dictus, a, um *(bene-dicere)* 13	gesegnet, gepriesen, *gebenedeit*
bestia, -ae, f. 15	(wildes) Tier (*bestialisch*, *Biest*, engl. *beast*)
bibere, bib-ō, bib-ī, — 7	trinken
bis (Adv.) 3	zweimal
bonum, -ī, n. 10	das Gute, das Gut, Hab und Gut
bonus, bona, bonum 1	gut, tüchtig *(der Bonus, der Bon)*
cadere, cadō, cecidī 11	fallen (*Kadenz, Kasus*)
caecus, a, um 18	blind
caelum, -ī, n. 1	Himmel
Caesar, Caesar-is, m. 5	Caesar; *Kaiser*
calix, calic-is, m. 14	*Kelch (κύλιξ)*
campus, -ī, m. 17	Feld, Grundstück
cantāre, canto, cantāv-ī 16	singen *(Kantate, Kantor)*
capere, capi-ō, cēp-ī, captum 7	ergreifen, fassen, fangen (*kapern, kapieren*)
capillus, -ī, m. 18	(Haupt-/Bart-)Haar
caput, capit-is, n. 18	Kopf, Haupt, Hauptsache, Hauptstadt (*Kapital, kapital, Kapitel,* engl. *capital, chapter*)
cāritās, cāritāt-is, f. 14	Liebe, Nächstenliebe (*carus,a,um*: lieb, teuer)
carō, carn-is, f. 4	Fleisch
cathedra, -ae, f. 6	Stuhl, Sessel, Lehrstuhl, *Katheder (κάϑεδρα)*
catholicus, a, um 1	*katholisch (καϑολικός: das Ganze betreffend, universal, allgemein)*
causā + Gen. 17	(eigentl.: *aus dem Grunde*) wegen (Dr. h. c. = doctor *honoris causa*)
causa, -ae, f. 11	Grund, Ursache, Sache, (jur.) Fall (*kausal*)
celeber, celebris, celebre 25	gefeiert, berühmt, feierlich (frz. *célèbre*)
celebrāre, celebrō 22	feiern, *zelebrieren*
celer, celeris, celere 16	schnell
cēna, -ae, f. 3	Essen, Mahlzeit
cēnāre, cēnō, cēnāvī 10	speisen, zu Abend essen (vgl. *cena*)
certus, a, um 15	sicher, gewiss (frz./engl. *certain*)
ceteri, ceterae, cetera 15	die übrigen, alle anderen (*etc. = et cetera*: und die übrigen Dinge, und alles andere ≈ usw.)
cibus, cib-ī, m. 4	Nahrung, Nahrungsmittel, Speise
circā (Präp. + Akk.) 9	um ... herum, *ca. = zirka*
circum-cīsiō, -iōnis, f. 25	Beschneidung (vgl. caedere)
circum-dare, -do, -dedi, -datum 21	um-geben, rings herumstellen, umzingeln
citō (Adv.) 10	schnell
cīvīlis, cīvīle 16	bürgerlich, Bürger- (bellum *civīle*: Bürgerkrieg; vgl. *civis*; *zivil*)
cīvis, cīv-is, m./f. 8	Bürger(in) (*zivil, Zivilisation*)
cīvitās, cīvitāt-is, f. 8	Bürgerschaft, Gemeinde, Stadt, Staat; Bürgerrecht (*città*, *cité*, *city, ciudad*)

clam (Adv.) 24	(*klamm-*)heimlich
clamā-re, clamō 4	rufen, schreien
claudere, claud-ō, claus-ī, clausum 23	(ab-)schließen *(Klausur;* "numerus clausus": (ab-)geschlossene (An-)zahl*)*
clēmēns, Gen.: clēment-is 16	mild, gnädig
coepī (1.sg. Ind. Perf.) 12	ich begann / ich habe begonnen
cōgere, cōg-ō, coēg-ī, co-āctum 25	zusammen-treiben, zwingen
cōgitare, cōgitō 8	denken *("Cogito, ergo sum")*
cōgitātio, cōgitātion-is, f. 9	das Denken, der Gedanke (vgl. *cogitare*)
cognātus, a, um 20	(zusammen-geboren) verwandt
co-gnōscere,-gnōsc-ō,-gnōv-ī, cógnitum 3	(er-)kennen; kennenlernen
co-ire, co-eo, co-iī 13	zusammen-kommen, sich vereinigen, sich begatten (*Koitus*)
colere, col-ō, colu-ī, cultum 15	pflegen; (agrum) bebauen, bearbeiten; bewohnen (vgl. *in-cola*); verehren, heilig halten, achten
collis, is, m. 19	Hügel
com-mittere, -mitt-ō, -mīs-ī, -missum 24	zusammen-bringen; veranstalten, begehen; anvertrauen *(Kommission)*
com-movēre,-move-ō,-mōv-ī,-mōtum 24	bewegen, erregen
com-mūniō, com-mūniōn-is, f. 4	Gemeinschaft (*Kommunion, Kommunismus*)
com-mūnis, com-mūne 24	gemeinsam, allgemein (*communio; Kommunikation, Kommunismus*)
com-parāre, com-parō 3	beschaffen, sich verschaffen, erwerben, kaufen
com-prehendere, com-prehend-ō 6	zusammen-fassen, ergreifen, erfassen, begreifen (frz. *comprendre*)
con-cēdere, -cēd-ō, -cess-ī, -cessum 25	einräumen, erlauben *(Konzession)*
con-cípere, -cipi-ō, -cēp-ī, -ceptum 20	empfangen, aufnehmen, auffassen *(konzipieren, Konzept, Konzeption)*
con-dere, cond-ō, condid-ī, conditum 25	zusammen-fügen, gründen, schasffen
cōn-ferre, cōn-fer-ō, con-tul-ī 12	zusammen-tragen, austauschen, vergleichen (*Konferenz, cf.=confer* = vgl.=vergleiche)
cōn-firmāre 24	stark/fest machen; (ver-)sichern, stärken (*Konfirmation, to confirm*)
con-fitērī, -fite-or, con-fessus sum 18	bekennen, gestehen (*Konfession*)
cōn-fundere, -fund-ō, -fūd-i, -fūsum 21	zusammen-gießen, vermischen, verwirren, entstellen (*konfus*, vgl. *in-fundere*)
con-grēgāre	zusammen-scharen, versammeln *(Kongregation)*
cōn-sentīre, -senti-ō, -sēns-ī, -sēnsum 15	übereinstimmen (*Konsens*)
cōnsilium, -ī, n. 16	Rat(schlag), Plan, Versammlung (vgl. *consulere*)
cōn-sōlātiō, -tiōnis, f. 20	Tröstung, Trost
con-stāns, constant-is 16	standhaft, beständig *(konstant)*
cōnsulere, cōnsul-ō, cōnsulu-ī 14	(+ Akk.:) um Rat fragen, *konsultieren*; (+ Dat.:) sorgen für

cōn-sūmere,-sūm-ō,-sūmps-ī,-sūmptum 23	verbrauchen, verzehren *(konsumieren)*
con-tinēre, contine-ō, continu-ī 14	zusammen-halten (vgl. *tenere, Kontinent*)
con-tinuō (Adv.) 13	sofort
contrā (Präp. + Akk.) 2	gegen
contrārius, a, um 16	entgegengesetzt, Gegen- (*contra, konträr*)
con-venīre, -veni-ō, -vēn-ī, -ventum 24	zusammen-kommen, übereinkommen *(Konvent, Konvention)*
con-ventus, -ūs, m. 24	Zusamenkunft; Übereinkunft (*con-venire*)
con-vertere, -vert-ō,- vert-ī, -versum 4	wenden, drehen *(konvertieren)*
co-operārī 23	zusammen-arbeiten, mit-wirken (*opus*)
copia, copi-ae, f. 4	Vorrat, Menge (*Kopie*)
cor, cord-is, n. 12	Herz
cōram (Präp. + Abl.) 12	vor jds. Augen, in jds. Gegenwart
corpus, corpor-is, n. 4	Leib , Körper
cotīdiānus, a, um 8	täglich (vgl. *cottidie*)
cottīdiē (Adv.) 6	täglich
crās (Adv.) 5	morgen
creāre, creō 1	(er-)schaffen *(kreativ)*
creātor, creātōr-is, m. 4	Schöpfer
creātura, -ae, f. 24	Geschöpf, Schöpfung, *Kreatur (creare)*
crēdere, crēd-ō, crēdid-ī, crēditum 4	glauben (an), Vertrauen setzen in, (an-)vertrauen
crīmen, crīmin-is, n. 12	Beschuldigung; Verbrechen (*kriminell*)
crūcī-fīgere, -fīgō, -fīx-ī, crūcī-fīxum 12	ans Kreuz heften, kreuzigen (*Kruzifix*)
crūx, crūc-is, f. 4	*Kreuz*
cui? 5	wem?
cuius? 5	wessen?
culpa, -ae, f. 18	Schuld
cum (Konjunktion) + Indikativ 8	(damals,) als; (immer,) wenn
cum (Konjunktion) + Konjunktiv 22	als, nachdem (Perf./Plusq.), weil/da, obwohl/obgleich, während (doch)
cum (Präp. + Abl.) 6	(zusammen) mit (ital./span. *con*)
cūnct-ī, cūnct-ae, cūnct-a 2	alle
cupere, cupi-ō, cupīv-ī, cupītum 3	wollen, wünschen
cupidus, a, um 17	begierig (vgl. *cupere*)
cūr? 7	warum?
cura, cur-ae, f. 11	Sorge, Pflege (vgl. *curare*; *kurieren, Kur*)
cūrāre, cūrō 8	pflegen, (ärztlich) behandeln, sorgen für
currere, curr-ō, cucurr-ī, cursum 2	laufen
custōdire, custōdi-ō 2	(be-)schützen, (be-)hüten bewachen
custōs, custōd-is, m. 21	Wächter, Hüter *(custodire; Küster, Custos)*
daemonium, -ī, n. 3	böser Geist, *Dämon (*δαιμόνιον)
damnāre 24	verurteilen, ver*dammen*
damnātiō, damnātiōn-is, f. 12	Verurteilung, *Verdammung*
dare, dō, ded-ī, datum 5	geben
dē (Präp.+ Abl.) 6	von .. (herab), von ... (weg); über (jdn./etw. sprechen, Buchtitel "De Leone papa" usw.)

dēbēre, dēbe-ō, dēbu-ī, dēbitum 15	schulden, müssen, verdanken (vgl. *debitum)*
dēbitum, dēbit-ī, n. 8	das Geschuldete, die Schuld (engl. *debt*)
decimus, a, um 10	zehnte(r) (*decem*: 10; *Dezimal*system)
dē-fendere, -fend-ō, -fend-ī, dē-fēnsum 2	abwehren, verteidigen
dēlēre, dēle-o, dēlēv-ī, dēlētum 17	zerstören
dēns, dent-is, m. 13	Zahn (*Dentist*)
dē-nuō (dē novō) 22	von neuem, wieder
dē-prehendere, -ō, -ī, -prehēnsum 22	ergreifen, festnehmen; ertappen
dē-scende-re, dē-scend-ō, -ī, dē-scēnsum 4	hinab-steigen
dē-scrībere, -scrīb-ō,-scrīps-ī,-scrīptum 24	beschreiben, aufschreiben, feststellen
dē-serta, -ōrum , n. plur. 19	Einöde, Wüste (frz./engl. *desert*)
dē-sertus, a, um 19	verlassen, verödet, einsam, leer
dē-sīderāre 17	wünschen, ersehnen, wollen
dē-siderium, -ī, n. 25	Wunsch, Sehnsucht, Begierde (*desiderare)*
dēs-pōliare, -spōliō, -spōliavī 11	ausplündern, ausrauben (*to despoil*)
dē-super 22	von oben her
deus, de-ī, m. 1	Gott
dexter, dext(e)ra, dext(e)rum 6	rechte(r/s)
dextera, dexter-ae, f. 4	rechte Hand, Rechte
diabolus, diabol-ī, m. 5	Verleumder, Verwirrer; *Deibel*, *Teufel (διάβολος)*
dīcere, dīc-ō, dīx-ī, dictum 1	sagen, sprechen
diēs, diē-ī, m./f. 13	Tag (vgl. span. el día; lat. lunae *dies*, it.. lune*dì*)
dīgnārī, dīgnor, dīgnātus sum 25	für würdig halten, wollen (vgl. *dignus*)
dignitās, dignitāt-is, f. 25	Würde (vgl. *dignus*)
dīgnus, a, um 9	würdig
dī-ligere, dī-lig-ō, dī-lex-ī, dī-lectum 3	hochschätzen, lieben
dī-mittere, di-mitt-ō, -mīs-ī, -missum 8	wegschicken, entlassen; nach-/erlassen,
dis-cēdere 25	weg-gehen
discere, disc-ō, didic-ī 16	lernen, erfahren (vgl. *discipulus*)
discipulus, -ī, m. 1	Schüler, Jünger
dis-cumbere, -cumb-ō, -cubu-ī, — 18	sich zu Tisch legen, speisen, tafeln
dis-cutere, -cuti-ō, -cuss-ī, -cussum 19	auseinander-schlagen; untersuchen, erörtern, *diskutieren*
dis-sipāre 22	auseinanderwerfen, zerstreuen, zerstören
dīvitiae, dīviti-ārum, f. plur. 10	Reichtum
dī-vulgāre ≈ vulgāre 23	(unters Volk bringen) öffentlich verbreiten, allgemein bekanntmachen
docēre, doceō, docu-ī, doctum 5	lehren, unterrichten (*dozieren, Dozent, Doktor*)
dominus, -ī, m. 1	Herr, Hausherr
domus, -ūs, f. (Abl.: domō) 13	Haus (*Dom*)
dōn-um, -ī, n. 2	Geschenk
dormīre, dormi-ō 3	schlafen
dūcere, dūcō, dūx-ī, ductum 6	ziehen, führen (vgl. *dux*)

dulcis, dulce 16	süß, lieblich, freundlich, angenehm
dum (Konjunktion) 10	während
duo-decimus, a, um 12	zwölfte(r)
duo, duae, duo 2	zwei *(Duo, Duett)*
duōdecim 4	zwölf
dux, duc-is, m. 3	Führer, Anführer
ē / ex (Präp. + Abl.) 6	aus ... (heraus), von ... (her); seit
ecce 1	siehe <da>; da ist; guck mal, da ist . . .
ecclēsia, ecclēsi-ae, f. 1	Volksversammlung; Gemeinde, Kirche *(ἐκκλησία)*
ē-dictum, -ī, n. 24	Aus-sage, Bekanntmachung, Verordnung, *Edikt* (vgl. *dicere*)
ef-ferre, effer-ō, ex-tuli, e-latum 8	heraus-tragen (aus der Stadt zur Bestattung)
ef-ficere, ef-fici-ō, ef-fēc-ī, ef-fectum 14	hervorbringen, zustande bringen, bewirken (*effizient, Effekt*)
ef-figiēs, -ēī, f. 23	Bild, Gestalt
ē-gred-ī, ē-gredi-or, ē-gressus sum 18	heraus-gehen
eia ergō 4	he, auf denn also
ē-icere, ē-ici-ō, ē-iēc-ī, ē-iectum 9	heraus-werfen, aus-/vertreiben (*to eject*)
ē-levāre 19	hochheben, erheben (engl. *elevator*)
emere, em-ō, ēm-ī 13	kaufen
enim (nachgestellt) 5	nämlich
episcopātus, -ūs, m. 17	Bischofsamt *(Episkopat)*
episcopus, -ī, m. 17	Aufseher, Hüter; *Bischof (ἐπίσκοπος)*
equus, equ-ī, m. 6	Pferd
ē-rigere, ē-rig-ō, -rēx-ī, -rēctum 22	aufrichten (vgl. *regere*)
esse, sum, fu-ī 1	sein, existieren
et 1	und, auch
et ... et ... 4	sowohl .. als auch
etiam 2	auch, sogar; ja
evangelista, -ae, m. 11	*Evangelist* (εὐαγγελιστής)
ex-audīre, exaudi-ō 6	erhören
ex-celsa, excels-ōrum, n. plur. 6	die Höhen
ex-cipere, ex-cipi-ō, -cēp-ī, -ceptum 10	(her-)aus-nehmen, aufnehmen (*exception*)
ex-clāmāre, -clām-ō 9	aus-rufen, laut rufen
ex-ercēre, exerce-ō, exercu-ī, - 19	(aus-)üben, trainieren *(exerzieren)*
ex-īre, ex-eō 6	heraus-gehen, losziehen (*exitus*; engl. *exit*)
ex-īstimare, exīstim-ō 9	schätzen, glauben
ex-plicāre, explicō 5	entfalten, erklären
ex-portāre, export-ō 10	heraus-tragen (*Export* ; (außerhalb der Stadt) bestatten
ex-spectāre,-specto 16	(aus-schauen nach) erwarten (vgl. *spectare*, engl. *to expect*)
ex-sultare 19	aufspringen, frohlocken, jauchzen, jubeln
extra ≠ intrā (Präp. + Akk.) 12	außerhalb von; aus ≠ innerhalb von; in (*extraordinär, -korporal*)
faber, fabr-ī, m. 14	Handwerker (*Fabrik, fabrizieren*)

fābula, -ae, f. 17	Geschichte; Theaterstück
facere, faci-ō, fēc-ī, factum 1	machen, tun
faciēs, faciē-ī, f. 22	Gesicht (franz./engl. face)
factor, factōr-is, m. 6	Macher, Hersteller, Schöpfer, Täter
falsus, a, um 20	*falsch*
familia, famili-ae, f. 1	*Familie*, Haushalt
famulus,-i, m. / famula, -ae, f. 24	Diener / Dienerin
fēlīx, fēlīc-is 16	glücklich
ferre, fer-ō, tul-ī, lātum 16	tragen, bringen (Präs.: fer-o, fer-s, fer-t, ferimus, fer-tis, fer-unt; Impft: fer-eba-m, ferebas)
fidēlis, fidēle 17	zuverlässig, glaubwürdig, gläubig (vgl. *fides*)
fidēs, fide-i, f. 14	Treue, Vertrauen; Glaube
fierī (Passiv zu facere) 20	gemacht werden, werden, geschehen (fieri im Präsens: fio, fis, fit, fimus, fitis, fiunt)
fīlia, fīliae, f. 1	Tochter (*Filiale*)
fīlius, fīli-ī, m. 1	Sohn
fingere, fing-ō, fīnx-ī 12	sich verstellen; vortäuschen; so tun, als ob
fīnis, -is, m. 25	Ende, Grenze; plur.: Gebiet
fīrmāmentum, -ī, n. 1	*Firmament*, Befestigung
flēre, fle-ō 8	weinen
flōrēre 19	blühen *(florieren, Flora)*
fluere, flu-ō, flūx-ī , flūxum 19	fließen (vgl. *flumen*, engl. *fluent*)
fōns, font-is, m. 19	Quelle, Quellwasser (*Fontäne*)
forum, -ī, n. 24	Marktplatz, *Forum*
frāter, frātr-is, m. 4	Bruder
frōns, front-is, m. 20	Stirn (*Front, frontal*)
frūctus, frūct-ūs, m. 13	*Frucht*
frūmentum, frūment-ī, n. 4	Getreide
fugere, fugi-ō, fūg-ī, — 2	fliehen
gaudēre, gaude-ō, gavīsus sum 7	sich freuen
gaudium, gaudi-ī, n. 10	Freude (*gaudere*, *Gaudi*)
gēns, gent-is, f. 19	Sippe, Stamm, Volk; im engeren Sinn: nichtisraelitisches Volk, Heiden(-volk)
gladius, gladi-ī, m. 6	Schwert (*Gladiole*)
glōri-ficāre, glōri-ficō 3	verherrlichen
glōria, glōri-ae, f. 4	Ehre, Ruhm, *Glorie*
grātia, grāti-ae, f. 5	Dank, Gunst, Gnade, *Grazie*
grātiās agere 5	Dank sagen, danken
grēx, grēgis, m. 25	Herde, Schar (vgl. *con-gregare*)
habēre, habe-ō, habu-ī, habitum 3	*haben*
habitāre, habit-ō, habitāvī 13	wohnen (frz. *habitant*, engl. *inhabitant*)
hīc 14	hier
hodiē 2	heute (span. hoy, ital. oggi, franz. aujourd'hui)
homo, homin-is, m. 5	Mensch; Mann, Kerl
honor / honōs, honōr-is, m. 9	Ehre (*h.c.* = *honoris causā*: aus dem Grund der Ehre, der Ehre wegen, ehrenhalber)
hōra, hōr-ae, f. 4	Stunde, Zeit (engl. *hour)*

hortus, hort-ī, m. 6	Garten (*Hort*)
hospitālis, hospitāle 17	gastfreundlich (*Hospital,* frz. *hôtel*, engl. *hostel*)
hostis, host-is, m. 15	Feind
iānua, -ae, f. 23	Tür, Tor
ibī 2	dort
id, quod 5	das, was
īdem (aus *is-dem!), éa-dem, idem 11	der-/die-/dasselbe
īgnis, -is, m.	Feuer, Brand
īgnōrare 14	nicht wissen, nicht kennen *(Ignorant)*
ignōscere, ignōsc-ō, ignōv-ī 15	ein Einsehen haben; verzeihen
imāgō, imāgin-is, f. 5	Bild (frz./engl. *image*)
(im-)mortālis, (im-)mortāle 16	(un-)sterblich (vgl. *mors*)
imperāre, imperō 8	befehlen, herrschen (*Imperativ, Imperium*)
imperātor, imperātor-is, m. 15	Befehlshaber, Feldherr; Kaiser *(imperare)*
imperium, -i, n. 16	(Ober-)befehl, Befehlsbereich, Macht, Herrschaft, Reich (frz./engl. *empire*)
im-pietās, -pietāt-is, f. 25	Gottlosigkeit, Ruchlosigkeit (vgl. *pius*)
im-plēre, -ple-ō, -plēv-ī, im-plētum 24	(ein-/an-/er-)füllen (vgl. *com-plere, re-plere*)
im-pōnere, im-pōnō, -posuī, -positum 11	darauf-legen, -setzen, -stellen; hineinsetzen
(im-)possíbilis, -e 20	(un-)möglich
in (Präp. + Abl.) 6	in, auf (WO?)
in (Präp. + Akk.) 1	in, auf, nach (WOHIN?)
in quō? 9	in/mit wem? / womit?
in-cidere, in-cidō, in-cidī 11	hinein-fallen, fallen in (vgl. *cadere*, *incident*)
in-cipere, -cipi-ō, coep-i, in-ceptum 20	anfangen, beginnnen
in-cola, incol-ae, m./f. 4	Einwohner
inde 4	von dort; darauf(-hin)
in-dīcium,-i, n. 21	An-sage, Angabe; Hinweis, Anzeichen; Beweis *(Indiz)*
In-dīgnārī, -dīgnor, in-dīgnātus sum 18	für unwürdig (indignus,a,um) halten; sich empören, entrüstet sein
(īn-)fēlīx, (īn-)fēlīc-is 16	(un-)glücklich
īnferī, īnferōrum, m. plur. 4	die Unteren = Unterwelt, Hölle
īn-ferre, -ferō, -tul-ī	hinein-tragen
īn-fundere, -fund-ō, -fūd-ī, -fūsum 2	hinein-gießen (*Infusion*)
in-gredī, -gredi-or, in-gressus sum 18	hinein-gehen
in-icere, inici-ō, iniēc-ī, in-iectum 13	hinein-werfen, auf jdn./etw. werfen
in-imīcus, in-imīc-ī, m. *(amicus!)* 5	Feind
in-nocēns, in-nocent-is 13	unschuldig (*Innozens,* engl./frz. *innocent*)
īn-scrīptiō, īn-scrīptiōn-is, f. 5	*Inschrift*
īnsula, īnsul-ae, f. 4	*Insel*
inter (Präp. + Akk.) 17	zwischen
inter-īre, inter-eō, inter-iī 16	untergehen
inter-rogāre, inter-rogō 3	fragen
intrā ≠ extra (Präp. + Akk.) 12	innerhalb von; in ≠ außerhalb von; aus
intrāre, intrō 1	eintreten, betreten

intro-dūcere, -dūc-ō, -dūx-ī, dūctum 13	hinein-führen, einführen, hereinbringen
intro-īre 20	hinein-gehen, heran-gehen (*Introitus*)
in-tuērī, -tueor, -tuitus sum 21	an-/hin-schauen, betrachten *(Intuition)*
intus (Adv.) 23	drinnen, im Innern *(intus)*
in-venīre, -veni-ō, -ven-ī, in-ventum 2	auf etw. kommen / auf jdn. stoßen, (er-)finden (*invention*)
(in-)vīsibilis, (in-)vīsibile 16	(un-)sichtbar
involvere, -volv-ō, volv-ī, -volūtum 24	ein-wickeln, verwickeln *(involvieren)*
Iōannes, Iōann-is, m. 1	Johannes
ipse, ipsa, ipsum (Gen. ipsius, Dat. ipsi) 3	selbst; er, sie, es
īre, e-ō, i-ī, ītum 2	gehen
ita-que 11	und so; daher, deshalb
item ... ut 1	ebenso ... wie
iter, itiner-is, n. 11	Weg, Marsch, Reise (vgl. *ire*)
iterum 3	wieder(-um)
iubēre, iube-ō, iuss-ī 9	auffordern, befehlen
iūbilus, -ī, m. / iūbilum, -ī, n. 16	Jauchzen, *Jubel*
Iūdae-us, -a, -um 2	*Jude*; *jüdisch*
iūdex, iūdic-is, m. 15	Richter
iudicare 19	(ab-/be-/ver-)urteilen (vgl. *iudicium, iudex*)
iūdicium, iūdici-ī, n. 15	Urteil, Prozess, Gericht (*ius, dicere*; *iudicare*)
Iūlius, a, um 6	(Adj. zu Iulius, hier zu Gaius Iulius Caesar)
iungere, iung-ō, iūnx-i, iūnctum 20	verbinden
iūs, iūr-is, n. 15	Recht (*Jura, Jurist,* vgl. *iustus*)
iūsti-ficāre 20	(gerecht machen) rechtfertigen (vgl. *iustus*)
iūstus, a, um 7	gerecht
labor, labōr-is, m. 6	Mühe, Arbeit, Leiden (*laborare*, engl. *labour*)
labōrāre, labōrō 3	sich abmühen, arbeiten (*Laboratorium)*
lacrima, ae, f. 18	Träne
laetāri, laetor, laetātus sum 19	sich freuen (vgl. *laetus*)
laetus, a, um 1	froh, fröhlich
lapis, lápidis, m. 22	Stein
laudāre, laudō 2	loben *(laudatio)*
laus, laud-is, f. 6	Lob, Loblied, Lobrede (*laudare*; die *Laudes*)
lavāre, lav-ō, lāvī 13	waschen, reinigen
lēctiō, lēctiōn-is, f. 1	(Vor-)lesung, Unterrichtsstunde, *Lektion* (franz. *leçon*, engl. *lesson*)
lectus, lect-ī, m. 4	Bett, Liege
legere, leg-ō, lēg-ī 15	lesen (vgl. Augustin: "Tolle, lege!"; *Legende, Lektüre, Lektor*)
lēgiō, lēgiōn-is, f. 25	*Legion*
leō, leōn-is, m. 6	Löwe (auch Männername)
lēx, lēg-is, f. 12	Gesetz *(legal)*
liber, libr-ī, m. 9	Buch (vgl. *library*)
līber, lībera, līberum 9	frei (vgl. *līberāre)*
līberā-re, liberō 4	befreien
licēre, licet 5	es ist erlaubt, man darf (*Lizenz*)

lingua, -ae, f. 19	Zunge, Sprache (*Linguistik*, frz. *langue*, engl. *language*)
locus, loc-ī, m. 10	Ort, Platz, Stelle (*lokal, Lokal, Lokus*)
loquī, loquor, locūtus sum 18	sagen, reden, sprechen
lūcere, lūce-ō, lūx-ī, — 1	leuchten
ludere, lud-ō 7	spielen
lūmen, lūmin-is,n. ≈ lūx, lūc-is,f. 20	Licht
lūna, -ae, f. 1	Mond
lup-us, lup-ī, m. 2	Wolf
lūx, lūc-is, f. 12	Licht, Tageslicht (vgl. *lucēre*)
magis 7	mehr (span. *mas*, franz. *mais* [vielmehr, sondern, aber], ital. *ma*)
magis ... quam 5	mehr ... als ....
magister, magistr-ī, m. 7	(*magis*-Mann) *Meister*, Vorsteher, Vorgesetzter; Lehr*meister*, Lehrer (*master*)
magistrātus, -ūs, m. 24	(staatliches)Amt, Amtsträger, Beamter, Behörde *(Magistrat)*
māgni-ficāre, magnificō 1	(groß machen) preisen
māgnus, a, um 2	groß(-artig)
māiestās, māiestāt-is, f. 19	Größe, Hoheit, Würde, *Majestät*
māior (Gen. māiōr-is) quam .. 13	größer als ..
male-dicere ≠ bene-dicere 21	schlecht sprechen, schmähen, beschimpfen ≠ gut sprechen, preisen, segnen
malus, mala, malum 2	schlecht, schlimm, böse *(Malus ≠ Bonus)*
mandāre, mandō 22	auftragen, anvertrauen *(Mandat, Mandant)*
mandūcāre, mandūcō 7	essen, speisen (frz. *manger*, ital. *mangiare*)
manēre, mane-ō 7	bleiben
manus, man-ūs, f. 13	Hand, Handvoll, Schar (*manuell, Manual*)
mare, maris, n. (Nom.pl.: mária) 14	Meer
marītus, -ī, m. 13	Ehemann (ital. *marito*, span. *marido*, frz. *mari*)
martyr, martyr-is, m. 15	Zeuge, *Märtyrer* (μάρτυς, μάρτυρ-ος)
māter, mātr-is, f. 1	*Mutter*
māximus, a, um 18	größte(r), sehr groß (*maximal*)
medicus, medic-ī, m. 6	Arzt (*Medizin*)
medius, a, um 6	mitten, mittlerer
memoria, memori-ae, f. 4	Gedächtnis, Erinnerung *(memory, Memoiren)*
mēns, ment-is, f. 15	Geist, Sinn, Herz, Gesinnung (*mental*)
mēnsis, mēns-is, m. 6	Monat
mercēs, mercēd-is, f. 23	Lohn, Belohnung; spätlatein.: Dank, Gunst, Gnade, Erbarmung (frz. *merci*, engl. *mercy*)
meus, mea, meum 2	mein
mīles, mīlit-is, m. 13	Soldat (*Militär, Miliz*)
minister, ministr-ī, m. 7	("*minus*-Mann") Untergebener, Diener
minus 7	weniger
mīrābilis, -bile 25	wunderbar
mirāculum, -ī, n. 11	Wunder

mīrārī, -mīror, -mīrātus sum 18	sich wundern, staunen, bewundern
miser, misera, miserum 10	elend, unglücklich, *miserabel*
miserērī,misere-or, miseritus sum +Gen. 18	sich erbarmen, Mitleid haben (*Misereor*)
misericordia, misericordi-ae, f. 4	Mitleid, Erbarmen
missa, -ae, f. 3	Entlassung; *Messe*
mittere, mitt-ō, mīs-ī, missum 2	schicken, loslassen, gehen lassen
modus, mod-ī, m. 13	Art und Weise, Maß
monēre, -moneo, -monui, monitum 16	(er-)mahnen, auffordern, erinnern, belehren
mons, mont-is, m. 14	Berg, Gebirge
mōnstrāre, mōnstrō, mōnstrāv-ī 15	zeigen (*Monstranz, de-monstrieren*)
monument-um, -ī, n. 2	Denkmal, Grabmal
morbus, morb-ī, m. 4	Krankheit
mori, mori-or, mortuus sum (moriturus) 25	sterben
mors, mort-is, f. 9	Tod (vgl. *mortuus*)
mortem ob-īre 24	dem Tod entgegen-gehen, sterben
mortālis, mortāle 16	sterblich (vgl. *mors*)
mortuus, mortua, mortuum 4	gestorben, tot
mōs, mōr-is, m. 24	Sitte, Gewohnheit, Charakter, *Moral*
movēre, move-ō, mōv-ī, mōtum 15	bewegen, erregen (*to move*)
mulier, mulier-is, f. 2	Frau
mult-ī, mult-ae, mult-a 2	viele *(Multi-)*
mundāre 20	reinmachen, reinigen
mundus, -ī, m. 1	Welt
mūtāre, mūtō 2	ändern, verwandeln (*Mutation*)
narrāre, narr-ō 9	erzählen
nāscī, nāscor, nātus sum 20	geboren werden
nāsus, -ī, m. 21	*Nase*
natāre 23	schwimmen
nātus, a, um 2	geboren (re-natus,-nata: wieder-geboren)
-ne? 3	(Frage-Partikel, zeigt eine Frage an)
necāre, necō, necāv-ī 15	töten
negāre, neg-ō 9	verneinen, ablehnen, (ver-)leugnen; sagen, dass ... nicht ... (*negieren, negativ*)
nemo 16	niemand (Gen.: nullius, Dat.: nemini, Akk.: neminem, Abl.: a nemine)
neque / nec 3	und nicht, aber nicht, auch nicht
neque ... neque ... 3	weder ... noch ...
ne-scīre, nesci-ō 9	nicht wissen
nihil 10	nichts
nisī 16	wenn nicht; außer (vgl. *si*)
nix, niv-is, f. 20	Schnee
nōbilis, nōbile 16	berühmt, vornehm, edel, adelig *(nobel)*
nolī (Sing.) / nolīte (Plur.) + Inf. 8	= verneinter Imperativ (vgl. *"do not ... "*)
nōlle ≠ velle 20	nicht wollen ≠ wollen (Präs.: nolo, non vis, non vult, nolumus . . .)

nōmen, nōmin-is, n. 4	Namen
nōn 1	nicht (*non*verbal)
nōn-ne? 3	nicht?
non-nūllī, nonnūllae, nonnūlla 6	einige
nōnus, a, um 9	neunte(r/s))
nōscere, nōsc-ō, nōv-ī 16	kennenlernen, erkennen; Perf. novi: ich habe kennengelernt = ich kenne (Präsens!)
noster, nostra, nostrum 7	unser
nōtus, a, um 21	bekannt
nox, noct-is, f. 6	Nacht
nūbēs, nūb-is, , f. 23	Wolke
numquam 10	nie, niemals
nunc 4	*nun*, jetzt
nuntiāre, nuntiō, nuntiāv-ī 15	melden, berichten, verkünden
oboedīre *(audire!)* 5	gehorchen
observare 20	be(-ob-)achten *(observieren, Observatorium)*
occīdere, -ō, occīd-ī, occīsum 21	töten (vgl. *caédere*: fällen, niederschlagen)
octāvus, a, um 8	achte(r)
oculus, ocul-ī, m. 4	Auge
ōdī (1.sg. Perf.), ōdisti, ōdit; Inf. ōdisse 22	hassen
of-ferre, of-fer-ō, ob-tul-ī, ob-lātum 13	entgegen-tragen, darbieten, anbieten; *opfern* (*offerieren, Offerte, Oblate;* engl. *to offer*)
oleum, ole-ī, n. 11	*Öl*
o-missiō, o-missiōn-is, f. 18	Unterlassung
omnī-potēns, omnī-potent-is 4	Allmächtiger; allmächtig
omnis, omne 16	jeder, ganz; pl.: alle
operārī, operor, operātus sum 18	tätig sein, arbeiten, tun, verrichten (*opus*; *operieren, ko-operativ, Operation*)
oportēre, oportet 5	es gehört sich, man muss
optimus, a, um 13	sehr gut, beste(r), am besten
opus, oper-is, n. 12	Werk, Arbeit
ōrāre, ōrō 3	reden; bitten, beten *(Oratorium)*
orbis (terrarum), orb-is, m. 14	Kreis, Erdkreis (*orbit,* vgl. *urbi et orbi*)
ordo, ordin-is, m. 4	Reihe, Ordnung, Regel, Stand, Orden
ōsculārī, ōsculor, ōsculātus sum 18	küssen
os-tendere, os-tendō 5	entgegenhalten, zeigen
ovis, ov-is, f. 2	Schaf
pānis, pān-is, m. 8	Brot (ital. *pane,* span. *pan,* frz. *pain*)
papa, pap-ae, m. 3	Papst
parabola, parabol-ae, f. 5	Gleichnis, *Parabel* (παραβολή)
paráclitus, - ī, m. 22	Beistand, Schützer, Tröster (παράκλητος)
paradīsus, paradīs-ī, m. 4	*Paradies (*παράδεισος)
parāre, parō 6	(zu-)bereiten, bereitmachen (*parat*)
parātus, a, um 16	bereit (vgl. *parare, parat*)
parentēs, parent-um, m. pl. 20	Eltern (vgl. *párere*, frz./engl. *parents*)
parēre, pare-ō, paru-ī 10	gehorchen (*parieren*)

párere, pári-ō, peper-ī, partum 20	gebären, erzeugen
pars, part-is, f. 20	Teil, Anteil (*Partei, Part, Partie*)
parti-ceps, parti-cip-is 25	teilhaftig (*pars / capere, partizipieren*)
parvus, a, um 2	klein
pāscere, pāsc-ō 3	weiden, hüten (vgl. *pastor*)
passiō, passiōn-is, f. 4	Leiden(schaft), *Passion*
pāstor, pāstōr-is, m. 2	Hirt *(Pastor, pastoral)*
pater, patr-is, m. 1	*Vater*
patēre, pate-ō, patu-ī 19	offen stehen, offen sein, zu Diensten stehen
patī, pati-or, passus sum 18	leiden, dulden, ertragen (*Patient, Passion)*
patientia, -ae, f. 15	Geduld (frz./engl. *patience*)
patria, patri-ae, f. 14	Vaterland, -stadt; Heimat
patrōnus, -ī, m. 19	Schutzherr, Verteidiger, Anwalt, *Patron*
pauper, pauper-is 18	arm
pāx, pāc-is, f. 6	Frieden (frz. *paix*, engl. *peace*, ital. *pace*)
peccāre 13	einen Fehler machen, sich verfehlen, sündigen (vgl. *peccatum, peccator*)
peccator, -is, m. 7	Sünder (vgl. *peccatum*)
peccātrīx, peccātrīc-is, f. 18	Sünderin
peccātum, peccāt-ī, n. 4	Fehler, Sünde
pectus, pector-is, n. 20	Brust
pecūnia, -ae, f. 17	Geld
per (Präp. + Akk.) 4	durch
per-cutere,-cuti-ō,-cuss-ī, per-cussum 20	schlagen, erschüttern (*percussion*, vgl. *dis-cutere*)
per-dere,-d-ō, pér-did-ī, pér-ditum 22	zugrunderichten, verderben, vernichten
per-dūcere, -dūc-ō, -dūx-ī, -ductum 23	hinführen
pergere, perg-ō, per-rēx-i, per-rēctum	fortsetzen, fort-/hin-gehen, weitergehen, weitermachen (vgl. *regere*)
per-īre, per-eō 3	zugrunde gehen, verloren gehen
perītus, a, um 20	kundig, erfahren
persōna, persōn-ae, f. 5	Theatermaske, Rolle; *Person*
per-suādere, per-suāde-ō 9	(jdm. etw.) einreden, überreden, überzeugen
pēs, ped-is, m. 9	Fuß *(Pedal, Pedale)*
petere, pet-ō, petīv-ī, petītum 10	erstreben; gehen zu; (er-)bitten; angreifen
Pharisaeus, -ī, m. 3	*Pharisäer*
philosophus, -i, m. 24	Philisoph (*φιλόσοφος*)
piscātor, piscātōr-is, m. 2	*Fischer*
piscis, -is, m. 21	*Fisch*
pius, pia, pium 10	fromm, gütig, anständig, pflichtbewusst, verantwortungsvoll
placēre, place-ō 8	gefallen (das *Placet*, engl. *please*, frz. s'il vous *plaît*)
plantā-re, plantō 4	*pflanzen*
plēbs, plēb-is, f. 20	Volk *(Plebejer)*
plēnus, a, um 6	voll *(das Plenum; Plenarversammlung, -saal*)

poena, -ae, f. 21	Strafe, *Pein* (vgl. *punire*)
pōnere, pōn-ō, posu-ī, positum 9	setzen, stellen, legen (Position)
populus, popul-ī, m. 4	Volk (*populär*, engl. *people*)
porta, -ae, f. 1	Tür, Tor, *Pforte (Portal)*
portāre, portō 2	tragen, bringen *(portabel)*
posse, pos-sum, potu-ī 10	können
possíbilis, -e 20	möglich *(posse)*
possidēre, posside-o, possēd-ī, possessum 1	besitzen
posteā 2	später
postquam (Konjunktion + Perf.) 12	nachdem
potestās, potestāt-is, f. 16	Macht, Amtsgewalt
pōtus, pōt-ūs, m. 13	Trank, Getränk
prae (Präp. + Abl.) 16	vor
prae-cēdere, -cēd-ō, -cess-ī 16	voran-/voraus-gehen,-fahren (*Präzedenzfall)*
prae-ceptor, -tōris, m. 23	Lehrer (*prae-cipere*: vorschreiben, unterweisen)
prae-esse, -sum, -fuī 17	vorstehen, vorgesetzt sein, leiten
prae-pōnere, -pōn-ō, -posu-ī, -positum 13	vorsetzen,voranstellen,an die Spitze stellen
prae-stāre, prae-stō, prae-stitī, — 25	voran-stehen; gewähren, leisten
prae-dicāre, prae-dic-ō 10	(laut) aussagen, öffentlich ausrufen, verkünden, *predigen (Prädikat)*
praegnāns, praegnant-is 24	schwanger, trächtig, voll (*prägnant*, engl. *pregnant*)
prae-ses, prae-sid-is, m./f. 23	(subst.) Vorsitzende(r); (adj.) vorsitzend
praeter (Präp. + Akk.) 13	außer
praeter-ire, -eō, -iī 11	vorübergehen, vorbeigehen (*Praeteritum*)
precārī, precor, precātus sum 18	bitten, beten
pretiōsus, a, um 18	wertvoll, kostbar
prīmō 3	zum ersten Mal
prīmus, a-, um 1	erste(r/s)
prīnceps, prīncip-is, m. 5	Erster, Anführer, Vorsteher; Herrscher (Titel der röm. Kaiser seit Augustus; *Prinzipat*)
prīncipium, -iī, n. 20	Anfang
prius-quam 25	(*eher als*) bevor
prīvātus, a, um 13	*privat*
prō (Präp. + Abl.) 6	vor, für, anstelle von (*pro* und *contra*)
pro-cēdere, -cēd-ō,-cess-ī, pro-cessum 6	hervor-gehen, vorwärts-gehen, vor-gehen (*Prozess, Prozession,* vgl. *ac-cedere*)
prō-dūcere,-dūc-ō,-dūx-ī, prō-dūctum 24	vor-führen, hervor-ziehen, hervor-bringen, *produzieren (Produkt, Produktion)*
prō-ficiscī, -ficīsc-or, prō-fectus sum 24	("sich vorwärts machen") sich auf den Weg machen, aufbrechen, reisen
pro-fitēri, -fiteor, pro-fessus sum 24	öffentl. erklären, gestehen, sich bekennen (zu ../als ..), sich anbieten als ... (Professor, Profession, engl. *professional*)
prophēta, -ae, m./f. 12	Prophet(-in) *(προφήτης)*
proprius, a, um 21	eigen(-tümlich)
propter (Präp. + Akk.) 1	wegen

prosper, prospera, prosperum 13	erwünscht (vgl. *spes*), günstig, glücklich, erfolgreich (engl. *prosperity*)
proximus, a, um 11	nächste(r)
prūdēns, prūdent-is 16	klug (Juris-*prudenz*)
psalmus,-ī, m. / psalma,-ae, f. 9	Psalm
pūblicānus, pūblicān-ī, m. 4	Steuereintreiber, -pächter,Zöllner
pūblicus, a, um 13	Volks-, öffentlich
puella, -ae, f. 9	Mädchen, junge Frau
puer, puer-ī, m. 7	Junge, Kind, Sklave
pulcher, pulchra, pulchrum 14	schön
pūnīre 21	(be-)strafen
pūrus, a, um 23	rein, *pur*
putāre, put-ō 9	rechnen, kalkulieren, überlegen, glauben, meinen, halten für (*Com-puter*)
quaerere, quaer-ō 9	suchen, fragen (*question*)
quālis, quāle 24	wie beschaffen, was für ein *(Qualität)*
quando (?) 19	wann, wenn
quantus, a, um 19	wie groß *(Quantum, Quantität)*
quarē? 16	wodurch? warum? (qua rē: durch welche Sache?)
quartus, a, um 4	vierte(r/s)
quasī 6	gleich wie (wenn)
quattuor 16	vier
-que (angehängt) 6	und
quem? 2	wen?
quī-dam 11	ein (gewisser/bestimmter)
quia ≈ quod 3	dass, weil
quid? 2	was?
quidem (betont das vorhergehende Wort) 24	
quintus, a, um 5	fünfte(r/s)
quis-quam (in verneinten / fragenden Sätzen) 25	(irgend-)jemand
quis? 2	wer?
quō? 3	wohin?
quod 1	dass, weil
quōmodo oder quō modō 9	auf welche Weise; wie (vgl. *modus,-i*, m.: Art und Weise)
quoque (nachgestellt) 2	auch
ratiō, ratiōn-is, f. 15	Rechnung, Überlegung, Verstand, Vernunft, Grund, Art und Weise (*Ration*)
re-cēdere, -cēd-ō, -cess-ī, -cessum 23	zurück-weichen, weggehen *(rezessiv)*
re-cipere, recipi-ō, recēp-ī 14	(auf-)nehmen (*rezipieren, Rezeption, Rezept, rp. = recipe*! [Anweisung an den Apotheker])
rēctē (Adv.) 5	richtig, kor*rekt*
rēctus, a, um 25	gerade, richtig, recht (vgl. *regere*)
red-dere, red-d-ō, red-did-ī, red-ditum 5	zurück-geben (vgl. *dare*)
red-emptor, red-emptōr-is, m. 12	Erlöser (Orden der *Redemptoristen*)
red-īre, red-eō 8	zurück-kehren

re-ferre, ré-fer-ō, ret-tul-ī, re-lātum 17	(zurück-)bringen; berichten; beziehen auf (*referieren, Referenz, relativ/Relation*)
re-ficere, re-fici-ō, re-fēc-ī, re-fectum 16	wieder machen, wiederherstellen, wieder kräftigen, erneuern (*Refektorium*)
re-formāre 25	wieder formen, um-formen, neubilden, *reformieren* (*Reform, Reformation*)
rēgīna, rēgīn-ae, f. 4	Königin
regiō, regiōn-is, f. 12	Richtung, Gebiet, *Region*
rēgnāre 25	(als König) herrechen, *regieren*
rēgnum, rēgn-i, n. 5	(König-)reich, (Königs-)herrschaft (vgl. *rex)*
religiō, religiōn-is, f. 12	Gewissenhaftigkeit, *Religion*
religiōsus,a,um 21	gewissenhaft, fromm, *religiös*
re-linquere,-linqu-ō,-līqu-ī, re-lictum 11	zurück-lassen, verrlassen (*Relikt, Reliquie*)
re-missio, re-mission-is, f. 4	Nachlass
re-plēre, -ple-ō, -plēv-ī, -plētum 14	(an-)füllen, erfüllen
re-quiēs, re-quiē-ī, f. 16	Ruhe (*Requiem* – Introitus der Totenmesse: *Requiem aeternam dona ei(s), Domine*)
Re-quiēscere, -o, -quiēv-ī 20	sich ausruhen (vgl. *requies*)
rēs, re-ī, f. 13	Sache (*real, reell*)
re-sistere, -sist-ō, restit-ī, — 25	sich widersetzen, Widerstand leisten
re-spicere, -spiciō, -spexi, re-spectum 5	zurückblicken, berücksichtigen (*Respekt*)
re-spondēre,-sponde-ō,-spond-ī,-spōnsum 3	antworten
re-surgere, -surg-ō, re-sur-rēx-ī 7	wieder-auf(-er-)stehen (vgl. *surgere*, *regere)*
re-surrēctiō, re-surrēctiōn-is, f. 4	(Wieder-)Auferstehung
re-vertī,-vert-or, revert-ī (Semidepon.) 21	zurück-kehren
re-vocāre, re-voc-ō, re-vocāv-ī 11	zurück-rufen
rēx , rēg-is, m. 4	König
rīvus, rīv-ī, m. 19	Bach *(Rivale)*
rogāre, rogō 3	bitten, fragen
Rōma, Rōm-ae, f. 6	*Rom*
sabbatum, sabbat-ī, n. 14	*Sabbat*
sacerdōs, sacerdōt-is, m./f. 5	Priester(in)
sacri-ficium, -i, n. 25	heilige Handlung, Opfer
saeculāris, saeculāre 25	zeitlich, weltlich, heidnisch (vgl. *saeculum*)
saeculum, saecul-ī, n. 4	Jahrhundert; Zeitalter, Zeitgeist; Zeitlichkeit; irdische Zeit = Welt (*Säkularisation*)
saepe (Adv.) 14	oft
salīre, sali-ō, salu-ī, saltum 19	hüpfen, springen, tanzen *(Salto)*
sālūs, sālūti-is, f. 10	Gesundheit, Wohl(-ergehen), Heil (*salvus*)
sālūtāre, sēlūtō, sālūtāv-ī, 1	(be-)grüßen *(salutieren)*
sālūtāris, sālūtāre 16	heilbringend, heilsam (vgl. *salus*)
sālūtātiō,-tiōnis, f. 20	Gruß, Begrüßung (vgl. *salutare*)
salvāre, salvō 3	retten
salvātor, salvātōr-is, m. 1	Retter, Heiland
salvē, salvē-te 4	Guten Tag! Sei(d) gegrüßt! / Lebe/Lebt wohl! Bleib(t) gesund! (salvēre)
salvus, a, um 4	heil, gesund

Samaritānus, -ī, m. 3	*Samaritaner*
sānāre, sānō, sānāv-ī 6	heilen (*sanieren, Sanatorium*)
sancti-ficare 20	(sanctum facere) heilig-machen, heiligen
sānctus, sāncta, sanctum 1	heilig
sanguis, sanguin-is, m. 13	Blut
sapiēns, sapient-is 16	vernunftbegabt, verständig, weise
sapientia, sapienti-ae, f. 14	Weisheit
scelus, sceler-is, n. 24	Verbrechen
scientia, scienti-ae, f. 4	(Er-)kenntnis, Wissen(-schaft) (scire; *science*)
scīre, sci-ō 3	wissen
scrība,-ae, m. 9	*Schreib*kundiger, *Schreiber*, Schriftgelehrter
scrībere, scrīb-ō, scrīps-ī, scrīptum 9	*schreiben*
scriptūra, -ae, f. 12	Schrift (vgl. *scribere, scriba*)
sēcrētus, a, um 24	geheim (frz./engl. *secret*)
secundō 3	zum zweiten Mal
secundus, a, um 2	folgende(r), zweite(r) *(fraz./engl. second)*
sed 3	aber, sondern
sedē-re, sede-ō, sēd-ī, sessum 4	sitzen
sēdēs,-is,f. (vgl. *sedere*: sitzen) 20	Sitz, Sitzplatz, Wohnsitz
semper 4	immer
sempiternus, a, um 4	immerwährend, ewig
senecta,ae,f. = senectūs,-tūtis,f. 20	(Greisen-)alter (vgl. *senex, senior*)
senior, -ōris (griech. πρεσβύτερος) 23	älter; Ältester, Gemeindeleiter, Synagogenvorsteher (*Senior*, span. *señor*, it. *signore*)
sentīre, senti-ō, sēns-ī, sēnsum 13	fühlen, spüren, merken, wahrnehmen
sepelīre, sepeli-ō, sepelīv-ī, sepultum 18	bestatten, beerdigen
septem 25	sieben
septimus, a, um 7	siebte(r)
sequī, sequ-or, secūtus sum 18	folgen (*Sequenz, kon-sequent*)
sermō, sermōn-is, m. 12	Gespräch, Rede, Unterhaltung
serv-a, serv-ae, f. 2	Sklavin
serv-us, -ī, m. 2	Sklave
servāre, servō, servāv-ī 15	retten, bewahren
servīlis, servīle (Adj. zu servus/serva) 25	sklavenhaft, sklavisch
servīre, servi-ō 10	Sklave sein, dienen (vgl. *servus*)
sextus, a, um 6	sechste(r)
sī 6	wenn, falls
sīc-ut 3	so wie
sīgn-um, -ī. n. 2	Zeichen (*Signal*); Wunder
sīgnare 20	bezeichnen; *segnen* (vgl. *signum*)
simul (Adv.) 17	zugleich, gleichzeitig *(simultan)*
simulātiō, -tiōnis, f. 25	Vortäuschung, Verstellung, Heuchelei
sine (Präp. + Abl.) 6	ohne
singul-ī, -ae, -a 21	je ein, einzeln *(Singular)*
soci-us, soci-ī, m. 2	Genosse, Gefährte *(sozial)*
sōl, sōl-is, m. 1	Sonne *(Solar-)*

sōlitūdō, sōlitūdin-is, f. 19	Einsamkeit, Einöde (vgl. *solus*)
sollícitus, a, um 22	aufgeregt, besorgt; sorgfältig, eifrig
sōlus, a, um 10	allein
solvere, solv-ō, solv-ī, solūtum 19	(auf-/ein-)lösen
soror, sorōr-is, f. 14	Schwester
spectāre, spect-ō 8	sehen, betrachten (*Spektakel*, engl. *spectacles*)
spērāre, spērō, spērāvī 12	hoffen, erwarten
spēs, spe-i, f. 13	Hoffnung (*sperare*)
spīrāre 22	hauchen, blasen, wehen; atmen *(spīritus)*
spīritus, spīrit-ūs, m. 1	Hauch, Atem, Geist (engl. *spirit*, frz. *esprit*)
stāre, st-ō, stet-ī 10	stehen
statim (Adv.) 9	sofort
statuere, statu-ō, statu-ī, statūtum 22	auf-/hinstellen; festsetzen; beschließen
statūra, statūr-ae, f. 10	*Statur*, Gestalt
stupēre, stupe-ō 21	starr sein, bestürzt sein, staunen
suādere, suāde-ō, suās-ī, suāsum 23	jdm. raten (vgl. *per-suadere*)
substantia, -ae, f. 23	Bestand, Vermögen, *Substanz* (vgl. *stare*)
sub.trahere, -trah-o, -trax-ī, -tractum 13	(unten) weg-ziehen, wegnehmen, entziehen
summa, summ-ae, f. 4	*Summe*
summus, a, um 12	höchster, oberster (vgl. *summa*)
super (Präp. + Akk.) 4	über, auf
suprā (Präp. + Akk.) 21	oben auf, oberhalb von, über . . . hinaus
surgere, surg-ō , sur-rex-ī 7	aufstehe (vgl. *regere*)
sus-cipere,-cipi-ō,-cēp-i, susceptum 20	unter-nehmen, aufnehmen; erwidern
sus-citāre, sus-citō 3	aufwecken
suus, sua, suum (Possessiv-Pron.) 14	sein, ihr
synogōga, -ae, f. 14	*Synagoge (συναγωγή)*
tabula, -ae, f. 20	Brett, *Tafel* (vgl. frz./engl. *table*)
tacēre, tace-ō, tacu-ī, — 18	schweigen, still sein
tangere, tang-ō, tetig-ī, tāctum 11	berühren, anfassen (*tangieren, Tangente*)
tantum (Adv.) 21	nur
tantus,a,um 25	so groß (vgl. *quantus,a,um*)
tēctum, -ī, n. 22	Dach
tempestās, -tātis, f. 23	Unwetter, Sturm
templum, templ-ī, n. 6	*Tempel*
temptātiō/tentātiō, -iōn-is, f. 24	Versuch, Versuchung (vgl. *temptare/tentare*)
tempus, tempor-is, n. 6	Zeit *(temporal, temporär, Tempo)*
tenēre, tene-ō, tenu-ī 10	(fest-)halten
tentāre/temptāre, tentō/temptō 5	versuchen
terra, terr-ae, f. 4	Erde, Land
terrē-re, terre-ō 2	jdn. erschrecken *(Terror)*
terror, terror-is, m. 6	Schrecken, *Terror (terrere)*
tertiō 3	zum dritten Mal
tertius, a, um 3	dritte(r) (*Terz*)
testimōnium, -ī, n. 17	Zeugnis, Zeugenschaft *(Test)*
timēre, time-ō 7	fürchten (vgl. *timor*, *timidus*)

timidus, a, um 3	ängstlich, furchtsam (vgl. *timor*)
timor, timōr-is, m. 1	Furcht, Angst (vgl. *timere*)
tollere, toll-ō, sus-tul-ī, sub-lātum 4	aufheben, erheben; wegnehmen, beseitigen
tōtus, a, um 10	ganz- *(toal)*
trā-dere, trā-dō, trā-did-ī, trā-ditum 6	über-geben, -liefern, ausliefern, verraten
trahere, trah-ō, trax-ī, tractum 9	schleppen, ziehen (*Traktor*)
transcendere, -scend-ō, -ī, -scēnsum 25	hinüber-steigen,-gehen,-fahren
trans-īre, trans-eō, trans-iī 18	vorüber-gehen, hinüber-gehen (*Transit*)
trēs, trēs, tria 14	drei
tribūtum, tribūt-ī, n. 5	Steuer, Abgabe, *Tribut*
trīnitās, trīnitāt-is, f. 4	Dreiheit, Dreifaltigkeit, Trinität
trīstis, trīste 16	traurig, betrübt *(trist)*
tum 1	da, dann, darauf
tunc = tum 19	da, dann, damals
turba, turb-ae, f. 6	Verwirrung, Getümmel, Gedränge; Schar, Menschenmenge, -masse, Volk
turbāre 20	aufregen, verwirren
tuus, tua, tuum 1	dein
ubi? 3	wo?
ubīque 9	(wo auch immer) überall
umquam ≠ numquam 19	jemals ≠ nie(-mals)
ūndē? 14	woher?
ūndecimus, a, um 11	elfte(r) (vgl. *undecim*)
úng(u)ere, ung(u)-ō, ūnx-ī, ūnctum 18	salben, bestreichen (vgl. *unguentum*)
unguentum ,- ī, n. 18	Salböl
ūnicus, a, um 8	einzig (vgl. *unus; Unikum, Unikat*)
ūnitās, ūnitāt-is, f. 16	Ein-heit *(unus)*
ūniversus, a, um 13	gesamt (*universal, Universität*)
ūnus, ūna, unum 1	ein, einzig
urbs, urb-is, f. 12	(Haupt-)Stadt
usque ad + Akk. 16	bis zu
ūsus, -ūs, m. 24	Gebrauch, Nutzung, Nutzen (engl. *use*)
ut 15	wie (vgl. *sic-ut*)
ut (Konjunktion) + Indikativ 16	wie; sobald, als
ut (Konjunktion) + Konjunktiv 22	dass (oder Infinitiv); damit (oder "um zu" + Inf.); (so) dass
uterus,- ī., m. 20	Mutterleib, Bauch, *Uterus*
uxor, uxōr-is, f. 13	(Ehe-)frau
vādere, vād-ō, vās-ī, — 3	gehen (*waten*)
valdē 2	sehr
vallis, vall-is, f. 19	Tal
vās, vās-is, n. , plur. vās-a 2	Gefäß (*Vase*)
vehemēns, vehement-is 21	heftig, gewaltig *(vehement)*
vel 6	oder
velle, vol-ō, volu-ī 15	wollen (Präs.: volo, vīs, vult, volumus, vultis, volunt)

vēlōx, vēlōc-is 16	schnell (veloci pede: mit schnellem Fuß > le vélocipède / le vélo, das Velo [Fahrrad])
vēndere, vēnd-ō, vēndid-ī, vēnditum 18	(zum Verkauf geben) verkaufen *(venum-dare)*
venia, -ae, f. 22	Verzeihung, Erlaubnis (vgl. *venia legendi*)
venire, veni-ō, vēn-ī, ventum 1	kommen
venter, ventr-is, m. 13	auch
ventus, -ī, m. 16	Wind
verbum, -ī, n. 9	Wort *(Verb, verbal)*
vērē (Adv.) 9	wahrhaftig, wirklich
vēritās, vēritāt-is, f. 23	Wahrheit, Wirklichkeit
vērō (Adverb) 5	wahrlich, in Wirklichkeit; aber
vērus, a, um 13	wahr, wahrhaftig
vester, vestra, vestrum 7	euer
vestīmentum, vestīment-ī, n. 4	Kleidung, Kleidungsstück
vestīre 25	bekleiden (vgl. *vestis, vestimentum*)
vestis, vest-is, f. ≈ vestīmentum, -ī, n. 13	Kleid, Kleidungsstück, Gewand
vexāre 25	heftig bewegen, quälen, beunruhigen
via, vi-ae, f. 5	Weg, Straße, Marsch, Reise (*Via Appia*)
vidēre, vide-ō, vīd-ī, vīsum 1	sehen
vidēri, vide-or, vīsus sum 15	(gesehen werden) scheinen
vīlla, vīll-ae, f. 4	(Land-)haus, Bauernhof (*Villa*, frz. *ville*)
vīn-um, -ī, n. 2	*Wein*
vincere, vincō, vīcī, victum 11	(be-)siegen
vir, vir-ī, m. 7	Mann
virgō, virgin-is, f. 10	junge Frau, Jungfrau
virtūs, virtūt-is, f. 14	Männlichkeit, Mannhaftigkeit, Tapferkeit, Tüchtigkeit, Kraft, Leistung; (Streit-)macht
vīs, vim, vī, Plur.: vīrēs, vīr-ium 20	Kraft, Gewalt; Menge
vīsibilis, vīsibile 16	sichtbar
vīsiō, vīsiōn-is,f. 12	das Sehen; Anblick, Erscheinung, *Vision*
vīta, vīt-ae, f. 4	Leben
vīvi-ficāre 23	lebendig-machen
vīvere, vīv-ō, vīx-ī, — 3	leben
vīvus, a, um 4	lebend, lebendig
vocāre, vocō 1	rufen
voluntās, voluntāt-is, f. 6	Wille, Wohlwollen *(velle)*
vōx, vōc-is, f. 14	Stimme, Wort (vgl. *vocare,Vokal, vokal)*
vultus, -ūs, m. 21	Gesichtsausdruck, Miene, Aussehen

Übersetzungen und Lösungen

In runden Klammern () stehen Erläuterungen oder Zusätze. Spitze Klammern <> enthalten mögliche oder notwendige Ergänzungen. Hinter einem Schrägstrich / befinden sich Übersetzungsalternativen.

Lectio prima

Da das Lateinische keine Artikel kennt und auch auf Possessivpronomen (*mein, dein, sein* usw.) meist verzichtet, wenn die Zuordnung klar ist, muss man beim Übersetzen ins Deutsche immer überlegen, ob man keinen Artikel oder den bestimmten oder den unbestimmten Artikel oder das Possessivpronomen verwendet.

① Gott ist. / Gott existiert. / Es gibt (einen) Gott.
Gott ist gut. Gott ist (die) Liebe.

② Auf Golgatha sind (die) Mutter Maria und (der) Schüler Johannes da. /
Auf Golgatha sind Maria, die Mutter, und Johannes, der Schüler, anwesend.
Jesus sieht seine Mutter Maria und seinen Jünger Johannes. /
Jesus sieht Maria, die Mutter, und Johannes, den Jünger.
Er sagt zu Maria: "Siehe, (da ist) dein Sohn!"
Er sagt zu Johannes: "Siehe, (da ist) deine Mutter!"

③ Der Engel Gabriel kommt zu Maria. / Gabriel, der/ein Engel, kommt zu Maria. Maria hört den Engel (an). Maria sagt: "Hoch preist meine Seele den Herrn. / Meine Seele preist / erhebt den Herrn."

④ Gott ist der Vater und der Sohn und der Heilige Geist. /
Gott ist Vater, Sohn und Heiliger Geist.

⑤ Ich glaube
- an den einen Gott, den Vater,
- und an den einen Herrn Jesus Christus, den / seinen Sohn,
- und an den heiligen Geist, den Herrn,
- und an die eine heilige, katholische und apostolische Kirche.

⑥ Gott erschafft die Welt. Gott macht / erschafft das Firmament, er nennt das Firmament (den) Himmel. Er sieht, dass der Himmel gut ist.
Gott macht Sonne und Mond. / Gott erschafft die / eine Sonne und den / einen Mond. Gott sieht, dass die Sonne gut ist und dass der Mond gut ist.

⑦ Die Tür ist wegen der Angst / aus Angst geschlossen / verschlossen.
Da tritt Christus, der Heiland, ein und begrüßt die Elf. /
Da tritt der Heiland Christus ein und begrüßt die Elf.

Üb. 1

a. Der Sohn kommt. Der Vater sieht den / seinen Sohn.
b. Die Mutter kommt. Der Sohn sieht die / seine Mutter.

c. Der / Ein Engel kommt. Maria sieht den Engel.
d. Die Sonne kommt. Der Herr sieht die Sonne.
e. Maria kommt. Jesus sieht Maria.

Üb. 2

<table>
<tr><td>Porta</td><td>propter</td><td>timorem</td><td>clausa</td><td>est</td></tr>
<tr><td>Substantiv</td><td>Präposition</td><td>Subst.</td><td>Adjektiv</td><td>Verb/Hilfsverb</td></tr>
<tr><td>Nom. sg. f.</td><td>—</td><td>Akk. sg. m.</td><td>Nom. sing. f.</td><td>3. sing. Präs.</td></tr>
<tr><td>Subjekt</td><td colspan="2">Adverbiale</td><td>Prädikatsnomen</td><td>Kopula</td></tr>
<tr><td></td><td></td><td></td><td colspan="2">Prädikat</td></tr>
</table>

Üb. 3

Pater filium vocat. Filius venit et patrem salutat.
Iesus discipulum vocat. Discipulus venit et Iesum salutat.
Deus angelum vocat. Angelus venit et Deum salutat.
Salvator Ioannem vocat. Ioannes venit et salvatorem salutat.
Mater filiam vocat. Filia venit et matrem salutat.
Ecce lectio prima. Discipulus lectionem primam audit.
Ioannes dicit: "Salvator adest." Sed mundus salvatorem non salutat.

Üb. 4

Ecce familia mea!
Ecce pater meus!
Ecce mater mea!
Ecce filia mea!
Filius meus non adest.

Lectio secunda

① Simon ist Fischer.
Auch Jakobus und Johannes sind Fischerkollegen. / Auch die Gefährten/Freunde Jakobus und Johannes sind Fischer.
Jesus nennt Simon Petrus Apostel. / Jesus beruft den Simon Petrus zum Apostel.
Auch Jakobus, Andreas und Johannes nennt er Apostel. / Auch Jakobus, Andreas und Johannes beruft er zu Aposteln / benennt er als Apostel.
Jesus ist Judäer / Jude; auch die / seine Apostel sind Judäer / Juden.
Jesus schickt die / seine Apostel in die Welt.

② Christus ist ein guter Hirte / der gute Hirte. Ein guter Hirte bewacht die / seine Schafe gut und verteidigt sie gegen (die) Wölfe. Wölfe / Die Wölfe schrecken einen guten Hirten nicht. Die Schafe lieben den / ihren Hirten. Die schlechten Hirten / Schlechte Hirten sehen einen / den Wolf und fliehen.

③ Eine / Die Sklavin trägt ein großes Gefäß. Jesus macht /wirkt sein erstes (Wunder-)Zeichen / sein erstes Wunder. Sklaven und Sklavinnen tragen große

Gefäße herbei, sie gießen Wasser hinein. Jesus verwandelt das Wasser in Wein. Der Wein ist gut. Alle loben den Wein. Später tut / wirkt Jesus viele Wunder.

④ Die Engel sagen: "Heute ist der Heiland geboren, Christus, der Herr." Die Engel schicken die Hirten zu Jesus. Alle Hirten hören die Engel / hören auf die E. und laufen zur Krippe; dort finden sie Maria, Joseph und den kleinen Jesus. Da/Dann loben sie Gott. Später bringen auch/sogar Magier große Geschenke.

⑤ Paulus geht nach Rom. Dort ist auch Petrus.

⑥ In der Morgenfrühe / Frühmorgens gehen die Frauen zum Grabmal / zum Grabe, aber Jesus finden sie nicht.

⑦ Gott sieht alles (an), und siehe da, es (= alles) ist sehr gut.

⑧ "Alles Meine ist Deines. / Alles, was mein ist, ist dein."

Tragen Sie die fehlenden Formen der Wörter ein!

1.	Sing.	Plur.
Nom.	dominus	domini
Akk.	dominum den (Haus-) Herrn	dominos

	Sing.	Plur.
Nom.	domina die (Haus-) Herrin	dominae
Akk.	dominam	dominas

2.	Sing.	Plur.
Nom.	pater	patres
Akk.	patrem	patres

	Sing.	Plur.
Nom.	signum	signa
Akk.	signum	signa

3.	Sing.	Plur.
Nom.	socius meus	socii mei
Akk.	socium meum	socios meos

4.	Sing.	Plur.
Nom.	pastor malus	pastores mali
Akk.	pastorem malum	pastores malos

5.	Sing.	Plur.
Nom.	mulier bona	mulieres bonae
Akk.	mulierem bonam	mulieres bonas

Üb. 1

a) Iacobus piscator est. Etiam Simo et Andreas piscatores sunt.

b) Andreas apostolus est. Etiam Iacobus et Ioannes apostoli sunt.

c) Lupi mali pastores malos valde terrent.
d) Servae vasa magna portant.
e) Servi oves apportant.
f) Pastores boni oves contra lupos defendunt.

Üb. 2

Oves pastores bonos amant.
Lupus malus pastorem bonum non terret.
Magi dona magna apportant.
Apostolus signum facit.

Servus magnum vas apportat.
Apostoli Iudaei sunt.
Piscator socium vocat.
Domini servos et servas laudant.

Üb. 3

Pastor oves custodit.
Serva / Servus vasa apportat.
Iesus mittit apostolos in mundum.
Maria Deum / filium laudat.
Iesus patrem / Simonem Petrum / discipulos vocat.
Deus mundum / caelum / solem et lunam creat.
Vinum bonum est. / Aqua bona est. / Amor bonus est.
Iesus aquam in vinum mutat.

Lectio tertia

① "Ich bin ein guter Hirte / der gute Hirte, und ich kenne meine <Schafe> / die Meinen,
und meine <Schafe> / die Meinen kennen mich,
so wie mich der / mein Vater kennt und ich den / meinen Vater kenne."

② "Ich und der Vater sind eins."

③ "Du bist Petrus."

④ Dich, (den / unseren) Gott, loben wir.

⑤ "Wir haben einen / den Papst."

⑥ "So wie der Vater mich sendet, sende auch ich euch.
So wie der Vater mich liebt, liebe auch ich euch."

⑦ "Wohin gehst du, Herr?" — "Ich gehe nach Rom."

⑧ Wir loben dich, wir preisen dich, wir beten dich an, wir verherrlichen dich.

⑨ "Simon, liebst du mich?" Simon sagt / S. antwortet / <Da> sagt S.: "Ja, Herr, du weißt, dass ich dich liebe." Jesus sagt / <Da> sagt J.: "Weide meine Lämmer!" Wiederum sagt / fragt er zum zweiten Male: "Simon, liebst du mich?" Petrus sagt / <Da> sagt P.: "Ja, Herr, du weißt, dass ich dich liebe." Jesus sagt / <Da>

sagt Jesus: "Weide meine Lämmer!" Er sagt / <Da> fragt er wiederum: "Simon, liebst du mich?" Petrus ist traurig, weil / dass Jesus sagt / fragt: "Liebst du mich?" und sagt: "Herr, du weißt alles: du weißt, dass ich dich liebe." — Jesus sagt / <Da> sagt Jesus: "Weide meine Schafe!"

⑩ Die Pharisäer sagen / fragen: "Wo ist dein Vater?"
Jesus antwortet: "Ihr kennt weder mich noch meinen Vater."
Also sagen / fragen sie: "Wer bist du / <Und> du, wer bist du?"
Die Juden sagen: "Sagen wir nicht gut / zu Recht / richtig / Haben wir nicht recht, dass du (ein) Samaritaner bist und einen (bösen) Geist / einen Dämon hast?"
Jesus antwortet /<Da> antwortet Jesus: "Ich (jedenfalls) habe keinen Dämon / bösen Geist, sondern ich ehre meinen Vater, und ihr verunehrt / missachtet mich / und ihr, ihr verachtet mich."

⑪ Jesus fragt: "Wo ist Lazarus?" Sie sagen / Man antwortet: "Herr, komm und sieh!"

⑫ Bete und arbeite!

⑬ Lobe, Sion, den Retter! Lobe den Führer und Hirten!

⑭ Lobt den Herrn!
Wir wollen den Herrn loben.
Viele wollen Jesus sehen und hören.

⑮ Jesus selbst schläft. Und / <Da> gehen sie (an ihn) heran und wecken Jesus auf: "Herr, rette uns, wir gehen unter / zugrunde!" Und <da> sagt / antwortet Jesus: "Was / Warum seid ihr ängstlich?"

⑯ "Geht (los / hin), seht, ich sende euch wie Lämmer unter die Wölfe."

⑰ "Geht (los / hin), es ist Entlassung."

⑱ Paulus geht nach Rom, <um> Petrus zu sehen.

⑲ Gut leben ist / bedeutet zweimal / doppelt leben.

Vokabelform	Formbestimmung	Übersetzung
amica, amicam	amica Nom. sg. f.	eine / die Freundin
vocare, voco	voca Imp. sg.	ruf!
—	postea —	spater
1 ire, eo, eunt	eo 1. sg. Präs.	ich gehe
2 —	ego Nom. sg.	ich
3 —	ergo (Adverb)	also, folglich
4 —	quo (Adverb)	wohin

5 cupere, cupio	cupio 1. sg. Präs.	ich wünsche, ich will
6 lectio, lectionem	lectio Nom. sg. f.	Lesung, Unterrichtsstunde
7 —	primo (Adverb)	zum ersten Mal
8 habere, habeo	habeo 1. sg. Präs.	ich habe, ich halte
9 creare, creo	creo 1. sg. Präs.	ich (er-)schaffe
10 credere, credo	credo 1. sg. Präs.	ich glaube (an), vertraue
11 portare, porto	portamus 1. pl. Präs.	wir tragen, wir bringen
12 primus, a, um	primus Nom. sg. m.	erster, der erste
13 rogare, rogo	rogas 2. sg. Präs.	du bittest, du fragst
14 servare, servo	servas 2. sg. Präs.	du rettest, bewahrst
15 salvare	salvas 2. sg. Präs.	du rettest
16 dicere, dico	dicitis 2. pl. Präs.	ihr sagt
17 mittere, mitto	mittis 2. sg. Präs.	du schickst, du sendest
18 scire, scio	scitis 2. pl. Präs.	ihr kennt, ihr wisst
19 ovis, ovem	ovis Nom. sg. f.	Schaf
20 —	quis Nom. sg.	wer
21 vadere, vado	vade Imperativ sg.	geh!
22 —	valde (Adverb)	sehr
23 videre, video	vide Imperativ sg.	sieh!
24 amicus, amicum	amice Vok. sg. m.	(mein) Freund!
25 mutare, muto	muta Imperativ sg.	ändere, verwandle!
26 multi, ae, a	multa Nom./Akk. pl. n.	viele <Dinge>, vieles / viel
27 1. porta, portam 2. portare, porto	porta 1. Nom. sg. f. 2. Imp. sg.	1. Tür, Tor 2. trage, bringe!
28 vas (n.)	vasa Nom./Akk. pl. n.	(die) Gefäße
29 —	contra (Präposition + Akk.)	gegen
30 suscitare, suscito	suscita 1. sg. Präs,	ich wecke auf

Üb. 1 a) Te video. b) Romam vado. c) Te interrogo. d) Vos audimus. e) Amicus tuus sum / Sum tuus amicus. f) Ad cenam vos vocamus g) Sumus bonae amicae. h) Cenam facio. i) Sum Iacobus / Martha. j) Deum adoramus et benedicimus. k) Ad patrem eo. l) Ego cupio te videre.

Üb. 2
a) "Laborate, servi!" b) "Curre, serve!" c) "Responde, amice!" d) "Ama me, amica!" e) "Vasa apportate et aquam infundite, servi!" f) "Veni, serve!" g) "Bene vive, discipule!"

Lectio quarta

② Maria: "Siehe, (hier ist / ich bin) die Magd des Herrn."

④ Johannes sieht Jesus et sagt: "Seht, (das ist) das Lamm Gottes, das hinwegnimmt die Sünde der Welt!"
"Lamm Gottes, das du (hin-)wegnimmst die Sünden der Welt."

⑤ Und <da> / Da pflanzt Gott der Herr / der Herrgott ein Paradies in Eden. Dort ist der Baum der Erkenntnis des Guten und des Bösen.

⑥ Dich, (den/unseren) Gott, loben wir.
Du König der Herrlichkeit, Christus.
Du bist des Vaters ewiger Sohn.
Mach dein Volk heil / gesund, Herr!
Wir preisen dich.
Und wir loben deinen Namen (bis) in Ewigkeit, und in die Ewigkeit der Ewigkeit.

⑦ Sei gegrüßt, Königin,
Mutter der Barmherzigkeit, sei gegrüßt!
Zu dir rufen / schreien wir verbannte Kinder Evas.
Zu dir seufzen wir.
Wohlan denn / Auf denn also / Auf, wende deine Augen zu uns!

⑧ Königin des Himmels / Himmelskönigin. — Leib des Christus.

⑨ Zwölf sind die Namen der Apostel. / Es gibt zwölf Apostelnamen: Der erste <ist> Simon Petrus / als erster Simon Petrus und sein Bruder Andreas / Andreas, sein Bruder, und Jakobus, <der Sohn des> Zebedaeus, und sein Bruder Johannes, Philippus und Bartholomaeus, Thomas und der Zöllner / Steuereinnehmer Matthaeus, Jakobus, <der Sohn des> Alphaeus, und Thaddaeus, der Kananaer Simon und Judas Iskariot.

⑩ Summe der Summen (≈ alles in allem, insgesamt)

⑪ Sowohl jetzt als auch immer und (bis) in alle Zeiten der Zeiten / in alle Ewigkeiten der Ewigkeiten / (bis) in alle Ewigkeit. Amen.

⑫ INRI = Der Nazarener Jesus / Jesus von Nazaret, König der Juden / Judenkönig.

⑬ Er hat auf dem Gewand / Kleidungsstück den Namen (ein-)geschrieben / Er hat den auf dem Gewand (ein-)geschriebenen Namen: König der Könige und Herr der Herren.

⑭ "<O> Nichtigkeit der Nichtigkeiten", sagt Ecclesiastes (der Prediger aus dem Buch Kohelet), "Nichtigkeit der Nichtigkeiten, und alles ist Nichtigkeit. (vgl. Luther: ". . . und alles ist eitel.")

⑯ Ich glaube an den einen Gott, den allmächtigen Vater,
(den) Schöpfer des Himmels und der Erde,
und an Jesus Christus, (den) Sohn <Gottes>, den Herrn,
[...] er steigt zu den Unterirdischen / in die Unterwelt hinab, [...] er steigt zu den Himmeln empor, er sitzt zur Rechten Gottes, des allmächtigen Vaters,
von dort <kommt er> zu richten die Lebenden und die Toten.
Ich glaube an den heiligen Geist, die heilige katholische Kirche, die Gemeinschaft der Heiligen, den Nachlass der Sünden, die Auferstehung des Fleisches <und> das ewige Leben.

⑰ Durch das / dein Kreuz und dein Leiden befreie uns, Herr! Durch deine heilige Auferstehung befreie uns, Herr!

⑱ Diener der Diener Gottes / Sklave der Sklaven Gottes

Üb. 1
(das/ein) Sklavenleben, (das/ein) Gotteslamm, (eine/die) Augenkrankheit, (die/eine) Götterspeise, (der) Weltenschöpfer, (die) Frauennamen

Üb. 2

N. agricola bonus: der gute Bauer,	omnipotens deus: der allmächtige Gott
G. agricolae magni: des guten Bauern,	omnipotentis die: des allmächtigen Gottes
Akk. agricolam bonum: den guten Bauern,	omnipotentem deum: den allmächtigen Gott
Vok. <o> agricola bone: <O, du> guter Bauer!	<o> omnipotens deus <O, du> … Gott!

N. agricolae boni: die guten Bauern.	omnipotentes dei: die allmächtigen Götter
G. agricolarum bonorum: der guten Bauern,	omnipotentium deorum: der … Götter
Akk. agricolas bonos: die guten Bauern,	omnipotentes deos: die allmächtigen Götter
Vok. <o> agricolae boni: Gute Bauern! / <O, ihr> guten Bauern!	<o> omnipotentes dei: Allmächtige Götter! / <O, ihr> allmächtigen Götter!

N. mulier salva: die gesunde Frau,	rex magnus: der große König
G. mulieris salvae: der gesunden Frau,	regis magni: des großen Königs
Akk. mulierem salvam: die gesunde Frau,	regem magnum: den großen König
Vok. <o> mulier salva: <O. du> gesunde Frau!	<o> rex magne: <O, du> großer König

N. mulieres salvae: die gesunden Frauen,	reges magni: die großen Könige
G. mulierum salvarum: der gesunden Frauen,	regum magnorum: der großen Könige
Akk. mulieres salvas: die gesunden Frauen,	reges magnos: die großen Könige
Vok. <o> mulieres salvae: Gesunde Frauen! / <O, ihr> gesunden Frauen!	<o> reges magni: Große Könige! / <O, ihr> großen Könige!

Üb. 3
Fratres mei ad villas piscatorum eunt.
Pastores duces populorum laudant.

Mulieres sanctae nomina apostolorum cognoscunt.
Fratres mei dona amicorum apportant.

Üb. 4
Agricola bonus nomen morbi bestiae scit.
Corpus servi salvum est.
Populus nomen regis et reginae laudat.
Frater meus horam cenae amat.

Üb. 5
1. Dominus magnus servi magni villam magnam habet.
(Der große Herr des großen Sklaven hat ein großes Haus.)
2, Piscator timidus corpus magnum regis mortui invenit.
(Ein ängstlicher Fischer findet den großen Körper / die große Leiche des toten Königs.)
Plural: 1. Domini magni servorum magnorum villas magnas habent.
2. Piscatores timidi corpora magna regum mortuorum inveniunt.

Test (Lektion I. – IV.)

1.a) Christus,	salvator	cunctorum,	tollit	peccata	mundi.
Nom.sg.m.	Nom.sg.m.	Gen.pl.m.	3.sg.Präs.	Akk.pl.n.	Gen.sg.m.
S			**P**	**AO**	

Christus, (der) Retter/Heiland aller, nimmt hinweg die Sünden der Welt.

2. Prädikat: Satzaussage.

3. Christus ad dexteram Dei patris sedet,

4.

plantas	2.sg.Präs.	von	plantare
vitas	Akk.pl.f.	von	vita
trinitas	Nom.sg.f.	von	trinitas
credis	2.sg.Präs.	von	credere
regis	Gen.sg.m.	von	rex

5.a) Lot, (der/ein) Vater zweier Töchter, sitzt an der Tür seines Hauses / an seiner Haustür. Das Haus ist klein. Da kommen zwei Engel nach Sodom. Lot lädt die Engel ein und führt sie in sein Haus. Da wollen die Sodomiter die Engel kennenlernen (sexuelle Konnotation im AT: Geschlechtsverkehr mit ihnen haben). Und / Da sagt Lot: "Ich habe zwei Töchter . . . " <Da> sagen die Engel zu Lot: "Fliehe <aus> Sodom!" Lot, seine Frau und seine Töchter fliehen.
b) Gott erschafft den Himmel. Der Himmel ist groß. Maria hat den Namen einer Königin des Himmels / den Namen "Himmelskönigin". Maria ist die Mutter von / des Christus. Jesus liebt seine Mutter. Als er an das Kreuz geht / ans Kreuz

geschlagen wird / gekreuzigt wird, ist die Angst seiner Mutter groß. Später nimmt Gott Maria in den Himmel auf.
c) "Wo sind die Hirten?" — "Die Schafe der Hirten sind dort/da, aber die Hirten sehe ich nicht."

	1. Dekl. / a-Dekl.		2. Dekl. / o-Dekl.	
	sg.	pl.	sg.	pl.
Nom.	villa	filiae	caelum	angeli
Gen.	villae	filiarum	caeli.	angelorum
Akk.	villam	filias	caelum	angelos

	3. / konson. Dekl.	
	sg.	pl.
Nom.	mater	pastores
Gen.	matris	pastorum
Akk.	matrem	pastores

Lectio quinta

① a) Lucius hat. b) Jesus schläft. c) Die Sklaven machen / tun. d) Der Elefant brüllt. e) Nun tragen / bringen sie.

③ Rufus sieht seinen Sohn. — Gajus nähert sich dem Freund. —
Die Freundin nähert sich dem Haus. — Die Hausherrin gibt der Freundin Wasser.

⑤ Pilatus: "Seht, da ist der Mensch / Mann / Kerl!"

⑥ Jesus erklärt seinen Schülern/Jüngern das Unkrautgleichnis / Gleichnis vom Unkraut: "Der Menschensohn / Sohn des Menschen sät guten Samen; der gute Samen aber sind die Söhne des Königreichs; das Unkraut aber sind die Söhne des Bösen; der Feind aber ist der Teufel; die Schnitter aber sind die Engel."

⑦ Der Mensch ist dem Menschen / für den Menschen ein Wolf.

Übung

Petrus et apostoli	principi	sacerdotum	respondent:
N.sg.m. N.pl.m.	Dat.sg.m.	Gen.pl.m.	3.pl.Präs.

"Oboedire	oportet	Deo	magis quam	hominibus."
Inf.Präs.	3.sg.Präs.	D.sg.m.		Dat,pl.m.

⑧ Die Schüler der Pharisäer sagen zu Jesus:
"Wir wissen, dass du den Weg Gottes / den Weg zu Gott / den Gottesweg richtig lehrst; denn du nimmst keine Rücksicht auf die Person der Menschen. Sag uns

also: Ist es uns erlaubt, dem Caesar (= Kaiser) Steuern zu zahlen oder nicht / Dürfen wir . . . ?"
Jesus antwortet den Schülern:
"Was versucht ihr mich / Warum sucht ihr mich auf die Probe zu stellen, <ihr> Heuchler? Zeigt mir einen Denar!" Und sie bringen / Dann bringen sie einen Denar. Jesus fragt <sie>: "Wessen Bild und Inschrift ist es?" Die Schüler antworten: "Des Kaisers."
Und Jesus sagt / (Und) da sagt Jesus:
"Gebt also das, was des Kaisers ist, dem Kaiser und das, was Gottes ist, Gott!"

⑨ Nicht uns, Herr, nicht uns, sondern deinem Namen gib (die) Ehre!

Üb. 1

Nom.	homo primus der erste Mensch	homines primi die ersten Menschen
Gen.	hominis primi des ersten Menschen	hominum primorum der ersten Menschen
Dar.	homini primo dem ersten Menschen	hominibus primis den ersten Menschen
Akk.	hominem primum den ersten Menschen	homines primos die ersten Menschen

Üb. 2 a) "Damus tibi cibum." b) "Explicamus vobis parabolam."

Üb. 3 Lesung des Briefes des seligen/heiligen Apostels Paulus an die Römer. Wort Gottes — Dank sei Gott. Lesung des heiligen Evangeliums nach Lukas. Wort des Herrn — Lob (sei) dir, Christus!

Üb. 4
Homines salvatori / piscatoribus gratias agunt. Iesus discipulos docet.
Pastores ovibus aquam dant. Iesus piscatoribus appropinquat.
Christus sedet ad dexteram patris. Deus filium in mundum mittit.
Servi dominis oboediunt. "Amice, da mihi dexteram / aquam!"
Filius matri non respondet, quia mortuus est.

Übung zur Formbestimmung

Vokabelform		Formbestimmung	Übersetzung
1 *dare*	do	*1. sg. Präs.*	*ich gebe*
2 donum	dono	Dat.sg.n.	dem Geschenk
3 duo	duo	Nom.pl.m./n.	zwei
4 caro	caro	Nom.sg.f.	das Fleisch
5 dominus	domini	Gen.sg.n.	des Herrn
6 homo	homini	Dat.sg.m.	dem Menschen / dem Manne

7 rex	regi	Dat.sg.m.	dem König
8 regnum	regni	Gen.sg.n.	des Königreichs
9 suscitare	suscitas	2.sg.Präs.	du weckst auf
10 societas	societas	Nom.sg.f.	Genossenschaft/Gesellschaft
11 via	vias	Akk.pl.f.	die Wege
12 cras	cras	(Adverb)	morgen

Lesetexte nach Lektion 5

1. Wieder(-um) stehen dort zwei Schüler / Jünger des Johannes; und <da> sieht / erblickt Johannes Jesus und sagt: "Seht, das Lamm Gottes!" Und die zwei Schüler/Jünger hören Johannes und gehen zu Jesus: Und <da> wendet sich Jesus um und sagt (zu) den Schülern: "Was sucht ihr?" Sie antworten: "Rabbi, wo wohnst du?" <Da> sagt Jesus: "Kommt und seht!" Sie kommen also und sehen, wo er wohnt, und sie bleiben bei Jesus.

2. Er (d. h. Jesus) aber geht / zieht durch Galiläa und sieht zwei Brüder, Simon und Andreas, Simons Bruder / den Bruder des Simon; sie sind Fischer. Und <da> sagt er den Brüdern / zu den Brüdern: "Kommt hinter mir her / Folgt mir (nach), und ich mache euch zu Menschenfischern."

3. Da gehen viele der Jünger weg. Also sagt Jesus zu den Zwölfen: "Geht auch ihr weg?" Aber Simon Petrus antwortet dem Herrn: "Herr, zu wem gehen wir / sollen wir gehen? Du hast Worte des ewigen Lebens, und wir (jedenfalls) glauben und erkennen/wissen, dass du der Heilige Gottes bist."

4. Und <da>> ist eine Hochzeit in Kana Galiläas / in Kana in Galiläa, und dort ist die Mutter Jesu / von Jesus; sie rufen / man ruft auch Jesus und die / seine Jünger zur Hochzeit. Weil aber der Wein ausgeht, sage die Mutter zu Jesus: "Sie haben keinen Wein." Und <da> sagt er der Mutter / zu seiner Mutter: Was (ist) mir und dir / Was hat das mit mir und dir zu tun, Frau? Meine Stunde / Zeit ist noch nicht gekommen." <Da> sagt seine Mutter den Sklaven/Dienern: "Tut das, was er euch sagt!" Siehe, da sind sechs große Gefäße. Jesus sagt den Sklaven/Dienern: "Gießt Wasser in die Gefäße!" Und <dann> gießen sie Wasser in die Gefäße. Und <da> sagt Jesus: "Bringt den Wein dem/zum Speisemeister!" Viele Menschen loben das erste Wunder(-zeichen) Christi und glauben an Christus. Daraufhin / Dann geht Jesus nach Kapernaum hinab, er selbst, seine Mutter, seine Brüder und seine Jünger, und dort bleiben sie. Und <da> ist das Paschafest der Judäer / Juden nahe, und er (Jesus) geht nach Jerusalem hinauf.

Lectio sexta

① 1. Leo papa in Germaniam it.

Papst Leo geht / zieht / reist nach Germanien / Deutschland.

Anno Domini DCCIC_Leo papa, terrore inimicorum fugatus, raeda vel equo Roma in Germaniam it.

Im Jahre des Herrn 799 reist Papst Leo, durch den Terror seiner Feinde vertrieben, mit dem Wagen oder zu Pferde von Rom nach Deutschland.

2. Mense Iulio anni DCCIC Leo papa in Germania est.
Im Monat Juli des Jahres 799 ist Papst Leo in Deutschland.
Cum Carolo rege agit. — Er verhandelt mit König Karl.
Cum Carolo rege in palatio ad fontes Lupiae sito de regno et de ecclesia agit.
Er verhandelt mit König Karl in der an den Lippequellen gelegenen Pfalz über das Königreich und die Kirche

3. Quo rex it? — In palati**um** it
Wohin geht der König? — Er geht in **die** Pfalz.
Ubi rex est? — In palati**o** est.
Wo ist der König? — Er ist in **der** Pfalz.

4. a) Reges magni raedis vel equis ad palatia eunt.
b) Papae cum regibus in palatiis de regnis agunt.
c) Homines cum mulieribus in villis laborant.
d) Caesares in imaginibus sunt.
Anno Domini MDCIIII in honorem sanctorum apostolorum Petri et Pauli
Im Jahre des Herrn 1604 zur Ehre der heiligen Apostel Petrus und Paulus

② In der Nacht / Nachts ist Jesus mit seinen Jüngern im Garten Gethsemani. Da kommt Judas, einer der Zwölf / von den Zwölfen, und viel Volk / eine große Volksmasse mit Laternen und Waffen. Judas gibt der Menge ein Zeichen; er sagt: "Sei gegrüßt, Rabbi!" und gibt Jesus einen Kuss. Jesus aber sagt Judas / zu Judas: "Judas, mit einem Kuss verrätst du den Menschensohn?" Einige der Jünger sagen: "Herr, <wie wäre es,> wenn wir <ihn> mit dem Schwert durchbohren / sollen wir <ihn> mit dem Schwert durchbohren?" Und <da> schlägt Petrus einen Sklaven/Diener des Hohenpriesters und schneidet ihm das rechte Ohr(-läppchen) ab. Der Sklave/Diener aber heißt Malchus / hat den Namen Malchus. Jesus sagt (zu) Petrus: "Schick / Steck dein Schwert in die Scheide!" Und <dann> berührt er das Ohr(-läppchen) des Sklaven/Dieners und heilt es. <Dann> sagt Jesus zur (Volks-)menge: "Gleichwie zu einem Räuber zieht ihr aus mit Schwertern und Knüppeln / Als ob ihr mit Schwertern und Knüppeln gegen einem Räuber ausrückt! Täglich bin ich mit euch im Tempel, und ihr ergreift mich nicht / ihr nehmt mich nicht fest." Da ergreift die Menge Jesus und führt ihn aus dem Garten zum Hohenpriester.

④ Ich glaube
an den einen Gott, den allmächtigen Vater, den Schöpfer des Himmels und der Erde,
und an den einen Herrn Jesus Christus, Gottes Sohn / den Sohn Gottes,
und an den Heiligen Geist, der aus dem Vater und dem Sohn hervorgeht.

⑤ Heilig, heilig, heilig, Herr Gott Sabaoth!
Voll sind die Himmel und die Erde von deiner Herrlichkeit.
Hosanna in den Höhen / in der Höhe!

⑥ Der Herr (sei) mit euch! — Der Friede (sei) mit dir!

⑦ Ehre (sei) Gott in den Höhen / in der Höhe
und auf der Erde / auf Erden Friede den Menschen guten Willens / des Wohlwollens <Gottes>!
Wir loben dich, wir preisen dich, wir beten dich an, wir verherrlichen dich.

⑧ "Durch die Gnade Gottes aber bin ich das, was ich bin."

⑨ Herr, erbarme dich! - Christus, erbarme dich! - Herr, erbarme dich!
Christus, höre uns! - Christus, erhöre uns! - Heilige Maria, bitte für uns!

⑩ In der 9. Stunde befreit der Hausherr die Sklaven durch ein Zeichen von den Arbeiten.

⑪ In der 1. Stunde befreit der Arzt den Kranken durch eine Operation von der Krankheit.

⑫ Mitten in der Arbeit scheidet der Freund durch eine böse Krankheit aus dem Leben.

Üb. 1 Vos unum estis in Christo Iesu.

Üb. 2

Nom.	magnus labor die große Mühe	imago parva das kleine Bild
Gen.	magni laboris der großen Mühe	imaginis parvae des kleinen Bildes
Dat.	magno labori der großen Mühe	imagini parvae dem kleinen Bild
Akk.	magnum laborem die große Mühe	imaginem parvam das kleine Bild
Abl.	magno labore mit großer Mühe	imagine parva durch das kleine Bild

Üb. 3
a) parabolis b) a lupis c) armis / gladiis / cum sociis d) sancta nocte e) cum sociis f) carne / in villa g) ex Maria / in villa h) (a) peccatis i) hora cenae —

in villam j) in villa k) vino / auro / armis / gladiis / peccatis l) dextera m) gladiis n) in caelo o) in caelum p) anno Domini quarto decimo

Üb. 4

Filii	filiaeque	amicis	patris	herbis bonis	cenam	parant.
N.pl.m.	N.pl.f.	D.pl.m./f.	G.sg.m.	Abl,pl.f.	Akk.sg.f.	3.pl.Präs.

Söhne und Töchter bereiten den Freunden/Freundinnen des Vaters mit / aus guten Kräutern eine Mahlzeit.

Nec laudibus nec timore:
Weder durch Lobreden noch durch Angst(-machen/-einflößen) <lasse ich mich beeindrucken>.

Lectio septima

Imp.Sing. (≈ Stamm) Imp. Plur. (-te)	Inf. / a-Konj.	Imp.Sing.(≈ Stamm) Imp. Plur.(-te)	Inf. / e-Konj.
Intra! Intrate!	intrare	Mane nobiscum! Manete nobiscum!	manere
Ora pro nobis! Orate pro nobis!	orare	Responde amico! Respondete amicis!	respondere
Para cenam! Parate cenam!	parare	Vide! Videte!	videre
Da mihi cibum! Date nobis cibum!	dare	Time Dominum! Timete Dominum!	timere
Interroga amicum! Interrogate amicos!	interrogare	Salve! Salvete!	(salvere)

Imp.Sing. (≈ Stamm) Imp. Plur. (-te / -i-te)	Inf./ 3. Konj. (konsonantisch)	Imp. Sing. / Imp. Plur.	Inf. / i-Konj.
Dic nobis! Dicite nobis!	dicere, dico	Audi me! Audite nos!	audire
Fac! Facite!	facere, facio	Veni mecum! Venite nobiscum!	venire
Cape equum! Capite equos!	capere, capio		
Lude nobiscum! Ludite nobiscum!	ludere, ludo		
Age! Agite!	agere, ago		

Imp.Sing./Imp. Plur.	Infinitiv	Imp.Sing./Imp.Plur.	Infinitiv
I! Ite! Abi! Abite!	ire, eo	Es iustus/iusta! Este iusti/iustae! Ades mihi! Adeste nobis!	esse, sum adesse, adsum

① Ein Junge/Knabe/Kind, geboren in Bethlehem
Das Kind Jesus ist/liegt in der Krippe. Die Hirten grüßen das Kind. Dann kehren die Männer zu ihren Schafen zurück.

② "Du bist unser Meister/Lehrer/Chef. Dich nennen wir unseren Herrn."

③ Die Pharisäer sagen <zu> den Jüngern Jesu: "Warum isst und trinkt euer Meister mit Steuereintreibern/Zöllnern und Sündern?"

④ Der Schüler ist nicht über seinem Lehrer und der Diener nicht über seinem Herrn.

⑤ Ein Gleichnis: "Ein guter Mann sät guten Samen auf seinem Acker . . . ."

Üb. 1			
	N.	pater noster	patres nostri
	G.	patris nostri	patrum nostrorum
	D.	patri nostro	patribus nostris
	Akk.	patrem nostrum	patres nostros
	Abl.	cum patre nostro	cum patribus nostris
	Vok.	pater noster	patres nostri

Üb. 2

1. Saepe fratres amicos ad cenas bonas vocant.
2. Mane audio: "Ubi es, amice? Esne in agro?"
3. Semper domina ancillae dicit: "Bona ancilla libenter laborat."
4. Surge tandem! Lude pila mecum!
5. Num morbi mali vos capiunt?"
6. Cur mihi non respondes, sacerdos?
7. Viri Iudaei cum pueris ad templa eunt.
8. Signis apostolorum homines mortui resurgunt.

Lateinische Nominal- und Verbalendungen

-a		**-as**	
Substantiv	Verb	Substantiv	Verb
1. Nom. sg. 2. Abl. sg. 3. N./Akk. pl. n.	Imp. sg. (a-Konj.)	Akk.pl.	2.sg. Präs. (a-Konj.)
-e		**-es**	
Substantiv	Verb	Substantiv	V erb
1. Abl. sg. 2. Vok. sg.	Imp. sg. (e-Konj. u. 3. Konj.)	1. N. pl. 2. Akk. pl.	2. sg. Präs. (e-Konj.)

-i		-is	
Substantiv	Verb	Substantiv	Verb
1. G. sg. 2. D. sg. 3. N./Vok. pl.	Imp. sg. (i-Konj.)	G. sg.	2. sg. (3. Konj. u. i-Komj.)

-o	
Substantiv	Verb
1. Dat. sg, 2. Abl. sg.	1. sg.

Lectio octava

① Jesus geht in die Stadt Naim, und es gehen mit ihm dessen Jünger / seine Jünger und viel Volk. Als er sich dem Tor dieser Stadt nähert, siehe, da tragen Bürger einen toten jungen Mann heraus <zur Bestattung>. Dieser ist der einzige Sohn seiner Mutter. Diese ist Witwe. Sie weint, weil deren einziger / ihr einziger Sohn gestorben/tot ist, und viel Volk / eine große Volksmenge der Stadt mit ihr. Jesus sieht / erblickt sie und sagt <zu> ihr: "Weine nicht!" Und <zu> dem jungen Mann sagt er: "Steh auf!" Und <da> steht der junge Mann auf. Und <dann> gibt ihn Jesus dessen Mutter / seiner (!) Mutter. Diejenigen, die dies sehen, preisen Gott.

② Selig / Glücklich der Mann, der den Herrn fürchtet <und> der auf dessen Wegen / seinen (!) Wegen wandelt / geht.

De domino et familia eius
Dominus servos vocat et eis/iis imperat: "Viri, ite in agros et eos curate! Frumentum spectate et id apportate!" Tum cum servis et pueris in agros it. Dominus gaudet, nam cuncti servi ei adsunt. Dominus Caeciliam videt ei dicit: "Ecce servos! Ii bene laborant." Etiam Caecilia eos laudat. Nunc dominus eos labore liberat. Tum dominus cum ea in villam redit. Ibi filiam et amicas eius ludere vident.

Markus sieht/betrachtet sich. Markus gefällt sich. Markus denkt bei sich.	Die Freundinnen sehen/betrachten sich. Die Römer gefallen sich Die Freundinnen denken bei sich.

Oft lobt Markus **sich**, aber die übrigen / alle anderen loben **ihn** nicht immer.

Üb. 1
wegführen, abführen; zusammenlaufen, mitlaufen; herangehen, hinzutreten; hinzustellen, beilegen; vorangehen; zusammenarbeiten; (drum-)herumstehen, umstehen; entfliehen; hinübertragen, hinüberbringen; entgegenlaufen, begegnen; darauflegen, (hin-)einsetzen; (hin-)einführen; zurücklaufen, wiederkehren; hin-

zugehen, herangehen; herausgehen, entweichen; zusammenkommen, übereinkommen; hinabführen, ableiten, wegführen; wegschicken, entlassen.

③ Vater unser, der du bist in den Himmeln / im Himmel,
Unser tägliches Brot gib uns heute!
Und erlass / vergib uns unsere Schulden / Schuld,
so wie auch wir erlassen/vergeben unseren Schuldnern / Schuldigern!

④ "Bleibe mit uns zusammen / bei uns, weil es dämmert / Abend wird!"

Übung

Cum	appropinquat	portae	eius	civitatis,
	3.sg. Präs.	D. sg. f.	G.sg.f.	G. sg. f.

ecce	cives	adulescentem	mortuum	efferunt..
	N.pl.m.	Akk. sg. m.	Akk-sg, m.	3. Pl. Präs.

Test (Lektion V. – VIII.)

1. temptas

2\.

Servae	dominae	amicae	filiae	aquam	apportant.
N.pl.f.	G.sg.f.	D.sg.f.	G.sg.f.	Akk.sg.f.	3.pl. Präs.

Die Sklavinnen der Hausherrin bringen der Freundin der Tochter Wasser.

3. a) Geh mit mir!
   b) Vadite nobiscum!

4\.

Pater	cum servis	in agris	laborat.	Etiam	filii	servis	patris	adsunt.
	Abl.pl.m.	Abl.pl.m.				D.pl.m.	G.sg.m.	

Der Vater arbeitet mit seinen Sklaven auf den Feldern. Auch die Söhne helfen den Sklaven des Vaters.

5. patris tui

6. Iesus ambulat et videt duos fratres, Simonem et Andream, fratrem eius; ii sunt piscatores. Et Iesus ait eis/iis: "Venite mecum! Facio vos piscatores hominum." Tum ei occurrunt alii duo fratres, Iacobus, filius Zebedaei, et Ioan-nes, frater eius. Iesus Iacobum et Ioannem appellat. Etiam ii eunt cum eo.
Jesus geht umher und erblickt / sieht zwei Brüder, Simon und Andreas, dessen / seinen (!) Bruder; diese sind Fischer. Und Jesus sagt <zu> ihnen: "Kommt mit mir! Ich mache euch zu Menschenfischern." Dann begegnen ihm zwei andere Brüder, Jakobus, der Sohn des Zebedäus, und Johannes, dessen / sein (!) Bruder. Jesus ruft Jakobus und Johannes. Dann gehen sie/diese mit ihm.

7. a) Cives Romani plerumque ministris Romanis principis Romani oboediunt.
   b) Die römischen Bürger gehorchen meist den römischen Dienern / Untergebenen des römischen Prinzeps / Kaisers.

8. a) Dicite nobis nomina sacerdotum! — Sagt/Nennt uns die Namen der Priester!

b) Cur nobis ostenditis imagines principum? — Warum zeigt ihr uns die Bilder der Prinicipes/Kaiser?

9. Nocte: t — cum discipulis: pr — in horto: pr — cum lanternis et armis: pr — osculo: i —ex discipulis : pr — in gladio: pr — vagina: sep — gladio: i — cum gladiis et fustibus: pr — vobiscum: pr — in templo: pr — ex horto: pr

In der Nacht ist Jesus mit seinen Jüngern im Garten Gethsemani. Da kommt Judas, einer von den Zwölfen, zu ihnen und viel Volk mit Laternen und Waffen. Judas gibt der Volksmasse ein Zeichen; er sagt: "Sei gegrüßt, Meister!" und gibt Jesus einen Kuss. Jesus aber sagt <zu> ihm: "Judas, mit einem Kuss lieferst du den Menschensohn aus / verrätst du den M.?" Einige von den Jüngern sagen: "Herr, <wie wäre es,> wenn wir mit dem Schwert zuschlügen / Sollen wir mit dem Schwert zuschlagen?"

Lectio nona

① Verfahren Sie ebenso in den folgenden Sätzen!
1. Cupio te venire . — Ich will/wünsche, dass du kommst.
2. Christum nos a peccatis liberare credimus. — Wir glauben, dass Christus uns von unseren Sünden befreit/erlöst.
3. Iesus scit Simonem piscatorem esse. — Jesus weiß, dass Simon Fischer ist.
4. *(Hochzeit zu Kana:)* Cuncti vinum bonum esse dicunt . — Alle sagen, dass der Wein gut ist / Alle sagen, der Wein sei gut.
5. Discipuli Iesum ad caelum ascendere vident. — Ioannes scribit eum ad dexteram patris sedere.
Die Jünger sehen Jesus zum Himmel auffahren. — Johannes schreibt, dass er zur Rechten des Vaters sitzt/sitze.

② Um die vierte Nachtwache sehen sie einen Mann/Menschen über das Wasser gehen. Sie wissen nicht, dass es Jesus ist, sie glauben, dass es ein Gespenst ist, und schreien auf. Sofort aber sagt Jesus <zu> ihnen: "Ich bin es. Fürchtet euch nicht!"

③ Per ipsum, et cum ipso, et in ipso, est tibi . . .
Durch ihn und mit ihm und in ihm ist dir, allmächtiger Vater, Ehre und Ruhm in alle Ewigkeit.

④ Und da wirft Jesus einen Dämon heraus / treibt Jesus einen D. aus, einige aber sagen: "In/Mit Beelzebub, dem Anführer der Dämonen, treibt er Dämonen aus." Und andere wollen von ihm ein (Wunder-)Zeichen vom Himmel. Er selbst aber kennt deren/ihre Gedanken und sagt <zu> ihnen: "Ihr sagt, dass ich mit/in Beelzebub Dämonen austreibe. Wenn aber ich in/mit Beelzebub Dämonen austreibe, in/mit wem treiben eure Söhne <sie> aus?" Daher sind sie selbst eure Richter. Ferner, wenn ich in/mit dem Finger Gottes Dämonen austreibe, ist tatsächlich/wirklich das Reich / die Königsherrschaft Gottes da."

⑤ Es kommen aber Juden von Antiochien und Ikonium und überreden die Volksmassen und steinigen Paulus. Dann schleppen sie ihn aus der Stadt heraus, weil sie glauben, dass er tot ist/ er sei tot. Als aber die Jünger ihn umringen, steht er auf und geht in die Stadt hinein.

⑥ Wahrhaftig / In Wahrheit ist es würdig und recht, dass wir dir immer und überall Dank sagen: Herr, heiliger Vater, allmächtiger, ewiger Gott, durch Christus, unseren Herrn.

⑦ Einige (der) Sadduzäer aber kommen herbei — diese leugnen, dass es eine (Wieder-)Auferstehung gibt — und wollen Jesus über den Tod befragen.
Jesus <sagt>: "Gott ist nicht <ein Gott> der Toten, sondern der Lebendigen: Alle leben nämlich Gott / für Gott." Einige (der) Schriftgelehrten aber antworten und sagen: "Meister, du sagst es richtig / du hast recht." Und sie wagten nicht Jesus weiter zu befragen. Er sagte aber <zu> den Sadduzäern: "Wie sagen sie / sagt man / meint man das, dass Christus der Sohn Davids ist? David selbst nämlich sagt im Buch der Psalmen: 'Es sagt der Herr <zu> meinem Herrn: Setze dich zu meiner Rechten, bis ich <dir> deine Feinde als Fußbänkchen deiner Füße / für deine Füße hinlege/hinstelle! David nennt also jenen Herrn; und wie/wieso ist er Sohn des Herrn?"

⑧ Jesus treibt Dämonen mit einem Wort aus; dann schreien/rufen viele Dämonen: "Du bist Gottes Sohn." Aber Jesus lässt nicht zu, dass die Dämonen sagen, dass sie wissen, dass er Christus ist.

Üb. 1
Puer Iesum salvatorem esse putat / Puer putat Iesum salvatorem esse.
Iesus regnum Dei adesse narrat.
Iesus discipulos timore magno timere videt.
Deum nos amare scimus.
Christum pastorem bonum esse scimus.
Discipuli Iesum filium Dei esse credunt.
Lucas multos pastores ad Iesum currere narrat.

Üb. 2 Cupio Iesum venire — Cupio Iesum videre.
(Subj.-Akk.) (Akk.-Obj.)
Ich will, dass Jesus kommt. — Ich will Jesus sehen.

Lectio decima

① Die Mutter stand schmerzvoll
neben dem Kreuz, tränenvoll,
während ihr Sohn <dort> hing.
Johannes hielt Maria:
Sie weinte, sah alles, hörte alles, sagte nichts;
sie wusste: Jesus war tot. — Lass mich mit dir weinen!
Neben dem Kreuz mit dir / bei dir stehen
und mich mit dir in der Klage vereinen möchte ich,
hochberühmte Jungfrau der Jungfrauen.
Lass mich mit dir klagen!

② Tum ibat <Iesus> in civitatem Naim, et ibant . . .
Cum autem appropinquabat . . . . exportabant . . . , . . . erat . . . , . . . flebat . . . , . . . erat

③ Allein Gott <wollen wir> die Ehre <geben> / Allein Gott sei Ehre!

④ "Niemand kann zwei Herren dienen: Entweder hasst er nämlich den einen und liebt den anderen, oder er schließt sich dem einen an und ist dem anderen ein Feind. Ihr könnt nicht Gott und dem Mammon dienen.

⑤ Jesus zog durch Jericho. Und siehe, da war ein Mann mit Namen Zachäus, und dieser war der Erste/Chef der Steuereintreiber und hatte selbst großen Reichtum. Und er wollte Jesus sehen, konnte es aber nicht wegen der Volksmenge, weil er klein von Statur war. Deshalb ging er zu einem Sykomorenbaum und stieg hinauf. Und da kam Jesus zu diesem Ort und erblickte Zachäus. Er blieb stehen und rief: "Zachäus, steig schnell herunter! Denn ich muss heute in deinem Hause bleiben." Da gehorchte Zachäus, stieg schnell hinab, ging zu ihm heran und nahm Jesus mit großer Freude auf. Das sahen alle und murrten: "Seht mal, in das Haus eines Sünders ist er hineingegangen!" Zachäus aber sagte zum Herrn: "Siehe, die Hälfte meiner Güter / meines Hab und Guts, Herr, gebe ich armen Menschen, und wenn ich jemanden betrogen habe, gebe ich <ihm> das Vierfache zurück." Jesus aber sagte: "Dieser Tag ist dir zum Heil."

Unterhaltungen auf der Stra0e:

— Hast du Zachäus gesehen?
— Den habe ich nicht gesehen, sondern/aber Jesus.
— Zachäus ist Steuereintreiber, er ist nicht anständig.
— Zachäus ist kein guter Mensch/Mann.
— Steuereintreiber sind nie gute Menschen.
— Ich <jedenfalls> betrete nie das Haus eines Steuereintreibers.
— Jesus aber speist mit einem Steuereintreiber.
— Warum ist er in das Haus des Zachäus gegangen?

Üb. 1 circum-ibat, docebat, praedicabat, sanabatque, erant, dicebant

Üb. 2 a) creavit, fecit, vocavit, vidit, erat, fecit, lucebat, vidit, erat, erat
b) erat, erant, vocavit, vocavit, erat, erant, misit

Üb. 3
Zachäus geht zu einem Baum.
Ich muss in deinem Haus bleiben.
Zachäus nimmt Jesus in seinem Hause auf.

Ub. 4
Hast du Jesus gesehen? - Ich habe ihn nicht gesehen.
Videsne Iesum? - Non eum video.
Jesus ging in das Haus des Zachäus.
Iesus villam Zachaei intrat.
Der Priester Zacharias führte sein Leben zur Ehre Gottes.
Zacharias sacerdos vitam . . . egit.

Lectio undecima

① Wer ist mein Nächster?
"Ein Mann ging (= war unterwegs) von Jerusalem nach Jericho — er trug viel Reichtum mit sich — , und <da> fiel er unter die Räuber; diese aber raubten den Mann aus und versetzten dem Mann Schläge; dann ließen sie den Halbtoten / <ihn> halbtot zurück und gingen weg. Ein Priester, der auf demselben Weg hinabging, sah den Mann und ging vorbei, ebenso ging auch ein Levit, der kam und den Mann erblickte, vorüber. Ein Samariter / samaritanischer Mann aber, der dort seinen Weg machte/nahm, kam und sah. Da übermannte/besiegte das Mitleid den Samariter. Und <da> ging er zu dem Mann hin und verband die Wunden des Mannes und goss <dabei> Öl und Wein <darauf>. Und <dann> setzte er den Mann auf sein Reit-/Zugtier, führte es in einen Stall und versorgte den Mann. Am nächsten Tag gab er zwei Denare dem Stallwirt und sagte <ihm>: «Trage Sorge für den Mann!»
Wer, glaubst du, war dem Mann, der unter die Räuber fiel, der Nächste?° — Aber dieser sagte: "<Der,> der Mitleid mit dem Mann getan/ausgeübt/praktiziert hat." Und <da>sagte Jesus: "Geh und handle du ebenso!"

② Lukas erzählt, dass Jesus einen jungen Mann ins Leben zurückgerufen hat / Lukas erzählt, Jesus habe einen . . . . Männer trugen einen Toten, den einzigen Sohn seiner Mutter, heraus <zur Beerdigung>. Jesus sah die Mutter um ihren Sohn weinen / Jesus sah, dass die Mutter . . . weinte. Da ging er <zu ihr> heran, berührte die Bahre und sagte der/zur Mutter: "Weine nicht!" Jesus wollte, dass der junge Mann von den Toten auferstand/auferstehe. Daher forderte er ihn auf

/ befahl er ihm, aufzustehen. Alle sahen den jungen Mann aufstehen / Alle sahen, dass/wie der junge Mann aufstand.

③ Wir wissen, dass Christus wahrhaftig von den Toten auferstanden ist.

Üb 1
1 Quis est meus proximus? Wer ist mein Nächster?
2 Der Mann macht eine große Reise / einen großen Marsch.
3 Die schlechten/bösen Männer lassen den Mann zurück.
4 Ein Priester und ein Levit gehen vorüber.
5 Das Mitleid übermannte/besiegte den Samariter.
6 Der Samariter gießt Öl und Wein in/auf die Wunden des Mannes.

Üb. 2
cadit —vident et praetereunt.— despoliant —habet

Üb. 3
1 a) Niemand sah Jesus wiederauferstehen. (*resurgere* ist gleichzeitig zum Prädikat *vidit*.)
b) Wir glauben, dass Jesus wiederauferstanden ist. (*resurrexisse* ist vorzeitig zu *credimus*)
2. a) Der Engel befahl Joseph, mit seiner Familie nach Ägypten zu fliehen. (*fugere* gleichz. zu *iussit*)
b) Der Evangelist Lukas erzählt, dass Joseph ... floh. (*fugere* vorz. zu *narrat*)

Üb. 4 1. Es war einmal ein König. Dessen Sohn ging/zog in andere Länder ..
2. "Einmal bin ich nach Rom gereist. Dort habe ich meine Freunde zusammengerufen. Dann haben wir den Papst gesehen ... "

Lectio duodecima

① Der Mann, der/welcher im Gesetz / nach dem Gesetz des Herrn (umher-)geht, ist glücklich.
Der Mann, dessen Familie Gott fürchtet, ist glücklich.
Der Mann, dem/welchem Gott Reichtum gegeben hat, ist glücklich.
Der Mann, den/welchen Gott behütet, ist glücklich.
Der Mann, in dem / an welchem keine Beschuldigung / kein Verbrechen ist, ist glücklich.

Frauen, die/welche im Gesetz / nach dem Gesetz des Herrn (umher-)gehen, sind glücklich.
Frauen, deren Familien Gott fürchten, sind glücklich.
Frauen, denen/welchen Gott Reichtum gegeben hat, sind glücklich.
Frauen, die/welche Gott behütet, sind glücklich.
Frauen, in denen / an welchen keine Beschuldigung / kein Verbrechen ist, sind glücklich.

② Preise, meine Seele, den Herrn,
und alles, was ihn mir ist, seinen heiligen Namen!

③ Glückselig der Mann, dessen Helfer/Unterstützer Gott ist,
dessen Hoffnung im Herrgott liegt,
der Himmel und Erde
geschaffen hat und alles,
was in ihnen ist!

④ Wessen Region/Land, dessen Religion!

⑤ Dem Petrus / Zu Petrus sagt der <Heilige> Geist: "Sieh mal, hier sind drei Männer, die dich suchen / die nach dir fragen. Daher steh auf, steige hinunter und geh mit ihnen ohne Angst / Furcht, weil ich sie geschickt habe!" Petrus aber stieg zu den Männern hinab und sagte: "Seht, da bin ich / ich bin es, den ihr sucht. Welches/Was ist der Grund, aus dem / weswegen ihr gekommen seid?" Sie/Diese sagten <zu> ihm: "Cornelius, ein römischer Zenturio/Hauptmann, hat die Auskunft/Antwort von einem heiligen Engel bekommen, dich herbeizuholen in sein Haus und die Worte von dir zu hören."
⑥ Philippus fand Nathanael und sagte <zu> ihm: "Den, von dem / über den Mose im Gesetz und die Propheten geschrieben haben, haben wir gefunden, Jesus, den Sohn Josephs von / aus Nazaret." Und da> sagte <zu> ihm Nathanael: "Kann <denn> von/aus Nazaret etwas Gutes sein/kommen?" Ihm sagt/entgegnet Philippus: "Komm und sieh!" Jesus sah Nathanael auf sich zukommen und sagte über ihn: "Seht da, / Da ist ein echter / wahrer Israelit, in dem / an dem keine Arglist ist / steckt."

⑦ Pilatus: "Was ich geschrieben habe, habe ich geschrieben."

⑧ Und siehe, da waren zwei von ihnen unterwegs zu einem Dorf / gingen . . . in ein Dorf, das in einer Strecke/Distanz von 60 Stadien von Jerusalem entfernt liegt mit Namen / namens Emmaus. Während sie ihre Unterhaltung / ihr Gespräch führten, kam Jesus selbst <zu ihnen> heran und ging mit ihnen, aber sie erkannten ihn nicht. Und <da> sagte er zu ihnen: "Was sind diese Gespräche / Reden, die ihr miteinander führt/austauscht?" Und <da> blieben sie traurig stehen. Und einer, der Cleophas hieß, sagte <zu> ihm: "Bist du der einzige Ausländer/Fremde / Bist du allein Ausländer/Fremder in Jerusalem und weißt nicht, was in dieser Stadt passiert ist?" Dieser / Er sagte ihnen / fragte sie: "Was <denn>?" Und <dann> sagten sie <zu> ihm: "Bezüglich / In Bezug auf Jesu von Nazaret, der ein Prophet war, groß in Tat und Rede vor Gott und dem gesamten Volk. Hast du nicht gehört, dass unsere Hohen Priester und Führer ihn ausgeliefert haben zur Verurteilung zum Tode / zum Todesurteil und ihn gekreuzigt haben? Wir aber hofften, dass er der Erlöser Israels sei. Aber auch einige von unseren Frauen erschreckten uns, die vor Sonnenaufgang am Grabmal waren und, nachdem sie seinen Körper nicht gefunden hatten, kamen und sagten, sie hätten sogar/auch eine Erscheinung / Vision von Engeln gesehen, die sagten, er lebe. Und <dann> sind einige von den Unsrigen zum Grabmal (weg-)gegangen und haben <es> so vorgefunden, wie die Frauen <es> sagten, ihn selbst aber haben sie nicht gesehen." Und <da> sagte er zu ihnen "O ihr Dummen und Herzensträgen! Musste nicht Christus dieses annehmen / auf sich nehmen und in seine Glorie / Herrlichkeit eintreten?" Und er begann von Mose und allen Propheten an und lehrte sie in allen Schriften, die es über ihn gab. Und <da> näherten sie sich dem Dorf, wohin sie gingen / gehen wollten, und er tat so, als ob er weiter gehen wollte / ginge. Und <da> sagten sie <zu> ihm: "Bleibe bei/mit uns, weil es schon Abend wird!"

Üb. 1, 1. qui, 2. cuius, 3. quae. 4. quorum, 5. Qui

Üb. 2 Qui ei respondit
Cui respondit Iesus

Test (IX. – XII.)

I. adii: 1.sg.Perf. (adire) – all: N.pl.m. (alius, alia, aliud) – gaudii: G.sg.n. (gaudium) –
saluti: D.sg.f. (salus) – veni (2): 1. Imp.sg., 2. 1. Sg.Perf. (venire) – uni: D.sg.m./f./n. (unus) –
soli (2): 1. D.sg.m. (sol), 2. D.sg.m./f./n. oder N.pl.m. (solus, a, um) – ei: D. sg. m./f./n.
(is, ea, id) – ii (2): 1. N. pl. m. (is, ea, id), 2. 1. Sg. Perf. (ire) – cepi: 1. Sg. Perf. (capere)

II. 1. Vidi nos ligare manipulos in agro et surgere manipulos meos et stare, vestrosque manipulos circumstare et adorare manipulum meum.

2. Vidi per somnium, quod/quia/quoniam sol et luna et stellae undecim adorabant me.

III. 1. Die Handlung wird als noch nicht abgeschlossen / als im Gange befindlich gesehen: sie waren dabei, hinaufzusteigen.

2. Abgeschlossenen Handlung: sie stiegen hinauf <und kamen oben an>.

IV. Die Jünger/Schüler kamen ins Haus. Diese/Sie hörten Jesus mit Freude <an/zu>.

V. Tötet sie! Gott kennt nämlich <die>, die seiner sind / die zu ihm gehören."

VI. 1.a) 1.f), 2.d), 3.a)/3.f), 4.g), 5.b), 6.e), 7.h), 8.i), 9.c)

VII. 1. surgere, Inf. Präs.: gleichzeitig zum übergeordneten Verb viderunt.

Alle sahen den toten jungen Mann aufstehen / Alle sahen, wie/dass der tote junge Mann aufstand.

2. surrexisse, Inf. Perf.: vorzeitig zum übergeordneten Verb (narraverunt)

Viele erzählten, dass der tote junge Mann aufgestanden war / der tote junge Mann sei auferstanden.

Lectio tredecima

① Hand wäscht Hand / Eine Hand wäscht die andere.
Im Namen des Vaters, des Sohnes und des Heiligen Geistes. Amen.
Ehre sei dem Vater, dem Sohne und dem Heiligen Geiste
sowohl jetzt als auch immer in alle Ewigkeit. Amen.
Der Herr <sei> mit euch. — Und mit deinem Geiste.

② Gegrüßt seist du, Maria, voll der Gnade/Anmut,
gesegnet <bist> du unter den Frauen,
und gesegnet <ist> die Frucht deines Bauches/Leibes, Jesus,
Heilige Maria, Mutter Gottes,
bitte für uns Sünder
jetzt und in der Stunde unseres Todes! Amen.

③ Pilatus wusch <sich> öffentlich / in der Öffentlichkeit / vor der Menschenmenge die Hände mit Wasser und sagte: "Ich bin unschuldig am Blute des Menschen (vom Blut des Menschen her)." Und das gesamte Volk antwortete: "Sein Blut <komme> über uns und unsere Söhne / Kinder!"

④ In Ägypten kaufte Putiphar, Eunuch des Pharaos, Anführer/Chef/Erster der Leibwächter, ein ägyptischer Mann / ein Ägypter, Joseph aus der Hand der Ismaeliter. Und der Herr war mit ihm, und der Mann handelte in allen Dingen / Angelegenheiten glücklich / hatte in allen ... eine glückliche Hand und wohnte im Hause seines Herrn. Dieser merkte/spürte sehr wohl/gut, dass der Herr mit ihm war. Und <so> fand Joseph Gnade vor seinem Herrn und diente ihm.
Und nachdem er ihn seinem Hause/Haushalt vorgesetzt hatte / zum Vorgesetzten seines Hauses gemacht hatte und alles, was er besaß, / all seinen Besitz in dessen Hand übergeben hatte, segnete der Herr das Haus des Ägypters wegen Joseph / Josephs wegen. Joseph aber besaß eine schönes Aussehen / war von schöner Gestalt und war reizend anzusehen / vom Anblick her. Später warf die Ehefrau seines Herrn ihre Augen auf Joseph und sagte: "Schlaf mit mir!"
Dieser war keineswegs einverstanden, sondern sagte zu ihr: "Sieh mal, da mein Herr mir alles übertragen hat, kümmert er sich um nichts <mehr> in seinem Hause, und es ist niemand größer/wichtiger/mächtiger im Hause als ich, und er hat mir nichts entzogen außer dir, die du seine Ehefrau bist. Wie kann ich also diese so große schlechte Tat / diese so schlimme Untat begehen und gegen Gott

sündigen?" Mit derartigen Worten / Mit Worten dieser Art war die Frau dem jungen Mann von Tag zu Tag lästig / belästigte die Frau den jungen Mann von Tag zu Tag, und dieser lehnte den unehelichen Beischlaf ab.
Eines Tages aber trat Joseph ins Haus und tat seine Arbeit ohne Zeugen; da ergriff sie den Zipfel seines Gewandes und sagte: "Schlaf mit mir!" Er/Dieser ließ das Obergewand / den Mantel in ihrer Hand zurück und floh nach draußen. Nachdem die Frau gesehen hatte, dass er sein Gewand in ihren Händen zurückgelassen hatte und nach draußen geflohen war, rief sie die Männer / Menschen ihres Hauses <herbei> und sagte zu ihnen: "Seht mal, er hat einen Hebräer / einen hebräischen Mann hereingebracht, der mit uns sein Spiel treibt. Der ist zu mir hereingekommen und wollte mit mir schlafen. Da ich geschrien habe, hat er sein Obergewand / seinen Mantel zurückgelassen, den ich festhielt, und ist nach draußen geflohen." Und <dann> zeigte sie das Obergewand / den Mantel ihrem Mann, der nach Hause kam, und sagte: "Der hebräische Sklave ist zu mir hereingekommen, den du herangeführt / hergebracht hast, und wollte mit mir sein Spiel treiben. Und nachdem er mich schreien gehört hatte, hat er das Obergewand / den Mantel zurückgelassen, den ich festhielt, und ist nach draußen geflohen." Nachdem der Herr die Worte seiner Frau gehört hatte, wurde/war er sehr zornig und übergab/ warf Joseph ins Gefängnis.

⑤ . . . muss zurückgeben/erstatten eine Seele (= Mensch oder Tier) für eine Seele, ein Auge für ein Auge, einen Zahn für einen Zahn, eine Hand für eine Hand, einen Fuß für einen Fuß.

⑥ Und <da> kamen also Soldaten zu Jesus und sahen, dass schon tot war, sie brachen nicht seine Beine/Unterschenkel, sondern einer öffnete mit seiner Lanze dessen Seite, und sofort floss Blut und Wasser heraus.

⑥ P.: Gepriesen bist du, Herr, Gott des Universums/Weltalls, weil wir von deiner Freigebigkeit das Brot empfangen haben, das wir dir opfern, die Frucht der Erde und der Arbeit der Menschenhände, aus dem uns das Brot des Lebens wird/entsteht.
A.: Gepriesen <sei> Gott in Ewigkeit!
P.: Gepriesen bist du, Herr, Gott des Universums/Weltalls, weil wir von deiner Freigebigkeit den Wein empfangen haben, den wir dir opfern, die Frucht des Weinstocks und der Arbeit der Menschenhände, aus dem uns der geistliche Trank wird/entsteht.
A.: Gepriesen <sei> Gott in Ewigkeit!

Üb. 1

Benedictus	es,	Domine,	Deus	universi,	quia de tua	largitate	accepimus	panem,
N.sg.m.	2.sg.Präs.	Vok.sg.m.		G.sg.n.		Abl.sg.f.	1.pl.Perf.	Akk.sg.m.

quem	tibi	offerimus,	fructum	terrae	et	operis	manuum	hominum,
Akk.sg.m.	D.sg.	1.pl.Präs.	Akk.sg.m.	G.sg.f.		G.sg.n.	G.pl.f.	G.pl.m.

ex quo	nobis	fit	panis	vitae.
Abl.sg.n.	D.pl.	3.sg.Präs.	N.sg.m.	G.sg.f.

Üb. 2

N.	spes magna	spes magnae	spiritus sanctus	fructus pulcher
G.	spei magnae	sperum magnarum	spiritus sancti	fructus pulchri
D.	spei magnae	spebus magnis	spiritui sancto	fructui pulchro
Akk.	spem magnam	spes magnas	spiritum sanctum	fructum pulchrum
Abl.	spe magna	spebus magnis	(cum) spiritu sancto	fructu pulchro

Üb. 3
1. pulchre, 2. male, 3. docte, 4. vere

Zusatz zu ⑤ Jesus: "Ihr habt gehört, dass sie sagten / man sagte: Auge für/um Auge und Zahn um/für Zahn Ich aber sage euch. Nicht dem Bösen widerstehen / Nicht sich dem Bösen widersetzen! Sondern wenn dich jemand auf die rechte Backe geschlagen hat, halte ihm auch die andere hin! Dem, der mit dir in einem Prozess streiten und <dir> dein Hemd wegnehmen will, überlass auch deinen Mantel! Wer dich um etwas bittet / Wer von dir etwas erbittet, dem gib es!"

Lectio quarta decima

① In jener Zeit kam er in seine Heimat/Vaterstadt. Und am Sabbat begann er in der Synagoge zu lehren, und viele, die ihn hörten / ihm zuhörten, sagten: "Woher hat er das / Woher <ist> diesem dies? Und was ist das für eine Weisheit, die er hat, und was für (Wunder-)Taten / Leistungen, die er mit seiner Hand vollbringt/bewirkt? Ist er nicht dieser/jener Handwerker, Sohn Marias und Bruder des Jakob, des Joses, des Judas und des Simon? Und sind nicht auch seine Schwestern hier mit/bei uns?"

② <Da> waren / Es gab aber Steuereintreiber und Sünder, die diesen hörten / ihm zuhörten. Und <da> murrten die Pharisäer und Schriftgelehrten, die sagten: "Dieser nimmt Sünder auf und isst mit diesen." Und <da> erzählte er ihnen dieses Gleichnis: "Wer von euch, der 100 Schafe hat und wenn eines von ihnen verlorengegangen ist, lässt nicht die 99 in der Wüste und geht zu dem, das verlorengegangen ist, bis er es findet?"

③ Nehmt und esst hiervon/davon alle: Dies ist nämlich mein Körper/Leib! Nehmt diesen Kelch und trinkt hieraus/daraus alle: Dies ist nämlich der Kelch meines Blutes / mit meinem Blut! Tut dies zu meinem Gedächtnis / zur Erinnerung an mich!

④ Der Geist des Herrn erfüllte den Erdkreis. Alleluja. Und das, was alles umfasst/zusammenhält, hat das Wissen des Wortes / Kenntnis der Sprache.

⑤ Friede diesem Hause!

⑥ Tag des Zornes, jener Tag

⑦ Nun aber bleibt/bleiben Glaube, Hoffnung, Liebe, diese drei; die größere aber von diesen ist die Liebe.

Üb. 1
Haec est civitas . . .
. . . in viis huius civitatis . . .
Hac in civitate . . .
. . . ad hunc locum . . .
. . . in domo huius viri . . .

Lukas erzählt folgendes/dieses: Jesus durchzog/durchwanderte die Stadt Jericho. Dies ist eine Stadt in Judäa. Viele Menschen/Leute standen auf den Straßen / Wegen der Stadt; denn sie wollten Jesus sehen. In dieser Stadt wohnte auch Zachäus, Erster/Vorsteher/Chef der Steuereintreiber. Auch dieser wollte Jesus sehen. Weil Zachäus wegen der Volksmenge nichts sah, stieg er auf einen Baum. Jesus kam zu dieser Stelle und erblickte Zachäus. Da / Dann sagte er zu ihm: "Steige herab!" Jesus wollte nämlich im Hause dieses Mannes bleiben / verweilen.

Üb. 2
Iesus illi appropinquavit.
. . . homines illum increpabant-
Ille autem . . .
Adducite illum . . .
. . . ex illo quaesivit.
. . . oculos illius . . .

Ein Blinder saß am Wege / an der Straße und bettelte. Jesus näherte sich ihm. Der Blinde rief des Namen Jesu. Daher meckerten / fuhren die Menschen / Leute ihn an. Der aber schrie noch mehr. Jesus befahl: "Führt ihn zu mir!" Dann fragte er ihn: "Was wünscht / möchtest du?" "Herr, ich möchte sehen." Und <da> berührte Jesus dessen Augen, und <da> sah der Blinde / konnte der Blinde sehen.

Römische Götternamen / Wochentage

a)/b) giovedí/jeudi/jueves: Juppiter → Donnerstag (Donar) Thursday
venerdí/vendredi/viernes: Venus → Freitag (Freya) Friday
lunedí/lundi(lunes: Luna → Montag (Mond) Monday

c) Latein. Wochentage: 1. Solis dies, 2. Lunae dies, 3. Martis dies, 4. Mercurii dies, 5. Iovis dies, 6. Veneris dies, 7. Saturni dies

Das reflexive Personalpronomen

Markus betrachtet sich.
Die Freunde betrachten sich.

Oft lobt Markus sich., aber die anderen/übrigen loben ihn nicht immer.

Markus sorgt für sich.
Die Römer sorgen für sich.

Markus denkt bei sich.
Die Freunde denken bei sich.

Klaudia hält sich für schön.
Klaudia glaubt, dass sie schön ist / Klaudia glaubt, sie sei schön / Klaudia glaubt, schön zu sein.
Markus erzählt, dass er vom Berg aus das Meer gesehen hat. Markus erzählt, er habe ... gesehen.

Aber die Freunde glauben nicht, dass er das Meer gesehen hat.
Die Freunde wissen genau, dass sie vom Berg aus den Fluss Rhein gesehen haben.

Reflexive/nicht-reflexive Besitz-/Bezugsangaben

Ich hole mein Pferd. Du holst dein Pferd. Gajus holt sein Pferd. Domitilla holt ihr Pferd. Die Kinder holen ihre Pferde. Auch Pomponius hat ein Pferd. Die Sklaven holen dessen / sein Pferd. Wo ist / steckt Domitilla? Deren Pferd / Ihr Pferd ist hier. Die Sklaven gehorchen ihrem Herrn. Die Sklaven gehorchen ihren Herren. Sklaven haben ein elendes Leben. Pomponius kennt deren Leben / ihr Leben genau. Der Vater sieht seine Söhne/Kinder und deren Freunde / ihre Freunde.

SPQR: Senatus populusque Romanus
Der römische Senat und das römische Volk

Singular					
	a-Deklin.	o-Deklin.	3. Deklin.	u-Deklin.	e –Deklin.
Nom. deutsch	causa der Grund	modus die Art und Weise	opus das Werk	fructus die Frucht	dies der Tag
Gen.	causae des Grundes	modi der Art u.W.	operis desWerkes	fructus der Frucht	diei des Tages
Dat.	causae dem Grunde	modo der Art u.W.	operi dem Werke	fructui der Frucht	diei dem Tag(e)
Akk.	causam den Grund	modum die Art u. W.	opus das Werk	fructum die Frucht	diem den Tag
Abl.	causa durch den / aus dem Grund	modo auf / durch die Art u.W.	opere durch das Werk	fructu durch die Frucht	die am Tag(e)

Plural					
Nom.	causae	modi	opera	fructus	dies
Gen.	causarum	modorum	operum	fructuum	dierum
Dat.	causis	modis	operibus	fructibus	diebus
Akk.	causas	modos	opera	fructus	dies
Abl.	causis	modis	operibus	fructibus	diebus

Lectio quinta decima

① Ein König wollte mit seinen Sklaven abrechnen / Rechnung legen. Und <da< wird ihm ein Sklave gezeigt / zeigt man ihm einen Sklaven, der ihm 10.000 Talente schuldete. Weil er die nicht zurückzahlen konnte, befahl der Herr , dass dieser und dessen Frau und Söhne/Kinder verkauft würden und alles, was er hatte, zurückgegeben würde / befahl der Herr, ihn und dessen Frau und Söhne/Kinder zu verkaufen und alles, was er hatte, zurückzugeben. Der Sklave aber bat den Herrn und sagte: "Hab Geduld mit mir (in Richtung auf mich), ich will dir nämlich alles zurückzahlen." Da wurde der Herr von Mitleid gerührt / ließ sich der Herr von Mitleid rühren und erließ dem Sklaven die Schuld. Nachdem jener <Sklave> aus dem Haus gegangen war, stieß er auf einen von seinen Mitsklaven, der ihm 100 Denare schuldete. Diesen ergriff er und sagte: "Zahl zurück, was du schuldest!" Da bat sein Mitsklave ihn: "Hab Geduld mit mir, ich will dir nämlich alles zurückzahlen." Dieser aber lehnte ab / sagte nein, und <daraufhin> wurde der Mitsklave ins Gefängnis geworfen. Die Sache / Der Vorfall wurde dem Herrn von anderen berichtet/gemeldet. Dieser rief erzürnt den Sklaven herbei und sagte <zu> ihm: "Nichtsnutziger Sklave, alle Schulden habe ich dir erlassen, weil du mich <darum> gebeten hast. Hättest du nicht auch Mitleid mit deinem Mitsklaven, der dir Geld schuldet, haben müssen / gehörte es sich nicht / hätte es sich nicht gehört, dass auch du Mitleid . . . hättest, so wie auch ich Mitleid mit dir hatte?" Und <dann> übergab sein Herr ihn zornig den Folterknechten.

② Leidensgeschichte der heiligen Skilitaner
Dies/Folgendes wird gelesen / ist zu lesen / liest man / steht in den Märtyrerakten über das Leiden / über die Leidensgeschichte der Skilitaner : Die Christen wurden vors Gericht geschleppt und vom Richter gefragt: "Ihr werdet angeklagt / Man klagt euch an, weil/dass ihr Christen und <damit> Feinde des Römischen Reiches seid. Niemand wird vor den Richter / zum Richter geführt, wenn er den Gesetzen gehorcht und den Kaiser, unseren Herrn wie einen Gott / als Gott verehrt. Von euch aber wird der Kaiser nicht verehrt, deshalb befehle ich, dass ihr zum Tode geführt werdet / lasse ich euch hinrichten. Und du, Donata, antworte!

Wirst du nicht erschreckt / lässt du dich nicht erschrecken durch die Gefahr des Todes / durch das Todesrisiko, wenn du in die Arena geführt und von den wilden Tieren getötet/zerrissen wirst?"
Donata, eine von den Christen,<sagte>: "Wir Christen werden nicht durch die Todesgefahr erschreckt / Wir Christen erschrecken nicht vor der Todesgefahr . Denn von uns wird kein anderer gefürchtet als der Herr, unser Gott / unser Herrgott, der in den Himmeln / im Himmel ist." Der Richtet <antwortet>: "Ihr Christen scheint dumm zu sein, denn euer Gott kann euch vor den wilden Tieren nicht bewahren. Der Kaiser aber verzeiht allen, die zur richtigen Gesinnung / zum richtigen Verstand zurückkehren / wieder zu Vernunft kommen und beim Genius des Kaisers schwören. Auf Erden ist kein Gott / gibt es keinen Gott außer unserem Kaiser, den ihr fürchten müsst."
Donata <sagt/erwidert>: "Ehrt den Kaiser, fürchtet Gott! (<Gebt/Zollt> Ehre dem Kaiser, <habt> Furcht <vor> Gott!) Ich werde nicht durch deine Worte bewegt / beeindruckt / Ich lasse mich nicht . . . beeindrucken / bewegen. Denn ich werde von Gott gehört, der in den Himmeln / im Himmel ist und nicht mit <unseren> Augen gesehen werden kann. Dies sicher: Die Christen werden nach dem/ihrem Tod in die Himmel / in den Himmel geführt. Wir sagen Gott Dank / Wir danken Gott, wenn wir in den Tod / zum Tod geführt werden / wenn man uns . . . führt." Und <da> stimmen alle anderen / die übrigen zu/überein. Dann ließ der Richter sie hinrichten / befahl der Richter, dass sie <zum Tod> geführt würden.

Üb. 1

Infinitiv Präs. Pass.	1. sing.	2. sing.	3. sing.
duci videri	moveor audior	terreris duceris necaris	ducitur colitur timetur

1. plur.	2. plur.	3. plur.
ducimur	accusamini videmini	leguntur trahuntur interrogantur ducuntur

Üb. 2

1. Christiani ab iudice interrogantur.
2. Ieus a Donata colitur.
3. Donata a Deo servatur.
4. Imperator ut deus a Romanis colitur.

Üb 3.
Plötzlich wird die Erde bewegt / bewegt sich die Erde / bebt die Erde.
"Kommt nach Hause! Wir werden gerufen / Man ruft uns."
Auf der Straße wird mit dem Ball gespielt / wird Ball gespielt / spielt man Ball.
Wird das Leben etwa mit dem Tod / durch den Tod beendet / Endet das Leben mit dem Tod?
Donata wird durch die Worte nicht erschreckt / Donata lässt sich ... nicht erschrecken / erschrickt nicht .... .

Lectio sexta decima

① Ich glaube an den einen Gott, den allmächtigen Vater, den Schöpfer des Himmels und der Erde, aller sichtbaren und unsichtbaren <Dinge> / von allem Sichtbaren und Unsichtbaren.

② O gnädige / gütige, o fromme / gewissenhafte, o süße / liebenswürdige Jungfrau Maria!

③ Erschienen ist nämlich / Gezeigt hat sich nämlich die heilbringende Gnade Gottes allen Menschen. Wir erwarten die glückliche Hoffnung und die Ankunft / das Kommen der Herrlichkeit des großen Gottes und unseres Retters Jesus Christus, der uns erlöst von aller/jeglicher Ungerechtigkeit und sich ein eigenes/besonderes/eigentümliches Volk reinigt. Lehre dies und lege es deutlich dar mit jeglicher Autorität!
Ermahne sie, den Vorstehern und Amtsträgern untertan zu sein, zu jedem guten Werk / zu jeder guten Tätigkeit bereit zu sein, niemanden zu beschimpfen, maßvoll/bescheiden zu sein, jegliche Freundlichkeit allen Menschen zu zeigen.

④ Durch ihn und mit ihm und in ihm ist dir, allmächtiger Vater in der Einheit des Heiligen Geistes / mit dem Heiligen Geist alle Ehre und Herrlichkeit in alle Ewigkeit. Amen.

⑤ In süßem Jubel(-schalle) singt dem Herrn!
Unseres Herzens Freude <liegt> in der Krippe
und leuchtet wie das Licht der Sonne auf dem Schoß der Mutter.
Also zu Recht
jubelt jedes Herz im Freudentanz des Herzens.

O kleiner Jesus, ich sehne mich nach dir.
Mach mein Herz froh, du bester Junge / bestes Kind,
und bring deine Hilfe, du berühmtes Kind!
Ziehe mich hinter dir her
zum Königreich deines Vaters, <du> Fürst der Herrlichkeit!

⑥ Am Abend befahl Jesus, weggehend auf einen Berg, / Als Jesus am Abend auf einen Berg ging, befahl er / Am Abend ging Jesus (weg) auf einen Berg und befahl seinen Jüngern, ins Schiff einzusteigen und ihm vorauszufahren über den See. Er selbst stieg auf einen Berg, um allein zu beten. Das Schiff war schon viele Stadien vom Land entfernt, und <da> erhob sich schon das Meer / wallte das Meer auf. Und sehend, dass sie sich abmühten beim Rudern, Und als er sah, dass ... – sie hatten nämlich Gegenwind – , kam er um die vierte Nachtwache zu ihnen, gehend über den See / , indem/während er übers Wasser ging. Aber sobald/als jene ihn über den See gehen sahen, glaubten sie, es sei ein Gespenst, und schrien vor Angst laut auf. Sofort ging Jesus zu ihnen heran sagend / und sagte / , wobei er sagte: "Habt Vertrauen, ich bin es! Fürchtet euch nicht!" Antwortend aber sagte Petrus <zu> ihm / Petrus aber antwortete und sage <zu> ihm: "Herr, wenn du es bist, befiehl mir, zu dir zu kommen übers Wasser / lass mich zu dir kommen übers Wasser!" Aber er sagt: "Komm!" Und <da> ging Petrus, vom Schiff hinabsteigend, übers Wasser / stieg Petrus vom Schiff hinab, ging übers Wasser und kam zu Jesus. Sehend aber den starken Wind, / Als er aber den starken Wind sah, fürchtete er sich / bekam er Angst, und während er schon untergetaucht wurde / versank, rief er sagend / rief er und sagte: "Herr, mach mich gerettet / rette mich!" Sofort aber ergriff Jesus, dem Untergehenden seine Hand reichend, ihn / reichte Jesus dem Untergehenden seine Hand und ergriff ihn und sagte <zu> ihm: "Du <bist> geringen Vertrauens / Du Kleingläubiger, warum hast du gezweifelt?" Und nachdem sie ins Schiff gestiegen waren, hörte der Wind auf.

⑦ Einmal / Eines Tages gingen vier Männer zu Jesus, einen Gelähmten in einem Bett tragend / die einen Gelähmten ... trugen. Weil eine große Menschenmenge vor dem Haus stand, trugen die Freunde ihn nicht durch die Tür hinein, sondern, das Dach öffnend, / indem/nachdem sie das Dach öffneten, ließen sie ihn zu Jesus hinab/hinunter. Dieser, jenen sehend / erblickend, / Als dieser jenen sah / erblickte, sagte er: "Ich sage dir: Steh auf!" Und <da> stand der Gelähmte, der bis zu diesem Tag von seinen Freunden im Bett getragen wurde, auf, ging aus dem Hause, trug nun selbst sein Bett und lobte, zurückkehrend in sein Haus, / während er in sein Haus zurückkehrte, Gott.

Üb. 1

homo sapiens	homines sapientes
hominis sapientis	hominum sapientium
homini sapienti	hominis sapientibus
hominem sapientem	homines sapientes
cum homine sapienti	cum hominibus sapientibus

omnis populus	omnes populi
omnis populi	omnium populorum
omni populo	omnibus populis
omnem populum	omnes populos
cum omni populo	cum omnibus populis

Üb. 2
a sapientibus et prudentibus
Omnia
omnes
mitis sum et humilis
suave
leve

Üb. 3
omnium: G.pl.
super omnes: Akk.pl.
per omnia: Akk.pl.n.
in omnibus: Abl.pl.n.

Sei gegrüßt, Königin,
Mutter der Barmherzigkeit!
Unser Leben, unsere Wonne und Hoffnung, sei gegrüßt!
Zu dir rufen wir, verbannte Kinder Evas,
zu dir seufzen wir, stöhnend und weinend,
in diesem Tal der Tränen.
Auf denn also, unsere Anwältin / unser (Rechts-)Beistand,
wende diese deine barmherzigen Augen zu uns
und zeige uns Jesus, die gebenedeite Frucht deines Bauches/Leibes,
nach dieser Verbannung<-szeit>!
O gütige / gnädige, o fromme / gewissenhafte, o süße / liebenswürdige Jungfrau Maria!

Singt Christus, dem eingeborenen/einziggeborenen Sohn Gottes, Christus, Gottes Sohn, dem Erlöser, dem Herrn, dem kleinen Kind, liegend in der Krippe / das in der Krippe liegt!

Schenke ihnen die ewige Ruhe, Herr!

Test (XIII. – XVI.)

I. omnis res	omnes res
omnis rei	omnium rerum
omni rei	omnibus rebus
omnem rem	omnes res
omni re	omnibus rebus

2. a – Dekl.	o – Dekl.	3. Dekl.	u- Dekl.	e- Dekl.
Beispiel:	maritus,	tempus, temporis	manus,	fides, fidei
— filia,	mariti	ius, iuris	manus	res, rei
filiae	puer,	venter, ventris		
cura,	pueri	ratio, rationis		
curae	arma,	miles, militis		
	armorum	pes, pedis		
		caritas, caritatis		
		mare, maris		

3. Nativitas Iesu Mariae ab angelo nuntiatur. - Die Geburt Jesu wird Maria vom Engel verkündet.

4. studebat: 3. Sg. Impf.; liberare; Inf. Präs. Akt.; eum: Akk. sg. m.; manibus: Abl. pl. f.; fratrum: G.pl.m.; manusque: Akk.pl.f.; vestras: Akk.pl.f.; servate: Imp.pl.; innoxias: Akk.pl.f.

Ruben, der dies hörte, bemühte sich, ihn aus den Händen seiner Brüder zu befreien, und sagte: "Tötet ihn nicht und vergießt kein Blut, sondern werft ihn diese Zisterne, die kein Wasser hat, und bewahrt eure Hände unschuldig!" Dies sagte er, weil er ihn aus ihren Händen befreien und seinem Vater zurückbringen wollte.

5. manus: N.sg.f.; mea: N.sg.f.; fecit: 3.sg.Perf.Akt.; haec: Akkpl.n.; omnia: Akk.pl.n.

"Salomon aber hat dem Herrn ein Haus & ein Haus für den Herrn erbaut. Aber der Höchste wohnt nicht in Handgefertigtem, wie der Prophet sagt: "Der Himmel ist mir Thron / mein Thron, die Erde aber die Fußbank für meine Füße. Welches / was für ein Haus baut ihr mir <da>", sagt der Herr, "Hat nicht meine Hand dies alles gemacht?"

6. a) omnis res, b) de omni re, c) omnium rerum (2x), d) omnes res.

a) Da schien <dem> Mose die ganze Sache/Angelegenheit unerträglich.
b) "Mach es gleichermaßen mit einem Esel und mit einem Kleidungsstück und mit jeder Sache deines Bruders, die verloren gegangen ist!"
c) Weil du dem Herrn, deinem Gott, nicht dienst in der Freude und Herzensfröhlichkeit wegen deines Überflusses an allen Dingen, musst du deinem Feind, den der Herr dir schickt, dienen / Sklave sein, <und zwar> in Hunger, Durst und Mangel an allen Dingen."
d) Alle Dinge kann der Mensch nicht erklären.

Lectio septima decima

Übung
1. Matthäus erzählt, dass ein Stummer von Jesus geheílt worden ist.
2. Viele Einwohner beneideten den von Jesus geheilten Stummen / den Stummen, der von Jesus geheilt worden war / den Stummen, weil er . . . geheilt worden war.
3. Der Stumme ist von Jesus geheilt worden / wurde . . . geheilt.
4. Wegen des von Jesus geheilten Stummen / Wegen des Stummen, der . . . geheilt worden war, / Wegen der Heilung des Stummen durch Jesus wurden die Pharisäer mit Zorn erfüllt.
5. Der Stumme, von Jesus geheilt, / Der von Jesus geheilte Stumme kehrte zu seiner Familie zurück /Nachdem der Stumme von Jesus geheilt worden war, kehrte er . . . .

① Einer, der säte, ging aus, Samen zu säen. Und während er säte, fiel der eine <Samen> den Weg entlang und wurde zertreten, und die Vögel des Himmels fraßen ihn auf. Und ein anderer <Same> fiel auf Felsen und aufgegangen vertrocknete er. Und wieder ein anderer <Same> fiel zwischen die Dornen, und die zugleich aufgewachsenen Dornen erstickten ihn. Und noch ein anderer <Same> fiel auf guten Erdboden und trug hundertfache Frucht.

② Die Jünger aber fragten Jesus nach dem Gleichnis. Ihnen sagte er: "Euch ist es gegeben, die Geheimnisse des Reiches Gottes zu kennen, allen anderen aber nur in Gleichnissen / durch Gleichnisse. Dies aber ist/bedeutet das Gleichnis: Der Samen ist das Wort Gottes.
<Der Samen> aber, der den Weg entlang <gefallen ist>:
Das sind die <Menschen>, die hören; danach kommt der Teufel und nimmt das Wort vom Herzen der Menschen weg, deshalb glauben sie nicht und werden nicht gerettet.
<Der Samen> aber, der auf den Felsen <gefallen ist>:
Wenn diese <das Wort gehört haben, nehmen sie es mit Freude auf; aber die <Menschen> haben keine Wurzeln, die <nur> eine Zeitlang glauben, und im Moment der Versuchung weichen sie zurück.
<Der Samen> aber, der in die Dornen <gefallen ist>:
Das sind die <Menschen>, die gehört haben und von Sorgen, Reichtum und Vergnügungen des Lebens erstickt werden und keine Frucht bringen.
<Der Samen> aber, der auf guten Erdboden <gefallen ist>:
Das sind die <Menschen>, die in/mit gutem und sehr gutem Herzen hören, das Wort behalten / festhalten und in Geduld Frucht bringen.

③ Zuverlässige Rede / Glaubwürdiges Wort: Wenn jemand das Bischofsamt erstrebt, wünscht/ersehnt er sich ein gutes Werk / eine gute Tätigkeit.
Ein Bischof muss/soll also

- untadelig sein,
- der Mann nur einer Frau <sein>,
- nüchtern, klug und angesehen <sein>,
- gastfreundlich <sein>,
- geeignet/befähigt zu lehren / zum Unterricht <sein>,
- kein Trunkenbold <sein>,
- kein Schläger <sein>,
- sondern maßvoll <sein>,
- nicht streitsüchtig,
- nicht auf schändlich Gewinn aus / nicht gierig auf unanständigen Gewinn <sein>,
- sondern rechtschaffen / gerecht <sein>,
- nicht kampfeslustig <sein>,
- seinem Haus ein guter Vorgesetzter <sein>,

- seine Söhne/Kinder in Unterordnung halten,
- mit aller/jeglicher Anständigkeit/Uneigennützigkeit <versehen sein>,
  — wenn jemand aber seinem eigenen Hause nicht vorzustehen weiß, wie kann er <dann> die Sorge um die Gemeinde/Kirche Gottes haben / übernehmen? —

Er muss aber auch ein gutes Zeugnis / einen guten Leumund haben von / bei denen, die außen stehen / bei Außenstehenden.

④ Nachts stieg Jesus auf einen Berg, um zu beten / zum Beten. Am nächsten Tage aber rief er seine Jünger und gab ihnen die Macht, Dämonen auszutreiben und Krankheiten zu heilen.

⑤ "Du hast einen Hebräer herangeholt, um mit mir sein Spiel zu treiben / um mich zu verspotten."

⑥ An jenen Tagen durchzog Jesus Galiläa und half den Menschen durch Gutestun und Krankenheilen / , indem er <ihnen> Gutes tat und Kranke heilte, weil Gott mit ihm ist.

⑦ Und Jesus sah, dass seine Jünger sich abmühten beim Rudern.

⑧ "Geht, um das Evangelium zu verkünden!"
"Geht in Frieden, indem ihr durch euer Leben den Herrn verherrlicht!"

Zusatztext (aus Kohelet)

Alle Dinge haben ihre Zeit / Alles hat seine Zeit,
und für jede Tätigkeit unter dem Himmel gibt es ihren Moment / und jede Tätigkeit unter dem Himmel hat ihren Zeitraum:
eine Zeit des Geborenwerdens / zum Geborenwerden und eine Zeit zum Sterben,
eine Zeit zu pflanzen
und eine Zeit (wieder-)auszureißen, was gepflanzt worden ist,
eine Zeit niederzuhauen und eine Zeit zu heilen,
eine Zeit zu zerstören / niederzureißen und eine Zeitaufzubauen,
ein Zeit zu weinen und eine Zeit zu lachen,
eine Zeit zu klagen und eine Zeit zu tanzen,
eine Zeit, Steine zu werfen /verstreuen, und eine Zeit, sie einzusammeln,
eine Zeit zu suchen und eine Zeit zu verlieren,
eine Zeit zu beschützen und eine Zeit wegzuwerfen / zu verwerfen,
eine Zeit zu zerreißen und eine Zeit zusammenzunähen,
eine Zeit zu schweigen und eine Zeit zu sprechen,
eine Zeit des Hochschätzens / der Liebe und eine Zeit des Hasses,
eine Zeit des Krieges / für Krieg und eine Zeit des Friedens / für Frieden.

Lectio duodevicesima,,

① Während jene von Jericho weggingen, folgte ihm eine große Volksmenge. Und siehe da, zwei Blinde, sitzend am Straßenrand / die am Wege saßen, hörten Jesus vorbeigehen und riefen sagend / und sagten: "Herr, erbarme dich unser, Sohn Davids!" Die Volksmasse aber befahl ihnen / forderte sie auf zu schweigen; aber diese/jene/sie riefen/schrien <noch> mehr und sagten: "Herr, erbarme dich unser, Sohn Davids!" Und <da> blieb Jesus stehen, rief sie <herbei> und sagte: "Was wollte ihr?" Diese/Sie sagten: "Herr, öffne unsere Augen!" Jesus aber erbarmte sich und berührte / Jesus, der sich erbarmte, berührte ihre Augen; und sofort sahen sie / konnten sie sehen und folgten ihm.

② Einer von den Pharisäern bat ihn <zu sich / zu Tisch>, und nachdem er in dessen Haus eingetreten war, legte er sich zu Tisch. Und siehe, als eine Frau, die in der Stadt eine Sünderin war, erfuhr, dass er im Hause des Pharisäers speiste, trat sie zu ihm heran, habend/<bei sich> tragend ein Fläschchen kostbaren Salböls / trat sie zu ihm heran mit einem Fläschchen . . . . Und <dann> begann sie, hinten an seinen Füßen stehend, Tränen weinend / mit Tränen weinend, seine Füße zu benetzen, trocknete sie mit den Haaren ihres Kopfes ab, küsste seine Füße und salbte sie mit dem Salböl. Als aber seine Jünger <das> sahen, empörten sie sich / waren sie ärgerlich und sagten: "Was soll / Wozu diese Verschwendung? Das/Es hätte nämlich teuer verkauft und den Armen gegeben werden können / Das/Es hätte man teuer verkaufen und den Armen geben können." Da Jesus <das> wusste / <sie> kannte, sagte er <zu> ihnen: "Was/Warum seid ihr unwillig / verdrießlich gegenüber dieser / ärgerlich auf diese Frau? Sie hat nämlich ein gutes Werk an mir verrichtet/getan; denn Arme habt ihr immer mit/bei euch, mich aber habt ihr nicht immer. Indem diese nämlich dieses Öl über/auf meinen Körper gegossen hat, hat sie es getan, um mich zu bestatten / zu meiner Bestattung." Er sagte aber zu ihr/jener: "Deine Sünden sind dir vergeben." Und <da> begannen <die>, die mit/zugleich zu Tische lagen, unter sich / zueinander zu sagen: "Wer ist dieser, der sogar Sünden vergibt?" Er aber sagte zu der Frau: "Dein Glaube hat dich gesund/heil gemacht / hat dich gerettet. Geh in Frieden!"

③ Confiteor (neue Fassung)
Ich bekenne dem allmächtigen Gott
und euch, Brüder,
dass ich zu viel / über die Maßen gesündigt habe
durch Gedanken, Wort, Werk/Tat und Unterlassung / im Denken, Sprechen, Tun und Unterlassen
durch meine Schuld, durch meine Schuld, durch meine übergroße Schuld.
Daher bitte ich die selige, allzeit jungfräuliche Maria,
alle Engel und Heiligen,
und euch, Brüder,
zu beten für mich beim Herrn, unserem Gott.

④ Engelsbrot wird Menschenbrot / Das Brot der Engel wird das Brot der Menschen.

Lectio undevicesima

① Der Prophet Jesaja sagte: Der Berg des Hauses Gottes wird sich über die Hügel erheben; und zu ihm hin werden alle Stämme strömen. Und viele Völker werden <dorthin> gehen und sagen: "Kommt und steigt hinauf zum Berg des Herrn und zu Hause des Gottes Jakobs, und er wird uns seine Wege/Methoden lehren, und wir werden auf seinen Pfaden gehen." Denn von Sion/Zion wird das Gesetz ausgehen und das Wort Gottes von Jerusalem. Und <dann> wird er die Stämme richten/aburteilen und viele Völker anklagen. Und <dann> werden sie ihre Schwerter zu Pflügen einschmelzen/umschmieden und ihre Lanzen zu Sicheln. Kein Stamm wird gegen einen <anderen> Stamm das/ein Schwert erheben, und sie werden niemals <mehr> für eine Schlacht trainieren / sich üben.
Das verödete Land / Die Wüste wird sich freuen, und die Einöde wird jauchzen und aufblühen gleichsam wie eine Lilie. Die Stämme werden die Herrlichkeit des Herrn sehen / erblicken, die Majestät unseres Gottes. Macht eure erschlafften Hände kräftig und stärkt eure schwachen Knie! Sagt den Kleinmütigen: "Macht euch stark, fürchtet euch nicht! Seht, Gott selbst wird kommen und euch retten." Dann werden die Augen der Blinden geöffnet werden / sich öffnen / aufgehen, und die Ohren der Tauben werden sich auftun / offenstehen. Dann wird der Lahme / Krüppel springen wie ein Hirsch, und geöffnet / gelöst sein wird die Zunge der Stummen, sagt der allmächtige Herr.
Und du wirst jauchzen im Herrn, und im Heiligen Israels wirst du dich freuen. Die Armen suchen nach Wasser, aber Wasser gibt es nicht.
"Ich, der Herr, werde sie erhören; ich, Gott Israels, werde sie nicht im Stich lassen. Ich werde in/auf den Hügeln <Quellen der> Flüsse eröffnen und Quellbrunnen in der Mitte der Täler / mitten in den Tälern; ich werde Einöde in (stehende) Wasserteiche und trockenes/dürres Land in Wasserbäche versetzen/verwandeln. Ich werde in der Wüste Zeder, Akazie, Myrte/Myrtenstrauch und Olivenbaum anpflanzen; ich werde in die Einöde Tanne, Ulme und Zypresse zugleich setzen.

② Und er wird wiederkommen mit Herrlichkeit, <um> zu richten / abzuurteilen die Lebenden und die Toten.

③ Tag des Zornes, jener Tag wird die Welt in Asche auflösen. (trad. Übersetzung: Tag des Zornes, Tag der Zähren wird die Welt in Asche kehren.)	Welch großes/schlimmes Zittern wird es sein / geben, wenn der Richter kommen wird, um alles streng / genau zu untersuchen?	Was werde ich Armer / Elender dann sagen? Welchen Anwalt / Fürsprecher werde ich <um Hilfe> bitten?

Übung

Vergangenheit	Gegenwart	Zukunft
leva**bam**	habe-o	tace**bo**
tul-erunt	discumb-o	capi**a**m
posu-it	habe-nt	flu**e**nt
er**a**m	oporte-t	appet**e**t
fu-erunt	fer-unt	er**u**nt
	pati-or	egredi**ar**
	tace-s	muta**bor**
	ingrede-ris	refer**e**s
	terre-ris	opera**be**ris
	e-unt	ader**i**s
	vide-ntur	flore**bi**t
	audi-untur	sepeli**a**m
		da**bu**nt
		audi**e**ntur
		time**bu**ntur

Lectio vicesima

① Die Armen, Wasser suchend, werden es nicht finden / Wenn die Armen Wasser suchen, werden sie es nicht finden, aber der Herr wird sie nicht verlassen / im Stich lassen, Flüsse eröffnend in den Hügeln / indem er Flüsse in/an den Hügeln entspringen lässt. Er wird in der Wüste/Einöde Bäche und Bäume geben. Dann wird die Erde, sich freuend, blühen / Dann wird die Erde sich freuen und blühen wie eine Lilie.

② Der Engel Gabriel wurde von Gott in eine Stadt, deren Name Nazaret war / die Nazaret hieß, gesandt zu einer jungen Frau, die mit einem Mann verlobt war, dessen Name Joseph aus dem Hause Davids war / der Joseph . . . hieß, und der Name der jungen Frau war Maria. Dieser trat bei ihr ein und sagte <zu ihr>: "Sei gegrüßt, <du> Gnadenvolle, der Herr <ist> mit dir." Sie aber wurde bei seiner Rede / durch seine Rede verwirrt und dachte über diese Begrüßung nach. Und <da> sagte der Engel <zu> ihr: "Fürchte dich nicht, Maria! Du hast nämlich Gnade gefunden bei Gott. Und sieh mal, du wirst im Mutterleib empfangen, einen Sohn gebären und seinen Namen Jesus nennen / ihm den Namen Jesus geben. Dieser wird groß sein und Sohn des Allerhöchsten genannt werden, und der Herrgott wird ihm den Sitzplatz Davids, seines <Stamm->Vaters, geben, und er wird auf ewig / in Ewigkeit <als König> über das Haus Jakobs herrschen, und seiner Herrschaft wird kein Ende sein / seine Herrschaft wird kein Ende haben." Maria aber sagte dem / zum Engel: "Wie wird dies geschehen, da ich keinen Mann erkenne?" Und <da> antwortete der Engel und sagte <zu> ihr: "Der Heilige Geist wird über dich kommen, und die Kraft des Allerhöchsten wird dich überschatten / dir Schutz geben; und deshalb wird auch das, was als Heiliges geboren werden wird, Sohn Gottes / Gottessohn genannt werden. Und sieh mal, deine Verwandte Elisabeth hat auch selbst in ihrem Greisenalter / in ihrem hohen Alter einen Sohn emp-fangen, und dies ist für sie der sechste Monat, die <doch> als unfruchtbar bezeichnet wird, denn bei Gott wird jegliches Wort nicht unmöglich sein." Maria aber sagte: "Siehe, ich bin die Magd des Herrn . . . ."

③ Und siehe, da war ein Mann in Jerusalem, der Simeon hieß, und dieser Mann war gerecht und gottesfürchtig, erwartend die Tröstung Israels / und er erwartete den Trost Israels, und der Heilige Geist war über ihm/auf ihm. Und <da> bekam er die Antwort / die Auskunft / den Bescheid vom Heiligen Geist, er werde den Tod nicht sehen/erleben vor der Ankunft von Christus, dem Herrn.
Und <da> kam er im Geist / durch den Geist in den Tempel. Und als dessen Eltern das Kind / den Jungen Jesus hineinführten, nahm er ihn in seine Arme, pries Gott und sagte: "Nun entlässest du deinen Diener, Herr, entsprechend / gemäß seinem Wort in Frieden, weil meine Augen dein Heilbringendes/Heil gesehen haben, das du vor dem Angesicht aller Völker bereitet/geschaffen hast, das Licht zur Offenbarung für die Völker und zum Ruhme deines Volkes Israel."
Und <da> war sein Vater und <seine> Mutter voller Verwunderung (eigentlich: sich wundernd) über das, was über ihren Sohn gesagt wurde.

④ Und siehe, da stand ein Gesetzeskundiger auf, ihn versuchend, sagend / um ihn zu versuchen, und sagte: "Meister, durch Was-Tun / durch Tun von was / indem ich was tue, werde ich das ewige Leben besitzen / was muss ich tun, um das ewige Leben zu besitzen?" Aber jener antwortet und sprach: "Was steht im Gesetz geschrieben? Wie liest du <dort>?" Dieser aber antwortete und sagte: "Du wirst/sollst den Herrn, deinen Gott, lieben aus deinem ganzen Herzen und aus deiner ganzen Seele und aus allen deinen Kräften und aus deinem ganzen Gemüt und deinen Nächsten wie dich selbst!" Und <da> sagte er <zu> jenem: "Du hast richtig geantwortet; tu dies, und du wirst leben." Jener aber sagte, weil er sich selbst rechtfertigen wollte, / Jener aber wollte sich selbst rechtfertigen und sagte zu Jesus: "Und wer ist mein Nächster?" Jesus aber erwiderte und sagte: "Ein Mann ging hinab / war auf dem Wege hinab von Jerusalem nach Jericho und fiel unter die Räuber . . . ."

⑤ Zehn Worte/Sätze, die der Herrgott auf zwei steinerne Tafeln geschrieben hat
Der Herr sprach zu Mose: "Steig zu mir herauf auf den Berg und bleib dort! Und <dann> werde ich dir steinerne Tafeln geben und das Gesetz und die Gebote, die ich aufgeschrieben habe."
Gott sprach: "Ich bin der Herr, dein Gott, der dich aus dem Land Ägypten herausgeführt hat, weg vom Hause der Sklaverei/Knechtschaft.
- Du wirst/sollst nicht fremde Götter / keine fremden Götter haben vor meinem Anblick / vor meinen Augen.

- Du wirst/sollst dir kein Geschnitztes / kein geschnitztes Bild und auch kein Ebenbild von dem machen, was in Himmel und was auf der Erde und was in den Wassern unter der Erde ist.
- Du wirst/sollst diese nicht anbeten und auch nicht verehren, denn ich bin der Herr, dein Gott, ein eifersüchtiger Gott, der das Unrecht der Väter in/an den Söhnen/Kindern <bis> in die dritte und vierte Generation vergilt und Erbarmen denen, die mich lieben und meine Vorschriften beachten, erweist/schenkt.
- Du wirst/sollst nicht den Namen deines Herrgotts grundlos gebrauchen, denn nicht straflos wird bleiben, wer den Namen deines Herrgotts / Herrn und Gottes grundlos beansprucht / in Anspruch nimmt.
- Beachte den Tag des Sabbats und heilige ihn, so wie der Herr, dein Gott, es vorgeschrieben hat.
-An sechs Tagen wird du arbeiten / tätig sein und alle deine Werke/Arbeiten machen, der siebte Tag aber ist Sabbat für den Herrn, deinen Gott; <dann> wirst/sollst du keine Arbeit tun, du und dein Sohn und deine Tochter, dein Sklave und deine Magd und jedes deiner Lasttiere und der Zugereiste/Fremde, der innerhalb deiner Türen ist / sich befindet.
An sechs Tagen nämlich hat der Herr den Himmel, die Erde, das Meer und alles, was darin / in diesen ist / sich befindet, und am siebten Tage hat er geruht / sich ausgeruht, deshalb hat der Herr den Tag des Sabbats gesegnet und ihn geheiligt.
- Du wirst/sollst deinen Vater und deine Mutter ehren.
- Du wirst/sollst nicht töten.
- Du wirst/sollst nicht ehebrechen.
- Du wirst/sollst keinen Diebstahl begehen.
- Du wirst/sollst nicht gegen deinen Nächsten ein falsches Zeugnis aussprechen / ablegen / eine falsche Zeugenaussage machen.
- Du wirst/sollst nicht das Haus deines Nächsten begehren / haben wollen; du wirst/sollst auch nicht dessen Frau begehren, nicht seinen Sklaven, nicht seine Magd, nicht sein Rind, nicht seinen Esel und alles nicht, was jenem gehört."
Das ganze Volk aber sah die Stimmen und Fackeln und den Klang des Horns und den rauchenden Berg. Und <da> blieben sie, heftig erschreckt und von Angst erschüttert/geschockt, in der Ferne stehen und sagten <zu> Mose: "Sprich du <zu> uns, und wir werden zuhören!"

⑥ Der Priester, vorbereitet/angekleidet, bezeichnet sich, wenn er zum Altar vortritt, mit dem Kreuzzeichen von der Stirn zur Brust und spricht mit lauter / deutlicher Stimme: "Im Namen des Vaters und des Sohnes und des Heiligen Geistes. Amen."
Dann beginnt er mit vor der Brust verbundenen/gefalteten Hände die Antiphon: "Ich werde zum Altar Gottes hineingehen/hingehen."
Die Diener/Ministranten antworten: "Zu Gott, der meine Jugend fröhlich macht."
Er segnet sich wiederum und sagt: "Unsere Hilfe <ist> im Namen des Herrn."
Die Diener/Ministranten: "Der Himmel und Erde gemacht/geschaffen hat."

Priester: "Herr, du wirst, <zu uns> gewandt, uns lebendig machen."
Diener/Ministranten: "Und dein Volk wird sich in dir/über dich freuen."

⑦ Du wirst mich, Herr, mit dem Hysop / Ysop besprengen, und ich werde reingemacht werden.
Du wirst mich waschen, und über den Schnee hinaus werde ich weißgemacht werden / und ich werde weißer gemacht werden als Schnee.
Ehre <sei> dem Vater und dem Sohne und dem Heiligen Geiste, sowie es war im Anfang, sowohl jetzt als auch immer, und in die Ewigkeiten der Ewigkeiten / in alle Ewigkeit. Amen.

(Paulus nach einer Totenerweckung)
Er aber ging hinauf, brach das Brot und kostete / aß es, und nachdem er genügend / hinreichend bis zum Tagesanbruch geredet / gepredigt hatte, brach er so / danach auf.

Übung
1 Jesus, auf einem Esel in die Stadt reitend, wurde von vielen gegrüßt / begrüßt.
Der auf einem Esel in die Stadt reitende Jesus wurde von vielen begrüßt.
Jesus, der ... ritt, wurde von vielen begrüßt.
Als Jesus ... ritt, wurde er von vielen begrüßt.
Jesus ritt ... in die Stadt und wurde von vielen begrüßt.
2 Jesus, auf einem Esel reitend, betrat die Stadt / zog in die Stadt ein, um den Tod zu erleiden.
Jesus ritt auf einem Esel und zog in die Stadt ein, um den Tod zu er-leiden.
3 Viele folgten dem auf einem Esel in die Stadt reitenden Jesus.
Viele folgten Jesus, der ... ritt.
Jesus ritt auf einem Esel in die Stadt, und viele folgten ihm.
4 Petrus hielt sich, schlafend zwischen zwei Soldaten, im Gefängnis auf.
Petrus befand sich im Gefängnis und schlief zwischen zwei Soldaten.
5 Die Jünger gingen nach Jerusalem hinein und beschafften / kauften Speisen / Nahrungsmittel, um das Paschamahl zu essen.
Nachdem die Jünger nach Jerusalem hineingegangen waren, beschafften / kauften sie .... .
6 Es entstand ein Geräusch wie <das> eines herankommenden gewaltigen Windes.
Es entstand ein Geräusch wie <das> eines gewaltigen Windes, der herankommt.

Zusatztext

Zwei Männer gingen in den Tempel zum Beten / wegen des Betens / , um zu beten, der eine ein Pharisäer, der andere ein Steuereintreiber. Der Pharisäer stand und betete bei sich folgendes: "Gott, ich danke dir / sage dir Dank, dass ich

nicht so bin wie die übrigen / die andere Menschen, die Räuber, die Ungerechten, die Ehebrecher, wie auch dieser Steuereintreiber hier. Ich faste zweimal am Sabbat, den zehnten Teil <jeweils>, von allem, was ich besitze, spende ich / gebe ich <den Armen>." Und der Steuereintreiber stand weit weg und wollte nicht einmal die Augen zum Himmel erheben, sondern schlug mit unglücklichem Herzen <an> seine Brust und sagte: "Gott," sagte er, " sei mir Sünder gnädig!"
Ich sage euch: "Wer sich erhöht, wird erniedrigt werden, und wer sich erniedrigt, wird erhöht werden."

Test (XVII. – XX.)

1. De Ioanne baptista
Ioannes ad Iordanem venit ad baptizandum populum.Et baptizabat multos homines in Iordane. Dixit: "Ego vos baptizavi in aqua. Is autem, qui post me venturus est, vos baptizabit in Spiritu Sancto."
Etiam Iesus ad Ioannem venit baptizandi causa. Ioannes autem prohibebat eum dicens: "Ego a te baptizari debeo, et tu venis ad me?" Postremo Iesus naptizatus est ab Ioanne.

Johannes der Täufer
Johannes kam zum Jordan, um das Volk zu taufen. Und er taufte viele Menschen im Jordan. Er sagte: "Ich habe euch im/mit Wasser getauft. Der aber, der nach mir kommen wird, wird euch im / mit dem Heiligen Geist taufen." Auch Jesus kam zu Johannes wegen der Taufe / , um sich taufen zu lassen. Johannes aber wehrte ihn ab, indem er sagte / und sagte: "Ich muss/müsste von dir getauft werden, und du kommst zu mir?" Schließlich wurde Jesus von Johannes getauft.

2. facere, crucifigere, pati, sepelire, resurgere, ascendere,venire, iudicare.

Christus wurde Mensch; er wurde auch/sogar für uns gekreuzigt, litt unter Pontius Pilatus und wurde bestattet. Er stand am dritten Tage wieder auf, er fuhr hinauf in den Himmel. Er wird wiederkommen mit Herrlichkeit, am zu richten.

3. Das nizäisch-konstantinopolitanische Glaubensbekenntnis
Ich glaube
- an den einen Gott, den allmächtigen Vater, den Schöpfer/Macher des Himmels und der Erde, aller sichtbaren und unsichtbaren Dinge,
- und an den einen Herrn Jesus Christus, den eingeborenen/einzigen und vor allen Zeiten aus dem Vater geborenen Sohn Gottes – den Gott vom Gott, das Licht vom Lichte, den wahren Gott vom wahren Gott - , gezeugt, nicht geschaffen, dem Vater wesensgleich / wesensgleich mit dem Vater, durch den alles geschaffen worden ist,
der wegen uns Menschen und wegen unseres Heiles / unserer Rettung vom Himmel hinabgestiegen ist und Fleisch geworden ist vom Heiligen Geiste aus der

jungen Frau / Jungfrau Maria und Mensch geworden ist,
sogar für uns unter Pontius Pilatus gekreuzigt worden ist, gelitten hat und bestattet worden ist und am dritten Tage wiederauferstanden ist gemäß den <Heiligen> Schriften und in den Himmel aufgefahren ist, zu Rechten des Vaters sitzt und mit Herrlichkeit wiederkommen wird, um die Lebenden und die Toten zu richten, dessen Herrschaft kein Ende haben wird,
- und an den Heiligen Geist, den Herrn und Lebendigmacher, der aus dem Vater und dem Sohn hervorgeht, der mit dem Vater und dem Sohn zugleich angebetet und verherrlicht wird, der durch die Propheten gesprochen hat,
- und an die eine, heilige, katholische und apostolische Kirche.
Ich bekenne die eine/einzige Taufe zur Vergebung der Sünden,
und ich erwarte die Auferstehung der Toten und das Leben des zukünftigen Zeitalters. Amen.

4.

venimus	1.pl. Präs.
venimus	1.pl. Perf.
veniemus	1.pl. Fut.
veniunt	3.pl. Präs.
venerunt	3.pl. Perf.
venient	3.pl. Fut.
veniens	Part. Präs. Akt., Nom. sg. m./f./n.
vident	3.pl. Präs.
viderunt	3.pl. Perf.
videbunt	3.pl. Fut.

Lectio vicesima prima

① Nachdem Petrus dies gesehen hatte, fiel er auf die Knie und sagte <zu> Jesus: "Geh fort von mir, denn ich bin ein sündiger Mensch / ein Sünder, Herr!" Staunen nämlich hatte ihn und alle, die mit / bei ihm waren, umfangen beim / über den Fang der Fische, die sie gefangen hatten. Und <da> sagte Jesus zu Simon: "Von jetzt an wirst du Menschenfänger (eigentlich: Menschen fangend) sein."

② Als die Hirten <das> sahen, machten sie das Wort, das ihnen über das Kind gesagt worden war, bekannt. Und <da> wurden alle, die <das> hörten, von Staunen ergriffen / in Staunen versetzt über das, was ihnen / zu ihnen von den Hirten gesagt worden war. Und <dann> kehrten die Hirten zurück, indem sie Gott verherrlichten und lobten in allem / für alles, was sie gehört und gesehen hatten.

③ Und <da> sagte Gott zu Kain: "Wo ist Abel, dein Bruder?" Dieser antwortete: "Ich weiß <es> nicht. Bin ich etwa denn der Hüter/Wächter meines Bruders?" Und er sagte zu ihm: "Was hast du getan? Die Stimme des Blutes deines Bruders schreit zu mir vom Felde her. Nun wirst/sollst du also verflucht sein. Wenn du deinen Acker bearbeitest, wird der Acker dir seine Früchte nicht <mehr> geben;

als Heimatloser und als Flüchtling / <heimatlos> umherziehend und Flüchtling wirst du auf der Erde sein." Und <da> sagte Kain zum Herrn: "Groß/Schlimm ist meine Strafe . . . Siehe, du wirfst/vertreibst mich heute von meinem Feld, und ich werde ein Heimatloser und Flüchtling auf der Erde sein; jeder also, der mich findet / auf mich trifft, wird mich erschlagen/töten." Und <da> sagte ihm der Herr: "So wird es keineswegs geschehen, sondern jeder, der Kain tötet / erschlägt, wird siebenfach bestraft werden."

S. 160
Das lateinische Perfekt ist vorzeitig zum Präsens:
Alle loben die Mahlzeit. Die der Sklave zubereitet hat.
Wo ist der Junge, der von seinem Bruder getötet worden ist?

Das lateinische Plusquamperfekt ist vorzeitig zum Imperfekt und zum Perfekt:
Die Fischer verkauften die Fische, die sie gefangen hatten. (erzählender Text)
Die Fischer haben die Fische verkauft, die sie gefangen hatten. (aktuell besprechender Text)

Das lateinische Futur II ist vorzeitig zum Futur I:
Der Teufel: "Wenn du mich anbetest (angebetet haben wirst), werde ich dir alles geben."
Der Engel: "Wenn der/dein Sohn geboren ist (geboren sein wird), wirst du seinen Namen Jesus nennen."

Üb.1	Üb. 2
Servus in patriam redit, quod liberatus est.	Servus fessus **est**, quod diu laboravit.
Servus in patriam rediit, quod liberatus erat.	Servus fessus **erat**, quod diu laboraverat.
Servus in patriam redibit, cum *(wenn)* liberatus erit.	Servus fessus **erit**, cum diu laboraverit.

④ Und <da> sagte der Teufel <zu> Jesus: "Ich werde dir diese gesamte Macht und den Ruhm jener geben, da sie mir übergeben worden ist und ich sie gebe, wem ich will. Wenn du also vor mir anbetest, wird sie ganz dein sein."

⑤"Amen, ich sage dir, dass du mich heute, in dieser Nacht, bevor der Hahn zweimal seinen Schrei gibt, dreimal verraten/verleugnen wirst."

⑥ Wie sah Paulus aus?
Aber als ein Mann namens Onesiphorus hörte, dass Paulus nach Ikonium kommen werde, ging er ihm mit seiner Frau und seinen Kindern entgegen, um ihn gastfreundlich aufzunehmen. Ihm hatte nämlich Titus über die Gestalt des Paulus erzählt, weil er ihn im Fleische nicht kannte, sondern <nur> im Geiste kannte. Also schritten sie vorwärts durch die Königsstraße und gingen hierher und dort-

her, weil sie Paulus erwarteten: und sie betrachteten die Vorübergehenden entsprechend der Angabe des Titus. Also erblickten sie ihn, als er kam, einen Mann, kurz / klein von Statur, mit einem Kopf mit sich emporsträubendem Haar, krummbeinig an/in den Unterschenkeln, mit zusammengewachsenen Augenbrauen, mit einer Adlernase, voll von / voller Charme / Anmut. Und einmal erschien er zwar wie ein Mensch, manchmal aber hatte er den Gesichtsausdruck / das Aussehen eines Engels.
Als aber eben dieser Paulus Onesiphorus sah, lächelte er (ein bisschen). Onesiphorus aber sagte zu ihm: "Sei gegrüßt, Diener des gepriesenen Gottes!" Und <da> sagte jener: "Gnade <sei> mit dir und deinem Hause!"

⑦ Und als die Tage des Pfingstfestes erfüllt waren, befanden sich alle am selben Ort. Und <da> entstand plötzlich vom Himmel her ein Brausen/Geräusch wie von einem herankommenden heftigen Wind und erfüllte das ganze Haus, wo sie saßen. Und <da> erschienen ihnen verteilt Zungen wie Feuer / erschienen ihnen Zungen wie Feuer, die sich verteilten, und auf die einzelnen / auf jeden einzelnen von ihnen setzte sich eine. Und <da> wurden alle mit dem / vom Heiligen Geist erfüllt und begannen in anderen Sprachen zu reden, je nachdem wie der Geist ihnen eingab zu sprechen. Es waren aber in Jerusalem wohnende Juden, fromme/religiöse Männer aus jeglichem Volk, das unter dem Himmel lebt. Da kam/strömte eine Menge zusammen und war verwirrt/bestürzt, weil ein jeder sie in ihrer eigenen Sprache reden hörte. Sie waren erstaunt und wunderten sich und sagten: "Seht, sind nicht diese alle, die reden, Galiläer? Und wieso hören wir, jeder von uns, <sie> in unserer eigenen Sprache, in der wir geboren sind? Parther , Meder, Elamiter, Bewohner Mesopotamiens, Judäas auch und Kappadoziens, von Pontus und <Klein->Asien, von Phrygien auch und Pamphylien, von Ägypten und Teilen Libyens, das um Kyrene herum liegt, und Fremde aus Rom, auch Juden und Proselyten, Kreter und Araber: Wir hören sie in unseren Sprachen die Großtaten Gottes verkünden / <über> die Großtaten Gottes reden. Alle aber waren starr <vor Staunen>, zögerten/waren unschlüssig und sagten zueinander: "Was soll das sein?" Andere aber spotteten und sagten: "Die sind voll von Most."

Üb. 3
dabo: 1.sg. Fut.I Akt.; tradita est: 3.sg. Perf. Pass.; volo: 1.sg. Präs. Akt.; do: 1.sg. Präs,Akt.; adoraveris: 2.sg. Fut.II Akt.; erit: 3.sg. Fut.I Akt.

Und <da> sagte der Teufel <zu> Jesus: "Ich werde dir diese gesamte Macht und die Herrlichkeit jener geben, die mir übergeben worden ist, und ich gebe sie, wem ich will. Wenn du also vor mir anbetest, wird die ganz dein sein."

Üb. 4

Abl. mit Präp.	Abl. ohne Präp.
in eodem loco de caelo ex omni natione in qua	spiritu sancto (abl. instr.) aliis linguis (abl. instr.) lingua sua (abl. instr.) propria lingua nostra (abl. instr.) nostris linguis (abl. instr.) musto (abl. instr.)

Lectio vicesima secunda

① Deine Königsherrschaft / Dein Reich komme <an> / soll kommen / möge kommen! / Hoffentlich kommt . . . !
Geheiligt werde dein Name / Dein Name soll/möge geheiligt werden!
Dein Wille geschehe / Dein Wille soll/möge geschehen, sowie im Himmel, auch auf der Erde!
Führe uns bitte nicht in Versuchung!

② Der Segen des allmächtigen Gottes, des Vaters, des Sohnes und des Heiligen Geistes, komme auf euch herab und bleibe immer <auf/bei euch>!

③ Christus segne das/dieses Haus!

④ Kommt, lasset uns anbeten / wir wollen anbeten!
"Lasst uns hinübergehen (bis) nach Bethlehem und dieses Wort sehen, das gemacht/gesagt worden ist, das der Herr und gezeigt hat / diese Geschichte, die geschehen ist, die der Herr uns gezeigt hat!"
Gelobt werde/sei Jesus Christus!

Studentenlied: Also lasst uns uns freuen / Freuen wir uns also!
Es lebe die Akademie (= Universität), es leben die
Professoren! Immer sollen/mögen sie in Blüte stehen!

⑤ Das Neue Jahr sei zum Nutzen / zum Segen / Das Neue Jahr möge/soll zum Nutzen / zum Segen sein!
Es sei Verzeihung dem Wort / Ausdruck <gewährt> / Man verzeihe das Wort / den Ausdruck!

⑥ <Bloß> nicht zweimal für dasselbe (in Richtung auf dasselbe <Vergehen>)!
Auch die andere Seite/Partei werde angehört! / Es soll/möge auch die andere Seite/Partei gehört werden!

⑦ Gott steht auf, und seine Feinde werden zerstreut, und die>, die ihn hassen, fliehen vor seinem Angesicht.
Gott stehe auf, und seine Feinde sollen sich zerstreuen, und <die>, die ihn hassen, sollen fliehen vor seinem Angesicht!
⑧ Der Geist des Herrn erfüllte den Erdkreis. Amen.

Und das, was alles zusammenhält, hat Kenntnis der Stimme. Alleluja.
Gott stehe auf, und seine Feinde sollen sich zerstreuen, und <die>, die ihn hassen, sollen fliehen vor seinem Angesicht!
Ehre sei dem Vater, dem Sohne und dem Heiligen Geiste, so wie es war im Anfang, auch jetzt und immer und in alle Ewigkeit. Amen.
Der Tröstergeist wird euch alles lehren. Alleluja.

Satzreihe
Die Bauern: "Hoffentlich kommt Juppiter als Regen herab / Möge Juppiter als Regen herabkommen / Hoffentlich regnet es!"

Satzgefüge
Die Bauern beten/bitten, dass Juppiter als Regen herabkommt / dass es regnet.
Juppiter kommt als Regen herab, damit die Erde Frucht bringt, damit sie nicht trocken ist/bleibt.
Es regnet <so>, dass die Erde Frucht bringt / Es regnet, sodass die Erde Frucht bringt, sodass sie nicht trocken ist/bleibt.

⑨ "Es wird nämlich sein/geschehen, dass Herodes das Kind / den Jungen sucht, um ihn zu vernichten."

⑩ "Wenn du der Sohn Gottes bist, <dann> sag/befiehl, dass diese Steine Brote werden!"

⑪ "Seid nicht besorgt <darum>, was ihr esst!" (≈ Seid nicht besorgt: Was werden wir essen?)

⑫ "Richtet nicht, damit ihr nicht gerichtet werdet!"

⑬ "Gebt nichts Heiliges den Hunden und werft nicht eure Perlen vor die Schweine!"

⑭ Und <da> sagte der Zenturio/Hauptmann: "Herr, ich bin nicht würdig, dass du eintrittst unter mein Dach / in mein Haus, aber sag <es> nur mit einem Wort, und mein Junge/Sklave wird geheilt werden."

⑮ "Wer Ohren zum Hören (eigentl.: des Hörens) hat, <der> höre!"

⑯ "Herr, willst du, dass wir sagen (eigentl.: Willst du, sollen wir sagen ...?) / Sollen wir nach deinem Willen sagen, dass Feuer vom Himmel herabkomme / herabfalle und sie verzehre / vernichte / vom Himmel herabfallen und sie verzehren soll?"

⑰ Diese schrien/riefen <noch> mehr: "Herr, erbarme dich unser, Sohn Davids!" Und da> blieb Jesus stehen, rief sie <herbei> und sagte: "Was wollt ihr, dass ich <es> euch / für euch tue? / Was soll ich tun?"

⑱ Am ersten <Tag> der ungesäuerten <Brote> traten die Jünger an Jesus heran und sagten: "Wo willst du, <dass> wir dir <alles> bereiten / vorbereiten, <um> Pascha zu essen? / Wo sollen wir dir das Pascha-Essen bereiten/vorbereiten?"

⑲ Pilatus: "Wen wollt ihr, dass ich <ihn> euch freilasse/freigebe: / Wen soll ich euch freigeben: Barrabas oder Jesus, der Christus genannt wird?"

⑳ Maria: "Siehe, <hier ist/ich bin> die Magd des Herrn. Es werde gemacht / Es geschehe gemäß deinem Wort!"

㉑ "Fürchte dich nicht, Zacharias, denn deine Bitte ist erhört worden, und deine Frau Elisabeth wird dir einen Sohn gebären, und du wirst seinen Namen Johannes nennen."

㉒ Bei Tagesanbruch aber kam er wieder in den Tempel, und das ganze Volk kam zu ihm, und sitzend / im Sitzen lehrte er sie. Die Schriftgelehrten und Pharisäer aber führten eine beim Ehebruch festgenommene/ertappte Frau herbei, stellten sie in die Mitte und sagten <zu> ihm: "Meister/Lehrer, diese Frau ist offensichtlich / auf frischer Tat beim Ehebruch ertappt worden. Im Gesetz aber hat Mose uns aufgetragen, derartige/solche <Menschen/Frauen> zu steinigen, was sagst du also nun?" Dies aber sagten sie, ihn testend /weil sie ihn testen / auf die Probe stellen wollten, um ihn anzuklagen. Jesus aber, sich nach unten beugend, schrieb / Jesus aber beugte sich nach unten und schrieb mit dem Finger in den Sand / in die Erde. Während sie aber fortfuhren, ihn zu fragen, / Während sie ihn aber weiter fragten, richtete er sich auf und sagte <zu> ihnen: "Wer ohne Sünde ist von euch, werfe auf sie als erster einen Stein!" und schrieb, sich wieder beugend, / und beugte sich wieder und schrieb in den Sand / in die Erde. Als sie <das> aber hörten, gingen sie — einer nach dem anderen — weg, anfangend / angefangen von den Älteren, und er blieb allein zurück und die Frau, in der Mitte stehend / die in der Mitte stand. Sich aufrichtend aber sagte Jesus / Jesus aber richtete sich auf und sagte <zu> ihr: "Frau, wo sind sie? Hat dich niemand verurteilt?" Sie/Diese sagte / antwortete: "Niemand, Herr." Jesus aber sagte: "Auch ich verurteile dich nicht. Geh und sündige nicht mehr!"

㉓ Es war aber ein Mann von den Pharisäern / Da gab es aber einen Mann von den Pharisäern, namens / mit Namen Nikodemus, ein führender Mann unter den Juden. Dieser kam zu ihm bei Nacht und sagte <zu> ihm: Rabbi, wir wissen, dass du von Gott als Lehrer gekommen bist. Niemand kann nämlich diese Wunderzeichen / Wunder wirken/tun, die du wirkst/tust, wenn nicht Gott mit ihm ist." Jesus antwortet und sagte <zu> ihm: "Amen, amen, ich sage dir. Wenn einer nicht von oben her geboren wird/ist, kann er die Königsherrschaft Gottes nicht sehen/erblicken." <Da> sagte Nikodemus <zu> ihm: "Wie kann ein Mensch geboren werden, wenn er doch ein alter Mann ist? Kann er etwa in den Bauch seiner Mutter wieder hineingehen und geboren werden?" Jesus antwortete: "Amen,

amen, ich sage dir: Wenn einer nicht aus dem Wasser und dem Geiste geboren wird/ist, kann er nicht in das Königreich Gottes eintreten. Was aus dem Fleische geboren ist, ist/bleibt Fleisch; und was aus dem Geiste geboren wird/ist, ist Geist. Wundere dich nicht <darüber>, dass ich dir gesagt habe: Ihr müsst wiedergeboren werden / von neuem geboren werden! Der Geist weht nämlich, wo er will, und du hörst seine Stimme / sein Brausen, weißt aber nicht , woher er kommt und wohin er geht. So ist jeder, der geboren ist aus dem Geist."

Celebret: Er zelebriere/feiere <die heilige Messe / die Eucharistiefeier>! / Er möge/soll zelebrieren! (Bescheinigung, die einem katholischen Priester die Erlaubnis erteilt, auch in einer fremden Diözese die heilige Messe zu feiern)

Zusatztext:
Ins Paradies mögen/sollen Engel dich geleiten/hinführen, bei deiner Ankunft mögen/sollen die Märtyrer dich empfangen/aufnehmen und dich in die heilige Stadt Jerusalem führen. Der Chor der Engel möge/soll dich aufnehmen, und mit dem einst/vordem armen Lazarus sollst/mögest du die ewige Ruhe haben!

Lectio vicesima tertia

Übung (S. 173)

1. Es erbarme sich unser der allmächtige Gott, er vergebe <uns> unsere Sünden und führe uns zum ewigen Leben! / Es erbarme sich unser der allmächtige Gott und führe uns, nachdem unsere Sünden vergeben worden sind, / und führe uns nach Vergebung unserer Sünden zum ewigen Leben!

2. Und nach acht Tagen waren seine Jünger wieder drinnen und Thomas mit ihnen. <Da> kam Jesus, obwohl die Türen abgeschlossen / verschlossen waren, / <Da> kam Jesus bei verschlossenen Türen / trotz abgeschlossener Türen / <Da> kam Jesus — die Türen waren verschlossen — , stellte sich in die Mitte und sagte: "Friede <sei mit> euch!"

Herr Jesus Christus, durch deinen Tod hast du, während/wobei/indem der Heilige Geist mitwirkte, die Welt wieder lebendig gemacht / durch deinen Tod hast du unter Mitwirkung des Heiligen Geistes die Welt wieder lebendig gemacht / durch deinen Tod hast du — der Heilige Geist wirkte mit — die Welt wieder lebendig gemacht.

① Siehe, da kamen einige von der Wachmannschaft in die Stadt und meldeten den Hohenpriestern alles, was geschehen war. Und <da> gaben diese, versammelt zusammen mit den Älteren/Ältesten, nachdem sie einen Beschluss gefasst hatten, / nach Beschlussfassung den Soldaten reichlich Geld und sagten <ihnen>: "Sagt/Erzählt <den Leuten>: «Seine Jünger sind nachts gekommen und haben ihn gestohlen, während wir schliefen / während unseres Schlafes.» Und wenn der Vorsitzende/Provinzstatthalter dies/davon hört / gehört hat, werden wir ihm gut zureden und euch sicher machen / und es schaffen, dass ihr sicher seid." Aber jene taten/machten, nachdem sie das Geld bekommen/angenommen hatten, <alles> so / Aber jene taten/machten nach Annahme des Geldes <alles> so / Aber jene nahmen das Geld an und taten so, wie sie angewiesen/instruiert worden waren. Und dieses Wort / diese Geschichte ist bei den Juden verbreitet worden bis zum heutigen Tag.

② Und nachdem er dies gesagt hatte, erhob er sich / wurde er erhoben, während sie zusahen, / erhob er sich vor ihren Augen, und eine Wolke nahm ihn von ihren Augen weg / entzog ihn ihren Augen/Blicken.

③ Jesus: "Niemand gibt/gießt neuen Wein in alte Schläuche . . . ." Als/Während er dies zu ihnen sagte, siehe, da kam einer/jemand von den Synagogenvorstehern namens / mit Namen Jairus und fiel, als er ihn erblickte / sah, zu seinen Füßen nieder und bat ihn / mit der Bitte / , wobei er ihn bat: "Mein Töchterchen liegt in den letzten Zügen / im Sterben. Komm, leg deine Hände auf sie, damit sie gesund wird/ist und lebt!" Und als er mit jenem fortging, wurde er von den Volksmassen bedrängt. Und <da> war eine Frau in/mit Blutflusse seit 12 Jahren, die ihr ganzes Vermögen für Ärzte verbraucht/aufgewendet hatte, aber von keinem geheilt werden konnte. Sie trat von hinten heran und berührte den Saum seines Gewandes, und sofort blieb die Blutung stehen / kam die Blutung zum Stillstand. Und <da> sagte Jesus: "Wer ist <es>, der mich berührt hat? / Wer hat mich berührt?" Als aber alle <es> verneinten, sagte Petrus: "Lehrer, siehst du die Menschenmenge, die dich bedrängt?" Aber Jesus sagte: "Jemand hat mich berührt; denn auch ich weiß, dass Kraft von mir ausgegangen ist." Als/Weil aber die Frau sah, dass sie nicht unbemerkt geblieben war, kam sie zitternd, warf sich vor ihm nieder und sagte ihm die ganze Wahrheit. Aber er sagte <zu> ihr: "Tochter, dein Glaube hat dich heil/gesund gemacht. Geh in Frieden!" Während Jesus dies noch sagte, kam einer aus dem Hause des Vorstehers der Synagoge und sagte: "Deine Tochter ist gestorben/tot. Belästige den Lehrer/Meister nicht weiter/länger!" Als Jesus aber gehört hatte, was gesagt wurde, sagte er dem Synagogenvorsteher: "Fürchte dich nicht / Hab keine Angst! Glaube/Vertraue nur, und sie wird gesund sein." Und <da> kamen sie zum Hause des Synagogenvorstehers. Und er sah das lärmende Getümmel, die Weinenden und Wehklagenden und beim Hineingehen / und als er hineinging, sagte er <zu> ihnen: "Weinet nicht! Sie ist nämlich nicht tot, sondern sie schläft <nur>." Und <da> lachten ihn alle aus / verspotteten ihn alle, weil sie wussten, dass sie tot war. Er aber warf/trieb/schickte alle hinaus und nahm / Nachdem er aber alle hinausgeworfen/hinausgetrieben hatte, nahm er den Vater des Mädchens und die Mutter und <die>, die bei ihm waren, <mit sich> und trat ein <in den Raum>, wo das Mädchen war/lag. Und <dann> hielt er die Hand des Mädchens fest und rief, indem er sagte: "Talitha, quumi!" — was ist/heißt, übersetzt: "Mädchen, ich sage dir, steh auf!" — Und sofort stand das

Mädchen auf und ging umher. Und <dann> befahl er, ihr zu essen zu geben / dass ihr zu essen gegeben werde. Und ihre Eltern erstaunten.

Übung

2. Iairus videns (p.c.): Jairus, ihn sehend, fiel . . . / Als Jairus ihn sah, fiel er . . .
3. Iesus abiens (p.c.): Jesus, mit ihm weggehend, wurde . . . / Als J. ... wegging, wurde er . . .
4. negantibus omnibus (abl.abs.): Alle verneinten <es>, <da> sagte Petrus . . . / Als alle <es> verneinten, sagte Petrus . . .
5. turbam comprimentem (p.c.): die dich bedrängende Menge / die Menge, die dich bedrängt
6. videns mulier (p.c.): Als die Frau sah . . . , kam sie . . . / Die Frau sah . . . und kam . . .
7. Iesu dicente (abl.abs.): Während/als Jesus dies noch sagte, kam . . . / Jesus sagte dies noch, und <da> kam . . .
8. verbo audito (abl.abs.): Nachdem/Als das, was gesagt wurde, gehört worden war, sagte er / Jesus hörte, was gesagt wurde, und sagte . . .
9. <Iesus> intrans (p.c.): Jesus sagte eintretend / Jesu trat ein und sagte
10. <omnes> scientes (p.c.): weil alle wussten . . . / in dem Wissen . . .
11. eiectis omnibus (abl.abs.): Als/Nachdem alle hinausgetrieben worden waren, nahm er ... /
Er warf alle hinaus und nahm ...
12. <Iesus> tenens (p.c.): Jesus, die Hand des Mädchens haltend, rief . . . / Während Jesus die Hand des Mädchens festhielt, rief er . . .

④ Als Paulus in das Haus des Onesiphorus eintrat / das Haus des O. betrat, entstand große Fröhlichkeit / brach große Freude aus, und es gab das Wort / die Rede Gottes über die Selbstbeherrschung / Enthaltsamkeit, während Paulus so/folgendermaßen redete:

- *Selig, die rein im Herzen sind, denn sie werden Gott schauen.*
- *Selig, die ihren Körper in/mit Keuschheit bewahren/beschützen, denn ihre Seelen werden Tempel Gottes werden / zu Tempeln Gottes werden.*
- *Selig die sich Enthaltenden / die, die sich selbst beherrschen; denn mit ihnen spricht Gott.*
- *Selig <die>, die dieser/der Welt entsagt haben / die auf diese/die Welt verzichtet haben, denn sie werden Gott gefallen können.*
- *Selig, die Ehefrauen <so> haben, als hätten sie <sie> nicht, denn sie werden das Leben erben.*
- *Selig der Geist der Jungfrauen, die keineswegs ihren Lohn verlieren werden; das Wort Gottes wird ihnen nämlich zum Werk des Heiles / der Rettung werden / wird ihnen das Heil bewirken am Tage seines Sohnes, und sie werden Erholung haben in die Ewigkeiten der Ewigkeiten / in alle Ewigkeit im Lichte. Amen.*

Während Paulus dies also die ganze Nacht hindurch mitten in der Gemeindeversammlung predigte / diese Predigt . . . hielt — das heißt im Hause des Onesiphorus — , saß eine junge Frau namens / mit Namen Thekla, Tochter der Theoklia, an einem Fenster <des Hauses>, das neben dem Haus des O. war / an einem Fenster des Nachbarhauses des O., und hörte Tag und Nacht die Worte seiner Predigt und wich überhaupt nicht von eben diesem Fenster, sondern wurde von größtem Glauben und höchster Begeisterung geleitet. Sie sah auch viele Frauen zu Paulus hineingehen und wünschte auch selbst würdig zu sein, die Predigt des Paulus zu hören. Denn sie hatte auch nicht / nicht einmal seine Gestalt / seine äußere Erscheinung gesehen, sondern sie hörte <immer> nur seine Predigt.

⑤ Da/Wenn Rom gesprochen hat, ist der Fall erledigt/beendet.

Lectio vicesima quarta

① "Wenn du Gottes Sohn bist, sag/befiehl, dass diese Steine Brote werden!"

② "Wenn er ein Prophet wäre, wüsste er, welche und was für eine Frau <das> ist, die ihn berührt, dass sie eine Sünderin ist."
Also sagten die Pharisäer <zu> ihm: "Wo ist dein Vater?"
Jesus antwortete: "Weder kennt ihr mich noch meinen Vater. Wenn ihr mich kenntet, kenntet ihr vielleicht auch meinen Vater."
"Wenn ich den Menschen gefiele, wäre ich nicht Diener Christi."
Während/Als Jesus die Menschenmenge lehrt, tritt jemand an ihn heran.
Während/Als Jesus die Menschenmenge lehrte, trat jemand an ihn heran.
Gott liebt die Welt so sehr, dass er seinen Sohn sendet.
Gott hat die Welt so sehr geliebt, dass er seinen Sohn sendete.

③ Einige Einwohner von Philippi schleppten Paulus und Silas aufs Forum zu den Häuptern/Obersten <der Stadt>; und dann sagten sie bei der Vorführung vor den Beamten/Amtsträgern / , als sie sie den Beamten / Amtsträgern vorführten: "Diese Männer regen unsere Bürgerschaft auf / bringen Unruhe in unsere Stadt, da sie Juden sind, und verkünden Sitten / Verhaltensweisen, die wir weder übernehmen / annehmen noch anwenden / ausüben dürfen, da wir Römer sind."

④ Es geschah aber: In jenen Tagen ging ein Edikt/Erlass vom Kaiser Augustus ausging, dass der gesamte Erdkreis aufgeschrieben / in Steuerlisten eingetragen werden sollte. Diese Aufzeichnung/Erfassung ist als erste / zuerst gemacht worden, zu der Zeit, als Quirinus Statthalter von Syrien war. Und <da> gingen alle, um sich öffentlich zu erklären / um sich eintragen zu lassen, <jeweils> einzeln in ihre Stadt. Aber auch Joseph zog / ging von Galiläa aus der Stadt Nazaret nach Judäa hinauf in die Stadt Davids, die Bethlehem heißt, deswegen, weil er aus dem Hause und der Familie/Sippe Davids war, um sich öffentlich zu erklären / sich eintragen zu lassen zusammen mit Maria, die mit ihm verlobt war / seiner Verlobten, seiner schwangeren Ehefrau. Es geschah aber: Als sie dort waren, erfüllten sich die Tage / waren die Tage vollzählig, dass sie gebar / gebären sollte. Und <so> gebar sie ihren erstgeborenen Sohn, wickelte ihn in Windeln und legte ihn hin in eine Krippe, weil sie keinen Platz in einer Herberge hatten / fanden.

⑤ Im 1. Jahrhundert nach Christi Geburt lebten in Rom viele Menschen, die von den Römern Christen genannt wurden, weil sie Christus als ihren Gott verehrten. Diese kamen oft nachts / bei Nacht an einem geheimen Ort zusammen, um Gott / ihren Gott zu verehren und ein gemeinsames Mahl zu halten. Aber die anderen/übrigen Bürger der Stadt, die nicht zu diesen Zusammenkünften eingeladen waren, glaubten, dass die Christen sich dort gegen ihren Staat verschworen. Andere fürchteten, dass die Christen ihre dort heimlich begangenen Verbrechen verbergen <wollten>. Deshalb erregten die Christen so sehr Neid und Hass, das viele wegen einer Verschwörung angeklagt und zum Tode verurteilt wurden. Diese aber sagten untereinander/zueinander: "Wenn Gott — sein Name sei / werde gelobt in Ewigkeit! — <es> will, lasst uns fröhlich dem Tod entgegengehen / wollen wir fröhlich sterben! Die Menschen sollen uns glücklich nennen, denn wir werden bald das Himmelreich sehen."

Consecutio temporum (Folge der Zeiten / Zeitenfolge)

	Nebensatz im Indikativ	*Nebensatz im Konjunktiv*
HS Gegenwart, NS gleichzeitig HS Vergangenheit, NS gleichzeitig	Die Jünger sehen das, *was geschieht.* Die Jünger sahen, *was geschah.*	Die Jünger bitten Petrus, *dass er kommt / zu kommen.* Die Jünger baten Petrus, *dass er komme / zu kommen.*
HS Gegenwart, NS vorzeitig HS Vergangenheit, NS vorzeitig	Die Jünger glauben, *dass Gott Christus geschickt hat.* Die Jünger glaubten, *dass Gott Christus geschickt hatte.*	„*Weil du Abel getötet hast,* bestrafe ich dich." *Weil er Abel getötet hatte,* bestrafte Gott Kain."

⑥ Zuletzt erschien Jesus jenen elf, als sie sich zu Tische legten, und machte ihnen ihren Unglauben und ihre Herzenshärte zum Vorwurf, weil sie denen, die den Wiederauferstandenen gesehen hatten, nicht geglaubt hatten. Und <dann> sagte er: "Geht in die gesamte Welt und predigt / verkündet das Evangelium jeglichem Geschöpf / der ganzen Schöpfung! Wer glaubt und getauft wird / sich taufen lässt, wird gerettet sein/werden; wer aber nicht glaubt, wird verdammt werden. Als Zeichen werden denen, die glauben, folgende/diese folgen / Diese/folgende Zeichen werden die, die glauben, begleiten: In meinem Namen werden sie Dämonen austreiben, in neuen Sprachen sprechen / reden, Schlangen aufheben / hochheben und, wenn sie etwas Todbringendes trinken / getrunken haben, wird es ihnen nicht schaden, Kranken werden sie ihre Hände auflegen und sie werden sich wohl befinden." Und nachdem der Herr Jesus zu ihnen geredet hatte, wurde er in den Himmel aufgenommen und setzte sich zur Rechten Gottes. Jene aber brachen auf und verkündeten / predigten überall, wobei / während der Herr mitwirkte und ihre Rede/Predigt stärkte / stark machte und Wunder folgten / <sie> begleiteten / unter Mitwirkung des Herrn, der ihre Rede/Predigt stark machte, und unter Begleitung von Wundern.

⑦ Später / Danach stand Thekla auf und sagte <zu> Paulus: "Ich reise / ziehe nach Ikonium." Dieser / Er antwortete ihr: "Geh fort und lehre das Wort Gottes / die Rede Gottes!" Trifena aber hatte Thekla viel Kleidung und Gold geschickt. Da beteten sie gemeinsam für Trifena zu Jesus / Da baten sie gemeinsam Jesus für Trifena. Und dann hinterließ sie den größten Teil dem Paulus zum Gebrauch / Nutzen der Heiligen und der Armen, und um weiter-/vorwärtszukommen, ging sie selbst fort nach Ikonium. Und als sie dorthin gekommen war, ging sie in das Haus des Onesiphorus, warf sich zu Boden <genau dort>, wo Paulus vorher sitzend gelehrt hatte, weinte und sprach: "Herr, mein Gott, ich bete dich an im Hause dieses <Mannes>, in dem mir das Licht aufgeleuchtet / erschienen ist; Jesus Christus, Sohn Gottes, Gott, der du mir Unterstützer warst im Kerker/Gefängnis, Schützer vor dem Richter, Helfer im Feuer, Verteidiger unter den Raubtieren / wilden Tieren: Da du ja Gott bist, dem wahre Ehre in Ewigkeit ist, unterstütze deine Dienerinnen!"

Zusatztext

Ähnlich ist das Himmelreich einem Hausvater/Familienvater / Das Himmelreich gleicht einem Hausvater/Familienvater, der ganz früh am Morgen ausging, um Arbeiter für sein Weinfeld / seinen Weingarten einzustellen / zu mieten, einigte sich mit den Arbeitern auf einen Denar für den Tag und schickte sie / und nachdem eine Vereinbarung/Übereinkunft mit den Arbeitern auf einem Denar für den Tag gemacht worden war, schickte er sie in seinen Weingarten. Und als er um dritte Stunde <wieder> hinausging, sah er andere müßig/unbeschäftigt/arbeitslos auf dem Marktplatz stehen, und er sagte <zu> diesen: "Geht auch ihr in meinen Weingarten! Und was recht/gerecht ist, werde ich euch geben." Jene aber gingen hin. Wiederum aber ging er um die sechste und um die neunte Stunde hinaus und machte <es> ebenso. Um die elfte Stunde aber ging er nun hinaus, fand <wieder> andere dastehen/herumstehen und sagte <zu> ihnen: "Was/Warum steht ihr hier den ganzen Tag untätig/unbeschäftigt?" Sie antworteten ihm: "Weil uns niemand eingestellt hat/gemietet hat." Er sagte <zu> ihnen: "Geht auch ihr in den/meinen Weingarten!" Als es aber Abend geworden war, sagte der Herr des Weingartens <zu> seinem Verwalter: "Ruf die Arbeiter <herbei/zusammen> und gib / zahl ihnen den Lohn, anfangend/angefangen von den Letzten bis zu den Ersten!" Und als <die> gekommen waren, die um die elfte >Stunde gekommen waren, bekamen / erhielten sie <jeweils> einzeln einen Denar. Als aber die Ersten kamen, glaubten sie, sie würden mehr bekommen, aber auch sie bekamen <jeweils> einzeln <nur> einen Denar. Als sie <ihn> aber erhielten, murrten sie gegen den Hausvater/Familienvater und sagten / , indem sie sagten: "Diese Letzten haben <nur> eine Stunde gearbeitet / <etwas> gemacht, und du hast sie uns gleichgestellt/gleichgemacht, die wir die Last des Tages und die Hitze getragen / ertragen haben." Aber jener antwortete / entgegnete einem von ihnen und sagte: "Freund, ich tue dir kein Unrecht. Bist du nicht mit mir übereingekommen auf einen Denar / Hast du nicht mit mir einen Denar vereinbart / Hast du dich nicht mit mir auf einen Denar geeinigt? Nimm, was dein ist, und geh! Ich will aber auch diesem Letzten ebenso<-viel> geben wie auch dir."

Weitere Aufgaben:

1. Abl. sg. f. / Zeitangabe
2. a) abl.abs.: §2 conventione facta. a.c.i.: § 10 se ... accepturos esse
   b) nach Vereinbarung/Einigung mit den Arbeitern auf einen Denar für den Tag
3. Alle bekommen den gleichen Lohn ohne trotz unterschiedlicher Arbeitsdauer.

Lectio vicesima quinta

① Erschienen ist nämlich die Gnade Gottes, die allen Menschen das Heil bringt, / die für alle Menschen heilbringende Gnade Gottes, die uns lehrt, Gottlosigkeit/Ruchlosigkeit und weltliche Wünsche/Gelüste abzulehnen und nüchtern / enthaltsam, gerecht und fromm zu leben in diesem Zeitalter / in dieser Welt.

② Als aber Kephas nach Antiochia gekommen war, widersetzte ich mich ihm ins Angesicht / widerstand ich ihm von Angesicht zu Angesicht, weil er tadelnswert war / Tadel verdiente. Bevor nämlich einige von Jakobus kamen, speiste er zusammen mit Heiden. Als/Nachdem <jene> aber gekommen waren, entzog er sich und sonderte sich ab, weil er die fürchtete / aus Angst vor denen, die aus der Beschneidung waren. Und dieser Heuchelei/Verstellung stimmten die übrigen Juden zu / Und mit dieser Heuchelei/Verstellung waren die übrigen Juden einverstanden, und zwar derart, dass selbst Barnabas sich von ihrer Heuchelei mitreißen ließ. Aber als ich sah / gesehen hatte, dass nicht richtig <auf dem Weg> zur Wahrheit des Evangeliums gingen, sagte ich <dem> Kephas in Gegenwart aller / vor aller Augen: "Wenn du, obwohl du Jude bist, heidnisch und nicht jüdisch / nach heidnischer und nicht nach jüdischer Weise lebst, wieso zwingst du dann die Heiden, jüdisch / nach jüdischer Weise zu leben?" Wir sind von Natur / von Geburt Juden und nicht Sünder aus Heiden / heidnischer Herkunft.

③ "Der erste Tag wird/soll euch der feierlichste und heiligste sein; jegliche knechtische Arbeit werdet/sollt ihr an ihm nicht verrichten/tun. Sondern ihr werdet / sollt ein Opfer im / mit Feuer / ein Feueropfer dem Herrn an sieben Tagen darbringen, der siebte Tag aber wird / soll feierlicher und heiliger sein als die übrigen / anderen; und ihr werdet/sollt an ihm keine knechtische Arbeit verrichten/tun."

④ "Vom Fressenden ging die Nahrung/Speise aus und vom Starken ging die Süße heraus."
"Was ist süßer als Honig und was ist stärker als ein Löwe?"

⑤ "Gott, der du die Würde der menschlichen Substanz / des menschlichen Wesens wunderbar begründet / erschaffen und <noch> wunderbarer erneuert hast: Gib uns, das wir durch das Geheimnis dieses Wassers und dieses Weines teilhaben an der Göttlichkeit dessen, der sich herabgelassen hat, an unserer Menschlichkeit / menschlichen Natur teilzuhaben, Jesus Christus, dein Sohn, unser Herr: Dieser lebt und herrscht mit dir in der Einheit mit dem Heiligen Geiste, Gott, durch alle Ewigkeiten der Ewigkeiten. Amen."

⑥ Und <da> kamen Jesus und seine Jünger über den See in das Gebiet der Gerasener. Und als er aus dem Schiff ausstieg, lief sofort von den Grabmälern / Gräbern ein Mann in/mit unreinem Geist herbei, der seinen Wohnsitz in den Gräbern/Grabmälern hatte; und ihn konnte niemand mehr mit Ketten fesseln, weil er oft <schon> , obwohl mit Fußfesseln und Ketten gefesselt, die Ketten zerrissen und die Fußfesseln zertrümmert hatte, und niemand konnte ihn bändigen; und immer schrie er bei Nacht und am Tag in den Grabmälern/Gräbern und in den Bergen und schlug sich mit Steinen. Und als er Jesus sah, lief er schnell <herbei>, um ihn anzubeten, und schreiend sagt er mit lauter Stimme: "Was habe ich mit dir zu tun / was ist mir und dir, Jesus, Sohn des höchsten Gottes? Ich beschwöre dich, quäle mich nicht!" Er sagte nämlich <zu> ihm): "Unreiner Geist, geh/fahre aus dem/diesem Menschen/Mann heraus!" Und er fragte ihn: "Welchen Namen hast du/ Wie heißt du?" Und <da> sagte er <zu> ihm: "Legion ist mein Name / Ich heiße Legion, weil wir viele sind." Und <dann> bat er ihn heftig/dringend, ihn nicht aus dem Gebiet zu vertreiben. Es war aber dort um den Berg herum ein große Schweineherde, die weidete; und <da> baten sie ihn und sagten: "Schicke uns in die Schweine, damit wir in sie hineinfahren!" Und er gestattete es ihnen. Und <da> gingen die unreinen Geister heraus <aus den Menschen> und fuhren in die Schweine. Und mit großem Ungestüm stürzte die Herde über einen Anhang ins Meer / in den See - an die 2.000 >Tiere> - und ertrank elend im Meer/See. <Diejenigen> aber, die sie weideten, flohen und berichteten <davon> in der Stadt und auf dem Lande. Und <dann> gingen sie / ging man hinaus, um zu sehen, was geschehen war. Und <da> kommen sie zu Jesus und sehen jenen, der von einem Dämon gequält wurde, dasitzen, bekleidet / angezogen und bei klarem Verstand, ihn, der die Legion gehabt hatte, und bekamen

Angst. Und die, die es gesehen hatte, erzählten jenen, wie es dem geschehen / ergangen war, der den Dämon gehabt hatte, und über die Schweine / <die Sache> mit den Schweinen. Und <dann> begannen sie ihn zu bitten, ihr Gebiet zu verlassen / aus ihrem Gebiet wegzugehen. Und als er ins Schiff stieg, bat ihn der, der vom Dämon gequält worden war, bei ihm bleiben zu dürfen / dass er bei ihm sein dürfte. Und <da> ließ er ihn nicht zu / gestattet er es ihm nicht, sondern sagte <zu> ihm: "Geh in dein Haus zu den Deinen und berichte ihnen, welch große Dinge der Herr dir / für dich getan und sich deiner erbarmt hat!" Und <dann> ging <der Mann> weg und begann in der Dekapolis zu verkünden, welche große Dinge Jesus ihm / für ihn getan habe, und alle wunderten sich sehr. Und nachdem Jesus im Schiff / mit dem Schiff wieder das Meer / den See überquert hatte / über den See gefahren war, strömte viel Volk / eine große Menschenmenge zu ihm.

Während/Als aber die Jünger sich in Galiläa aufhielten, sagte Jesus <zu> ihnen: "Der Menschensohn muss in die Hände der Menschen übergeben/ausgeliefert werden, und sie werden ihn töten, und am dritten Tage wird er wiederauferstehen." Und <da> wurden sie tief betrübt.

Ich muss Rom sehen/besuchen. — Die Verträge sind zu bewahren / müssen gehalten werden.

⑦ Nachdem <wir>, sowohl ich ***Konstantinus Augustus*** als auch ich ***Licinius Augustus***, glücklich zu/bei Mailand zusammengekommen waren / uns getroffen hatten und alle Angelegenheiten, die sich auf öffentliche Vorteile/Wohlfahrt und Sicherheit beziehen, in Verhandlung hatten / in Beratung nahmen,
<da/so> glaubten wir
— unter den übrigen Anordnungen, von denen wir sahen, dass sie mehr Menschen / ziemlich vielen Menschen / den meisten Menschen nützen würden / von denen wir uns Nutzen für die Mehrheit der Menschen versprachen — ,
vor allem die Dinge ordnen zu müssen,
auf denen die Verehrung der Gottheit beruht / durch die die Verehrung . . . geregelt wird,
<und zwar in der Art / und zwar so,> dass wir sowohl den Christen wie auch allen <übrigen> die freie Möglichkeit / Befugnis gewährten, der Religion sich anzuschließen, die jeder wollte / sich wählen würde,
damit / auf dass alles, was von/an Göttlichkeit / welche Göttlichkeit auch immer auf <himmlischem> Sitze thront, uns und allen, die unter unsere Herrschaft gestellt sind / unter unserer Herrschergewalt stehen, gnädig und gewogen sein könne.
Daher glaubten wir in heilsamer und höchst vernünftiger Erwägung diesen Entschluss fassen zu müssen,
dass wir der Meinung sind, durchaus keinem die Erlaubnis zu versagen,

der entweder der Religionsübung der Christen oder jener Religion sich zuwenden wollte,
die er für sich als die geeignetste erachtete,
damit die höchste Gottheit, deren Verehrung wir aus/mit freiem Herzen ergeben sind / anhängen, uns in allem die gewohnte Gunst und Gnade / Gnade und Gewogenheit schenken/erweisen könne.

Übung:
1. Der/Ein Bauer will Rinder nach Rom treiben.
2.a) Was will der Bauer heute tun?
b) Der Bauer kündigt seiner Frau an, er werde heute Rinder nach Rom treiben.
3. Der Bauer geht aus dem Hause / verlässt sein Haus, um Rinder nach Rom zu treiben.
4. Der Bauer, die Rinder nach Rom treibend / der die Rinder nach Rom treibt, singt / Während der Bauer seine Rinder nach Rom treibt, singt er.
5. Die Rinder freuen sich nicht <darüber>, nach Rom getrieben zu werden / , dass sie nach Rom getrieben werden.
6. Der Bauer erzählt, das er die Rinder auf den Rindermarkt getrieben hat / Der Bauer erzählt, er habe . . . .
7. Der Bauer erzählt, er habe die nach Rom getriebenen Rinder dort gut verkauft.
8. Nachdem die Rinder nach Rom getrieben worden sind, ist der Bauer müde / Nachdem der Bauer die Rinder nach Rom getrieben hat, ist er müde / Der Bauer hat die Rinder nach Rom getrieben und ist<jetzt/dann> müde.
9. Der Bauer freut sich, dass die Sache gut gemacht/durchgeführt worden ist.
10. Die Rinder sind vom Bauern nach Rom zu treiben / Der Bauer muss die Rinder nach Rom treiben.
11.a) = b) Die Sitte, Rinder nach Rom zu treiben, / Die Sitte des Treibens von Rindern nach Rom ist alt.

⑧ Eines Zenturios/Hauptmanns Sklave, der ihm wertvoll/kostbar war, lag im Sterben / war todgeweiht. Und als er von Jesus gehört hatte, schichte er zu ihm die Ältesten der Juden und bat ihn / mit der Bitte, zu Kommen und seinen Sklaven zu retten / gesund zu machen. Aber als jene zu Jesus gekommen waren, baten sie ihn nachdrücklich, indem sie sagten: "Er ist würdig / verdient es, dass du ihm das gewährst: Er liebt / schätzt nämlich unser Volk und hat selbst uns eine Synagoge gebaut." Jesus aber ging mit ihnen. Aber als er nicht mehr weit von dem Hause entfernt war, schickte der Hauptmann/Zenturio Freunde und sagte ihm / ließ ihm sagen: "Herr, quäl dich nicht / bemühe dich nicht! Denn ich bin nicht würdig, dass du unter mein Dach trittst / in mein Haus eintrittst. Aber sag <es nur> mit einem Wort, und mein Junge/Sklave wird geheilt/gesund werden." Nachdem Jesus dies gehört hatte, wunderte sich Jesus und sagte <zu> den ihm folgenden Volksmengen / dem Volk, das ihm folgte: "Ich sage euch: Auch in

Israel habe ich solch großen/starken Glauben nicht gefunden / Nicht einmal in Israel habe ich einen so großen Glauben gefunden!"

⑨ Also/Nun kam Jesus in eine Stadt Samarias, die Sichar heißt, nahe bei dem Grundstück, das Jakob seinem Sohn Joseph gab / gegeben hatte; dort war aber Jakobs Brunnen / der Jakobsbrunnen. Jesus saß also, erschöpft vom Weg / vom Wandern, so am Brunnen, es war ungefähr die sechste Stunde. <Da> kam eine Frau von Samaria , Wasser zu schöpfen. <Da> sagte Jesus <zu> ihr: "Gib mir zu trinken!" Seine Jünger waren nämlich weggegangen in die Stadt, um Lebensmittel zu kaufen. Nun sagte jene samaritanische Frau / Samariterin <zu> ihm: "Wie/Wieso verlangst du, obwohl du / wo du doch Judäer bist, von mir zu trinken, die ich eine samaritanische Frau / Samariterin bin?" Die Judäer verkehren nämlich nicht / pflegen nämlich keinen Umgang mit den Samaritern. Jesus antwortete ihr und sagte: "Wenn du das Geschenk Gottes / die Gottesgabe kenntest und wüsstest, wer es ist, der dir sagt: «Gib mir zu trinken!», hättest du vielleicht ihn gebeten, und er hätte dir lebendiges Wasser gegeben." <Da> sagte die Frau <zu> ihm: "Herr, zum einen hast du nicht / nichts, worin / womit du schöpfen kannst / könntest, zum anderen ist der Brunnen tief. Woher hast du also lebendiges Wasser? Bist da etwa größer / stärker / bedeutender als unser Vater Jakob, der uns den Brunnen geschenkt / gegeben hat, und er selbst hat aus ihm getrunken und seine Söhne/Kinder und sein Vieh?" Jesus antwortete und sagte <zu> ihr: "Jeder, der von/aus diesem Wasser trinkt, wird wieder Durst haben / bekommen. Wer aber von/aus dem Wasser trinkt, das ich ihm geben werde, wird in Ewigkeit keinen Durst mehr haben. Aber das Wasser, das ich ihm geben werde, wird in ihm zu einer Quelle eines Wassers werden, das ins ewige Leben springt / sprudelt." <Da> sagt die Frau zu ihm: "Herr, gib mir dieses Wasser, damit ich keinen Durst <mehr> habe und nicht hierher zum Schöpfen komme / hierher kommen <muss>, um zu schöpfen." Er antwortet ihr: "Geh, ruf deinen Mann und komm <dann wieder> hierher!" Die Frau antwortet und sagt <zu> ihm: "Ich habe keinen Mann." <Da> sagt Jesus <zu> ihr: "Richtig / Mit Recht hast du gesagt: «Ich habe keinen Mann", denn fünf Männer hast du gehabt, und <der>, den du jetzt hast, ist nicht dein <Ehe->Mann. Das hast du richtig / zu Recht gesagt." <Da> entgegnete ihm die Frau: "Herr, ich sehe, dass du ein Prophet bist. Unsere Väter haben auf diesem Berg <Gott> angebetet, und ihr sagt, dass in Jerusalem der Ort ist, wo man anbeten muss." Jesu <aber> antwortete: "Glaube mir, Frau, dass die Stunde kommt, wo / in der ihr weder auf diesem Berg noch in Jerusalem den Vater anbeten werdet." Ihr <Samariter> betet an, was ihr nicht kennt. Wir beten an, was wir kennen, weil das Heil aus/von den Judäern kommt/ist. Aber es kommt die Stunde, und sie ist <schon> jetzt, wo / in der die wahren / echten Anbeter den Vater im Geiste und in der Wahrheit anbeten werden; denn auch der Vater sucht solche, die ihn <so / auf diese Weise> anbeten. Gott ist Geist, und die, die ihn anbeten, müssen <ihn> im Geiste und in der Wahrheit anbeten." <Da> sagt die Frau <zu> ihm: "Ich weiß, dass der Messias kommt, der Christus genannt wird. Wenn jener/dieser kommt, wird er uns alles verkünden." Jesus antwortet ihr: "Ich bin's, der mit dir spricht/redet." Und unmittelbar darauf kamen seine Jünger und waren verwundert / wunderten sich, weil er mit einer/der Frau redete; jedoch niemand sagte: "Was suchst du / Was willst du <von ihr>?" oder: "Was redest du mit ihr?"

Zwei Anekdoten

Seht, da ist/steht der Mann/Kerl!"
Wenn er nicht ein Übeltäter wäre, hätten wir ihn dir nicht ausgeliefert.

Uxori parendum est — zwei Übersetzungen sind möglich:
1. Der Ehefrau ist zu gehorchen / muss gehorcht werden / muss man gehorchen.
2. Von der Ehefrau ist Gehorsam zu leisten / Die Ehefrau muss gehorchen.

Anhang (Lesetext): Joseph in Ägypten

Der Pharao sah/hatte einen Traum. Er glaubte, er stehe an einem Fluss, aus dem sieben schöne, fette Kühe stiegen und an sumpfigen Stellen weideten. Auch sieben andere Kühe tauchten aus dem Fluss auf, hässlich und ausgezehrt vor Magerkeit, und standen gleichfalls am Ufer des Stroms. Und <da> verschlangen sie die sieben schönen, fetten Kühe. Der Pharao wurde wach / wachte auf und schlief wieder <ein> und sah einen anderen Traum / ein weiteres Traumbild. Sieben Ähren, voll und schön, sprossen hervor an einem einzigen Halm. Auch ebensoviele andere Ähren, dünn und vom verbrennenden Wind / vom Getreidebrand getroffen/geschlagen, wuchsen empor, die die ganze Schönheit der ersteren verschlangen. Der Pharao wachte auf, und siehe, es war ein Traum! Und als es Morgen geworden war, schickte er, vor Angst erschreckt, nach allen Traumdeutern Ägyptens und allen seinen Weisen und erzählte den Herbeigerufenen den Traum, aber es gab keinen, der ihn deuten konnte. Da erinnerte sich schließlich der Vorsteher der Mundschenke und sagte: "Ich gestehe meine Sünde: Als der König seinen Sklaven zürnte, befahl er, mich und den Vorsteher der Bäcker ins Gefängnis des Anführers der Leibwächter zu werfen, wo wir in derselben Nacht beide einen Traum gesehen haben, der die Zukunft vorhersagte. Dort war ein hebräischer Junge / ein junger Hebräer, der Diener desselben Befehlshabers der Leibwächter, dem wir die Träume erzählten und <dann> hörten, was später der Ausgang der Sache bewies: Ich wurde nämlich wieder in mein Amt eingesetzt, und jener wurde ans Kreuz gehängt." Sofort schoren sie Joseph, der auf den Befehl des Königs aus dem Gefängnis herausgeführt worden war, und als er seine Kleidung gewechselt hatte, brachten sie ihn zu ihm. Er sagte zu ihm: "Ich habe Traumbilder gesehen, und es gibt keinen, der sie auslegen kann. Ich habe <aber> gehört, dass du diese sehr verständig deutest." Joseph antwortete: "Ohne mich wird Gott dem Pharao Günstiges antworten." Als erzählte der Pharao, was er gesehen hatte: "Ich glaubte, an einem Flussufer zu stehen, und sieben Kühe stiegen aus dem Fluss, überaus schöne und mit/von wohlgenährtem Fleisch, die auf der Sumpfweise das Grün fraßen. Und siehe da, ihnen folgten sieben andere Kühe, so unförmig und mager, dass ich solche noch nie im Lande Ägypten gesehen habe. Diese verschlangen und verzehrten die ersteren und gaben kein Zeichen von Sättigung, sondern erstarrten in gleicher Magerkeit und Schauerlichkeit. Als ich erwachte und erneut vom Schlaf übermannt wurde, sah ich ein Traumbild: Sieben Ähren sprossen hervor an einem einzigen Halm, voll und sehr schön. Auch sieben andere, dünn und vom versengenden Wind / vom Getreidebrand getroffen, wuchsen aus dem Halm empor, die die Schönheit der ersteren verschlangen. Ich habe den Traumdeutern den Traum erzählt, und es gibt niemanden, der <ihn> auslegen kann." Joseph antwortete: "Der Traum des Königs ist ein einziger: Gott zeigt dem Pharao, was er tun wird. Sieben schöne Kühe und sieben volle Ähren sind sieben Jahre der Fruchtbarkeit; und sie enthalten dieselbe Bedeutung des Traums. Auch die sieben dünnen und mageren Kühe, die nach ihnen herausstiegen, und die sieben dünnen und vom sengenden Wind / vom Getreidebrand getroffenen Ähren sind sieben Jahre künftigen Hungers. Diese werden sich in dieser Reihenfolge erfüllen. Siehe, sieben Jahre großer Fruchtbarkeit werden im gesamten Land Ägypten kommen. Ihnen werden sieben weitere Jahre von so großer Unfruchtbarkeit folgen, dass jeder / der ganze zurückliegende Überfluss in Vergessenheit geraten wird; denn der Hunger wird das ganze Land aufzehren. Und die Größe des Mangels wird die Größe der Fülle vernichten. Dass du aber zum zweiten Male einen Traum gesehen hast, der sich auf dieselbe Sache bezieht, ist ein Zeichen für die Gewissheit <der Sache>, weil das Wort Gottes geschieht und sich überaus/ziemlich schnell erfüllen wird. Nun soll der König sich daher um einen intelligenten und weisen Mann kümmern und ihn dem Land Ägypten voranstellen und Vorsteher einsetzen n allen Gebieten und den fünften Teil der Erträge/Früchte in den sieben Jahren der Fruchtbarkeit, die nunmehr bevorstehen, in Speichern sammeln; und alles Getreide soll unter der Befehlsgewalt/Aufsicht des Pharaos gespeichert und in den Städten aufbewahrt werden; und es soll für den kommenden siebenjährigen Hunger / für den zukünftigen Hunger von sieben Jahren bereitgestellt werden, der Ägypten bedrücken / niederdrücken wird, und das Land wird nicht vom Mangel verzehrt werden." Der Rat gefiel dem Pharao und all seinen Dienern. Und er sprach zu ihnen: "Werden wir einen solchen Mann finden können, der vom Geist Gottes erfüllt ist?" Also sagte er zu Joseph: "Weil dir Gott alles gezeigt hat, was du gesagt hast, werde ich denn einen weiseren und dir vergleichbaren <Mann> finden können? Du wirst über meinem Hause sein / Vorgesetzter meines Hauses sein, und auf den Befehl deines Mundes wird mein ganzes Volk gehorchen; allein nur / einzig nur durch den Thron der Königsherrschaft werde ich dir voranstehen." Und wieder sprach der Pharao zu Joseph: "Siehe, ich habe dich über das gesamte Land Ägypten eingesetzt." Und <dann> nahm er den Ring von seiner Hand und gab ihn in seine Hand; und er kleidete ihn in ein langes Gewand aus Byssus / in einen langen Talar aus feinstem Leinen und legte um seinen Hals eine goldene Kette. Und er ließ ihn auf seinen zweiten Wagen steigen, wobei/während ein Herold laut rief / und ein Herold rief laut: "Abrech", dass alle vor ihm das Knie beugen und wissen sollten, dass er dem gesamten Land Ägypten vorangestellt worden war. Der König sagte auch zu Joseph: "Ich bin der Pharao. und ohne deinen Befehl wird keiner seine Hand oder seinen Fuß bewegen im ganzen Land Ägypten." Und <dann> änderte er dessen Namen und nannte ihn in der ägyptischen Sprache Saphaneth Phanec, was übersetzt heißt: Retter der Welt, und gab ihm Asenat, die Tochter des Putifare des Priesters von Heliopolis, zur Frau / als Frau. Daher ging Joseph hinaus in das Land Ägypten — er war aber 30 Jahre alt, als er vor das Angesicht des Pharaos trat — und reiste in allen Gebieten Ägyptens umher / bereiste alle Gebiete Ägyptens.

Anhang (Klausurbeispiel)

I. Und <da> wurde ein Mann, der von Geburt an / vom Mutterleib her gelähmt war; herbeigetragen; diesen legte man jeden Tag / täglich an das Tor des Tempels, damit er von den Hineingehenden Almosen erbettelte. Als dieser Petrus und Johannes sah / gesehen hatte, die <eben> in den Tempel hineingehen wollten, bat er <sie> um Almosen. Petrus aber sah ihn an und sagte <zu ihm>: "Sieh uns an!" Aber jener blickte genau / aufmerksam auf sie in der Hoffnung, etwas von ihnen zu bekommen. Petrus aber sprach: "Silber und Gold habe ich nicht. Was ich aber habe, das gebe ich dir: Im Namen Jesu Christi von Nazaret, steh auf und geh umher!" Und <da> ergriff er dessen rechte Hand und richtete ihn auf; und sofort wurden dessen Füße du Knöchel fest. Und <dann> sprang er auf, stellte sich hin / konnte stehen und lief umher und lobte Gott / , indem er Gott lobte.

II. 1 Quod (Z. 7): was oder welches (Relativpronomen); dieses (relativ. Satzanschluss); weil/da (Nebensatz-Konjunktion).

2. a) Petrus. b) Der Gelähmte.

3. apprehensa manu (Z 9): abl. abs. — Nachdem dessen rechte Hand ergriffen worden war / Nachdem er dessen rechte Hand ergriffen hatte, . . .
laudans Deum (Z. 10): part. coni. — Während er Gott lobte / Gott lobend.

4. (individuelle Lösungen)

Anhang (Text für die mündliche Prüfung)

. . . und bat ihn: "Meine Tochter ist soeben gestorben. Aber komm doch, lege ihr deine Hand auf, und sie wird leben / lebendig sein." Und <da> stand Jesus auf und folgte diesem/ihm. Und als Jesus in das Haus des Vorstehers gekommen war und die Flötenspieler und die lärmende Menge gesehen hatte, sagte er: "Geht zurück! Denn das Mädchen ist nicht tot, sondern schläft <nur>." Und <da> lachten sie ihn aus / verspottete man ihn. Aber nachdem die Volksmenge herausgeworfen / -geschickt worden war, trat er ein und hielt ihre Hand fest, und das Mädchen stand auf.

Einführungen: Theologie

Werner Thiede
Lust auf Gott
Einführung in die christliche Mystik
In einer immer mehr verunsicherten Welt greift die Sehnsucht nach mystischer Erfahrung um sich. Wer sich allerdings als Christenmensch nicht blind auf dieses Terrain einlassen, sondern die Geister unterscheiden möchte, der sollte sich genauer informieren. Die vorliegende Einführung aus der Feder des Systematikers und Weltanschauungsexperten Werner Thiede orientiert in zwei Hauptteilen: Ein Theorieteil beleuchtet theologisch verschiedene Aspekte und Dimensionen christlicher Mystik, und ein breiter Anschauungsteil liefert differenzierend über 30 Beispiele aus 2000 Jahren Christentumsgeschichte.
Bd. 11, 2019, 234 S., 19,90 €, br., ISBN 978-3-643-14263-4

Stefanie Pfister; Matthias Roser
Herausgeforderter Religionsunterricht
Neue fachdidaktische Konzeptionen und Perspektiven in Theorie und Praxis
Der gegenwärtige Religionsunterricht steht vor vielen Herausforderungen wie Pluralisierung, Säkularisierung, Entkonfessionalisierung, regionalen Differenzen, schwindende Kirchenmitgliedschaft, ungewisse Zukunft des konfessionellen RU, Ganztag/Schulleben etc., sodass deutlich wird, dass bisherige fachdidaktische Perspektiven diesen nicht mehr gerecht werden können.
Die Autoren stellen in diesem Buch aktuelle und neue fachdidaktische Perspektiven für einen Religionsunterricht vor, dessen Konfessionalität vor dem Hintergrund der gegenwärtigen gesamtgesellschaftlichen und bildungspolitischen Diskussion neu bestimmt werden muss. Dabei sind die Autoren davon überzeugt, dass einem transformierten und fachdidaktisch neu bedachten Religionsunterricht nach wie vor ein interessantes und gesamtgesellschaftlich notwendiges Potential innewohnt.
Bd. 10, 2020, ca. 152 S., ca. 19,90 €, br., ISBN 978-3-643-14186-6

Adrian Marinescu
Die Aktualität der Kirchenväter
Eine orthodoxe Betrachtung
Bd. 9, 2020, ca. 528 S., ca. 29,90 €, br., ISBN 978-3-643-12410-4

Kaarlo Arffman
Was war das Luthertum?
Einleitung in eine verschwundene Auslegung des Christentums
Bd. 8, 2016, 274 S., 39,90 €, br., ISBN 978-3-643-90669-4

Frans Wijsen
Christianity and Other Cultures
Introduction to Mission Studies
Bd. 6, 2015, 266 S., 29,90 €, br., ISBN 978-3-643-90579-6

Nikolaos Vakonakis
Einführung in das neutestamentliche Griechisch
Bd. 5, 2. Aufl. 2014, 224 S., 19,90 €, br., ISBN 978-3-643-12228-5

Gert J.C. Jordaan
Ancient Greek Inside Out
The semantics of grammatical constructions. Guide for exegetes and students in Classical and New Testament Greek
Bd. 4, 2013, 224 S., 29,90 €, br., ISBN 978-3-643-90353-2

Rebekka Brouwer
Repetitorium Altes Testament
Bd. 3, 2014, 232 S., 19,90 €, br., ISBN 978-3-643-12017-5

Beiträge zum Verstehen der Bibel / Contributions to Understanding the Bible
hrsg. von Prof. Dr. Manfred Oeming (Heidelberg), Prof. Dr. Dr. h. c. mult. Gerd Theißen (Heidelberg) und Prof. Dr. Moisés Moyordomo (Basel)

Gerd Theißen
Kirchenträume – Kirche in urchristlicher Zeit und Gegenwart
Beiträge zu einer polyphonen Bibelhermeneutik Band 3
Bd. 44, 2020, ca. 408 S., ca. 49,90 €, br., ISBN 978-3-643-14534-5

Gerd Theißen
Resonanztheologie – Gott – Christus – Geist
Beiträge zu einer polyphonen Bibelhermeneutik Band 2
Bd. 43, 2020, ca. 368 S., ca. 49,90 €, br., ISBN 978-3-643-14533-2

Filip Capek; Petr Sláma (Eds.)
And God Saw That It Was Good (Gen 1:12)
The Concept of Quality in Achaeology, Philology and Theology
vol. 42, 2020, ca. 264 pp., ca. 34,90 €, br., ISBN-CH 978-3-643-91185-8

Heinz Janssen
„... es geschah wegen des Zornes JHWHs"
Studien zu Ursprung und Rezeption der unbedingten Unheilsprophetie im Jeremiabuch
Bd. 41, 2020, ca. 408 S., ca. 49,90 €, br., ISBN 978-3-643-14484-3

Karl Börner
Die Ägypten-Worte im Buch Jesaja
Bd. 40, 2020, ca. 304 S., ca. 49,90 €, br., ISBN 978-3-643-14475-1

Manfred Oeming (Hg.)
Das Alte Testament im Rahmen der antiken Religionen und Kulturen
Mit Beiträgen von Jan Assmann, Angelika Berlejung, Filip Čapek, Volker Grunert, Ulrich Hübner, Andrea Jördens, Hans-Peter-Mathys, Stefan M. Maul, Manfred Oeming, Diamantis Panagiotopoulos, Joachim F. Quack, Bernd U. Schipper, David S. Vanderhooft und Josef Wiesehöfer
Bd. 39, 2019, 440 S., 49,90 €, br., ISBN 3-643-14392-1

Jacobus Kok; Martin Webber; Jermo van Nes (Eds.)
Drawing and Transcending Boundaries in the New Testament and Early Christianity
Bd. 38, 2019, 190 S., 39,90 €, br., ISBN 978-3-643-91115-5

Christina Risch
Dynamische Manifestation – Die „Präsenz" Christi im Herrenmahl
Bd. 37, 2019, 228 S., 34,90 €, br., ISBN 978-3-643-14262-7

Gerd Theißen
Texttranszendenz
Beiträge zu einer polyphonen Bibelhermeneutik
Bd. 36, 2019, 448 S., 49,90 €, br., ISBN 978-3-643-14246-7

Viktor Ber (ed.)
Nomos and Violence
Dimensions in Bible and Theology
Bd. 35, 2019, 216 S., 34,90 €, br., ISBN 978-3-643-90997-8

Steven Paas (ed.)
Israelism and the Place of Christ
Christocentric Interpretation of Biblical Prophecy
Bd. 34, 2017, 272 S., 34,90 €, br., ISBN 978-3-643-90981-7

LIT Verlag Berlin – Münster – Wien – Zürich – London
Auslieferung Deutschland / Österreich / Schweiz: siehe Impressumsseite